Schriftenreihe Europäisches Recht, Politik und Wirtschaft
herausgegeben von Prof. Dr. Jürgen Schwarze
Direktor des Instituts für Öffentliches Recht
der Universität Freiburg
Abteilung Europa- und Völkerrecht

Band 288

Natalie Brall

Der Export von Leistungen der sozialen Sicherheit in der Europäischen Union

Nomos Verlagsgesellschaft
Baden-Baden

Bibliografische Information Der Deutschen Bibliothek

Die Deutsche Bibliothek verzeichnet diese Publikation in
der Deutschen Nationalbibliografie; detaillierte bibliografische
Daten sind im Internet über http://dnb.ddb.de abrufbar.

Zugl.: Bonn, Univ., Diss., 2001

ISBN 3-7890-8380-1

1. Auflage 2003
© Nomos Verlagsgesellschaft, Baden-Baden 2003. Printed in Germany. Alle Rechte,
auch die des Nachdrucks von Auszügen, der photomechanischen Wiedergabe und der
Übersetzung, vorbehalten. Gedruckt auf alterungsbeständigem Papier.

Vorwort

Die vorliegende Arbeit hat der Rechts- und Staatswissenschaftlichen Fakultät der Rheinischen Friedrich-Wilhelms-Universität Bonn im Wintersemester 2001 als Dissertation vorgelegen. Rechtsprechung und Schrifttum konnten bis Februar 2002 berücksichtigt werden.

Während der Erstellung der Arbeit habe ich vielfältige Unterstützung erfahren, wofür ich mich an dieser Stelle bedanken möchte.

Mein besonderer Dank gilt meinem Doktorvater, Herrn Prof. Dr. Dr. h.c. Ulrich Everling, für die engagierte Betreuung der Arbeit und seine stete Bereitschaft zur Diskussion sowie Herrn Prof. Dr. Meinhard Heinze für die schnelle Durchsicht der Arbeit als Zweitkorrektor. Herrn Prof. Dr. Jürgen Schwarze bin ich für die Aufnahme der Arbeit in die Reihe „Europäisches Recht, Wirtschaft und Politik" verbunden.

Herrn Dr. Arno Bokeloh wie auch anderen Experten des europäischen Sozialrechts danke ich für ihre hilfreichen Hinweise und insbesondere für die Vermittlung ihrer praktischen Erfahrungen. Dank schulde ich auch meinen Freunden, die mir zur Seite standen.

Abschließend gilt mein herzlicher Dank meinen Eltern, die mich fortwährend in jeder Weise – nicht nur während des Studiums und der Promotion – unterstützt haben.

Meinen Eltern widme ich die Arbeit.

Rheinbach, im Juli 2002 *Natalie Brall*

Übersicht:

	Seite
Einführung	21
1. Teil: Grundlagen des Problembereichs „Leistungsexport"	24
2. Teil: Gesetzliche Krankenversicherung	34
3. Teil: Gesetzliche Pflegeversicherung	100
4. Teil: Gesetzliche Unfallversicherung	138
5. Teil: Gesetzliche Rentenversicherung	148
6. Teil: Gesetzliche Arbeitslosenversicherung	168
7. Teil: Generalklausel	185
Gesamtzusammenfassung	191
Fazit	196
Anhang	197
Literaturverzeichnis	226

Inhaltsverzeichnis

Abkürzungsverzeichnis	17
Einführung	21
1. Teil: Grundlagen des Problembereichs „Leistungsexport"	24
A. Grundsätzliche Beschränkung der Leistungserbringung auf das Inland	24
B. Rechtsquellen	25
I. Nationale Gesetze	25
II. Europäisches Gemeinschaftsrecht	25
1. Für die soziale Sicherung relevantes Primärrecht	25
a) Überblick	25
b) Anwendbarkeit der Grundfreiheiten im Sozialrecht	25
2. Für die soziale Sicherung relevantes Sekundärrecht	28
a) Koordinierungsbefehl und Verordnungen	28
b) Wirkung der Verordnung	29
c) Persönlicher Geltungsbereich	30
d) Sachlicher Geltungsbereich	31
e) Inhalt der VO 1408/71 bezüglich des Leistungsexports	31
III. Sonstiges internationales Sozialrecht	32
2. Teil: Gesetzliche Krankenversicherung	34
A. Allgemeiner Überblick über die Absicherungssysteme im Krankheitsfall in der EU	34
B. Die deutsche gesetzliche Krankenversicherung	37
C. Leistungsexport und Sachleistungsaushilfe nach den SGB-Vorschriften	39
I. Leistungsrecht	39
II. Leistungserbringungsrecht	40
D. Leistungsexport und Sachleistungsaushilfe nach der VO 1408/71	41
I. Regelung des Art. 10 VO 1408/71	41
II. Regelungen der Art. 19 ff. VO 1408/71	42
1. Allgemeiner Überblick	42
2. Abgrenzung: Geld- und Sachleistungen	42
3. Export von Geldleistungen	44
4. Aushelfende Sachleistungsgewährung	44
a) Prinzip der aushelfenden Sachleistungsgewährung	44
b) Modifikationen und Einschränkungen der aushelfenden Sachleistungsgewährung	45
c) Art und Weise der Leistungsinanspruchnahme	46
d) Kostenabrechnung der aushelfenden Sachleistungsgewährung	48
5. Qualifizierung der einzelnen deutschen Krankenversicherungsleistungen als Sach- oder Geldleistungen	49

a) Überblick über die Leistungen im SGB V	49
b) Krankengeld (§§ 44-51 SGB V)	49
c) Krankenbehandlung (§ 27 SGB V)	50
d) Rehabilitationsmaßnahmen (§§ 40-43 a SGB V)	51
III. Zusammenfassung	51
E. Leistungsexport und Sachleistungsaushilfe nach dem EG-Vertrag	51
I. Zentrale Urteile	51
1. Rechtssachen Decker und Kohll	52
2. Rechtssache Smits und Peerbooms	53
II. Verstoß gegen die Grundfreiheiten	54
1. Vereinbarkeit mit der Dienstleistungsfreiheit gem. Art. 49 EGV	55
a) Anwendungsbereich	55
aa) Verhältnis Leistungserbringer und Versicherter	55
aaa) Grenzüberschreitung	56
bbb) Entgeltlichkeit	57
ccc) Abgrenzung zu anderen Grundfreiheiten	58
bb) Verhältnis Leistungserbringer und Krankenkasse	59
aaa) Leistung	59
bbb) Grenzüberschreitung	59
ccc) Entgelt	60
cc) Verhältnis Krankenkasse und Versicherter	60
aaa) Grenzüberschreitung	61
bbb) Entgelt	61
(1) Krankenkasse als staatliche Organisation	61
(2) Finanzierung aus Staatshaushalt	62
(3) Soziale Ziele der Krankenkassen	62
(4) Zusammenfassung	69
b) Beschränkung	69
aa) Verhältnis Versicherter und Leistungserbringer	69
bb) Verhältnis Krankenkasse und Leistungserbringer	72
c) Rechtfertigung	72
aa) Finanzielles Gleichgewicht der sozialen Systeme	76
aaa) Erhöhte Kostenerstattung	76
bbb) Planungssicherheit - Umgehung der Steuerungsinstrumente	77
ccc) Abrechnungsmöglichkeiten und erschwerte Wirtschaftlichkeitskontrolle	80
ddd) Mehrkosten	81
eee) Zusammenfassung	82
bb) Gründe des Gesundheitsschutzes	83
aaa) Qualitätssicherung	83
bbb) Sicherstellung einer flächendeckenden medizinischen Versorgung	85
cc) Zusammenfassung	86
2. Vereinbarkeit mit der Warenverkehrsfreiheit gem. Art. 28 EGV	87
a) Anwendungsbereich	88
b) Beschränkung	88

c) Rechtfertigung	91
aa) Unterschiedslos anwendbare Regelung	91
bb) Keine abschließende Gemeinschaftsregelung	92
cc) Zwingende Gründe des Allgemeininteresses	92
3. Zusammenfassung	92
F. Auswirkungen auf den Nationalen Gesundheitsdienst	92
G. Änderungsüberlegungen	94
I. Änderungsbedarf	94
II. Modelle zur Änderung des Art. 22 VO 1408/71	94
H. Änderungsvorschlag	98
3. Teil: Gesetzliche Pflegeversicherung	100
A. Allgemeiner Überblick über die Absicherungssysteme im Pflegefall in der EU	100
B. Die deutsche gesetzliche Pflegeversicherung	102
C. Leistungsexport und Sachleistungsaushilfe nach den SGB-Vorschriften	103
I. Leistungsrecht	104
1. Vorübergehender Aufenthalt im EU-Ausland	104
2. Ständiger Aufenthalt im EU-Ausland	104
II. Leistungserbringungsrecht	105
D. Leistungsexport und Sachleistungsaushilfe nach der VO 1408/71	106
I. Anwendbarkeit der VO 1408/71	106
II. Gemeinschaftsrechtliche Zuordnung der Pflegeversicherung	109
1. Einordnungsmöglichkeiten	109
2. Molenaar-Urteil	111
a) Inhalt der Rechtssache Molenaar	111
b) Einordnung als Leistung bei Krankheit	112
3. Zusammenfassung	112
III. Übertragbarkeit der Vorschriften bei Krankheit auf die Pflegeversicherung (Art. 18-24 VO 1408/71)	112
IV. Qualifizierung der Pflegeleistungen des SGB XI als Sach- oder Geldleistungen	113
1. Überblick zu den einzelnen Pflegeleistungen des SGB XI	113
2. Pflegesachleistungen (§ 36 SGB XI)	114
3. Pflegegeld (§ 37 SGB XI)	114
a) Meinungsstand	115
b) Molenaar-Urteil	117
aa) Pflegegeld als Geldleistung	117
bb) Probleme bei der Umsetzung der Molenaar-Entscheidung	118
cc) Analoge Anwendung der Molenaar-Entscheidung auf die Fälle des vorübergehenden Aufenthaltes	120
4. Kombination von Geld- und Sachleistungen (§ 38 SGB XI)	120
5. Pflegehilfsmittel und technische Hilfen (§ 40 SGB XI)	121
6. Teilstationäre und vollstationäre Leistungen (§§ 41-43 a SGB XI)	121

7. Leistungen für Pflegepersonen (§§ 44, 45 SGB XI)	121
V. Zusammenfassung	122
E. Leistungsexport nach der VO 1612/68	122
I. Exportgebot unmittelbar aus VO 1612/68	123
II. Exportgebot aus dem Diskriminierungsverbot des Art. 7 II VO 1612/68?	125
1. Herleitung	125
2. Reflexion des Ergebnisses und die neue Rechtsprechung	125
a) Kumulative Anwendbarkeit der VO 1408/71 und der VO 1612/68	125
b) Entwicklung der Exportpflicht aus dem Verbot der mittelbaren Diskriminierung	127
c) Stellungnahme	128
F. Leistungsexport und Sachleistungsaushilfe nach dem EG-Vertrag	131
I. Genehmigungserfordernis des Art. 22 I VO 1408/71	131
1. Anwendbarkeit	131
2. Beschränkung	132
3. Rechtfertigung	133
a) Finanzielles Gleichgewicht der sozialen Pflegesicherungssysteme	133
b) Qualitätssicherung	133
c) Unmöglichkeit der Leistungserbringung	134
4. Zusammenfassung	135
II. Kürzung des Pflegegeldes bei Export?	135
G. Änderungsüberlegungen	136
H. Änderungsvorschlag	137
4. Teil: Gesetzliche Unfallversicherung	**138**
A. Allgemeiner Überblick über die Absicherungssysteme in der EU	138
B. Die deutsche gesetzliche Unfallversicherung	139
C. Leistungsexport und Sachleistungsaushilfe nach den SGB-Vorschriften	140
D. Leistungsexport und Sachleistungsaushilfe nach der VO 1408/71	141
I. Regelung des Art. 10 VO 1408/71	141
II. Regelung der Art. 52 ff. VO 1408/71	142
III. Verfahren des Leistungsexportes und der Sachleistungsaushilfe	144
E. Leistungsexport und Sachleistungsaushilfe nach dem EG-Vertrag	145
F. Änderungsüberlegungen	146
G. Änderungsvorschlag	147
5. Teil: Gesetzliche Rentenversicherung	**148**
A. Allgemeiner Überblick über die Absicherungssysteme im Falle der Invalidität, des Alters und des Todes (Rente) in der EU	148
B. Die deutsche gesetzliche Rentenversicherung	150

C. Leistungsexport und Sachleistungsaushilfe nach den SGB-Vorschriften ... 150
D. Leistungsexport und Sachleistungsaushilfe nach der VO 1408/71 ... 151
 I. Abgrenzung zu den Fürsorge- bzw. Sozialhilfeleistungen ... 152
  1. Soziale Sicherheit i. S. d. VO 1408/71 ... 152
  2. Notifizierung als Kriterium der Anwendbarkeit der VO 1408/71 ... 153
  3. Abgrenzungskriterien ... 153
  4. Sonderfälle: Beitragsunabhängige Sonderleistungen bzw. Mischleistungen ... 154
  5. Neuregelung: Art. 10 a) VO 1408/71 ... 156
 II. Beurteilung einzelner Leistungen der deutschen gesetzlichen Rentenversicherung nach der VO 1408/71 ... 157
  1. Leistungen bei Rehabilitationsmaßnahmen (§§ 9-31 SGB VI) ... 157
   a) Einordnung der Rehabilitationsmaßnahmen als Leistungen bei Krankheit ... 157
   b) Rehabilitationsmaßnahmen als Sach- und Geldleistungen ... 159
  2. Renten ... 160
   a) Rente bei Alter (§§ 35-42 SGB VI) ... 160
   b) Rente wegen verminderter Erwerbsfähigkeit (§§ 43–45 SGB VI) ... 161
   c) Rente wegen Todes (§§ 46-49 SGB VI) ... 161
  3. Beitragszuschüsse (§§ 106, 106 a SGB VI, § 249 a SGB V)-Movrin-Urteil ... 161
  4. Zusammenfassung ... 163
 III. Verfahren der Rentenzahlungen bei Leistungsexport ... 163
E. Vereinbarkeit der Regelung des Art. 22 VO 1408/71 analog mit dem EG-Vertrag hinsichtlich der Rehabilitationsleistungen ... 163
 I. Anwendungsbereich des Art. 49 EGV ... 164
 II. Beschränkung der Dienstleistungsfreiheit durch den Genehmigungsvorbehalt des Art. 22 VO 1408/71 ... 164
 III. Rechtfertigung ... 164
  1. Sicherung der Infrastruktur für Rehabilitation ... 165
  2. Medizinische Leistungen als integrierter Bestandteil des gegliederten Systems ... 166
F. Änderungsüberlegungen ... 167
G. Änderungsvorschlag ... 167

6. Teil: Gesetzliche Arbeitslosenversicherung ... 168

A. Allgemeiner Überblick über die Absicherungssysteme im Falle der Arbeitslosigkeit in der EU ... 168
B. Die deutsche Arbeitslosenversicherung ... 169
C. Leistungsexport nach den SGB-Vorschriften ... 169
D. Leistungsexport nach der VO 1408/71 ... 170
 I. Regelung des Art. 10 VO 1408/71 ... 170
 II. Regelungen der Art. 69 ff. VO 1408/71 ... 170
  1. Uneingeschränkter Leistungsexport von Leistungen bei Teilarbeitslosigkeit ... 170
  2. Eingeschränkter Export bei Vollarbeitslosigkeit ... 170
  3. Zusammenfassung ... 172

III. Von der Verordnung erfasste Leistungen der deutschen Arbeitslosenversicherung	173
1. Arbeitslosengeld (§§ 117 ff.; 169 ff. SGB III)	173
2. Arbeitslosenhilfe (§ 190 I Nr. 5 SGB III)	173
3. Arbeitsförderungsleistungen (§§ 29 ff., 35 ff., 59 ff. SGB III)	173
4. Insolvenzausfallgeld (§§ 183 ff. SGB III)	174
IV. Voraussetzungen und Verfahren des Leistungsexportes im Fall des Art. 69 VO 1408/71	174
E. Leistungsexport nach dem EG-Vertrag – Vereinbarkeit des Art. 69 VO 1408/71 mit der Arbeitnehmerfreizügigkeit gem. Art. 39 EGV	175
I. Anwendungsbereich des Art. 39 EGV	175
II Beschränkung	177
III. Rechtfertigung	178
1. Finanzielles Gleichgewicht der sozialen Sicherungssysteme	178
2. Unzureichende Kontrollmöglichkeiten	179
3. Verbesserte Chancen eines Arbeitslosen	180
IV. Zusammenfassung	180
F. Änderungsmöglichkeiten	181
G. Änderungsvorschlag	184

7. Teil: Generalklausel 185

A. Vorschläge im Schrifttum	185
I. Eichenhofers Vorschlag zur VO 1408/71	185
II. Pieters` Idee vom 13. Staat	186
B. Eigener Vorschlag einer Generalklausel	186
C. Rechtsförmigkeit des Vorschlags	188
D. Durchsetzbarkeit des Vorschlags	188
Gesamtzusammenfassung	191
Fazit	196
Anhang: Systeme sozialer Sicherheit der Mitgliedstaaten	197
I. Allgemeiner Überblick	197
II. Leistungen im Krankheitsfalle in den EU-Staaten	198
1. Belgien	198
2. Dänemark	199
3. Deutschland	199
4. Finnland	199
5. Frankreich	200
6. Griechenland	200

7. Großbritannien	201
8. Irland	201
9. Italien	202
10. Luxemburg	202
11. Niederlande	202
12. Österreich	203
13. Portugal	203
14. Schweden	204
15. Spanien	204
III. Leistungen bei Pflegebedürftigkeit in den EU-Staaten	204
1. Belgien	205
2. Dänemark	205
3. Deutschland	206
4. Finnland	206
5. Frankreich	206
6. Griechenland	206
7. Großbritannien	207
8. Irland	207
9. Italien	207
10. Luxemburg	208
11. Niederlande	208
12. Österreich	209
13. Portugal	209
14. Schweden	209
15. Spanien	210
IV. Leistungen bei Arbeitsunfällen und Berufskrankheiten in den EU-Staaten	210
1. Belgien	210
2. Dänemark	211
3. Deutschland	211
4. Finnland	211
5. Frankreich	211
6. Griechenland	212
7. Großbritannien	212
8. Irland	212
9. Italien	212
10. Luxemburg	213
11. Niederlande	213
12. Österreich	213
13. Portugal	214
14. Schweden	214
15. Spanien	214
V. Leistungen bei Invalidität, Alter und Tod (Rente) in den EU-Staaten	214
1. Belgien	215
2. Dänemark	215
3. Deutschland	215

4. Finnland	215
5. Frankreich	216
6. Griechenland	216
7. Großbritannien	217
8. Irland	217
9. Italien	218
10. Luxemburg	218
11. Niederlande	218
12. Österreich	219
13. Portugal	219
14. Schweden	219
15. Spanien	220
VI. Leistungen bei Arbeitslosigkeit in den EU-Staaten	220
1. Belgien	220
2. Dänemark	221
3. Deutschland	221
4. Finnland	221
5. Frankreich	222
6. Griechenland	222
7. Großbritannien	222
8. Irland	223
9. Italien	223
10. Luxemburg	223
11. Niederlande	224
12. Österreich	224
13. Portugal	224
14. Schweden	225
15. Spanien	225
Literaturverzeichnis	226

Abkürzungsverzeichnis

A	Österreich
a. A.	anderer Ansicht
ABl.	Amtsblatt der Europäischen Gemeinschaften
Abs.	Absatz
a. F.	alte Fassung
AFG	Arbeitsförderungsgesetz
allg.	allgemein
Anm.	Anmerkung
AOK	Allgemeine Ortskrankenkasse
AöR	Archiv für öffentliches Recht
ArchivPT	Archiv für Post und Telegraphie (Zeitschrift)
Art.	Artikel
Aufl.	Auflage
AuR	Arbeit und Recht (Zeitschrift)
AWBZ	Algemene Wet Bijzondere Ziektekosten (Allgemeines Gesetz Besondere Krankheitskosten)
Az.	Aktenzeichen
B	Belgien
BArBl.	Bundesarbeitsblatt (Zeitschrift)
BB	Betriebs-Berater (Zeitschrift)
Bd.	Band
BG	Die Berufsgenossenschaft (Zeitschrift)
BGBl.	Bundesgesetzblatt
BGH	Bundesgerichtshof
BIP	Bruttoinlandsprodukt
BKK	Die Betriebskrankenkasse (Zeitschrift)
BKV	Berufskrankheitenverordnung
BMA	Bundesministerium für Arbeit und Sozialordnung
BR-Drucksache	Bundesrats-Drucksache
BSG	Bundessozialgericht
BSHG	Bundessozialhilfegesetz
Bsp.	Beispiel
BT-Drucksache	Bundestags-Drucksache
BVerfG	Bundesverfassungsgericht
BVerfGE	Entscheidungen des Bundesverfassungsgerichts
BVerwG	Bundesverwaltungsgericht
bzgl.	bezüglich
bzw.	beziehungsweise
ca.	circa
CMLR	Common Market Law Review
D	Deutschland
DAngVers	Die Angestelltenversicherung (Zeitschrift)
dass.	dasselbe
DB	Der Betrieb (Zeitschrift)
ders.	derselbe
d. h.	das heißt
DK	Dänemark
DOK.	Dokument

DÖV	Die Öffentliche Verwaltung (Zeitschrift)
DRV	Deutsche Rentenversicherung (Zeitschrift)
DVBl.	Deutsches Verwaltungsblatt (Zeitschrift)
DVO	Durchführungsverordnung
E	Spanien
EFZG	Entgeltfortzahlungsgesetz
EG	Europäische Gemeinschaft
EGV	Vertrag zur Gründung der Europäischen Gemeinschaft
endg.	endgültig
EU	Europäische Union
EuGH	Gerichtshof der Europäischen Gemeinschaften
EuGRZ	Europäische Grundrechte-Zeitschrift
EuR	Europarecht (Zeitschrift)
EuroAS	Europäisches Arbeits- und Sozialrecht (Zeitschrift)
EUV	Vertrag über die Europäische Union
EuZW	Europäische Zeitschrift für Wirtschaftsrecht
EWG	Europäische Wirtschaftsgemeinschaft
EWR	Europäischer Wirtschaftsraum
EWS	Europäisches Wirtschafts- und Steuerrecht (Zeitschrift)
F	Frankreich
f., ff.	folgend(e); fortfolgende
FIN	Finnland
Fn.	Fußnote
FS	Festschrift
GB	Großbritannien
gem.	gemäß
GG	Grundgesetz
G+G	Gesundheit und Gesellschaft (Zeitschrift)
ggf.	gegebenenfalls
GKV	Gesetzliche Krankenversicherung
Hdb.	Handbuch
h.L.	herrschende Lehre
h.M.	herrschende Meinung
Hrsg.	Herausgeber
hrsg.	herausgegeben
HuK	Heilbad und Kurort (Zeitschrift)
i. d. F.	in der Fassung
i. d. R.	in der Regel
i. e. S.	im engeren Sinn(e)
i. R.	im Rahmen
IRL	Irland
i. S.	im Sinn(e)
i. S. d.	im Sinn(e) des
i. S. v.	im Sinn(e) von
i. V. m.	in Verbindung mit
Jura	Juristische Ausbildung (Zeitschrift)
JuS	Juristische Schulung (Zeitschrift)
JZ	Juristenzeitung (Zeitschrift)
KOM	Dokumente der Kommission der EG
KVdR	Krankenversicherung der Rentner
L	Luxemburg

lit.	littera
LSG	Landessozialgericht
MedR	Medizinrecht (Zeitschrift)
Mio.	Millionen
Mitt.	Mitteilungen
m. w. N.	mit weiteren Nachweisen
NJW	Neue Juristische Wochenschrift (Zeitschrift)
NL	Niederlande
Nr.	Nummer
NVwZ	Neue Zeitschrift für Verwaltungsrecht (Zeitschrift)
NZA	Neue Zeitschrift für Arbeits- und Sozialrecht (Zeitschrift)
NZS	Neue Zeitschrift für Sozialrecht (Zeitschrift)
OECD	Organization for Economic Cooperation and Development
o. g.	oben genannt
OLG	Oberlandesgericht
P	Portugal
RabelsZ	Rabels Zeitschrift für ausländisches und internationales Privatrecht (Zeitschrift)
RdA	Recht der Arbeit (Zeitschrift)
RIW	Recht der internationalen Wirtschaft (Zeitschrift)
RL	Richtlinie
Rn.	Randnummer
Rs.	Rechtssache
Rz.	Randziffer
S	Schweden
s.	siehe
S.	Seite
SdL	Soziale Sicherheit in der Landwirtschaft
SDSRV	Schriftenreihe des Deutschen Sozialrechtsverbandes
SF	Sozialer Fortschritt (Zeitschrift)
SGb	Die Sozialgerichtsbarkeit (Zeitschrift)
SGB (mit Zusatz)	Sozialgesetzbuch
Slg.	amtliche Entscheidungssammlung des Gerichtshofs der Europäischen Gemeinschaften
sog.	so genannte(r)
SozR	Entscheidungssammlung des Sozialrechts
SuP	Sozialrecht und Praxis
u.	und
u. a.	und andere
u. U.	unter Umständen
v.	vom
v. a.	vor allem
verb. Rs.	verbundene Rechtssachen
vgl.	vergleiche
VO	Verordnung
Vor./Vorbem.	Vorbemerkung
VSSR	Vierteljahresschrift für Sozialrecht
ZAR	Zeitschrift für Ausländerrecht und Ausländerpolitik
z.B.	zum Beispiel
ZaöRV	Zeitschrift für ausländisches öffentliches Recht und Völkerrecht

ZfS	Zentralblatt für Sozialversicherung, Sozialhilfe und Versorgung
ZfSH/SGB	Zeitschrift für Sozialhilfe und Sozialgesetzbuch
ZHR	Zeitschrift für das gesamte Handelsrecht und Wirtschaftsrecht, Zeitschrift für Handelsrecht
ZIAS	Zeitschrift für ausländisches und internationales Arbeits- und Sozialrecht
Ziff.	Ziffer
ZLR	Zeitschrift für das gesamte Lebensmittelrecht
ZVersWiss	Zeitschrift für die gesamte Versicherungswissenschaft
ZSR	Zeitschrift für Sozialreform
z. T.	zum Teil

Einführung

In der Europäischen Gemeinschaft gibt es die unterschiedlichsten nationalen Systeme sozialer Sicherheit[1]. Das ist prima facie nicht weiter problematisch[2]. Bedenkt man jedoch, dass täglich grenzüberschreitende Tatbestände verwirklicht werden, die sozialrechtliche Implikationen haben, wird das offenkundige Regelungsbedürfnis deutlich. Einige nationale Vorschriften und auch eine gemeinschaftsrechtliche Verordnung, die VO 1408/71, sehen dafür zahlreiche Regelungen vor[3]. Fraglich ist jedoch, ob diese vor allem in einer Zeit der Freizügigkeit (Arbeitnehmerfreizügigkeit gem. Art. 39 EGV, Dienstleistungsfreiheit gem. Art. 49 EGV, etc.) und starken wirtschaftlichen Verflechtungen, die einer sozialrechtlichen Absicherung bedürfen, ausreichend ist. Im Zentrum der Diskussion steht der Problemkreis des Exports von Sozialleistungen. Entfacht wurde dies durch zwei im Jahre 1998 im Mittelpunkt der öffentlichen Aufmerksamkeit stehende Urteile[4]. Es handelte sich um die Entscheidungen in den Rechtssachen *Decker*[5] und *Kohll*[6], über die der Europäische Gerichtshof zu entscheiden hatte und die auch in dieser Arbeit eine zentrale Rolle einnehmen werden[7]. In diesen Rechtssachen entschied der EuGH, dass die Kosten für den Kauf einer Brille und einer Zahnarztbehandlung, die nicht im versicherten Staat, sondern in einem anderen Mitgliedstaat der EG erbracht wurden, von der jeweiligen Krankenversicherung zu erstatten sind. Kurz zuvor hatte der EuGH in der Rechtssache *Molenaar*[8] bereits für Aufsehen in Deutschland[9] gesorgt, als er die Beschränkung der Zahlung von Pflegegeld auf Versicherte, die sich im Inland aufhalten, für unvereinbar mit dem Europäischen Gemeinschaftsrecht erklärt hatte[10].

---

1   Die Europäische Kommission verabschiedete am 31.10.1995 den Bericht über Soziale Sicherheit in Europa. In diesem Bericht hat sie die Mitgliedstaaten hinsichtlich der Sozialschutzsysteme in vier Gruppen eingeteilt (vgl. Europäische Kommission, Soziale Sicherheit in Europa 1995, S. 9 f. und 33 f.; Hanesch, in: Aus Politik und Zeitgeschichte (B34-35) 1998, 15 (15 ff.); Clever, in: DRV 1996, 283 (284 f.); ders., in: ZfSH/SGB 1996, 337 (337 f.); Kommission, Missoc; grundlegend: Esping-Andersen, The Three Worlds of Welfare Capitalism; Schulte, in: ZfSH/SGB 1991, 281 (286).
2   Der Bereich der sozialen Sicherheit ist eine wesentliche „domaine réservé" (vgl. EuGH, Urt. v. 7.2.1984, Rs. 238/82 (Duphar), Slg. 1984, 523 (541, Rn. 16); Wyatt/Dashwood, European Community Law, S. 314). Im Wesentlichen hat die EU Kompetenzen in drei Bereichen des Sozialrechts: (1) Verwirklichung der Freizügigkeit der Arbeitnehmer (Art. 42 EGV), (2) Durchsetzung des Grundsatzes der Gleichbehandlung von Frauen und Männern (Art. 141, 308, 94 EGV), (3) Verwirklichung des Arbeitsschutzes (Art. 138, 100 EGV). Vgl. Bergmann, in: SGb 1998, 449 (456); Eichenhofer, in: VSSR 1997, 71 (79).
3   Zur Geschichte der EG-Sozialpolitik vgl. Henningsen, in: SF 1992, 203 ff.
4   Zur Kritik dieser Urteile vgl. Hilger, in: G+G (Heft 7) 1998, 17 (17).
5   EuGH, Urt. v. 28.4.1998, Rs. C-120/95 (Decker), Slg. 1998, I-1831 (1871 ff.).
6   EuGH, Urt. v. 28.4.1998, Rs. C-158/96 (Kohll), Slg. 1998, I-1931 (1935 ff.).
7   Im Juli 2001 entschied der EuGH die ebenfalls für dieses Thema wesentlichen Rechtssachen *Smits u. Peerbooms* (EuGH, Urt. v. 12.7.2001, Rs. C-157/99) und *Vanbraekel* (EuGH, Urt. v. 12.7.2001, Rs. C-368/98); beide sind noch nicht in der amtlichen Sammlung veröffentlicht; siehe „http://curia.eu.int". Vgl. auch: Wismar, in: G+G (Heft 4) 2000, 22 (22 f.).
8   EuGH, Urt. v. 5.3.1998, Rs. C-160/96 (Molenaar), Slg. 1998, I-843 ff.
9   Vgl. „Bonn kann Sozialexport nicht unterbinden", in: Handelsblatt v. 24.4.1998.
10 EuGH, Urt. v. 5.3.1998, Rs. C-160/96 (Molenaar), Slg. 1998, I-843 (880 ff.).

In diesem Zusammenhang stellen sich viele weitere, häufig gestellte Fragen: Kann es sich wirklich noch jeder Mitgliedstaat leisten, seine Leistungserbringung auf sein Territorium zu begrenzen? Wäre es nicht häufig kostengünstiger[11], Leistungen auch ins Ausland zu transferieren[12]? Spricht nicht insbesondere ein gemeinsamer Binnenmarkt dafür, gerade im Bereich der Sozialpolitik „europäischer" zu werden? Darf es eine Wirtschaftsunion ohne Öffnung der Sozialversicherungssysteme geben? Kann es in einem immer mehr zusammenwachsenden Europa eine Regelung geben, die vorsieht, dass vor Inanspruchnahme von Gesundheitsleistungen außerhalb des Staates, in dem der Anspruch erworben wurde, eine Genehmigung des zuständigen Trägers eingeholt werden muss? Diese Fragen werden mit der einheitlichen europäischen Währung noch drängender[13].

All diese Überlegungen geben Anlass dazu, darüber nachzudenken, ob ein teilweiser – wie im Moment sowohl im nationalen als auch im europäischen Sekundärrecht, durch die VO 1408/71, vorgeschriebene – eingeschränkter Leistungsexport[14] (bzw. eine eingeschränkte Sachleistungsaushilfe) auf Dauer ausreicht oder ob inzwischen nicht eine einheitliche Regelung des Leistungsexportes unerlässlich ist. Im Mittelpunkt der Arbeit steht vor allem, ob der in der in Art. 22 VO 1408/71 vorgesehene Genehmigungsvorbehalt für die Inanspruchnahme von Leistungen in einem anderen Mitgliedstaat mit den Grundfreiheiten vereinbar ist. Dabei sollen aber auch andere Vorschriften, die den Leistungsexport regeln, an den Grundfreiheiten gemessen werden, wie beispielsweise die in Art. 69 VO 1408/71 festgesetzte Dreimonatsfrist.

Ziel der Untersuchung ist es, eine Generalklausel zu entwickeln, die den einzelnen Leistungszweigen und sozialen Systemen gerecht wird. Dabei ist jeder Versicherungszweig des deutschen Sozialversicherungssystems, und zwar die Kranken-, Pflege-, Unfall-, Arbeitslosen- und Rentenversicherung[15] dahingehend zu untersuchen, welche Exportleistungen bereits die nationalen Vorschriften vorsehen, ob das europäische Sekundärrecht diese Regelungen verdrängt und ob schließlich das Primärrecht der EG diese überlagert und einen weitergehenden Sozialleistungsexport als bisher vorgesehen, verlangt.

---

11 Die Ausgaben für soziale Sicherung in der EU betrugen 1995 28,4% des BIP der Gemeinschaft. Vgl. hierzu und zu weiteren statistischen Daten: Hanesch, in: Aus Politik und Zeitgeschichte (B 34-35) 1998, 15 (18 ff.).

12 Vgl. zu den Kostendämpfungsmaßnahmen in den einzelnen Mitgliedstaaten: Lüdtke-Handjery/Zender, in: ZfSH/SGB 1997, 259 ff.

13 Die Einführung des Euro hebt v. a. die Unterschiede in den Systemen sozialer Sicherheit wegen der besseren Vergleichbarkeit deutlicher hervor. Zur Auswirkung der Währungsumstellung auf die europäischen sozialen Sicherungssysteme: Kücking, in: Die Ersatzkasse 1998, 214 (214 ff.); Ruland, Euro und die Zukunft der Europäischen Sozialversicherung.

14 Der Begriff des Leistungsexports ist nicht eindeutig zu definieren. Er kann zum einen als „Oberbegriff" verstanden werden, d. h. er umfasst den Export der Geldleistung und die aushelfende Sachleistungsgewährung und zum anderen kann damit auch nur der eigentliche Transfer von Leistungen, seien es nun Sach- oder Geldleistungen, gemeint sein. Letztere Definitionsalternative wird dieser Arbeit zu Grunde gelegt.

15 Diese Terminologie entspricht dem deutschen Sozialrecht, das Grundlage der Untersuchung ist, wobei dennoch immer wieder über den Tellerrand geblickt werden wird mit Blick auf die anderen Systeme sozialer Sicherheit.

Dabei ist im Einzelnen jeder Versicherungszweig für sich zu betrachten, vor allem auch deswegen, weil jede Absicherung je nach Risiko unterschiedlichen Aspekten und Umständen gerecht werden muss. Für jede Säule muss zunächst ein Verbesserungsvorschlag für eine Regelung der VO 1408/71, die mit den Grundfreiheiten vereinbar ist, gefunden werden. Danach ist zu klären, ob sich die Einzelvorschläge auf einen „Generalnenner" vereinen lassen.

1. Teil: Grundlagen des Problembereichs „Leistungsexport"

A. Grundsätzliche Beschränkung der Leistungserbringung auf das Inland

Es ist Sache jedes einzelnen Staates, vorbehaltlich internationaler und europarechtlicher Verpflichtungen, ob er gewisse Sozialleistungen nur im Inland erbringt oder auch generell im Ausland oder aber einen Mittelweg einschlägt, wonach nur einzelne Leistungen – eventuell auch nur in eingeschränkter Höhe – in das Ausland exportiert werden. Welches Modell ein Staat vorzieht, wird er meist nach seiner Interessenlage beurteilen. Das bedeutet, dass ein Staat, dessen Versicherte nur selten ins Ausland gehen, sich fast einen generellen Leistungsexport leisten kann im Gegensatz zu Staaten, die mit einer enormen Übersiedlung der Versicherten in andere Staaten zu kämpfen haben.

Deutschland hat den Mittelweg gewählt: Nach § 30 I SGB I[16] ist von dem Grundsatz auszugehen, dass das inländische Sozialrecht für alle Personen gilt, die ihren Wohnsitz oder gewöhnlichen Aufenthalt im Inland haben. Dabei spielt also die Staatsangehörigkeit keine Rolle[17]. Deswegen spricht man von dem Territorialitätsprinzip[18]. Das sozialrechtliche Territorialitätsprinzip ist in einigen Mitgliedstaaten (z.B. Großbritannien, Dänemark) mehr wohnsitzbezogen (auch Wohnzeit), in anderen (z.B. Deutschland, Österreich) mehr beschäftigungsbezogen (auch Beschäftigungs- oder Versicherungszeit). Darüber hinaus findet das nationale Territorialitätsprinzip darin Ausdruck, dass im Ausland liegende Sachverhalte als nicht geeignet erklärt werden, gewisse Leistungsvoraussetzungen zu erfüllen.[19]

Das bedeutet, dass sich der räumliche Anwendungsbereich der Vorschrift des Sozialrechts auf das Inland erstreckt. Dieser soeben genannte allgemeine Grundsatz nach § 30 I SGB I gilt, soweit sich aus den übrigen Sozialgesetzbüchern, internationalen und europarechtlichen Verpflichtungen nichts abweichendes ergibt (vgl. § 37 SGB I). Für die Sozialversicherung enthält das SGB IV in den §§ 3 bis 6 besondere Bestimmungen über

---

16 In der Fassung des durch die Einführung des SGB IX geänderten Gesetzes, das am 01.07.2001 in Kraft getreten ist. Vgl. BGBl. I-2001, 1045 (19.06.2001).
17 Vgl. v. Maydell, in: Hdb. des Sozialversicherungsrechts I, § 64 Rn. 22; Steinmeyer, in: SRH, S. 1501 (1509, Rn. 25).
18 Vgl. so zuerst BT-Drucksache 7/868, S. 27; Hauck/Haines, SGB I, § 30 Rn. 1 und 2; Sieveking, in: Law and diffuse Interests in the European Legal Order, S. 483 (499); Albrecht, in: ZfS 1977, 1(2 u. 3). Es lässt sich jedoch fragen, ob in einem „Raum ohne Binnengrenzen" und ohne staatsangehörigkeitsbezogene Diskriminierungserlaubnisse der hergebrachte Begriff „Territorialitätsprinzip" noch angemessen ist oder ob nicht der neutrale Begriff eines „Prinzips begrenzter Reichweite" die vielfältigen grenzüberschreitenden Wirkungen des nationalen Sozialrechts besser zum Ausdruck bringt (vgl. dazu Stahlberg, Europäisches Sozialrecht, S. 82, Rn. 108). Ipsen, Völkerrecht, Rn. 95 ff., spricht zum Beispiel von „Hoheitsakten mit Außenwirkung". Vgl. Rauscher, in: VSSR 1982, 319 (324), der das Territorialitätsprinzip im deutschen Sozialrecht nicht als herrschend sieht.
19 Der Begriff des Territorialitätsprinzips lässt sich nicht formelhaft definieren. Gamillscheg, Internationales Arbeitsrecht, S. 121, schreibt: „Wenige Schlagworte sind undeutlicher, verwaschener, unbrauchbarer als das von der Territorialität dieses oder jenes Zweiges des Rechts."

den persönlichen und räumlichen Geltungsbereich, soweit es die Versicherungspflicht und die Versicherungsberechtigung anbelangt. § 3 SGB IV knüpft dabei zum einen an den Beschäftigungsort (§ 3 Nr. 1 SGB IV) und zum anderen an den Wohnsitz oder gewöhnlichen Aufenthalt (§ 3 Nr. 2 SGB IV) im Geltungsbereich dieses Gesetzbuches an. Ausnahmen von diesem Grundsatz ergeben sich wiederum aus § 4 SGB IV (sog. Ausstrahlung) und § 5 SGB IV (sog. Einstrahlung)[20]. Diese Bestimmungen erweitern den räumlichen Geltungsbereich des Sozialgesetzbuches für die Fälle der Ein- und Ausstrahlung. Aber auch diese Regelungen sind nicht als abschließend anzusehen, denn § 6 SGB IV bestimmt, dass Regelungen in den besonderen Vorschriften für die einzelnen Versicherungszweige, die von §§ 3 und 4 SGB IV abweichen, unberührt bleiben.

B. Rechtsquellen

I. Nationale Gesetze

Zunächst sind Regelungen über den Export von Sozialleistungen in das Ausland in den jeweiligen Gesetzen der Mitgliedstaaten zu finden. In Deutschland finden sich die verschiedensten Vorschriften in den jeweiligen Sozialversicherungsbüchern, wobei diese von Versicherungszweig zu Versicherungszweig unterschiedlich ausgestaltet sind. Die Grundzüge der Systeme der sozialen Sicherheit in den Mitgliedstaaten werden im Anhang dargestellt[21].

II. Europäisches Gemeinschaftsrecht

1. Für die soziale Sicherung relevantes Primärrecht

a) Überblick

Im EG-Vertrag finden sich zahlreiche Regelungen von sozialrechtlicher Relevanz, jedoch sind sie eher programmatischen Charakters (vgl. Art. 2, Art. 136-145 EGV)[22]. Bedeutsam für die vorliegende Arbeit sind allerdings die Grundfreiheiten, wobei hier vor allem der freie Warenverkehr (Art. 28-36 EGV), der freie Dienstleistungsverkehr (Art. 49-55 EGV) und die Arbeitnehmerfreizügigkeit (Art. 39 EGV) eine wesentliche Rolle spielen.

Nach Art. 40 EGV trifft der Rat durch Richtlinien und Verordnungen alle erforderlichen Maßnahmen, um die Freizügigkeit der Arbeitnehmer im Sinne des Art. 39 EGV herzustellen. Diese Freizügigkeitsregelung wird ergänzt und unterstützt durch Art. 42 EGV.

b) Anwendbarkeit der Grundfreiheiten im Sozialrecht

Seit Ablauf der Übergangszeit (31.12.1969) entfalten die Grundfreiheiten[23] nach ständiger Rechtsprechung des EuGH[24] unmittelbare Wirkung. Dies erklärte der EuGH damit,

---

20 Ausführlich zur Ein- und Ausstrahlung: Giesen, in: NZS 1996, 309 ff.
21 Siehe Anhang.
22 Gutachten des wissenschaftlichen Beirats beim Bundesministerium der Finanzen, S. 3.
23 Das gilt nicht für Art. 56 ff. EGV.

dass die Mitgliedstaaten ihre Selbstverpflichtung, die Grundfreiheiten bis zum Ende der Übergangszeit zu verwirklichen, nicht vollständig erfüllt hätten[25]. Der Binnenmarkt als jener „Raum ohne Binnengrenzen, in dem der freie Verkehr von Waren, Personen, Dienstleistungen und Kapital (...) gewährleistet ist" (Art. 14 II EGV) war seit jeher der Ort, an welchem sämtliche Grundfreiheiten voll entfaltet sind und sich dem gemäß voll entfalten können[26].

Vor allem die belgische und luxemburgische Regierung sowie die Regierung des Vereinigten Königreichs[27] haben in den Rechtssachen *Kohll* und *Decker* eingewendet, die Grundfreiheiten seien im Rahmen der sozialen Sicherungssysteme nicht anwendbar. Bedenken könnten sich in dreifacher Hinsicht ergeben[28]:

(1) Die Anwendung der Grundfreiheiten könnte durch den Grundsatz ausgeschlossen sein, dass die Schaffung und Gestaltung von sozialen Sicherheitssystemen und der aufgrund dieser gewährten Sozialleistungen in die Zuständigkeit der Mitgliedstaaten fällt.

(2) Art. 42 EGV i. V. m. der VO 1408/71 könnte als abschließende Spezialregelung anzusehen sein. Vor allem betreffen die Rechtsbeziehungen keine wirtschaftlichen Tätigkeiten; es handle sich vielmehr um soziale Tätigkeiten und deswegen sei die Voraussetzung für die Anwendung der Grundfreiheiten nicht erfüllt.

(3) Art. 22 der VO 1408/71 könnte als abgeleitetes Recht eine abschließende Sonderregelung für die Leistungserbringung im Ausland darstellen.

Zu der unter Punkt (1) genannten Begründung: Nach ständiger Rechtsprechung des Gerichtshofs soll zwar die Zuständigkeit der Mitgliedstaaten zur Ausgestaltung ihrer Systeme der sozialen Sicherheit unberührt bleiben[29]. In Ermangelung einer Harmonisierung auf Gemeinschaftsebene bestimmt somit das Recht eines jeden Mitgliedstaates, unter welchen Voraussetzungen zum einen ein Recht auf Anschluss an ein System der sozialen Sicherheit oder eine Verpflichtung hierzu und zum anderen ein Anspruch auf Leis-

---

24 EuGH, Urt. v. 3.12.1974, Rs. 33/74 (Van Binsbergen), Slg. 1974, 1299 (1311, Rn. 24/26); EuGH, Urt. v. 7.7.1976, Rs. 118/75 (Watson), Slg. 1976, 1185 (1197, Rn. 11/12); EuGH, Urt. v. 18.3.1980, Rs. 62/79 (Coditel), Slg. 1980, 881 (904, Rn. 17 ff.).
25 EuGH, Urt. v. 4.4.1974, Rs. 167/73 (Kommission/Frankreich), Slg. 1974, 359 (371 f., Rn. 36/40 f.); EuGH, Urt. v. 4.12.1974, Rs. 41/74 (van Duyn), Slg. 1974, 1337 (1350, Rn. 18/19); EuGH, Urt. v. 20.5.1992, Rs. C-106/91 (Ramrath), Slg. 1992, I-3351 (3384 f.; Rn. 27 ff.).
26 Eichenhofer, in: Grenzüberschreitende Behandlungsleistungen im Binnenmarkt, S. 1 (4).
27 Vgl. EuGH, Urt. v. 28.4.1998, Rs. C-158/96 (Kohll), Slg. 1998, I-1931 (1942, Rn. 16).
28 Vgl. zu den Bedenken: Becker, in: NZS 1998, 359 (360).
29 Vgl. EuGH, Urt. v. 7.2.1984, Rs. 238/82 (Duphar), Slg. 1984, 523 (540, Rn. 16); EuGH, Urt. v. 17.6.1997, Rs. C-70/95 (Sodemare), Slg. 1997, I-3395 (3433, Rn. 27); ebenso zuletzt: EuGH, Urt. v. 12.7.2001, Rs. C-157/99, (Smits u. Peerbooms), Rn. 44; noch nicht in der amtlichen Sammlung veröffentlicht; siehe „http://curia.eu.int".

tungen besteht³⁰. Daraus lässt sich aber nicht schließen, dass das Sozialrecht ein gemeinschaftsfreier Raum wäre³¹. Denn das Innehaben einer Kompetenz befreit im Gemeinschaftsrecht ebenso wenig wie im Verfassungsrecht von der Beachtung allgemeiner rechtlicher Vorgaben³².

Auch der zweite Grund ist vom EuGH als nicht überzeugend erachtet worden. In Art. 42 EGV wird die Koordinierung der mitgliedstaatlichen Sozialsicherungssysteme geregelt. Damit soll gerade die Freizügigkeit gewährleistet werden, die Ziel des Art. 42 EGV ist. Als abschließend könnte man die Regelung des Art. 42 EGV nur ansehen, wenn es sich um Tätigkeiten handelt, die nicht- wirtschaftlicher Art sind, sondern eine rein soziale Tätigkeit betreffen. Um eine wirtschaftliche Tätigkeit handelt es sich dann, wenn eine Leistung gegen Entgelt erbracht wird³³. Geht es um das Handeln mit medizinischen Produkten und um medizinische Leistungen, die erbracht werden, so steht fest, dass es sich um eine wirtschaftliche Tätigkeit handelt. Der EuGH musste sich bereits 1984 mit der Frage befassen, ob der freie Warenverkehr mit Arzneimitteln mit Rücksicht auf das finanzielle Gleichgewicht des Krankenversicherungssystems eines Mitgliedstaates eingeschränkt werden könnte. Er entschied damals, dass Maßnahmen der Mitgliedstaaten auf dem Gebiet der sozialen Sicherheit, die sich auf den Absatz medizinischer Erzeugnisse und mittelbar auf deren Einfuhrmöglichkeiten auswirken könnten, den Vorschriften des EG-Vertrages über den freien Warenverkehr unterlägen.³⁴ Der Gerichtshof hat beispielsweise in einer Entscheidung, die den Problemkreis der grenzüberschreitenden ärztlichen Behandlungsleistungen betraf, die Vorschriften über den freien Dienstleistungsverkehr angewendet³⁵. Im Einzelnen bleibt also zu prüfen, ob auch jede Art der Binnenmarkttätigkeit (wie zum Beispiel die Tätigkeiten der Sozialversicherungsträger) von den Grundfreiheiten gedeckt werden. Doch kann nicht kategorisch verneint werden, dass es im sozialrechtlichen Bereich wirtschaftlich orientierte Tätigkeiten gibt.

Auch der Umstand, dass nationale Maßnahmen teils schon einer Bestimmung des abgeleiteten Rechts – und zwar der VO 1408/71 – entsprechen, hat nicht zur Folge, dass sie nicht an den Bestimmungen des EG-Vertrages zu messen sind³⁶. Das Sekundärrecht ist ebenso an dem Primärrecht zu messen und kann somit diesem gegenüber nicht abschließend sein. Das ist auch schon an der Rechtsgrundlage der VO 1408/71, Art. 42 EGV, erkennbar, nach der die Freizügigkeit der Arbeitnehmer nach Art. 39 EGV sichergestellt werden soll. Außerdem hat der Gerichtshof in den Rechtssachen *Kohll* und *Decker* ausgeführt, dass sich der Vorschrift des Art. 22 VO 1408/71 – nach zweckgerichteter Aus-

---

30 EuGH, Urt. v. 24. 4. 1980, Rs. 10/79 (Coonan), Slg. 1980, 1445 (1458, Rn. 12); EuGH, Urt. v. 4.10.1991, Rs. C-349/87 (Paraschi), Slg. 1991, I-4501 (4524, Rn. 15); EuGH, Urt. v. 30.7.1997, verb. Rs. C-4/95 und 5/95 (Stöber und Piosa Pereira), Slg. 1997, 511 (545, Rn. 36).
31 Vgl. Schlussantrag des Generalanwalts Fennelly vom 6. Februar 1997 in der Rs. C-70/95 (Sodemare u.a.), Slg. 1997, I-3395 (3407 ff., Nr. 23 bis 30).
32 Becker, in: NZS 1998, 359 (361).
33 Roth, in: FS f. Steindorff, S. 1313 (1319).
34 EuGH, Urt. v. 7.2.1984, Rs. 238/82 (Duphar u.a.), Slg. 1984, 523 (541, Rn. 18).
35 Vgl. EuGH, Urt. v. 31.1.1984, verb. Rs. 286/82 und 26/83 (Luisi und Carbone), Slg. 1984, 377 (403, Rn. 16); EuGH, Urt. v. 4.10.1991, Rs. C-159/90 (Grogan), Slg. 1991, I-4685 (4738 f., Rn. 17 f.).
36 EuGH, Urt. v. 28.4.1998, Rs. C. 120/95 (Decker), Slg. 1998, I-1831 (1881, Rn. 27).

legung – nicht entnehmen lässt, nach welchen Voraussetzungen eine Kostenerstattung vorzunehmen ist[37].

2. Für die soziale Sicherung relevantes Sekundärrecht

a) Koordinierungsbefehl und Verordnungen

Die zentrale Vorschrift im Gesamtsystem sozialer Sicherheit ist Art. 42 EGV. Diese Norm erteilt der Gemeinschaft den Auftrag, ein Regelungssystem einzuführen, das auf dem Gebiet der sozialen Sicherheit die Arbeitnehmerfreizügigkeit flankiert[38]. Nach Art. 42 EGV soll dabei auch die „Zahlung der Leistungen an Personen, die in den Hoheitsgebieten der Mitgliedstaaten wohnen" gesichert werden (sog. Leistungsexport). In Ausführung dieser Verpflichtung sind im Sekundärrecht zwei Verordnungen[39] ergangen, nämlich einerseits die Verordnung des Rates Nr. 1408/71[40] über die Anwendung der Systeme der Sozialen Sicherheit auf Arbeitnehmer und Selbstständige sowie deren Familienangehörige, die innerhalb der Gemeinschaft zu- und abwandern[41], andererseits die Verordnung des Rates Nr. 574/72[42]. über die Durchführung der Verordnung (EWG) Nr. 1408/71[43]. Es handelt sich hierbei nicht um Vorschriften, die auf Harmonisierung[44] oder Standardisierung, d. h. auf Vereinheitlichung, Angleichung oder Annäherung der nationalen Sozialrechtsordnungen der Mitgliedstaaten gerichtet sind[45]. Vielmehr sind die Verordnungen Koordinierungsvorschriften[46], deren Ziel es ist, soziale Nachteile für die Wanderarbeitnehmer und sonstige Erwerbstätige wie Freiberufler zu verhindern, um

---

37 EuGH, Urt. v. 28.4.1998, Rs. C-120/95 (Decker), Slg. 1998, I-1831 (1882, Rn. 29); EuGH, Urt. v. 28.4.1998, Rs. C-158/96 (Kohll), Slg. 1998, I- 1931 (1944, Rn. 27).
38 Vgl. Huster, in: NZS 1999, S. 10 (10).
39 Eigenständig neben der klassischen EG-Rechtsetzungsaktivitäten (Verordnungen, Richtlinien) tritt die in Lissabon definierte offene Koordinierungsmethode. Diese Methode findet bereits in der Beschäftigungspolitik Anwendung. Bei dieser Methode werden sämtliche Akteure der Sozial- und Gesundheitspolitik in einen Prozess nach Art des „management by objectives" einbezogen und zugleich die Instrumente zur Politiküberwachung und -lenkung bereitgestellt. Die Methode umfasst beispielsweise die Feststellung von Leitlinien und Zielen für die Europäische Union, Umsetzung dieser europäischen Leitlinien in die nationale und regionale Politik durch die Vorgabe konkreter Ziele und den Erlass entsprechender Maßnahmen unter Berücksichtigung der nationalen und regionalen Unterschiede. Vgl. Langelüddeke/Michaelis, in: DAngVers 2001, Heft 7, S. 1 (3 f.).
40 Vorläufer der jetzigen VO 1408/71 war die bereits 1958 von der Europäischen Wirtschaftsgemeinschaft erlassene VO Nr. 3 über die Soziale Sicherheit der Wanderarbeitnehmer vom 25. September 1958, ABl. 1958, Nr. 30/561 und VO Nr. 4 zur Durchführung und Ergänzung der Verordnung Nr. 3 über die Soziale Sicherheit der Wanderarbeitnehmer vom 3.12.1958, ABl. 1958, Nr. 30/597.
41 Im Folgenden: VO 1408/71.
42 Im Folgenden: VO 574/72.
43 Seit 1. Juni 2002 ist die VO 1408/71 auch für die Schweiz anwendbar sein. Vgl. dazu: Petersen, in: DAngVers 2002, 81 ff.
44 Zum Begriff der „Harmonisierung" siehe Pieters, in: ZIAS 1991, 72 (78).
45 Vgl. Urmoneit, Internationale Kontrolle mitgliedstaatlicher Verpflichtungen im Bereich des Sozialrechts, S. 139.
46 Resch, in: NZS 1996, 603 (603); Bieback, in: SDSRV 36, S. 51 (52); vgl. zur Unterscheidung von Harmonisierung und Koordinierung: EuGH, Urt. v. 5.7.1967, Rs. 9/67 (Colditz), Slg. 1967, 307 (319 ff.); Eichenhofer, in: EAS, B 1200, Rn. 25.

dadurch die Freizügigkeit zu gewährleisten[47]. Sie sind also darauf gerichtet, ein Nebeneinander der verschiedenen Sozialversicherungssysteme zu ermöglichen, ohne dass durch die Berührung von zwei oder mehr dieser Systeme betroffene Personen darunter zu leiden haben. Dieses Ziel wird durch Überleitungsvorschriften von einem Sozialversicherungssystem in ein anderes erreicht[48], weswegen diese Normen auch „Kupplungsnormen" genannt werden[49].

Nun gehören nicht alle Leistungen, denen ein sozialer Charakter zukommt, zur sozialen Sicherheit i.S.d. VO 1408/71; insbesondere schließt sie beispielsweise gemäß Art. 4 IV VO 1408/71 die Sozialhilfe aus. Doch für diese enthält das Gemeinschaftsrecht eine Regelung in Art. 39 II EGV, der vorschreibt, dass Wanderarbeitnehmer nicht aufgrund ihrer Staatsangehörigkeit diskriminiert werden dürfen. Dies ist sekundärrechtlich durch die Freizügigkeitsverordnung VO 1612/68 umgesetzt worden.

b) Wirkung der Verordnung

Gem. Art. 249 EGV gelten Verordnungen allgemein. Unter allgemeiner Geltung versteht der EuGH, dass der betreffende Rechtsakt „auf objektiv bestimmte Sachverhalte anwendbar ist und Rechtswirkungen für allgemein und abstrakt umrissene Personengruppen zeitigt"[50].

Es kommt also maßgeblich auf die Allgemeinheit sowohl in Bezug auf die betroffenen Anwendungsfälle als auch auf die angesprochenen Personenkreise an. Sie sind in allen ihren Teilen verbindlich. Weiterhin gelten sie unmittelbar, indem sie ohne die Mitwirkung der nationalen Legislativorgane, insbesondere also ohne Transformationsakt, in allen Mitgliedstaaten wirksam sind (sog. Durchgriffswirkung[51])[52]. Außerdem geht eine Verordnung (sekundäres Gemeinschaftsrecht) als supranationales Recht, dessen einheitliche Auslegung durch den Europäischen Gerichtshof sichergestellt wird, jeglichem nationalem Recht der Mitgliedstaaten vor mit der Folge, dass der Einzelne vor inner-

---

47 Neumann-Duesberg, in: Wechselwirkungen zwischen dem Europäischen Sozialrecht und dem Sozialrecht der Bundesrepublik Deutschland, S. 83 (83); V. Maydell, in: KrV 1990, 190 ff.; Scheuer, in: Lenz, EG-Vertrag, Art. 42, Rn. 1.
48 Vgl. M. Everling, in: Die Krankenversicherung in der Europäischen Union, S. 72 (73, 80); Chardon, in: Coordination of social security schemes, S. 43 (46).
49 Clever, in: DRV 1996, 283 (286); auch in: ZfSH/SGB 1996, 337 (341).
50 Vgl. EuGH, Urt. v. 13.5.1971, Rs. 41-44/70 (International Fruit Company), Slg. 1971, 411 (422, Rn.15 f., 22); Urt. v. 5.5.1977, Rs. 101/76 (Koninklijke Scholten Honig), Slg. 1977, 797 (806, Rn. 8/11 u. 808, Rn. 23/25); Urt. v. 26.2.1981, Rs. 64/80 (Giuffridaund und Campogrande), Slg. 1981, 693 (703 Rn.6); Urt. v. 30.9.1982, Rs. 242/81 (Roquette Frères), Slg. 1982, 3213 (3230, Rn. 6 f.).
51 Lutz/App, in: SGb 1993, 501 (502).
52 Vgl. dazu EuGH, Urt. v. 7.2.1973, Rs. 39/72 (Kommission/Italien), Slg. 1973, 101 (113, Rn. 17); Urt. v. 31.1.1978, Rs. 94/77 (Zerbone), Slg. 1978, 99 (115, Rn. 22,27). In ständiger Rechtsprechung (vgl. EuGH, Urt. v. 14.12.1971, Rs. 43/71 (Politi), Slg. 1971, 1039 (1049, Rn. 9); Urt. v. 17.5.1972, Rs. 93/71 (Leonesio), Slg. 1972, 287 (294, Rn. 5,6)) hat der EuGH hierzu festgestellt, dass die Verordnung „schon nach ihrer Rechtsnatur und Funktion im Rechtsquellensystem des Gemeinschaftsrechts (...) unmittelbar Wirkung (erzeugt) und als solche geeignet (ist), für die einzelnen Rechte zu begründen, zu deren Schutz die nationalen Gerichte verpflichtet sind". Vgl. auch: Spiegel, in: Soziale Sicherheit (Wien) 1998, 665 (665).

staatlichen Instanzen und insbesondere auch vor seinen nationalen Gerichten sich unmittelbar darauf berufen kann[53].

c) Persönlicher Geltungsbereich

Der persönlichen Anwendungsbereich[54] der Verordnung ist gem. Art. 2 VO 1408/71 gegeben, wenn folgende drei Bedingungen erfüllt sind:
(1) Die Verordnung gilt für Arbeitnehmer[55] und Selbstständige sowie für deren Familienangehörige[56] und Hinterbliebene.
(2) Für den Erwerbstätigen müssen die Rechtsvorschriften mindestens eines Mitgliedstaates gelten oder gegolten haben.
(3) Der Erwerbstätige muss Staatsangehöriger eines der Mitgliedstaaten sein, was sich nach den nationalen Vorschriften richtet.

Dazu gibt es eine wichtige Ausnahme: Art. 22 a) VO 1408/71 bestimmt, dass alle Versicherten und deren Angehörige einen Anspruch auf eine unaufschiebbare ärztliche Behandlung im EU-Ausland haben.

Diese Ausnahme deutet schon den sich entwickelnden, erweiternden persönlichen Anwendungsbereich der VO 1408/71 an. Längst geht es nicht mehr allein um den Arbeitnehmer, auf den die VO 1408/71 ausgerichtet war. Vielmehr ist der Kreis der erfassten Personen auf andere Gruppen (Auszubildende, Familienangehörige, Arbeitsuchende) erweitert worden. Vor allem die Arbeitnehmerfreizügigkeit entwickelte sich in eine Bürgerfreizügigkeit, wie sie in Art. 18 EGV angedeutet ist[57]. In dem Urteil *Martinez Sala*[58]

---

53 Bieback, SDSRV, Nr. 36, S. 7 (19); Schulte, in: EuR - Beiheft 1 - 1990, 35 (43), ders. in: SRH, Kap. 32, S. 1527 f., Rn. 13. Die europarechtliche Verordnung ist national mit der Form eines „Gesetzes" im nationalen Recht vergleichbar, vgl. Schulte, Zukunftsperspektiven des Europäischen Sozialrechts, S. 45 (70).
54 Zu speziellen Problemen des persönlichen Anwendungsbereichs, vgl. Stahlberg, Europäisches Sozialrecht, S. 194 ff., Rn. 307 ff.
55 Der Begriff des Arbeitnehmers und des Selbstständigen wird in Art. 1 lit. a) VO 1408/71 definiert, der vom sozialversicherungsrechtlichen Begriff des Arbeitnehmers und Selbstständigen ausgeht. Vgl. Brechmann, in: Calliess/Ruffert, EUV/EGV, Art. 42, Rn. 4.
56 Drittstaatsangehörige, die in einem Mitgliedstaat rechtmäßig versichert sind, sind aus dem Geltungsbereich der Verordnung ausgeschlossen. Sie fallen nur darunter, wenn sie Familienangehörige oder Hinterbliebene eines erwerbstätigen Unionsbürgers sind. Vielfach wird vertreten, dass eine Erweiterung des persönlichen Geltungsbereichs der VO 1408/71 auch auf Drittstaatsangehörige mit Wohnsitz bzw. gewöhnlichen Aufenthalt im Gebiet des Mitgliedstaates begrüßenswert wäre; vgl. Schuler, in: Wechselwirkungen zwischen dem Europäischen Sozialrecht und dem Sozialrecht der Bundesrepublik Deutschland, S. 153 (155); Neumann, in: Wechselwirkungen zwischen dem Europäischem Sozialrecht und dem Sozialrecht der Bundesrepublik Deutschland, S. 83 (84). Nach dem Verordnungsvorschlag KOM (1998) 559 endg., in: Abl. Nr. 38/1999, S. 10 können sich auch Personen, die in den Rechtsvorschriften eines Mitgliedstaats erfasst sind, darauf berufen. Daher wird ein Angehöriger eines Drittstaates unter diese Rechtsvorschriften fallen, sofern er in dem entsprechenden System eines Mitgliedstaats versichert ist. Siehe zu diesem Problemkreis, vor allem im Hinblick auf die Frage, wie zu verfahren ist, wenn neuere Abkommen wie zum Beispiel das Abkommen zwischen Deutschland und Finnland über soziale Sicherheit vom 28.4.1997 Drittstaatsangehörige erfassen, Laïs, in: Freizügigkeit und Soziale Sicherheit, S. 125 (126 f.).
57 Vgl. hierzu: Graser, in: ZIAS 2000, 336 (338).

Sala[58] hat der EuGH erstmals der Unionsbürgerschaft hinsichtlich der sozialen Sicherheit direkte Wirkung zuerkannt. In dieser Rechtssache prüfte der Gerichtshof zunächst nicht die Arbeitnehmereigenschaft der Klägerin, um einen Anspruch aus der VO 1408/71 oder der VO 1612/68 herzuleiten, sondern er beschäftigte sich im Bezug auf die Anspruchsprüfung[59] ausschließlich mit den Auswirkungen der Unionsbürgerschaft. Dies führt zu einer Aufweichung des persönlichen Anwendungsbereichs der VO 1408/71. Außerdem lässt sich zur Unterstützung dieser These das Urteil *Elsen*[60] heranführen. In dieser Rechtssache machte der Gerichtshof deutlich, dass auch Art. 18 EGV als Rechtsgrundlage der VO 1408/71 heranzuziehen ist, indem er ausführte: „Hinzu kommt, dass die u. a. auf der Grundlage des Art. 51 EGV erlassene VO 1408/71 selbst einige Bestimmungen enthält, die den Bezug der vom zuständigen Staat zu erbringenden Leistungen der sozialen Sicherheit auch für den Fall sichern sollen, dass der Versicherte, der ausschließlich in seinem Herkunftsstaat gearbeitet hat, in einem anderen Mitgliedstaat wohnt oder seinen Wohnort dorthin verlegt. Diese Bestimmungen tragen nicht nur zur Gewährleistung der Freizügigkeit der Arbeitnehmer nach Art. 48 EGV (nach Änderung jetzt Art. 39 EG), sondern auch zur Gewährleistung der Freizügigkeit der Unionsbürger in der Gemeinschaft nach Art. 8 a EGV bei."[61]

d) Sachlicher Geltungsbereich

Die VO 1408/71 ist nur dann anwendbar, wenn die fragliche Leistung in den sachlichen Geltungsbereich fällt. Art. 4 I VO 1408/71 präzisiert, dass sie für alle Rechtsvorschriften über Zweige der sozialen Sicherheit gelten, die folgende in Art. 4 VO 1408/71 aufgezählten Leistungsarten betreffen. Ausgeschlossen ist ausdrücklich die Sozialhilfe[62]. Gerade im Hinblick auf den sachlichen Anwendungsbereich stellen sich spezifische Fragen je nach Versicherungszweig, beispielsweise welcher Leistungsart die Pflegeversicherung zuzuordnen ist, die nicht explizit in Art. 4 I VO 1408/71 genannt ist[63].

e) Inhalt der VO 1408/71 bezüglich des Leistungsexports

Die Verordnung regelt den Leistungsexport zunächst in Art. 10 VO 1408/71: „Die Geldleistungen bei Invalidität, Alter oder für die Hinterbliebenen, die Renten bei Arbeitsunfällen oder Berufskrankheiten und die Sterbegelder, auf die nach den Rechtsvorschriften eines oder mehrerer Mitgliedstaaten Anspruch erhoben worden ist, dürfen, sofern in dieser Verordnung nichts anderes bestimmt ist, nicht deshalb gekürzt, geändert, zum

---

58 EuGH, Urt. v. 12.5.1998, Rs. C-85/96, Slg. 1998, I-2708 ff.
59 Der Gerichtshof prüfte im Rahmen dieses Vorabentscheidungsverfahrens zunächst, ob das Erziehungsgeld unter VO 1408/71 und VO 1612/68 fällt und anschließend beschäftigte er sich mit der Frage, ob eine Arbeitnehmereigenschaft i. S. d. VO 1408/71 oder der VO 1612/68 vorliegt. Bei der vierten, entscheidenden Frage, ob das Gemeinschaftsrecht es einem Mitgliedstaat verbietet, die Gewährung von Erziehungsgeld an Angehörige anderer Mitgliedstaaten von der Vorlage einer förmlichen Aufenthaltserlaubnis abhängig zu machen, prüfte der EuGH nach Bejahung der Unionsbürgerschaft sogleich einen Verstoß gegen das Diskriminierungsverbot nach Art. 12 EGV, ohne zuvor den Fall an der VO 1408/71 oder VO 1612/68 zu untersuchen. Vgl. EuGH, Urt. v. 12.5.1998, Rs. C-85/96 (Martínez Sala), Slg. 1998, I-2708 (2772 ff., Rn. 46 ff.).
60 EuGH, Urt. v. 23.11.2000, Rs. C-135/99, noch nicht in der amtlichen Sammlung veröffentlicht; siehe „http://curia.eu.int".
61 EuGH, Urt. v. 27.11.2000, Rs. C-135/99, S. 7.
62 Siehe zu einzelnen Abgrenzungsproblemen ausführlich 5. Teil, D. I. 3.
63 Siehe 3. Teil, D. II.

Ruhen gebracht, entzogen oder beschlagnahmt werden, weil der Berechtigte im Gebiet eines anderen Mitgliedstaates als des Staates wohnt, in dessen Gebiet der zur Zahlung verpflichtete Träger seinen Sitz hat."

Die Vorschrift besagt also zum einen, dass Ansprüche auch bei Verlegung des Wohnorts in einen anderen Mitgliedstaat erhalten bleiben, zum anderen, dass der Erwerb eines Anspruchs nicht allein deshalb versagt werden darf, weil der Anspruchsberechtigte nicht in dem Staat wohnt, in dem der verpflichtete Träger seinen Sitz hat[64]. Dieses Exportgebot betrifft nicht nur die Auszahlung eines während der Wohnzeit im Leistungsstaat erworbenen Anspruchs, sondern auch den Erwerb selbst, also etwa die Zuerkennung eines Anspruchs, obwohl der Berechtigte bereits in einem anderen als dem Leistungsstaat wohnt[65].

Art. 10 VO 1408/71 erfasst aber nicht alle Leistungen. Er beschränkt das Gebot des Leistungsexportes zum einen auf Geldleistungen und zum anderen sind bestimmte Leistungsarten in Art. 10 VO 1408/71 nicht genannt. Für die von Art. 10 VO 1408/71 nicht erfassten Leistungen enthält Titel III der Verordnung zahlreiche Spezialvorschriften.

Die Europäische Kommission verpflichtete sich 1997 mit ihrem „Aktionsplan zur Förderung der Freizügigkeit der Arbeitnehmer"[66] dazu, einen Vorschlag zur Modernisierung der VO 1408/71 noch 1998 vorzulegen. Im Dezember 1998 kam sie dieser Verpflichtung nach[67]. Diese Verordnung soll die VO 1408/71 ersetzen und wesentliche Änderungen bringen, da die derzeit geltende Verordnung nach Ansicht von Kritikern nicht mehr geeignet sei, sämtliche Schwierigkeiten der Praxis zu lösen.[68]

Speziell zu der Frage des Leistungsexportes sieht der Vorschlag in Art. 5 der neuen Verordnung vor, dass die Ansprüche gewahrt werden, auch dann, wenn die betreffende Person in einem anderen Mitgliedstaat wohnt. Diese Vorschrift ist mit der jetzigen Vorschrift des Art. 10 I VO 1408/71 wortgleich und würde insoweit keine Veränderungen bringen.

III. Sonstiges internationales Sozialrecht

Mit fast allen Mitgliedstaaten der Union hatte Deutschland bereits bilaterale Sozialversicherungsabkommen[69], bevor das Europäische Gemeinschaftsrecht im Verhältnis zu diesen Staaten zur Anwendung kam. Dieses Problem wird sich nun auch wieder erneut mit der Osterweiterung der EU stellen. Da eines der Kernthemen dieser Abkommen zum Beispiel auch Fragen des Leistungsexportes betrifft, kann es zu Überschneidungen zwischen Abkommens- und Verordnungsrecht kommen. Die Frage ist nun, in welchem Verhältnis steht das Gemeinschaftsrecht zu diesen Abkommen, die mit Wirksamwerden

---

64 Vgl. EuGH, Urt. v. 10.6.1982, Rs. 92/81 (Camera) Slg. 1982, 2213 (2224, Rn. 14).
65 Vgl. EuGH, Urt. v. 10.6.1982, Rs. 92/81 (Camera) Slg. 1982, 2213 (2224, Rn. 14).
66 KOM (1997) 586 endg.
67 KOM (1998) 779 endg., in: Abl. Nr. C 38/1999, S. 10.
68 FAZ 19.2.1999, Titel: „Neue europäische Verordnung zur sozialen Sicherheit geplant".
69 Vgl. die ausführliche Zusammenstellung mit Änderungen: Reichert, in: BArbBl. (Heft 2) 1994, 20 ff.

des Gemeinschaftsrechts nicht aufgehoben[70] worden sind? Grundsätzlich werden zwischenstaatliche Sozialversicherungsabkommen durch die VO 1408/71 verdrängt (Art. 6 VO 1408/71), soweit der persönliche und sachliche Geltungsbereich identisch ist. Diese Aufhebung der Anwendbarkeit der Abkommen über soziale Sicherheit soll gewährleisten, dass das System der VO 1408/71 nicht durch zwischenstaatliche Abkommen überlagert und der gewährleistete Schutz nicht durch anderslautende Rechtsakte in Frage gestellt wird[71]. Art. 7 VO 1408/71 nennt Ausnahmen zu diesem Grundsatz. Eine wichtige ist in Art. 7 II lit. c) VO 1408/71 genannt: Wenn die Sozialversicherungsabkommen, die weiterhin Geltung haben sollen, ausdrücklich im Anhang III der VO 1408/71 aufgeführt sind, soll weiterhin das Abkommen gültig sein.

Wie verhält es sich nun, wenn die Abkommen im Einzelfall zu günstigeren Ergebnissen führen als das Gemeinschaftsrecht? Nach der umfangreichen Rechtsprechung des EuGH zu Art. 6 VO 1408/71[72] ist das Günstigkeitsprinzip aus der *Petroni*-Entscheidung[73] auch auf frühere Sozialversicherungsabkommen zwischen den Mitgliedstaaten anzuwenden[74]. Nach Auffassung des EuGH lassen es Art. 39 II EGV und Art. 42 EGV als Vorschriften des primären Gemeinschaftsrecht nicht zu, dass Arbeitnehmer in der Vergangenheit entstandene Vergünstigungen deshalb verlieren, weil in das nationale Recht eingeführte Abkommen zwischen Mitgliedstaaten aufgrund des Inkrafttretens der VO 1408/71 unanwendbar geworden sind.

Mitgliedstaaten können untereinander auch neue Abkommen schließen, soweit deren Regelungsgegenstand und Umfang mit dem Gemeinschaftsrecht vereinbar ist[75]. So wäre es beispielsweise unzulässig, dass zwei Staaten ein Abkommen miteinander schließen, das – entgegen der Vorschrift des Art. 10 VO 1408/71 – den vollen Rentenexport zwischen ihnen beeinträchtigen würde.[76]

Demnach kann hier bei der Frage des Leistungsexportes im europäischen Sozialrecht allein auf die VO 1408/71 als sekundärrechtliches Regelungswerk abgestellt werden, da die Verordnung für alle Mitgliedstaaten als maßgebliches Minimum angesehen werden muss.

---

70 Dies ist bewusst geschehen, insbesondere, weil der persönliche Geltungsbereich der Abkommen häufig über denjenigen des Gemeinschaftsrechts hinausgeht; vgl. Bokeloh, in: DRV 1995, 667 (669); ders. in: DAngVers 1996, 245 (246).
71 Steinmeyer, in: Nomos Kommentar, Art. 6 Rn. 3.
72 Vgl. entscheidend: EuGH, Urt. v. 7.2.1991, Rs. C-227/89 (Rönfeldt), Slg. 1991, I-323 (341 Rn. 14); einschränkend: EuGH, Urt. v. 9.11.1995, Rs. C-475/93 (Thévon), Slg. 1995, I-3813 (3840, Rn. 26 f.); bestätigt in: EuGH, Urt. v. 7.5.1998, Rs. C-113/96 (Rodriguez), Slg. 1998, I-2461 (2495, Rn. 38 ff.).
73 Vgl. EuGH, Urt. v. 21.10.1975, Rs. 24/75 (Petroni), Slg. 1975, 1149 (1160 f., Rn. 14, 17-20).
74 Diese Rechtsprechung ist zunächst heftig kritisiert worden; selbst eine Änderung des Art. 51 EWGV (jetzt: Art. 42 EGV) wurde erwogen; vgl. dazu: Langer-Stein, in: ZSR 1991, 480 (485 f.).
75 Schulte, in: Freizügigkeit und Soziale Sicherheit, S. 39 (52).
76 Vgl. allgemein zum Verhältnis: Bokeloh, in: DAngVers 1996, 245 ff.; ders., in: DRV 1995, 667 ff.; Stahlberg, Europäisches Sozialrecht, S. 190 ff., Rn. 301 ff.

2. Teil: Gesetzliche Krankenversicherung

In einem kurzen Überblick wird dargestellt werden, welches System[77] die einzelnen Länder zur Absicherung des Krankheitsfalls gewählt haben und was sie im Einzelnen leisten. Ziel der Darstellung[78] soll sein, die Unterschiede, aber auch die Gemeinsamkeiten in den einzelnen Systemen aufzuzeigen, um die weitergehende Problematik nachvollziehen zu können[79].

A. Allgemeiner Überblick über die Absicherungssysteme im Krankheitsfall in der EU

Eine einheitliche europäische Gesundheitspolitik gibt es nicht. Bisher existieren in der EU 15 unterschiedliche gesetzliche Krankenversicherungssysteme, die historisch und wirtschaftlich auf der konkreten Situation für die eigene Bevölkerung in Jahrzehnten gewachsen sind. Unabhängig von ihrer sozialen Lage haben alle Mitgliedstaaten Vorkehrungen getroffen, damit kranke Bürger ärztlich behandelt werden können. Dennoch gibt es trotz dieses gemeinsamen Nenners viele Unterschiede, die systematisch zusammengefasst werden sollen:

- *Nationale Gesundheitsdienste oder gesetzliche Krankenkassen*

Idealtypisch lassen sich in Europa[80] zwei Gesundheitssysteme unterscheiden[81]: zum einen der nationale Gesundheitsdienst, wofür der nach dem Zweiten Weltkrieg in Großbritannien eingeführte staatliche Gesundheitsdienst Pate stand, und zum anderen die gesetzliche Krankenversicherung. Die nationalen Gesundheitsdienste scheinen sich allmählich durchzusetzen. Sie bestehen in Großbritannien (seit 1948), in Schweden (seit 1962), in Irland (seit 1971), in Finnland (seit 1972), in Dänemark (seit 1973), in Portugal (seit 1979), in Italien (seit 1980), in Griechenland (seit 1983) und in Spanien (seit 1983). Die gesetzliche Krankenversicherung ist hingegen in Deutschland, Belgien, den Niederlanden, Luxemburg, Frankreich und Österreich zu finden.

---

77 Hier wird nur auf die gesetzlichen Systeme der Absicherung im Krankheitsfall eingegangen und somit bleiben die Privatversicherungen unberücksichtigt.
78 Dabei wird auf folgende Quellen zurückgegriffen: Europäische Kommission, Missoc; BMA, Euroatlas; Knieps, in: G+G (Heft 11)1998, 34 ff.; V. Sohns, in: Kompass 1999, 126 ff.; Institut der deutschen Wirtschaft, Sozialraum Europa; Deutsche Sozialversicherung, Sozialschutzsysteme in Europa; Europäische Kommission, Soziale Sicherheit in Europa; Leienbach, in: BKK 1993, 36 (38 f.).
79 Ausführungen zu den einzelnen Systemen sozialer Sicherheit finden sich im Anhang.
80 Daneben gibt es noch das Privatversicherungsmodell, das weitgehend in den USA praktiziert wird und in Europa bisher nur als Zusatzversicherung oder für bestimmte Personengruppen, nicht aber als breite Gesundheitsversorgung existiert.
81 Vgl. Langer, in: NZS 1999, 537 (537 ff.), unterscheidet drei Krankenversorgungssysteme: Sog. reine Versicherungsmodelle (Bsp.: Luxemburg), staatliche Gesundheitssysteme (Bsp.: Großbritannien) und die sog. Mischsysteme (Bsp.: Deutschland).

- *Sachleistungs- oder Kostenerstattungsprinzip*
In den Ländern mit gesetzlichen Krankenkassen gibt es je nach Tradition das Sachleistungs- oder das Kostenerstattungsprinzip. Das so genannte Sachleistungsprinzip besagt, dass Leistungen – wie in den Ländern mit staatlichem Gesundheitsdienst – (von einer gewissen Selbstbeteiligung abgesehen) kostenfrei sind. In diesem Fall bekommen die Versicherten von ihrer Kasse einen Krankenschein oder eine Mitgliedskarte ausgehändigt, die sie dazu berechtigt, die Dienste von Ärzten und Krankenhäusern unentgeltlich in Anspruch zu nehmen sowie Arzneien, Heil- und Hilfsmittel auf Rezept im Wesentlichen kostenfrei zu beziehen. Die Kassen rechnen auf dieser Basis direkt mit den Leistungserbringern ab. Dieses Prinzip gilt vor allem in Deutschland, Österreich und den Niederlanden.

Nach dem Kostenerstattungsprinzip (es gilt überwiegend in Frankreich, in Belgien und in Luxemburg) haben die Versicherten zunächst die von ihnen in Anspruch genommenen medizinischen Leistungen zu bezahlen. Die entstandenen Kosten werden sodann voll oder gemäß den von der Kasse festgelegten Tarifen und unter Berücksichtigung einer eventuellen Selbstbeteiligung erstattet. Geht man von dem im deutschen System vorherrschenden Dreiecksverhältnis aus, so ergibt sich – auf die anderen Gesundheitssysteme übertragen – folgendes Bild[82]:

Ist der Versicherungsträger zur Kostenerstattung verpflichtet, so werden regelmäßig keine Rechtsbeziehungen zwischen dem Leistungsträger und dem Leistungserbringer begründet, wie dies auch im Privatversicherungsrecht der Fall ist. Es bestehen lediglich zwei unabhängige vertragliche Beziehungen, nämlich ein Rechtsverhältnis zwischen dem versicherten Patienten und der Versicherung einerseits und dem versicherten Patienten und dem Leistungserbringer andererseits.

Besteht ein Sachleistungsprinzip, so müssen die Leistungsträger mit den Leistungserbringern Verträge abschließen, die sicherstellen, dass die Versicherten ihre Leistungen erhalten. Die Ausgestaltung kann auf öffentlich-rechtlichen (wie in Deutschland) oder auch auf privatrechtlichen Verträgen beruhen.

In den Mitgliedstaaten, in denen nationale Gesundheitsdienste als Absicherung gewählt wurden, gibt es ebenso private Leistungsträger, die die Leistungen erbringen[83]. Also gibt es auch hier eine Beziehung zwischen Leistungsträger und Leistungserbringer.

Fazit: Neben das Sozialleistungsverhältnis tritt regelmäßig ein Leistungserbringungsverhältnis[84].

- *Selbstbeteiligung*
Nur wenige Länder kennen praktisch keine Selbstbeteiligung bei den Arzt- und Krankenhauspflegekosten: Griechenland, Spanien und Großbritannien; dazu zählen mit klei-

---

82 Vgl. dazu: V. Maydell, in: VSSR 1999, 3 (6).
83 Schulte, in: ZIAS 1998, 342 (356).
84 V. Maydell, in: VSSR 1999, 3 (6).

nen Einschränkungen auch Deutschland, Irland und Italien. Bei den Arzneimitteln haben die meisten EU-Länder eine mehr oder minder große Selbstbeteiligung.

- *Entgeltfortzahlung im Krankheitsfall*
Die Entgeltfortzahlung im Krankheitsfall ist in allen Ländern gesichert; d. h. die Arbeitnehmer haben einen Anspruch darauf, dass ihnen Lohn oder Gehalt bei Erkrankung weiter gezahlt wird.

- *Finanzierung*
In vielen Staaten gibt es inzwischen ein gemischtes Finanzierungsmodell[85]. Das bedeutet, dass die Systeme durch Arbeitnehmer- bzw. Arbeitgeberbeiträge und staatliche Zuschüsse finanziert werden. Die Finanzierung der staatlichen Gesundheitssysteme erfolgt (fast) ausschließlich aus öffentlichen Mitteln. Dagegen werden die gesetzlichen Krankenversicherungen überwiegend durch die Beiträge der Versicherten und der Arbeitgeber finanziert.

Tabelle zu den Leistungen innerhalb der einzelnen Modelle[86]:

Nationaler Gesundheitsdienst	Gesetzliche Krankenversicherung
Öffentliche Leistungserbringung	Ambulante Leistungen: privat Stationäre Leistungen: privat und staatliche Krankenhäuser
Beim Staat angestellte Ärzte	Freiberufliche Ärzte, Apotheker; Privatrechtliche Abrechnung mit den Kassen, denen die Leistungserbringung obliegt
Zugang zum Facharzt meist über Allgemeinarzt	Meist kein „Türwächtersystem"
Sicherung der gesamten Bevölkerung	Gruppenspezifische Pflichtversicherung und mögliche freiwillige Krankenversicherung
Steuerfinanzierung (z. T. Mischfinanzierung)	Finanzierung durch Arbeitgeber- und Arbeitnehmerbeiträge
Wenig Selbstbeteiligung	Relativ viel Selbstbeteiligung
Befristete Entgeltfortzahlung im Krankheitsfall durch Arbeitgeber	Befristete Entgeltfortzahlung im Krankheitsfall durch Arbeitgeber
Lohnersatz durch Sozialversicherung	Krankengeld von Krankenversicherung
Organisation: Verwaltung durch Staat	Selbstverwaltung durch Körperschaften

---

85 Übersicht hierzu vgl. Knieps, in: G+G (Heft 11), 1998, 34 (35).
86 Vgl. zu folgender Tabelle: Stahlberg, Europäisches Sozialrecht, S. 227, Rn. 360.

Tabelle zu den grundsätzlichen Organisationsformen:

Nationaler Gesundheitsdienst	Gesetzliche Krankenversicherung
GB, IRL, DK, S, FIN, P, E	D, B, NL, L, F, A
Unentgeltliches Sachleistungsprinzip	Unterscheidung zwischen: • Sachleistungsprinzip in A, D, NL • Kostenerstattungsprinzip in B, F, L

B. Die deutsche gesetzliche Krankenversicherung

Bei dem deutschen System der gesetzlichen Krankenversicherung handelt es sich um ein final ausgerichtetes Sozialversicherungssystem, das heißt, dass nicht nach den Ursachen des leistungsauslösenden Zustandes – wie das zum Beispiel bei der Unfallversicherung der Fall ist – gefragt wird[87]. Überdies beruht es auf einem zwangsweise organisierten kollektiven System (vgl. § 5 SGB V) und die Höhe der Beiträge ist einkommensabhängig (vgl. § 226 SGB V). Das bedeutet, dass grundsätzlich alle Arbeitnehmer bis zu einer bestimmten Einkommensgrenze sowie bestimmte Personengruppen (Auszubildende, Studenten, Künstler, Bezieher von Arbeitslosenleistungen und Rentner) pflichtversichert sind. Personen unterhalb einer bestimmten Einkommensgrenze sind versicherungsfrei. Die gesetzliche Krankenversicherung erfasst Sach- und Geldleistungen bei Krankheit und Mutterschaft. Zuständig für die Krankenversicherung ist das Bundesgesundheitsministerium. Träger der gesetzlichen Krankenversicherung sind die Krankenkassen. Es besteht ein Kassenwahlrecht der Versicherten.

Grundsätzlich gilt das Sachleistungsprinzip. Dieses Prinzip besagt zum einen, dass die Leistungspflicht des Versicherungsträgers grundsätzlich nicht in der Form der Kostenerstattung (für eine vom Versicherten selbst beschaffte Behandlung) erfüllt wird, sondern dem versicherten Arbeitnehmer die notwendigen Sach- und Dienstleistungen zur Verfügung gestellt werden. Zum anderen ist das Sachleistungsprinzip dadurch gekennzeichnet, dass die Leistungen nicht unmittelbar vom staatlichen Träger erbracht werden, sondern mittelbar[88] im Wege der Einschaltung von Leistungserbringern[89]. Deshalb sind Dreiecksbeziehungen[90] kennzeichnend für den Markt von Gesundheitsleistungen[91]. Dabei haben die Krankenkassen die Position des Leistungsträgers und des Nachfragers nach Gesundheitsleistungen, die Versicherten die der Leistungsempfänger. Das Verhält-

---

87 Vgl. Ost/Mohr/Estelmann, Grundzüge des Sozialrechts, S. 95.
88 Es handelt sich um einen Fall der unmittelbaren Leistungserbringung, wenn die Leistungen von den Nationalen Gesundheitsdiensten erbracht werden.
89 BSG, Urt. v. 16.12.1993, RK 5/92; BSGE 73, 271 (273).
90 Vgl. Wallerath, in: VSSR 1997, 215 (219, 235 ff.).
91 Zu den Vertragsstrukturen eingehend: V. Maydell, in: DB 1985, 276 ff.; Heinze, in: SGb 1990, 173 ff.; Schmitt, Leistungserbringung durch Dritte, S. 12, 230 ff.

nis zwischen Versicherten und Leistungsempfängern ist ein öffentlich-rechtliches Sozialleistungsverhältnis[92].

Skizze zu den Leistungsbeziehungen im deutschen Krankenversicherungsrecht:

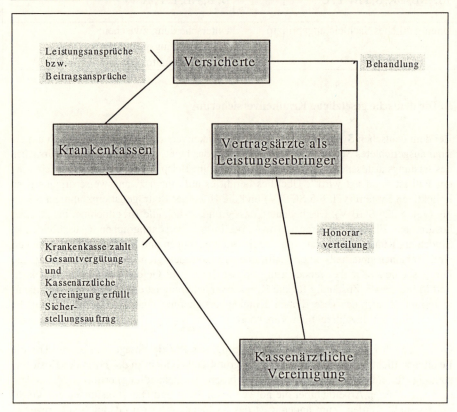

Im ambulanten Bereich tritt die Krankenkasse – anders als bei den Krankenhäusern – nicht in eine unmittelbare Rechtsbeziehung zu den Vertragsärzten. Zwischen beiden steht vielmehr die Kassenärztliche Vereinigung als öffentlich-rechtliche Körperschaft, deren Mitglieder die in ihren Zuständigkeitsbereich fallenden Vertragsärzte sind[93]. Die Kassenärztliche Vereinigung erhält eine Gesamtvergütung von den Krankenkassen und übernimmt die Honorarverteilung an die zugelassenen Vertragsärzte (vgl. § 85 SGB V). Gem. § 109 SGB V sind zur stationären Versorgung der Versicherten allein vertraglich zugelassene Krankenhäuser berechtigt. Nichts anderes gilt für die Leistungserbringer von Heilmitteln. Gem. § 124 SGB V dürfen Heilmittel an Versicherte nur von zugelas-

---

[92] V. Maydell, in: VSSR 1999, 3 (6, Fn. 12), weist darauf hin, dass diese Entscheidung grundsätzlich auch nicht mit dem Hinweis auf die Grundfreiheiten in Frage gestellt wird. Daher habe etwa das Monopol der gesetzlichen Unfallversicherung auch vor dem bestehenden Europarecht Bestand. So auch: Heinze, in: FS f. Gitter, S. 355 (364 f.).

[93] Vgl. Heinze, in: VSSR 1991, 1 (5).

senen Leistungserbringern abgegeben werden[94]. Daneben ist der Arbeitgeber gesetzlich zur Fortzahlung des Lohnes für einen Zeitraum von sechs Wochen verpflichtet, § 3 I EFZG. Daran schließt sich das von der Krankenkasse zu zahlende Krankengeld an.

Die Finanzierung des deutschem Gesundheitswesens erfolgt im überwiegenden Teil durch Sozialversicherungsbeiträge, ein geringer Anteil wird durch Steuermittel erbracht. Die Sozialversicherungsbeiträge werden von Arbeitnehmer und Arbeitgeber je zur Hälfte getragen und sind in der Regel einkommensorientiert.

C. Leistungsexport und Sachleistungsaushilfe nach den SGB-Vorschriften

Ausgangspunkt ist der in § 30 I SGB I normierte Grundsatz, dass das inländische Sozialrecht für alle Personen gilt, die ihren Wohnsitz oder gewöhnlichen Aufenthalt im Inland haben. Dieser Grundsatz findet im Krankenversicherungsrecht spezielle Ausformungen, die im Folgenden näher ausgeführt werden:

I. Leistungsrecht

In der spezielleren Vorschrift § 16 I Nr. 1 SGB V wird zunächst der Grundsatz aufgestellt, dass der Anspruch auf Leistung ruht[95], solange Versicherte sich im Ausland aufhalten, und zwar auch dann, wenn sie dort während eines vorübergehenden Aufenthalts erkranken[96]. Also wird auch nochmals im Rahmen der Krankenversicherungsrechtsregelungen betont, dass das Recht der gesetzlichen Krankenversicherung ausschließlich innerhalb des Gebietes Deutschlands Anwendung findet. Allerdings sind nach § 16 I Nr. 1 SGB V Ausnahmeregelungen von dem genannten Prinzip zulässig: Zum einen bestimmt § 17 SGB V für Mitglieder deutscher Krankenkassen, die im Ausland beschäftigt sind und während dieser Beschäftigung erkranken, dass sie die ihnen nach diesem Kapitel zustehenden Leistungen vom Arbeitgeber erhalten. Anschließend erstattet die deutsche Krankenkasse dem Arbeitgeber die entsprechenden Aufwendungen bis zur Hälfte des Betrages, den die Kasse für eine Inlandsbehandlung zu zahlen hätte[97]. Diese Regelung hat aber wenig praktische Bedeutung, da für diesen Fall mit vielen Staaten zwischenstaatliche Vereinbarungen bzw. für die Länder der EU entsprechende Regelungen überstaatlichen Rechts bestehen, die gemäß § 30 II SGB I unberührt bleiben und das deutsche Recht verdrängen[98]. Zum anderen regelt § 18 SGB V eine weitere Ausnahme: Danach kann die Krankenkasse die Kosten einer erforderlichen Behandlung ganz oder

---

94 Eingehend hierzu: Heinze, in: VSSR 1991, 1 ff.; Bieback, in: NZS 1997, 393 ff., 450 ff.
95 D. h. ein tatsächliches Nichtgewähren von Leistungen trotz an sich bestehenden Leistungsanspruchs, vgl. BSG Urt. v. 14.5.1958, 11 RV 1042/55, BSGE 7, 187 (191).
96 Der Streit, ob sich bereits aus dem geltenden deutschen Recht eine Kostenerstattungspflicht in allen Fällen ergibt - dagegen Wortmann, in: SGb 1984, 473 (473) - ist durch § 16 I SGB V hinfällig geworden.
97 Erfüllt der Arbeitgeber dies nicht und wird der Versicherte gezwungen, sich die notwendige Krankenhilfe selbst zu beschaffen, so hat er einen Erstattungsanspruch gegen die deutsche Krankenkasse, vgl. Marschner, in: EAS, B 9110, Rn. 7.
98 Vgl. zum Vorrang der Sozialversicherungsabkommen die Gesetzesbegründung zu § 17 SGB V, BR-Drucksache 200/88, S. 165.

teilweise übernehmen, wenn eine dem allgemein anerkannten Stand der medizinischen Erkenntnisse entsprechende Behandlung nur im Ausland möglich ist. Als Ausnahmevorschrift ist diese Regelung nur in engem Umfang anzuwenden: Es muss die Möglichkeit einer rechtzeitigen Behandlung im Inland fehlen, was sowohl auf unzureichenden Behandlungsmöglichkeiten hinsichtlich der Einrichtung oder des Fachwissens als auch auf Kapazitätsengpässen beruhen kann[99]. Der Gesetzgeber hat hierbei beispielsweise an schwierige Herzoperationen gedacht, für die in Deutschland geeignete Klinikplätze nicht rechtzeitig zur Verfügung stehen[100].

Diese soeben dargestellten Regelungen betreffen die Leistungen der Krankenbehandlung. Das Krankengeld nimmt jedoch im Leistungskatalog der deutschen Krankenversicherung eine Sonderstellung ein, weil es den Zweck verfolgt, die wirtschaftlichen Folgen der Arbeitsunfähigkeit auszugleichen (Entgeltersatzfunktion)[101]. Deswegen ist auch im deutschen Recht entgegen § 16 I Nr. 1 SGB V bestimmt, dass der Anspruch auf Krankengeld nicht ruht, solange sich der Versicherte nach Eintritt der Arbeitsunfähigkeit mit Zustimmung der Krankenkasse im Ausland aufhält (§ 16 IV SGB V).[102]

Ausnahmsweise im Bereich der Rehabilitation wird seit Inkrafttreten des SGB IX am 1. Juli 2001 vorgesehen, dass Sachleistungen auch im Ausland erbracht werden können. § 18 SGB IX sieht vor: „Sachleistungen können auch im Ausland erbracht werden, wenn sie dort bei zumindest gleicher Qualität und Wirksamkeit wirtschaftlicher ausgeführt werden können. Leistungen zur Teilhabe am Arbeitsleben können im grenznahen Ausland auch ausgeführt werden, wenn sie für die Aufnahme oder Ausübung einer Beschäftigung oder selbstständigen Tätigkeit erforderlich sind."[103]

II. Leistungserbringungsrecht

Die soeben dargestellten Grundsätze und Ausnahmen beschäftigen sich mit der Frage des Leistungsexportes im SGB V im Rahmen des Leistungsrechtes. Doch dieser Bereich regelt nur eine Sichtweise des Problems Leistungsexport, und zwar, ob ein in Deutschland Krankenversicherter Leistungen im Ausland auf Kosten der Krankenkasse in Anspruch nehmen kann. Der Leistungsexport ist aber nicht nur im Bereich des Leistungsrechtes angesiedelt, sondern es ist auch das Leistungserbringungsrecht[104] zu betrachten. Der Leistungsanspruch des Versicherten zielt nämlich darauf, dass der jeweilige Leis-

---

99 Vgl. Begründung zu § 18, BR-Drucksache 200/88, S. 166; auch BT-Drucksache 11/2237, S. 166; Peters, in: KassKomm, § 18, Rn. 4; Heinze, in: Gesamtkommentar, Anm. 3 zu § 18 SGB V; Zipperer, in: Maßen/Schermer/Wiegand/Zipperer, SGB V, § 18, Rn. 4.
100 Ausdrücklich erwähnt in der Gesetzesbegründung zu § 18 SGB V, BR-Drucksache 200/88, S. 166; Neumann-Duesberg, in: BKK 91, 124 (127).
101 Marschner, in: EAS, B 9110, Rn. 9.
102 Die Rechtsprechung hat in erweiterter Auslegung des § 16 IV SGB V sogar vorgesehen, dass in den Fällen, in denen die Arbeitsunfähigkeit erst während des Auslandsaufenthaltes eintritt und die deutsche Krankenkasse dem Auslandsaufenthalt nachträglich zustimmt, der Anspruch nicht ruhen darf, vgl. BSGE 31, 100 (102).
103 Weitere Einzelheiten hierzu werden in den §§ 19-21 SGB IX dargestellt. Vgl. auch Verband der Kriegs- und Wehrdienstopfer, Behinderten und Sozialrentner Deutschlands, in: SuP 2001, S. 169 ff.; Kraus, in: Behindertenrecht 2001, S. 81 ff.
104 Vgl. zu diesem Begriff: Schulin, Sozialrecht, S. 262 ff.

tungserbringer die dem Versicherten von der Kasse geschuldeten Leistungen vorzunehmen hat. Die Rechtsbeziehungen zwischen den deutschen Krankenkassen und den für diese Kassen tätigen Leistungserbringern, sind aber wiederum dadurch gekennzeichnet, dass solche Beziehungen grundsätzlich nur mit in Deutschland ansässigen Leistungserbringern bestehen[105].

Im deutschen Krankenversicherungsrecht gibt es somit einen Inlandsbezug nicht nur wegen des auf der versicherungsrechtlichen Seite angesiedelten Territorialitätsprinzips, sondern auch wegen der Ausgestaltung des Leistungserbringungsrechts[106].

D. Leistungsexport und Sachleistungsaushilfe nach der VO 1408/71

Die VO 1408/71 sieht Durchbrechungen des im SGB V überwiegend herrschenden Territorialitätsprinzips vor und überlagert somit das nationale Recht.

I. Regelung des Art. 10 VO 1408/71

Art. 10 VO 1408/71 beinhaltet den Grundsatz, dass Geldleistungen ins Ausland erbracht werden. Diese Vorschrift regelt den Leistungsexport jedoch nur für bestimmte Risikofälle. Dabei ist der Versicherungsfall bei Krankheit nicht vorgesehen. Man könnte jedoch an eine analoge Anwendung des Art. 10 VO 1408/71 auf andere Leistungsarten denken. Nach der Rechtsprechung des EuGH[107] und dem Schrifttum[108] ist Art. 10 VO 1408/71 jedoch nicht analog auf andere als die genannten Leistungsarten anwendbar. Das ergibt sich aus folgender Überlegung: In Art. 4 I lit. a-h) VO 1408/71 sind dieselben Begriffe genannt wie in Art. 10 VO 1408/71. Diese sind auch identisch auszulegen[109]. Also ist eine Subsumtion unter einen anderen Begriff nicht möglich. Abgesehen davon

---

105 Vgl. BSGE 53, 150 (154 f.); Wortmann, in: DOK 1981, 967 (969) und Heinze, in: Gesamtkommentar, Anm. 3 zu § 16 V; Willms, Soziale Sicherung durch Europäische Integration, S. 140. Deutlich zeigt Zechel, Die territorial begrenzte Leistungserbringung der Krankenkassen im Lichte des EG-Vertrages, S. 19 ff., die Hintergründe der territorialen Begrenzung des Leistungserbringungsrechts auf.
106 Diese territoriale Begrenzung des Leistungsexportes findet sich in allen – mit Ausnahme Österreichs – nationalen Vorschriften der Mitgliedstaaten. Beispielhaft soll hier kurz die einschlägige niederländische Vorschrift skizziert werden: Grundsätzlich kann der Krankenversicherte nur solche Leistungsanbieter aus den Niederlanden in Anspruch nehmen, mit denen die Krankenkasse eine entsprechende Vereinbarung geschlossen hat (Art. 9 I ZFW und Art. 10 I AWBZ). Der zuständige Minister kann abweichend hiervon bestimmen, unter welchen Voraussetzungen einem Versicherten Behandlungen im Ausland gestattet werden können (Art. 9 IV S. 2 ZFW und Art. 10 II S. 2 AWZB). Von diesen Ermächtigungen hat der Staatssekretär für Wohlfahrt, Volksgesundheit und Kultur mit zwei Regelungen Gebrauch gemacht und bestimmt, dass die Inanspruchnahme von Leistungen außerhalb der Niederlande dann zulässig ist, wenn die Krankenkasse die medizinische Notwendigkeit dieser Maßnahme festgestellt hat. Damit sind Auslandsbehandlungen von der Genehmigung der jeweiligen Krankenkassen abhängig.
107 Vgl. EuGH, Urt. v. 9.9.77, Rs. 41/77 (Warry), Slg. 1977, 2085 (2093, Rn. 14/17).
108 Schuler, in: Nomos Kommentar, Art. 10, Rn. 4; Willms, Soziale Sicherung durch Europäische Integration, S. 139 f.; Haverkate/Huster, Europäisches Sozialrecht, S. 129 f., Rn. 164.
109 Eichenhofer, in: Hdb. des Sozialversicherungsrechts, Bd. IV, § 30, Rn. 66.

tritt die Regelung im Wege der Subsidiarität hinter die für den Fall der Krankheit spezifischen Regelungen, Art. 19 ff. VO 1408/71, zurück.

II. Regelungen der Art. 19 ff. VO 1408/71

1. Allgemeiner Überblick

Art. 19 bis 24 VO 1408/71 bestimmen die Leistungserbringung an Personen, die sich im Ausland aufhalten. Der persönliche Anwendungsbereich dieser Vorschrift erfasst erwerbstätige Arbeitnehmer und Selbstständige sowie deren Familienangehörige[110]. Eine besondere Regelung gilt auch für Grenzgänger, also Personen, die ihre Berufstätigkeit im Gebiet eines Mitgliedstaats ausüben und in einem Gebiet eines anderen Mitgliedstaates wohnen: Diese können gem. Art. 20 VO 1408/71 wählen, ob sie Leistungen im Wohn- oder Beschäftigungsstaat in Anspruch nehmen wollen[111].
Die Art. 25 ff. VO 1408/71 sehen den Leistungsexport für bestimmte Personengruppen vor.

2. Abgrenzung: Geld- und Sachleistungen

Leistungen nach Krankheit unterscheiden sich je nach Mitgliedstaat. Es gibt jedoch zwei Hauptgruppen von Leistungen, die in allen Staaten der EU vorgesehen sind: Geldleistungen und Sachleistungen. Danach unterscheidet auch die Koordinierungsverordnung im Kapitel I des Titels III VO 1408/71 (Art. 19 ff. VO 1408/71)[112] und europäisiert teilweise das bei Gesundheitsleistungen in den einzelnen Mitgliedstaaten ausgeprägte Territorialitätsprinzip:
* Geldleistungen sind vom Versicherungsträger immer zu exportieren.
* Sachleistungen sind unter bestimmten Voraussetzungen im Wege der Leistungsaushilfe vom Aufenthalts- oder Wohnortträger auf Rechnung des zuständigen Trägers[113] zu erbringen; der aushelfende Träger hat Sachleistungen wie für bei ihm Versicherte zu erbringen, also eigenes innerstaatliches Recht anzuwenden[114].

---

110 Zur Präzisierung des Begriffs „Familienangehöriger" vgl. EuGH, Urt. v. 8.6.1995, Rs. C-451/93 (Delavant), Slg. 1995, I-1545 (1564 f., Rn. 19). Danach besitzen die Familienangehörigen einen Sachleistungsanspruch nach dem Recht des zuständigen Staates, nicht nach dem Recht des Wohnsitzstaates.
111 Ausführlich zur Sozialversicherung der Grenzgänger: Marburger, in: SGb 1985, 548 ff.; auf die spezifischen Regelungen und Probleme der Grenzgänger wird in dieser Arbeit nur partiell eingegangen.
112 Macht ein Erwerbstätiger (vgl. Art. 19 VO) Leistungen bei Krankheit oder Mutterschaft geltend, unterliegt er in der Regel den nationalen Sozialvorschriften des Mitgliedstaates, in dem er beschäftigt ist. Zuständigkeit i. S. d. Art. 19 VO ist aber keineswegs mit einer Leistungspflicht gleichzusetzen, damit soll lediglich der Einwand abgeschnitten werden, dass zuständig ein anderer Mitgliedstaat sei. Vgl. dazu: Stahlberg, Europäisches Sozialrecht, S. 228, Rn. 362 f.
113 Zu dem Begriff „zuständiger Träger" vgl. Art. 1 lit. n) VO 1408/71. Zuständiger Träger ist in aller Regel die Stelle, gegen die ein Anspruch grundsätzlich besteht, auch wenn dieser im Einzelfall ausgeschlossen ist. In diesem Zusammenhang fällt auch häufig der Begriff „Träger des Wohnortes" vgl. Art. 1 lit. p) VO 1408/71. In der Regel ist dies der entsprechende Versicherungsträger vor Ort. Vgl. ausführlicher hierzu: Eichenhofer, in: Nomos Kommentar, Art. 1, Rn. 42 ff.
114 Vgl. Stahlberg, Europäisches Sozialrecht, S. 230, Rn. 366.

Auf den ersten Blick scheint kein Problem zu sein, was unter Geld- bzw. Sachleistung zu verstehen ist: Krankengeld wird gezahlt, medizinische Behandlungen und Rehabilitationsmaßnahmen werden dagegen „in natura" erbracht. Doch kann man nicht jede Leistung, die vom Versicherungsträger üblicherweise in Form von Zahlungen erbracht wird, z.B. die Gewährung von Körperersatzstücken und größeren Heilmitteln, als Geldleistungen betrachten[115].

Im Schrifttum[116] existieren mehrere Ansätze, um zu klaren Abgrenzungskriterien zu finden. Hier seien beispielhaft zwei genannt: Einige gehen von der Lohnersatzfunktion der Geldleistungen aus. Andere wollen die Definition dieser Begriffe wie im nationalen Recht (Bsp.: § 11 SGB I) herleiten.

Der EuGH trifft die Unterscheidung zwischen den beiden Leistungsmodalitäten nicht nach der Form, sondern nach Inhalt und Funktion der Leistung[117]. Deswegen ist auch die Erstattung für ärztliche Behandlung und Arzneimittel - weil sie der versicherte Erkrankte zunächst selbst bezahlen muss und gegen den Versicherungsträger nur einen Anspruch auf Kostenersatz/-zuschuss hat - eine Leistung, die als Sachleistung angesehen wird[118]. Denn dabei handelt es sich nur um ein geldförmiges Surrogat für Leistungen, die einen konkreten Mittelaufwand für Sachleistungen abgelten. Damit hängt die Qualifizierung einer Geldleistung davon ab, ob sie auch inhaltlich eine Geldleistung oder ein Sachleistungssurrogat darstellt[119]. Inzwischen haben sich folgende Definitionen herausgebildet:

- Unter Geldleistungen sind alle geldförmigen Leistungen, die von der konkreten Verwendung zu abstrahieren sind[120], zu verstehen. Das sind also Leistungen, die normalerweise dazu bestimmt sind, Einkommen (Gehalt, Lohn) zu ersetzen, das aufgrund von Krankheit verloren geht[121]. Die Geldleistungen müssen nicht bedarfsunabhängig sein, denn auch bedarfsorientierte Einkommensverbesserungen sind Geldleistungen im Sinne der Verordnung.
- Unter Sachleistungen sind solche Leistungen zu verstehen, die in Form von Behandlungen, Dienstleistungen oder ähnlichem erbracht werden. Also werden darunter persönliche Dienstleistungen sowie Heil- und Hilfsmittel (beispielsweise stationäre oder ambulante Behandlungen[122]) erfasst[123], und zwar unabhängig davon, ob sie der

---

115 Pompe, Leistungen der sozialen Sicherheit, S. 175.
116 Vgl. Wortmann, in: DOK 1969, 597 (599, 602); Schulte, in: SRH, Kap. 32, S. 1549 f., Rn. 56; Borchardt, in: Dauses, D. II, Rn. 92; Bieback, in: Nomos Kommentar, Art. 19, Rn. 15.
117 EuGH, Urt. v. 1.12.65, Rs. 33/65 (Decker), Slg. 1965, 1185 (1190 f.). Das wird auch für das internationale Sozialrecht der Bundesrepublik befürwortet, vgl. Wortmann, in: DOK 1969, 597 (600); Neumann-Duesberg, in: DOK 1985, 302 (309).
118 Vgl. EuGH, Urt. v. 30.6.1966, Rs. 61/65 (Vaasen-Göbbels), Slg. 1966, 583 (607).
119 Dabei handelt es sich freilich um keine klaren Abgrenzungskriterien, sondern mehr um verschiedene Facetten, die bei der Entscheidung beachtet werden sollen. Deswegen versuch Klein, Deutsches Pflegeversicherungsrecht versus Europarecht?, S. 102 ff., weitere Kriterien zu finden, wie beispielsweise die Exportierbarkeit und die Abhängigkeit von Beiträgen.
120 Vgl. Stahlberg, Europäisches Sozialrecht, S. 230, Rn. 367.
121 Europäische Kommission, in: Sozialer Dialog und soziale Sicherheit 1997, S. 10; Pompe, Leistungen der sozialen Sicherheit, S. 175; Burdenski, in: Burdenski/v. Maydell/Schellhorn, SGB, § 11 Rn. 17.
122 Pompe, Leistungen der sozialen Sicherheit, S. 54.
123 Europäische Kommission, Sozialer Dialog und soziale Sicherheit, S. 10.

Träger nach den für ihn geltenden nationalen Krankenversicherungsvorschriften nach dem Sachleistungsprinzip (so zum Beispiel in Deutschland, vgl. §§ 2, 13 SGB V) oder nach dem Kostenerstattungsprinzip (so zum Beispiel in Frankreich[124]) schuldet.

3. Export von Geldleistungen

Geldleistungen werden vom zuständigen Staat exportiert und zwar in vollem Umfang (vgl. Art. 19 I lit. b) VO 1408/71). Nach Art. 19 VO 1408/71 gilt, dass sich ein Geldleistungsanspruch auf Gesundheitsleistungen der sozialen Sicherheit nach den Rechtsvorschriften desjenigen Staates richtet, in dem die soziale Absicherung besteht.

4. Aushelfende Sachleistungsgewährung

a) Prinzip der aushelfenden Sachleistungsgewährung

Sachleistungen hingegen werden nach der VO 1408/71 nicht exportiert. Vielmehr erhält ein Versicherter aus einem Staat, der sich vorübergehend oder auf Dauer in einem anderen Staat aufhält, die im dortigen System enthaltenen Sachleistungen nach den Rechtsvorschriften dieses Staates, „als ob er bei diesem versichert wäre" (Art. 19 I S. 1 lit. a) VO 1408/71). Ein Ausländer, der nach dem Recht seines zuständigen Trägers im Heimatstaat versichert und leistungsberechtigt ist, bleibt dies auch im Gebiet des aushelfenden Staates, selbst wenn er nach dessen Recht dort nicht versichert wäre und keine Leistungsansprüche hätte. Der Versicherte wird also insoweit in den versicherten Personenkreis des nicht zuständigen Staates integriert, dadurch erhält er jedoch keinen eigenen Versichertenstatus[125]. Also handelt es sich um eine punktuelle Integration in das ausländische Leistungssystem[126].

Das Prinzip der aushelfenden Sachleistungserbringung führt dazu, dass die Sachleistungen im Ausland erheblich von denen des an sich zuständigen Trägers abweichen können. Für bundesdeutsche Versicherte heißt das, dass sie z.B. in Frankreich Leistungen nur im Wege der Kostenerstattung und zum Teil mit erheblicher Selbstbeteiligung bekommen[127]. Für das Verständnis der Auswirkungen des koordinierenden Gemeinschaftsrechts ist wesentlich, dass in Deutschland das Krankenversicherungssystem vom so genannten Sachleistungsprinzip geprägt ist, das bedeutet, dass dem deutschen System grundsätzlich ein exportfeindlicher Charakter innewohnt[128]. Das aushelfende Sachleistungsprinzip führt zu folgendem Ablauf: der mitgliedstaatliche Krankenversicherungsträger erbringt für den Träger des zuständigen Staates (beispielsweise für den Krankenversicherungsträger in der Bundesrepublik Deutschland) die Leistungen, die dieser Träger gegenüber dem erkrankten Versicherten schuldet. Maßgebend ist dabei der Leistungsumfang, der sich aus den Vorschriften ergibt, die für den aushelfenden Träger gel-

---

124 Vgl. Anhang.
125 Vgl. Bokeloh, in: Die Krankenversicherung in der Europäischen Union, S. 115 (133).
126 Bieback, in Nomos Kommentar, Art. 19, Rn.19 ff.
127 Schulte, in: SDSRV 36, S. 7 (59).
128 So auch: Marschner, in: EAS, B 9100, Rn. 28.

ten. Es kommt somit zu einem Erstattungsanspruch des mitgliedstaatlichen Trägers, der die Aufwendungen gegenüber dem zuständigen (beispielsweise deutschen) Träger geltend macht[129].

b) Modifikationen und Einschränkungen der aushelfenden Sachleistungsgewährung

Der bloße Umstand, dass Sachleistungen nach den Rechtsvorschriften des Wohn- oder Aufenthaltsstaates erbracht werden, bedeutet allerdings nicht, dass Personen, die durch die Gemeinschaftsbestimmung über die soziale Sicherheit geschützt werden, ohne jede Einschränkung frei wählen dürften, in welchem Mitgliedstaat sie diese Leistung erhalten. Das Grundprinzip der aushelfenden Sachleistungserbringung erfährt wiederum erhebliche Modifikationen:

• *Erkrankung im Wohnstaat*
Dieser Fall betrifft die Situation, in der jemand in einem Mitgliedstaat seinen Wohnort hat, sich also gewöhnlich dort aufhält (vgl. Art. 1 lit. h) VO 1408/71) und der Versicherungsfall erst nach dem Wohnortwechsel eintritt (Art. 19 VO 1408/71). Das betrifft zum Beispiel die entsandten Arbeitnehmer oder Grenzgänger. Nach der Rechtsprechung in der Rechtssache *Twomey*[130] reicht es für die Anwendung des Art. 19 VO 1408/71 aus, wenn der Arbeitnehmer in dem zuständigen Staat beschäftigt war, sich dann in einem anderen Mitgliedstaat niederlässt und dort – ohne in seinem neuen Wohnstaat gearbeitet zu haben – erkrankt. In dieser Situation besteht ein Sachleistungsanspruch gegenüber dem Gesundheitsträger am Wohnort (Sachleistungsaushilfe).

• *Erkrankung im vorübergehenden Aufenthaltsstaat*
Art. 19 VO 1408/71 findet jedoch keine Anwendung, wenn sich jemand (z.B. als Tourist) in einem anderen als dem zuständigen Staat aufhält und während dieses Aufenthaltes erkrankt (Art. 22 I lit. a) VO 1408/71). Die Leistungen sind nur vom Versicherungsschutz des zuständigen Trägers gedeckt, solange der Zustand des versicherten Kranken eine unverzügliche Leistung erfordert (vgl. Art. 22 VO 1408/71). Problematisch ist, wie der Begriff „unverzüglich" zu interpretieren ist. Grundsätzlich sind diejenigen Leistungen unverzüglich, die bis zur Rückkehr nicht aufgeschoben werden können[131]. Im Einzelnen ist hier vieles umstritten. Auch die Handhabung in den einzelnen Mitgliedstaaten erfolgt nicht einheitlich, so dass es zu Konflikten kommen kann, wenn der aushelfende Träger von dem zuständigen Träger die Erstattung der anfallenden Kosten verlangt. Im Schrifttum[132] wird vertreten, dass der Begriff der „Unverzüglichkeit" im Interesse der Versicherten weit auszulegen sei. Dabei sei auf die Dauer des geplanten Aufenthaltes

---

129 Marschner, in: EAS, B 9100, Rn. 31; Für Grenzgänger gelten besondere Vorschriften, vgl. Art. 20 VO 1408/71.
130 EuGH, Urt. v. 10.3.1992, Rs. C-215/90 (Twomey), Slg. 1992, I-1823 (1843 ff.).
131 Haverkate/Huster, Europäisches Sozialrecht, S. 132, Rn. 171; Stahlberg, Europäisches Sozialrecht, S. 234, Rn. 374.
132 Stahlberg, Europäisches Sozialrecht, S. 234, Rn. 374; Bieback, in: Nomos Kommentar, Art. 22, Rn. 7 f.; Neumann-Duesberg, in: Wechselwirkungen zwischen dem Europäischen Sozialrecht und dem Sozialrecht der Bundesrepublik Deutschland S. 83 (91 f.); Haverkate/Huster, Europäisches Sozialrecht, Rn. 171; enger: Wortmann, in: DOK 1979, 380 (386).

abzustellen[133]. Außerdem sei der Zeitpunkt der Leistungserbringung und die Bewertung durch den aushelfenden Träger, nicht jedoch eine ex-post-Betrachtung durch den zuständigen Träger maßgebend[134]. Da Art. 22 I lit. a) VO 1408/71 nicht auf die Krankheit, sondern auf den Krankheitszustand abstelle, sei aber grundsätzlich immer nur eine Behandlung der Symptome, nicht dagegen der zu Grunde liegenden Krankheit selbst geboten[135]. In diesem Fall hat der mitgliedstaatliche Träger die Krankenhilfeleistungen nach seinen Rechtsvorschriften zu gewähren. Es besteht aber ein Erstattungsanspruch gegenüber dem Träger des Wohnstaates[136].

- *Wohnortwechsel nach Eintritt des Leistungsfalls (Art. 22 I lit. b) VO 1408/71)*

Jemand erkrankt im zuständigen Staat und möchte in einen anderen Staat umziehen (Wohnortwechsel), dann gibt Art. 22 I lit. b) VO 1408/71 praktisch einen Anspruch (nur in Ausnahmefällen kann die Genehmigung nach Art. 22 II VO 1408/71 verweigert werden) auf die Leistungen in einem anderen Mitgliedstaat und nach dem Recht dieses Staates[137].

- *Behandlung im Ausland (Art. 22 I lit. c) VO 1408/71)*

Will sich der Versicherte zur Behandlung einer schon bestehenden Krankheit ins Ausland begeben, ist zuvor die Zustimmung seiner zuständigen Krankenkasse erforderlich. Auf Erteilung der Genehmigung besteht ein bedingter Rechtsanspruch gemäß Art. 22 II VO 1408/71[138]. Es werden nach Erteilung der Genehmigung alle anfallenden Kosten übernommen. Die deutschen Kassen haben ihre Zustimmung in der Vergangenheit z.B. zu Herzoperationen oder zur Behandlung bei Spezialisten für Gesichtschirurgie in Paris versichertenorientiert relativ großzügig erteilt[139].

c) Art und Weise der Leistungsinanspruchnahme

In manchen Grenzgebieten wird die Genehmigung erteilt, dass ein Versicherter ein z.B. näher liegendes Krankenhaus jenseits der Grenze in Anspruch nehmen kann. Im Grenzgebiet zu den Niederlanden ist im Rahmen eines Pilotprojekts INTERREG II erstmals 1997 ein Versorgungsvertrag zwischen der AOK Rheinland und zwei niederländischen Versicherungen abgeschlossen worden[140]. Danach dürfen Versicherte der AOK aus der Region Kleve nach Überweisung von deutschen Krankenhäusern und Ärzten in einer

---

133 So Haverkate/Huster, Europäisches Sozialrecht, S. 132 f., Rn. 171.
134 So Neumann-Duesberg, in: Wechselwirkungen zwischen dem Europäischen Sozialrecht und dem Sozialrecht der Bundesrepublik Deutschland, S. 83 (91 f.).
135 Bieback, in: Nomos Kommentar, Art. 22, Rn. 8.
136 Zielt der Krankenhilfeanspruch nach den Vorschriften des mitgliedstaatlichen Trägers auf Kostenerstattung im Verhältnis zum Versicherten, so hat dieser zunächst die Behandlungskosten zu tragen, die er dann vom Träger seines Wohnortes zurückverlangen kann; vgl. Marschner, in: EAS, B 9110, Fn. 22.
137 Enger: Wortmann, in: DOK 1979, 380 (387).
138 Vgl. EuGH, Urt. v. 16.3.1978, RS 117/77 (Pierik I), Slg. 1978, 825 (836, Rn. 13/18). Es ging hier um einen Anspruch eines in den Niederlanden Versicherten auf Übernahme der Kosten für eine in Deutschland durchgeführte Kurbehandlung. Anders nach deutschem Recht (§§ 16 und 18 SGB V), wonach bezüglich der Kostenübernahme lediglich ein Ermessensanspruch besteht.
139 Neumann-Duesberg, in: Grenzüberschreitende Behandlungsleistungen im Binnenmarkt, S. 21 (27); ders., in: BKK 1991, 124 (127).
140 Westdeutsche Zeitung vom 15.12.1997.

niederländischen Klinik behandelt werden. Dies gilt nur für bestimmte Krankheiten, die zuvor fixiert wurden[141]. Um ihren Versicherten diesseits und jenseits der deutsch-niederländischen Grenze die grenzüberschreitende Gesundheitsversorgung noch weiter zu erleichtern, haben die CZ Groep Zorgverzekeringen und die AOK Rheinland das Modellprojekt „GesundheitsCard international" in der Euregio[142] Maas-Rhein aufgelegt[143].

Unabhängig von diesen Projekten[144] nehmen so genannte Grenzgänger[145] eine Sonderstellung ein. Denn sie können nach Art. 20 VO 1408/71 alle Leistungen zu beiden Seiten der Grenze erhalten. Sie haben damit ein Wahlrecht zwischen den Sachleistungen der Krankenversicherung in ihrem Wohnsitzland oder ihrem Beschäftigungsland. Jedoch erlischt dieses Recht, wenn die Grenzgänger aus dem Arbeitsleben ausscheiden. Den Familienangehörigen der Grenzgänger steht dieses Wahlrecht nicht zu.[146]

In der Regel bedarf der Versicherte, wenn er eine Leistung im Ausland in Anspruch nehmen will, einer Anspruchsberechtigung seiner zuständigen Krankenkasse (Bsp.: Vordruck E 111[147]). Mit dieser Bescheinigung kann der Versicherte in einigen Ländern direkt zum Arzt bzw. ins Krankenhaus gehen (so z.B. in Frankreich, Belgien, Spanien). In anderen Ländern dagegen (Italien, Griechenland, Portugal, Niederlande, Deutschland) muss er grundsätzlich zuerst den aushelfenden ausländischen Träger aufsuchen, um dort den Vordruck in eine inländische Anspruchsberechtigung umzutauschen.[148] Schon lange gibt es Bemühungen, den Vordruck 111 durch eine europaweit gültige Krankenversicherungskarte abzulösen[149]. Doch konnten sich die Mitgliedstaaten, die selbst nationale

---

141 Beispielsweise können krebskranke Patienten aus der niederrheinischen Region Kleve die Strahlentherapie in der Universitätsklinik Sankt Radboud im niederländischen Nijmwegen in Anspruch nehmen. Vgl. hierzu: Godry, in: ZfSH/SGB 1997, 416 (421); Schemken, in: G+G (Heft 7) 2000, 25 (25); Schulte, in: ZFSH/SGB 1999, 347 (355).
142 Der Begriff Euregio steht für Europäische Regionen längs der Grenzen zu anderen Mitgliedstaaten der EU. Hier arbeiten deutsche Städte und Kreise mit ihren jeweiligen Nachbarregionen zusammen, um grenzüberschreitend gemeinsame Probleme zu lösen und Projekte auf den Weg zu bringen.
143 Vgl. Schemken, in: G+G (Heft 7) 2000, 20 (20).
144 Im deutschen Recht besteht für diese Projekte allerdings noch keine rechtliche Absicherung. Der eng auszulegende § 18 I SGB V hilft hier meist auch nicht weiter. Denn in Deutschland stehen für die speziellen Krankheitsbilder durchaus medizinische Behandlungsmöglichkeiten zur Verfügung und es bestehen diesbezüglich auch keine unzumutbaren Wartezeiten. Es liegt mehr an der Entfernung zu inländischen Einrichtungen. Es wurde vom Gesetzgeber bisher noch keine Öffnungsklausel für Pilotprojekte vorgesehen.
145 Vgl. Definition des Grenzgängers: Art. 1 lit. b) VO 1408/71.
146 Diesen beiden genannten Einschränkungen wird immer häufiger entgegen gebracht, dass sie zu restriktiv sind; so z.B.: Clever, in: ZfSH/SGB 1996, 337 (342). Es wurde deswegen von der Kommission ein Vorschlag (Vorschlag der Kommission vom 26.6.1995 - KOM (95) 284 endg., in: ABl. Nr. C 242/7 vom 19.9.1995) gemacht, dass dieser Personenkreis den Grenzgängern gleichgestellt werden sollte, was jedoch im Dezember 1995 vom Ministerrat nicht berücksichtigt wurde (ABl. Nr. L 335 vom 30.12.1995).
147 Daneben gibt es beispielsweise einen speziellen Vordruck für Versicherte, die eine bereits bestehende Krankheit im Ausland behandeln lassen wollen (Vordruck 112) oder für im anderen Staat wohnende Rentner und Familienangehörige (Vordruck 121).
148 Spiethoff, in: BKK 1996, 198 (199 f.).
149 Vgl. Neumann-Duesberg, in: Wechselwirkungen zwischen dem Europäischen Sozialrecht und dem Sozialrecht der Bundesrepublik Deutschland, S. 83 (94).

Karten eingeführt haben, die aber nicht kompatibel sind, auf keine allgemein gültige Krankenversicherungskarte einigen.

d) Kostenabrechnung der aushelfenden Sachleistungsgewährung

Da in den Fällen des Art. 22 VO 1408/71 zuständiger Staat und der Staat, der die Leistungen erbringt, auseinanderfallen, müssen die Kosten, die durch die Behandlung entstanden sind, erstattet werden[150]. Es bieten sich verschiedene Modelle zur Kostenabrechnung an. Das Gemeinschaftsrecht sieht zum einen die Erstattung der konkret angefallenen Kosten und zum anderen die Zahlung von monatlichen Pauschalen (zum Beispiel bei Rentnern und Familienangehörigen, die im Heimatstaat bleiben) vor. Daneben haben die Staaten die Möglichkeit, gegenseitig auf die Erstattung der Kosten zu verzichten (sog. Erstattungsverzichtsabkommen).

Werden die konkret angefallenen Kosten erstattet, so rechnen die Leistungserbringer in einem anderen EU-Mitgliedstaat ihre einzelnen spezifizierten Leistungen mit dem dortigen aushelfenden Träger ab, als ob es sich um einen einheimischen Versicherten handelt. Eine zentrale Rolle bei der weiteren Abrechnung spielen die Verbindungsstellen der einzelnen Mitgliedstaaten (in Deutschland über den AOK-Bundesverband). Sie sammeln die nationalen Kostenrechnungen und schicken diese an die zuständigen Krankenkassen und leiten die ihrerseits gesammelten Kostenrechnungen mit der Bitte um Erstattung an die ausländischen Verbindungsstellen weiter. Werden Kostenrechnungen beanstandet, so sind dafür auch die Verbindungsstellen zuständig. Betrachtet man dieses Verfahren, so ist es nicht verwunderlich, dass sich die Erstattung der verauslagten Kosten mehrere Monate hinzieht.

Dieser soeben dargestellte Weg ist jedoch nicht der einzige: Es wird auch das Modell der Kostenerstattung vorgesehen. Wurden vom Versicherten bei Erkrankung während eines vorübergehenden Aufenthalts in einem anderen Mitgliedstaat medizinische Leistungen privat beschafft und bezahlt, so besteht nach Art. 34 I VO 574/72 ein Anspruch auf Kostenerstattung. Diese Vorschrift soll zum Beispiel den Fall erfassen, dass während der Urlaubszeit die Ärzte des ausländischen Krankenversicherungssystems überlaufen sind, so dass durch sie im Einzelfall eine akute Versorgung nicht möglich ist. Die Kosten werden nach den im Aushilfsstaat geltenden Sozialtarifen abgerechnet, wobei Verwaltungskosten nicht erstattet werden.

5. Qualifizierung der einzelnen deutschen Krankenversicherungsleistungen als Sach- oder Geldleistungen

a) Überblick über die Leistungen im SGB V

Das SGB V gewährt dem Versicherten einen umfangreichen Katalog verschiedener Leistungsgruppen. Dabei handelt es sich um folgende Gruppen: Die wohl wichtigste von ihnen ist die Leistung bei Krankheit (§§ 27- 52 SGB V), die sich in Krankenbe-

---

[150] Hierzu ausführlich: Neumann-Duesberg, in: Wechselwirkungen zwischen dem Europäischen Sozialrecht und dem Sozialrecht der Bundesrepublik Deutschland, S. 83 (95); ders., in: Grenzüberschreitende Behandlungsleistungen im Binnenmarkt, S. 21 (29); Spiethoff, in: BKK 1996, 198 (203 ff.).

handlung, Rehabilitation und Krankengeld unterteilen lässt. Daneben gibt es viele besonderen Leistungen wie das Sterbegeld (§§ 58, 59 SGB V) sowie Leistungen bei Schwangerschaft und Mutterschaft (§§ 195-200 b RVO). Im Rahmen dieser Prüfung soll nur auf den Hauptteil der Leistungen, d. h. auf die Leistungen bei Krankheit eingegangen werden.

b) Krankengeld (§§ 44-51 SGB V)

Das SGB V gewährt nach Maßgabe der §§ 44-51 SGB V Krankengeld. Voraussetzung dafür ist grundsätzlich, dass der Arbeitnehmer arbeitsunfähig wird. Arbeitsunfähig i. S. v. § 44 I S. 1 SGB V ist, wer die vor Krankheitsbeginn ausgeübte Tätigkeit aufgrund der Krankheit entweder überhaupt nicht mehr oder nur auf die Gefahr hin ausüben kann, seinen Zustand zu verschlimmern[151]. Aufgabe des Krankengeldes ist es unter anderem, den durch die Arbeitsunfähigkeit bedingten Entgeltausfall auszugleichen[152]. Deswegen ist Krankengeld als eine Geldleistung zu qualifizieren. Nach Art. 19 VO 1409/71 steht fest, dass sich ein Geldleistungsanspruch auf Gesundheitsleistungen der sozialen Sicherheit nach den Rechtsvorschriften desjenigen Staates richtet, in dem die soziale Absicherung besteht.

Befindet sich nun der arbeitsunfähig erkrankte Arbeitnehmer bei Beginn der Arbeitsunfähigkeit in einem anderen Staat der EU, so hat auch dieser Arbeitnehmer einen Nachweis über seine Arbeitsunfähigkeit zu erbringen, wobei hierfür die VO 574/72 eine besondere Regelung vorsieht. Nach Art. 18 VO 574/72 hat sich der Arbeitnehmer für den Bezug von solchen Geldleistungen innerhalb von drei Tagen an den Krankenversicherungsträger des Wohnortes zu wenden und eine vom behandelnden Arzt ausgestellte Arbeitsunfähigkeitsbescheinigung vorzulegen. Der EuGH hat in der Grundsatzentscheidung *Rindone*[153] - bestätigt durch die Rechtssache *Paletta I*[154] - entschieden, dass bei Erkrankungen eines Versicherten im Ausland der zuständige Träger in tatsächlicher und rechtlicher Hinsicht an die vom Träger des Wohnorts getroffenen ärztlichen Feststellungen über Eintritt und Dauer der Arbeitsunfähigkeit gebunden ist, sofern er nicht von der in Art. 18 V VO 574/72[155] vorgesehenen Möglichkeit Gebrauch macht, den Betroffenen durch einen Arzt seiner Wahl am Wohnort untersuchen zu lassen. Zum einen argumentierte der Gerichtshof mit Beweisschwierigkeiten, die dem Arbeitnehmer entstünden, wenn der zuständige Träger später nach eingetretener Aktenbegutachtung die Arbeitsunfähigkeit bestreitet. Daneben begründete der EuGH seine Entscheidung mit der gebotenen Rücksichtnahme auf die Gesundheit des Arbeitnehmers, da diesem nicht zuzumuten sei, im Krankheitsfall in den zuständigen Staat zurückzureisen, damit der zuständige Träger eine eigene Untersuchung veranlassen kann. Im Schrifttum hat sich eine rege Diskussion zu der *Rindone*-Entscheidung[156] wie auch zum *Paletta I*-Urteil[157] entwickelt.

---

151 BSGE 57, 227 (228 f.); BSGE 61, 66 (70); BSGE 69, 180 (182).
152 Schulin, Sozialrecht, S. 118, Rn. 259.
153 EuGH, Urt. v. 12.3.1987, Rs. 22/86 (Rindone), Slg. 1987, 1339 (1363, Rn. 9).
154 EuGH, Urt. v. 3.6.1992, Rs. C-45/90 (Paletta I), Slg. 1992, I-3423 (3465, Rn. 28).
155 Diese Regelung gilt auch, wenn sich der Arbeitnehmer nur vorübergehend zu Urlaubszwecken in einem anderen Mitgliedstaat aufhält, was sich aus Art. 24 VO 574/72 ergibt.
156 Ablehnend: Pompe, Leistungen der sozialen Sicherheit, S. 55 f.; Neumann-Duesberg, in: Wechselwirkungen zwischen dem Europäischen Sozialrecht und dem Sozialrecht der Bundesrepublik

Der EuGH hat in einer dritten Entscheidung im Jahre 1996, *Paletta II*[158], klargestellt, dass es dem Arbeitgeber aber nicht verwehrt ist, Nachweise zu erbringen, anhand derer das nationale Gericht gegebenenfalls feststellen kann, dass der Arbeitnehmer in missbräuchlicher oder betrügerischer Weise eine Arbeitsunfähigkeit gemeldet hat, da eine derartige Geltendmachung vom Gemeinschaftsrecht nicht gestattet sei[159]. Durch diese Rechtsprechung haben sich wohl die meisten Kritikpunkte erledigt. Zu erwähnen bleibt jedoch, dass im Schrifttum[160] gefordert wird, die in Art. 18 VO 574/72 festgelegten Fristen einzuhalten und dies auch sicherzustellen. Sind die dafür nötigen Voraussetzungen nach Art. 18 VO 574/72 eingehalten, so wird Krankengeld in die EU-Mitgliedstaaten exportiert.

c) Krankenbehandlung (§ 27 SGB V)

Die einzelnen Leistungen, die unter den Begriff Krankenbehandlungen gefasst werden, sind in § 27 I SGB V aufgezählt. Zu nennen ist hier zum Beispiel die ärztliche Behandlung, Versorgung mit Arznei- und Verbandsmaterial und Krankenhausbehandlungen. Hierbei handelt es sich um persönliche Dienstleistungen sowie Heil- und Hilfsmittel zur Behandlung von Erkrankungen. Somit sind sie als Sachleistungen zu qualifizieren. Sie werden im Rahmen der Leistungsaushilfe im EU-Ausland erbracht. Das gilt auch, wenn der Versicherte zunächst die Arzneien bzw. die Behandlung selbst bezahlen musste und gegen den Versicherungsträger nur einen Anspruch auf Kostenersatz hat. Diese gelten als Sachleistungen, da sie nur ein geldförmiges Surrogat für Sachleistungen sind[161]. Musste beispielsweise ein Deutscher, der in Italien für eine medizinische Behandlung einen Vorschuss zu leisten hatte, weil er keinen Versicherungsnachweis nach E 111 bei sich hatte, die Kosten aus eigener Tasche bezahlen, so ist seine Krankenversicherung auch in diesem Fall verpflichtet, nach Erhalt des Versicherungsnachweises vom italienischen Träger die Kosten zu übernehmen[162]. Es kann sich auch nichts anderes daraus ergeben, dass in Deutschland das Sachleistungsprinzip besteht und die Kostenerstattung nur in Ausnahmefällen möglich ist. Dadurch wird das deutsche Sachleistungsprinzip vom Gemeinschaftsrecht überlagert, weil sich andernfalls ein Mitgliedstaat der gemeinschaftsrechtlichen Sachleistungsaushilfe entziehen könnte.

d) Rehabilitationsmaßnahmen (§§ 40-43 a SGB V)

Es gibt im deutschen Sozialversicherungsrecht verschiedene Rehabilitationsmaßnahmen, die von den unterschiedlichsten Trägern erbracht werden[163]. Im deutschen Krankenversicherungsrecht wird die Rehabilitation als ambulante und stationäre Vorsorge- oder Akutleistung bewilligt und betrifft alle versicherte Personen, seien es Erwerbstätige

---

Deutschland, S. 83 (93); BSG, Urt. v. 10.9.1987 (SozR 6055 Art. 18 Nr. 2). Zustimmend: Steinmeyer, in: FS f. Kissel, S. 1165 (1174).
157 Ablehnend: Berenz, in: DB 1992, 2442 (2445); Abele, in: EuZW 1992, 482 (482 f.); schwer einzuordnen, da nicht ohne weiteres deutlich wird, ob die Verfasser auch eine rechtliche oder lediglich eine rechtspolitische Kritik anbringen wollen: Leipold, in: FS f. Kissel, S. 629 (643); Erasmy, in: Arbeitgeber 1992, S. 430 (430); Clever, in: ZfSH/SGB 1991, 561 (658 f.).
158 EuGH, Urt. v. 2.5.1996, Rs. C-206/94 (Paletta II), Slg. 1996, I-2357 (2386, Rn. 12).
159 Zustimmend: Heinze/Giesen, in: BB 1996, 1830 (1834).
160 Neumann-Duesberg, in: Freizügigkeit und Soziale Sicherheit, S. 89 (107).
161 Stahlberg, Europäisches Sozialrecht, S. 231, Rn. 368.
162 Diesen Fall hatte das SG München, Urteil vom 29.1.1997 (S 3 Kr 168/95), zu entscheiden.

oder Rentner (§ 40 SGB V). Rehabilitationsleistungen sind Sach- und Dienstleistungen und damit werden sie im Ausland grundsätzlich im Rahmen der Sachleistungsaushilfe gewährt. Ausnahmsweise können sie auch gemäß § 18 SGB IX seit 1.7.2001 im Ausland erbracht werden.

III. Zusammenfassung

Demnach ergibt sich, dass die VO 1408/71 nicht in allen Fällen einen Export bzw. eine Sachleistungsaushilfe auf Kosten des zuständigen Trägers zulässt. Wie gezeigt, ist für die Inanspruchnahme von Leistungen in einem anderen Mitgliedstaat eine in Art. 19 bzw. Art. 22 VO 1408/71 genannte Situation, wie zum Beispiel ein Notfall, erforderlich[164]. Will man ohne zwingende Gründe im Sinne des Art. 22 VO 1408/71 eine Leistung außerhalb des zuständigen Staates in Anspruch nehmen, so ist dafür gem. Art. 22 I VO 1408/71 eine Genehmigung der zuständigen Krankenkasse nötig. Nur im Hinblick auf die Geldleistungen kann man von einem uneingeschränkten Export sprechen. An diesem festgestellten Ergebnis ändert auch die von der Kommission vorgeschlagene vereinfachte VO 1408/71[165] (sog. „Simplification") nichts.

E. Leistungsexport und Sachleistungsaushilfe nach dem EG-Vertrag

Nachdem festgestellt wurde, was nach dem nationalen Recht und dem Koordinierungsrecht exportiert wird, stellt sich die Frage, ob dies dem EG-Vertrag entspricht, wenn man die wirtschaftlichen Grundfreiheiten, die den europäischen Markt gewährleisten sollen, in die Betrachtung einbezieht.

I. Zentrale Urteile

Nach den *Kohll*- und *Decker*-Urteilen[166]**Fehler! Textmarke nicht definiert.** aus dem Jahr 1998 steht fest, dass dem materiellen Gehalt der Grundfreiheiten im Europäischen Sozialrecht große Bedeutung zukommt. Da diese Urteile einen enormen Schritt in Richtung Öffnung des grenzüberschreitenden Gesundheitsmarkts gemacht haben, stehen sie neben den Entscheidungen in der Rechtssache *Smits* und *Peerbooms*[167] im Zentrum der

---

163 Neben den Krankenversicherungsträgern bieten auch die Unfallkassen und Rentenversicherungsträger Rehabilitationsmaßnahmen an, die allerdings eine andere Zielrichtung haben. Vgl. u. a. 5. Teil, D. II 1.
164 Vgl. 2. Teil, D. II.
165 Vgl. KOM (1998) 779 endg., S. 23; Laut einem Bericht des Bundesministeriums für Arbeit und Sozialordnung für den Arbeits- und Sozialausschuss im Bundestag (Ausschussdrucksache 14/1604 vom 19.6.2001) dauert die Diskussion über die „Simplification" noch weiter an. Die bisherige Diskussion habe gezeigt, dass es in zahlreichen Punkten sehr unterschiedliche Auffassungen gebe und dass die erforderliche Einstimmigkeit für die Änderungen nicht in Sicht sei. Deswegen sei mit der kurzfristigen Verabschiedung eines gemeinsamen Standpunktes oder gar eines Vorschlages nicht zu rechnen.
166 EuGH, Urt. v. 28.4.1998, Rs. C-158/96 (Kohll), Slg. 1998, I-1931 (1935 ff., Rn. 1ff.) und EuGH, Urt. v. 28.4.1998, Rs. C-120/95 (Decker), Slg. 1998, I-1831 (1871 ff., Rn. 1 ff.).
167 EuGH, Urt. v. 12.7.2001, Rs. C-157/99 (Smits u. Peerbooms); noch nicht in der amtlichen Sammlung veröffentlicht; siehe „http://curia.eu.int".

Untersuchung. Deshalb soll deren Inhalt und die Grundaussagen des EuGH dazu im Folgenden skizziert werden.

1. Rechtssachen Decker und Kohll

Die Rechtssache *Decker* hatte folgenden Inhalt: Der luxemburgische Staatsangehörige Decker erwarb in Belgien eine Brille mit Korrekturgläsern auf Verschreibung seines in Luxemburg niedergelassenen Augenarztes. Die Kostenerstattung wurde von seiner luxemburgischen Krankenkasse mit der Begründung abgelehnt, der Auslandskauf sei ohne die nach nationalem Recht erforderliche Genehmigung erfolgt. Herr Decker machte geltend, dass diese Genehmigung eine ungerechtfertigte Behinderung des freien Warenverkehrs darstelle. Die Krankenkasse war demgegenüber der Auffassung, die streitige Regelung über Erstattung der Behandlungskosten im Ausland falle nicht unter die Bestimmungen über den freien Warenverkehr, da sie die soziale Sicherheit betreffe. Sie sei daher nur an Art. 22 VO 1408/71 zu messen, wonach grundsätzlich für jede Behandlung in einem Mitgliedstaat eine vorherige Genehmigung erforderlich sei. Auch eine eventuelle Ausnahme – wie die dringende Behandlungsbedürftigkeit – sei nicht ersichtlich gewesen, so dass Art. 22 VO 1408/71 für den Kostenersatz nicht zur Anwendung kommen konnte. Der mit dieser Rechtssache betraute luxemburgische „Conseil arbitral des assurances sociales" legte dem EuGH die Frage vor, ob es mit Art. 28 EGV vereinbar sei, wenn die Kostenerstattung für eine Brille deswegen versagt würde, weil die Brille im Ausland ohne vorherige Kassengenehmigung erworben worden ist.

Ein ähnlicher Inhalt lag der Rechtssache *Kohll* zugrunde, die der EuGH am selben Tag entschied: Der luxemburgische Staatsangehörige Herr Kohll wollte bei seiner minderjährigen Tochter eine Zahnregulierung bei einem deutschen Zahnarzt in Trier vornehmen lassen. Seine Krankenkasse verweigerte die nach luxemburgischem Recht für die Behandlung im Ausland erforderliche Genehmigung mit der Begründung, die Behandlung sei zum einen nicht dringend und könne zum anderen auch in Luxemburg erbracht werden. Gegen den ablehnenden Bescheid erhob Herr Kohll Klage, wobei er geltend machte, die herangezogenen Bestimmungen verstießen gegen Art. 49 EGV. Wie im Fall *Decker* legte die luxemburgische „Cour de cassation" im Rahmen eines Vorabentscheidungsverfahrens nach Art. 234 EGV dem EuGH die Frage vor, ob es mit Art. 49 EGV vereinbar sei, wenn die Erstattung der Kosten für die Zahnregulierung deswegen versagt würden, weil diese im Ausland und ohne vorherige Kassengenehmigung vorgenommen worden ist.

Der EuGH entschied, dass nationale Regelungen, welche die Kostenerstattung für Zahnbehandlungen durch einen Zahnarzt in einem anderen Mitgliedstaat auch dann von der Genehmigung des Trägers der sozialen Sicherheit abhängig machen, wenn die Erstattung zu den Tarifen des Versicherungsstaates erfolgt, gegen die Grundsätze der Dienstleistungsfreiheit gem. Art. 49 EGV verstoßen. Entsprechendes gilt für den Kauf einer Brille und von Korrekturgläsern im Ausland unter dem Gesichtspunkt der Warenverkehrsfreiheit nach Art. 28 EGV. Der EuGH begründete seine Ansicht damit, dass derartige Regelungen, wie sie in Luxemburg gelten, die Einfuhr von Gütern bzw. die Leistungen von Diensten zwischen den Mitgliedstaaten erschweren. Denn dem Versicherten würden die Kosten einer Auslandsbehandlung bzw. eines Auslandskaufs medizinischer Erzeugnisse nur dann erstattet, wenn er zuvor eine Genehmigung eingeholt habe. Dies halte ihn davon ab, medizinische Erzeugnisse einzuführen und sich an ärztliche Dienstleistungserbringer und Warenlieferanten in einem anderen Mitgliedstaat zu wenden, was einerseits ein Hindernis für den freien Warenverkehr und andererseits sowohl für den Dienstleistungserbringer als auch für den Patienten eine Behinderung des freien Dienstleistungsverkehrs darstelle. Eine solche Behinderung könne aus zwingenden Gründen des Allgemeininteresses gerechtfertigt sein. Der Gerichtshof befasste sich mit folgenden Rechtfertigungsgründen, die er jedoch in beiden Rechtssachen ablehnte: Erhebliche Gefährdung des finanziellen Systems der sozialen Sicherheit und Gründe der öffentlichen Gesundheit.

Dieses Ergebnis führt dazu, dass das europäische Recht die nationalen Regelungen, die gegen die wirtschaftlichen Grundfreiheiten verstoßen, verdrängt und die Ansprüche auf Kostenerstattung ungeachtet entgegenstehender nationaler Regelungen bei einem Bezug von Versicherungsleistungen im Ausland erhalten bleiben. Damit erhielten Herr Kohll und Herr Decker die jeweiligen Erstattungen nur in Höhe derjenigen des Versicherungsstaates, also keine volle Kostenerstattung für die Zahnregulierung bzw. die Brille. Auch dann wenn die Voraussetzungen des Art. 22 VO 1408/71 nicht erfüllt werden, kann nach der Rechtsprechung des EuGH in der Rechtssache *Kohll* und *Decke*r ein Anspruch aus Art. 49 und 28 EGV hergeleitet werden[168].

2. Rechtssache Smits und Peerbooms

Die niederländische Staatsangehörige Smits[169] leidet an der parkinsonschen Krankheit und begab sich zur medizinischen Behandlung in eine deutsche Klinik, ohne die vorherige Zustimmung ihrer Krankenkasse einzuholen. Nachdem sie wieder in den Niederlanden war, beantragte sie die Erstattung der entstandenen Kosten. Diese ist von ihrer Krankenkasse mit der Begründung abgelehnt worden, dass es im Inland die nötigen Mittel für eine angemessene Behandlung dieser Krankheit gegeben hätte und dass die Behandlung in Deutschland ihr keinen zusätzlichen Nutzen gebracht habe.

Der zweite Teil dieser Rechtssache betrifft den niederländischen Staatsangehörigen Peerbooms, der infolge eines Unfalls in ein Koma fiel. Ohne vorherige Zustimmung seiner Krankenkasse wurde er in eine österreichische Klinik verlegt und erhielt dort eine Intensivtherapie. Diese Therapie wurde versuchsweise auch in zwei niederländischen Krankenhäusern angewandt. Doch Herr Peerbooms erfüllte deren Aufnahmevoraussetzungen nicht, da er das zulässige Höchstalter von 25 Jahren bereits überschritten hatte. Seine Krankenkasse lehnte die Erstattung der ihm entstandenen Kosten ab, weil in Ös-

---

168 Vgl. EuGH, Urt. v. 28.4.1998, Rs. C-158/96 (Kohll), Slg. 1998, I-1931 (1945 ff., Rn. 28 ff.) und EuGH, Urt. v. 28.4.1998, Rs. C-120/95 (Decker), Slg. 1998, I-1831 (1882 ff., Rn. 30 ff.).
169 Vgl. EuGH, Urt. v. 12.7.2001, Rs. C-157/99 (Smits u. Peerbooms); noch nicht in der amtlichen Sammlung veröffentlicht, siehe „http://curia.eu.int".

terreich die bei Komapatienten angewandten Therapien nicht wirkungsvoller seien als die in den Niederlanden verfügbaren Behandlungsmethoden[170].

Anzumerken ist, dass das niederländische Versicherungssystem ebenso wie das deutsche System durch das Sachleistungsprinzip geprägt ist und die niederländischen Rechtsvorschriften vorsehen, dass Ärzte und Krankenhäuser im In- und Ausland, mit denen die zuständige Krankenkasse keinen Vertrag geschlossen hat, nicht in Anspruch genommen werden dürfen, wenn sie nicht zuvor die Zustimmung der Krankenkasse eingeholt haben[171].

Der EuGH entschied am 12.7.2001, unter welchen Voraussetzungen gesetzlich Krankenversicherte grenzüberschreitende Krankenhausleistungen in Anspruch nehmen dürfen. Auch für Krankenhausleistungen gelte der Grundsatz des freien Dienstleistungsverkehrs. Der Gerichtshof hält es nach Überprüfung der für den Sachverhalt einschlägigen niederländischen Vorschrift für zulässig, dass die Krankenkassen die Bezahlung des Krankenhausaufenthalts im Ausland von ihrer vorherigen Genehmigung abhängig machen. Da der Genehmigungsvorbehalt jedoch ein Hemmnis für den freien Dienstleistungsverkehr darstelle, sei eine besondere Rechtfertigung erforderlich. Ein Klinikaufenthalt im Ausland dürfe deshalb nur unter bestimmten objektiven Kriterien verweigert werden. Zum einen im Falle einer unüblichen Behandlung. Für die Frage der Üblichkeit müsse darauf abgestellt werden, was von der internationalen Medizin als hinreichend erprobt und anerkannt angesehen wird. Zum anderen dürfe die Genehmigung verweigert werden, falls die Behandlung im Ausland nicht notwendig ist, also wenn die gleiche oder für den Patienten ebenso wirksame Behandlung rechtzeitig in einer Einrichtung erlangt werden kann, die eine vertragliche Vereinbarung mit der Krankenkasse des Versicherten geschlossen hat.

II. Verstoß gegen die Grundfreiheiten

Die Urteile *Kohll* und *Decker* könnten auf den ersten Blick dazu führen, dass man sie für andere Gesundheitssysteme als solche, die auf dem Kostenerstattungsprinzip (Absicherungssystem im Krankheitsfall in Luxemburg) beruhen, als nicht bedeutend ansieht[172]. Das ist insofern richtig, als beide Urteile in luxemburgischen Verfahren ergangen sind und demzufolge auch ihre Rechtswirkungen auf die luxemburgischen Prozessparteien beschränken; es hat aber erhebliche präjudizielle Wirkung.

---

170 Gerade die Rechtssache *Peerbooms* zeigt, dass bei der rechtlichen Würdigung die Sicht des Patienten nicht vergessen werden sollte.
171 Vgl. Art. 9 ZFW (Ziekenfondswet).
172 Die Bundesregierung ist der Auffassung, dass die beiden genannten Entscheidungen nur für Krankenversicherungssysteme maßgeblich seien, denen das Kostenerstattungsprinzip zu Grunde liege. Dagegen: Schulte in einem Vortrag zum Thema „Europäisches Wirtschaftsrecht und die Grundfreiheiten in der EU als Rahmenbedingungen für die nationale Sozialgesetzgebung – Erfahrungen in der Vergangenheit, Perspektiven für die Zukunft" auf einem Symposium am 22. und 23.4.1999 in Frankfurt a. M.. Vgl. dazu: Tagesbericht von Ott, in: NZS 1999, 440 (440 f.).

Ob die Grundaussagen der Rechtssachen *Kohll* und *Decker* auch auf das deutsche Gesundheitssystem, das auf dem Sachleistungsprinzip beruht, übertragbar ist, bleibt demnach zu prüfen.

Durch die bisher bestehenden Regelungen im nationalen Recht wie auch im Sekundärrecht könnten auf der einen Seite die Leistungserbringer, also die Krankenkassen, und auf der anderen Seite als Versicherte die Leistungsempfänger in ihren Grundfreiheiten verletzt sein. Dabei steht im Zentrum der Prüfung die territoriale Begrenzung des Leistungsrechts und des Leistungserbringungsrechts, wobei dabei die Untersuchung des Genehmigungserfordernisses des Art. 22 VO 1408/71 fokussiert wird.

1. Vereinbarkeit mit der Dienstleistungsfreiheit gem. Art. 49 EGV

Die Dienstleistungsfreiheit wird in den Art. 49 ff. EGV näher umschrieben. Sie sichert Selbstständigen das Recht auf grenzüberschreitende Tätigkeitsausübung zu. Dabei spielt es keine Rolle, ob sie diese Dienste persönlich oder durch Mitarbeiter erbringen[173]. Ob hier die Dienstleistungsfreiheit durch die nationalen Vorschriften oder die VO 1408/71 beeinträchtigt wird, kann nicht nur aus der Sicht des Betroffenen, d. h. Versicherten betrachtet werden. Es muss zusätzlich noch beachtet werden, dass es sich im deutschen Krankenversicherungsrecht um eine Dreiecksbeziehung zwischen Krankenkasse, Leistungserbringer und Versicherten handelt. Um nun abschließend beurteilen zu können, ob die Dienstleistungsfreiheit Art. 22 VO 1408/71 und § 16 SGB V überlagert und damit eine Leistungsinanspruchnahme ohne Genehmigung ermöglicht, müssen zunächst die einzelnen Leistungsbeziehungen beleuchtet werden.

a) Anwendungsbereich

Gem. Art. 50 EGV umfasst der Begriff der Dienstleistungen grenzüberschreitende (1), entgeltliche (2) und vorübergehende, d. h. zeitlich beschränkte Tätigkeiten, soweit sie nicht von den übrigen Grundfreiheiten (3) erfasst werden.

aa) Verhältnis Leistungserbringer und Versicherter

Ein zu untersuchendes Verhältnis ist das zwischen Leistungserbringer, beispielsweise Arzt, Optiker oder Krankenhaus und den Versicherten, den Patienten. Der Versicherte könnte durch das Genehmigungserfordernis des Art. 22 I VO 1408/71 in seiner Dienstleistungsfreiheit beeinträchtigt sein. In der Rechtssache *Luisi* und *Carbone*[174] hat der EuGH anerkannt, dass sich auf die Dienstleistungsfreiheit nicht nur der Dienstleistungserbringer, sondern auch der Dienstleistungsempfänger berufen kann (sog. Dienstleistungsempfängerfreiheit)[175].

---

173 Roth, in: Dauses E. I., Rn. 69 f.; Borchardt, in: Die rechtlichen Grundlagen der EU, 1996, 304 f.; Oppermann, Europarecht, S. 577 ff., Rn. 1496 ff.
174 EuGH, Urt. v. 31.1.1984, verb. Rs. 286/82 u. 26/83 (Luisi und Carbone), Slg. 1984, 377 (403, Rn. 16).
175 Schöne, Dienstleistungsrecht, S. 70 ff.; Völker, Passive Dienstleistungsfreiheit; Troberg, in: GTE, Art. 59, Rn. 33 ff.; Roth, in: Dauses D. I., Rn. 108, der explizit als Beispiel die Beschränkung auf im Inland erbrachte Leistungen in der gesetzlichen Krankenversicherung nennt.

aaa) Grenzüberschreitung

Rein innerstaatliche Sachverhalte ohne grenzüberschreitenden Anknüpfungspunkt werden von dem Dienstleistungsbegriff nicht erfasst[176]; es muss auf irgendeine Weise ein „ausländisches Moment" hinzutreten[177]. Die Grenzüberschreitung kann auf verschiedene Arten erfolgen:

- *Aktive Dienstleistungsfreiheit*: Das Element der Grenzüberschreitung liegt darin, dass sich der Dienstleistungserbringer vorübergehend in das Land des Dienstleistungsempfängers begibt. Das ist der klassische Fall der Dienstleistungsfreiheit (vgl. Art. 50 III EGV).

- *Passive Dienstleistungsfreiheit*: Hier sorgt der Dienstleistungsempfänger für das grenzüberschreitende Element, indem er sich in den Mitgliedstaat begibt, in dem der Dienstleistungserbringer ansässig ist. Vor allem nach der Entscheidung des EuGH in den Rechtssachen *Luisi* und *Carbone*[178] wurde diese Art der Grenzüberschreitung vom überwiegenden Schrifttum[179] als ein in den Anwendungsbereich der Dienstleistungsfreiheit fallender Vorgang des Wirtschaftsverkehrs angesehen.

- *Korrespondenzdienstleistungen* (personenunabhängige Dienstleistungsfreiheit): Es ist aber auch der Fall denkbar, dass nur die Leistung selbst grenzüberschreitend ist, ohne dass der Dienstleistungsempfänger oder Dienstleistungserbringer die Grenze überschreitet[180], etwa im Fall von Versicherungsdienstleistungen[181].

Vorliegend geht der Versicherte in das Land des Dienstleistungserbringers, um Leistungen in Anspruch zu nehmen (sog. passive Dienstleistungsfreiheit)[182]. Demnach hat hier die Tätigkeit grenzüberschreitenden Charakter.

bbb) Entgeltlichkeit

Das in Art. 50 EGV genannte Kriterium der Entgeltlichkeit ist für die Annahme einer Dienstleistung nötig. Wesensmerkmal des Entgelts ist, „dass es die wirtschaftliche Ge-

---

176 EuGH, Urt. v. 23.4.1991, Rs. 41/90 (Höfner und Elser), Slg. 1991, I-1979 ff.; Troberg, in: GTE, Art. 60, Rn. 4; Steindorff, in: RIW 1983, 831 (832); Ehlers, in: NVwZ 1990, 810 (811).
177 Hakenberg, in: Lenz, EG-Vertrag, Art. 49/50, Rn. 17.
178 Vgl. EuGH, Urt. v. 31.1.1984, verb. Rs. 286/82 u. 26/83 (Luisi und Carbone), Slg. 1984, 377 (403, Rn. 16); EuGH, Urt. v. 2.2.1989, Rs. 186/87 (Cowan), Slg. 1989, 195 (220 ff., Rn. 15, 20).
179 Vgl. den Überblick des Streitstands bis zu der Entscheidung *Luisi* und *Carbone* bei Völker, Passive Dienstleistungsfreiheit im Europäischen Gemeinschaftsrecht, S. 62.
180 Vgl. EuGH, Urt. v. 30.4.1974, Rs. 155/73 (Sacci), Slg. 1974, 409 (428 f., Rn. 7/8); Weber, in: EWS 1995, 292 (292).
181 Streil, in: Beutler/Bieber/Pipkorn/Streil, S. 317; Randelzhofer, in: Grabitz/Hilf, Art. 59, Rn. 4; Maestripieri, La libre circulation des personnes et des services dans la CEE, S. 46.
182 Es kommt daneben auch eine Grenzüberschreitung des Leistungsanbieters in Betracht, indem zum Beispiel eine Hebamme ihre Leistungen in einem anderen Mitgliedstaat anbietet als in dem, in dem sie niedergelassen ist. Doch dies ist keine Frage, die im Zusammenhang mit dem Leistungsexport steht, denn es handelt sich dabei um keine Leistungen, die von einem in einen anderen Mitgliedstaat exportiert werden. Demnach kann diese Frage hier vernachlässigt werden. Zu diesem Problem vgl. Plute, in: DOK 1994, 421 ff.

genleistung für die betreffende Leistung darstellt"[183], d. h. es muss einen wirtschaftlich messbaren Wert haben, der nicht völlig außer Verhältnis zum wirtschaftlichen Wert der Dienstleistungen steht[184]. Um diese Frage beurteilen zu können, muss die Ausgestaltung des Leistungsanspruches untersucht werden. Handelt es sich um ein System mit Kostenerstattung, so muss der Versicherte das Entgelt an den Leistungserbringer entrichten und das Erfordernis der Entgeltlichkeit ist gegeben. Ist jedoch in dem jeweiligen Fall das Sachleistungsprinzip einschlägig, so wird das Entgelt von der Krankenkasse geleistet.

Da die Behandlung in letzterem Fall für den Versicherten kostenfrei erfolgt, ist der Generalanwalt Ruiz-Jarabo in seinen Schlussanträgen zur Rechtssache *Smits* und *Peerbooms*[185] der Ansicht, dass die Entgeltlichkeit einer solchen Leistung in dieser Konstellation des Sachleistungsprinzips zu verneinen ist. Der Generalanwalt begründet seine Ansicht in folgender Weise: Die ärztliche Versorgung und Gesundheitsfürsorge, auf die die Versicherten Anspruch hätten, bestehe in allen Fällen ausschließlich aus Sachleistungen. Die Versicherten würden von den Ärzten und den Krankenhäusern, mit denen die Krankenkassen zu diesem Zweck Verträge geschlossen hätten, kostenfrei behandelt. Sie brauchten nichts zu zahlen und hätten auch keinen Erstattungsanspruch. Die Ärzte und Krankenhäuser würden von den Kassen bezahlt und zwar nicht nach medizinischen Leistungen, sondern ihr wirtschaftlicher Beitrag bestehe in der Zahlung eines Pauschalbetrags für jeden in der Kartei geführten Patienten oder in der Zahlung eines Beihilfesatzes pro Tag des Krankenhausaufenthalts, der die tatsächliche Kosten nicht widerspiegele.[186]

Dieser Ansicht ist nicht zu folgen. Nach der vom Schrifttum[187] bestätigten Rechtsprechung des EuGH in der Rechtssache *Bond van Adverteerders*[188] ist es nicht erforderlich, dass derjenige, dem die Dienstleistung unmittelbar zugute kommt, auch das Entgelt entrichtet. Dieser Rechtssache lag folgender Sachverhalt zugrunde, der mit dem hier in Frage stehenden vergleichbar ist: Der Betreiber eines Fernsehkabelnetzes speiste in sein Netz Fernsehprogramme ein, die er von den Fernsehanstalten kostenlos zur Verfügung gestellt bekam. Die Sendeanstalten finanzierten sich durch Werbeeinnahmen und der Kabelnetzbetreiber finanzierte sich ausschließlich durch die Gebühren, die er von den Abonnenten des Kabelsystems erhielt. Hier sah der EuGH einen Fall der Dienstleistungsfreiheit, da der Kabelnetzbetreiber eine Dienstleistung für die Sendeanstalten erbringe und Art. 50 EGV nicht verlange, dass die Dienstleistungen von demjenigen

---

183 EuGH, Urt. v. 27.9.1988, Rs. 263/86 (Humbel und Edel), Slg. 1988, 5365 (5388, Rn. 17); Streil, in: Beutler/Bieber/Pipkorn/Streil S. 330; Goldman/Lyon-Caen, droit commercial européen, No. 277, S. 308; Völker, Passive Dienstleistungsfreiheit, S. 96, 101.
184 Hailbronner/Nachbaur, in: EuZW 1992, 105 (108).
185 Schlussanträge des Generalanwalts Ruiz-Jarabo zur Rs. C-157/99 (Geraets-Smits und Peerbooms); siehe „http://curia.eu.int".
186 Schlussanträge des Generalanwalts Ruiz-Jarabo zur Rs. C-157/99 (Geraets-Smits und Peerbooms), Nr. 44 ff.; siehe „http://curia.eu.int".
187 Roth, in: Dauses, E. I., Rn. 97; Troberg, in: GTE, Art. 60, Rn. 4; Emmerich, in: BB 1989 Beilage 3, S. 9 (11); V. Maydell, in: Die Auswirkungen des EG-Rechts auf das Arbeits- und Sozialrecht der Bundesrepublik, S. 25 (35).
188 Vgl. EuGH, Urt v. 26.4.1988, Rs. 352/85 (Bond van Adverteerders), Slg. 1988, 2085 (2131, Rn. 16).

bezahlt werden, dem sie zugute komme. Dieses Dreiecksverhältnis lässt sich auf dasjenige im deutschen gesetzlichen Krankenversicherungsrecht übertragen.

Dass die Kassen nicht die tatsächlichen Kosten für eine Behandlung übernehmen, sondern lediglich einen Pauschalbetrag bezahlen, spricht nicht gegen die Entgeltlichkeit der Leistung. Es ist lediglich erforderlich, dass es sich um eine geldwerte Leistung handelt[189]. Deswegen kann die Form der Leistung nicht ausschlaggebend sein. Entgeltlichkeit bedeutet, dass es sich bei der zu Grunde liegenden Tätigkeit um einen Teil des Wirtschaftslebens handelt[190]. Dazu gehört auch die Bezahlung einer Tätigkeit in Form eines Pauschalbetrages. Das gegenteilige Ergebnis könnte zu der „integrationsfeindlichen" Lage führen, dass sich die Mitgliedstaaten durch eine bestimmte Systementscheidung – also für das Sachleistungsprinzip und den staatlichen Gesundheitsdienst – der Geltung des Gemeinschaftsrechts partiell entziehen könnten. Unter diesem Blickwinkel und mit dem Gedanken, dass im Zweifel die Freizügigkeit Vorrang haben muss, ist die Voraussetzung der Entgeltlichkeit im Verhältnis Leistungserbringer zu Versicherten zu bejahen. Auch der Gerichtshof bestätigte diese Auffassung am 12. Juli 2001 in der Rechtssache *Smits* und *Peerbooms*[191].

ccc) Abgrenzung zu anderen Grundfreiheiten

Art. 50 EGV bestimmt ausdrücklich, dass die Dienstleistungsfreiheit keine Anwendung findet, soweit die Vorschriften über den freien Waren-, Personen- oder Kapitalverkehr einschlägig sind. Allein problematisch ist hier das Verhältnis zur Warenverkehrsfreiheit. Gemeinsames Ziel beider Freiheiten ist die Herstellung größtmöglicher Produktmobilität. Der Unterschied besteht darin, dass Art. 28 EGV dieses Ziel in Bezug auf Waren im Sinne verkörperter Güter, Art. 50 EGV dagegen nichtverkörperte, „unsichtbare" Güter der Dienstleistungen zu erreichen sucht[192]. In Zweifelsfällen ist zu entscheiden, ob der wirtschaftliche Schwerpunkt im Bereich der Dienstleistung oder des Warenaustausches liegt[193]. Die Tätigkeiten der meisten Leistungsanbieter können ohne Probleme unter den Dienstleistungsbegriff subsumiert werden. Schwierig ist dagegen die Einordnung der Leistungserbringer von Hilfsmitteln (z.B. Optiker, Hörgeräteakustiker) und Apotheker[194]. Der Schwerpunkt der Leistung bei der Erbringung von Hilfsmitteln liegt mehr in deren Anfertigung als in deren Verkauf, da ersteres aufwendiger ist. Ob auch die Tätigkeit der Apotheker unter den Dienstleistungsbegriff fällt, wird nicht eindeutig im

---

189 Troberg, in: GTE, Art. 60, Rn. 4; Die Entgeltlichkeit muss nach dem Wortlaut des Art. 50 EGV lediglich „in der Regel" bestehen, d. h. es ist unschädlich, wenn im Einzelfall kein Honorar verlangt wird. Vgl. hierzu: Hakenberg, in: Lenz, EG-Vertrag, Art. 49/50, Rn. 15.
190 Vgl. EuGH, Urt. v. 12.12.1974, Rs. 36/74 (Walrave), Slg. 1974, 1405 (1418, Rn. 4/10); EuGH, Urt. v. 5.10.1988, Rs. 196/87 (Steyemann), Slg. 1988, 6159 (6172, Rn. 10); Roth, in: Dauses, E. I., Rn. 12.
191 EuGH, Urt. v. 12.7.2001, Rs. C-157/99 (Smits u. Peerbooms), S. 14 f., Rn. 56 ff.; das Urteil ist noch nicht in der amtlichen Sammlung veröffentlicht; siehe „http://curia.eu.int".
192 Hailbronner/Nachbaur, in: EuZW 1992, 105 (107); Vgl. außerdem: Roth, in: Dauses, E. I., Rn. 9; Geiger, EG-Vertrag, Art. 60 Rn. 1; EuGH, Urt. v. 12.3.1985, Rs. 18/84 (KOM/Französische Republik), Slg. 1985, 1339 (1347, Rn. 12); Troberg, in: GTE, Art. 60, Rn. 1.
193 Randelzhofer, in: Grabitz/Hilf, Art. 60, Rn. 6 a; Streil, in: Beutler/Bieber/Pipkorn/Streil, S. 330.
194 Vgl. ausführliche Darstellung bei: Zechel, Die territorial begrenzte Leistungserbringung der Krankenkassen im Lichte des EG-Vertrages, S. 34 ff.

Schrifttum beantwortet[195]. Es ist eine Einzelfallbetrachtung geboten, um im konkreten Fall klären zu können, ob die jeweilige Tätigkeit des Apothekers oder anderer Leistungserbringer unter den Dienstleistungsbegriff zu fassen ist.

Insgesamt lässt sich festhalten, dass die Dienstleistungsfreiheit im Verhältnis der Leistungserbringer zu den Versicherten nicht von anderen Grundfreiheiten verdrängt wird. Folglich liegt eine Dienstleistung i. S. d. Art. 49 EGV zwischen Dienstleistungserbringer und Versicherten vor.

bb) Verhältnis Leistungserbringer und Krankenkasse

aaa) Leistung

Im ersten Moment könnte man an einer Beziehung und somit an einer Leistung zwischen den Krankenkassen und den Leistungserbringern zweifeln, da zwischen beiden keine unmittelbaren vertraglichen Beziehungen bestehen. Die Krankenkasse tritt – anders als bei den Krankenhäusern – nicht in eine unmittelbare Rechtsbeziehung zu den Vertragsärzten. Vielmehr steht zwischen beiden die Kassenärztliche Vereinigungen als öffentlich-rechtliche Körperschaft, deren Mitglieder die in ihren Zuständigkeitsbereich fallenden Vertragsärzte sind. Doch eine solche Betrachtung wäre oberflächlich. Nimmt ein Versicherter einen Leistungserbringer in Anspruch, so wird die Krankenkasse von ihrer Sachleistungsverpflichtung gegenüber dem Versicherten frei (vgl. § 2 SGB V), denn die Krankenkassen müssen den Versicherten ärztliche Behandlungen zur Verfügung stellen; insoweit hat der Gesetzgeber eine staatliche Aufgabe begründet[196]. Die Krankenkassen sind nur ausnahmsweise zur Erbringung ärztlicher Eigenleistungen ermächtigt[197] und bedienen sich damit zur Erfüllung ihrer Verschaffungspflicht regelmäßig der Vertragsärzte[198].

bbb) Grenzüberschreitung

Des Weiteren ist eine Grenzüberschreitung der Leistung nötig, um sie als Dienstleistung i.S.d. Art. 50 EGV zu charakterisieren. Zwar begeben sich weder Leistungserbringer noch Krankenkasse zur Leistungserbringung bzw. -inanspruchnahme in ein anderes Mitgliedsland, doch die Leistung wird vom Leistungserbringer in einem anderen Mitgliedstaat an den Versicherten selbst erbracht, der die Grenze überschritten hat. Damit

---

195 V. Maydell, in: Die Auswirkungen des EG-Rechts auf das Arbeits- und Sozialrecht der Bundesrepublik, S. 25 (34 f.) fasst die Tätigkeit des Apothekers unter die Dienstleistungsfreiheit und argumentiert mit der Ausbildung der Apotheker und den besonderen Kenntnissen, die sie bei der Herstellung einiger Arzneimittel, aber auch bei der Abgabe der von Pharma-Konzernen gelieferten Medikamente haben müssen. A. A.: Zechel, Die territorial begrenzte Leistungserbringung der Krankenkassen im Lichte des EG-Vertrages, S. 37 f. Er betont, dass Apotheker in der Regel keine Dienstleistungen erbringen; der Dienstleistungscharakter soll nur bei besonders aufwendiger Medikamentenherstellung bestehen.
196 Siehe dazu im einzelnen: Sodan, Freie Berufe als Leistungserbringer im Recht der gesetzlichen Krankenversicherung, S. 119 ff., 169 ff., 192 f.
197 Vgl. § 76 I S.1 und § 140 SGB V. Aber auch schon BGHZ 1982, 375 (387) zu § 386 d I RVO a. F.
198 Sodan/Gast, in: NZS 1998, 305 (311); Sodan., in: JZ 1998, 1166 (1171).

ist der grenzüberschreitende Charakter gegeben und zwar in Form einer so genannten Korrespondenzdienstleistung[199].

ccc) Entgelt

Zunächst könnte man an der Entgeltlichkeit zweifeln, da auf der einen Seite des Leistungsverhältnisses ein Dienstleistungsmonopolist, die Krankenkasse[200], steht. Bei der Frage nach der Inanspruchnahme ausländischer Leistungserbringer bzw. der Erstattung für die Kosten dieser Inanspruchnahme überschneiden sich zwar die Rechtsbeziehungen zwischen Versicherten, Trägern und Leistungserbringern. Im Kern berührt ist aber die Berücksichtigung der Angebote ausländischer Anbieter. Dabei ist das Leistungserbringungsrecht nicht durch den Solidaritätsgedanken, sondern durch wirtschaftliche Überlegungen bestimmt.[201] In dieser Konstellation stellen die Krankenkassen im Verhältnis zu den Leistungserbringern die Marktgegenseite dar, und zwar in einem gerade nicht hoheitlich strukturierten Leistungsverhältnis[202].

Es fließt allerdings keine Gegenleistung der Krankenkasse direkt an den Leistungserbringer. § 85 I SGB V sieht vor, dass die Krankenkassen nach Maßgabe des Gesamtvertrages für die gesamte vertragsärztliche Versorgung mit befreiender Wirkung eine Gesamtvergütung an die Kassenärztliche Vereinigung entrichten. Die Kassenärztliche Vereinigung übernimmt anschließend die Honorarverteilung und verteilt das Honorar entsprechend der bei ihr angemeldeten Ansprüche an die Vertragsärzte[203]. Es ist hierbei unerheblich, ob die Zahlungen direkt an den Leistenden oder einen Dritten erbracht werden.

Die Entgeltlichkeit wäre auch gegeben, wenn Rechtsbeziehungen zwischen den Krankenkassen und ausländischen Leistungserbringern möglich wären; in diesem Falle würden diese von den Krankenkassen ebenfalls eine Gegenleistung erhalten.

cc) Verhältnis Krankenkasse und Versicherter

Nach § 2 I und II SGB V sind die Krankenkassen verpflichtet, den Versicherten Leistungserbringer zur Verfügung zu stellen, die die Leistungsansprüche der Versicherten erfüllen (sog. Sachleistungsprinzip). Wenn das nun nicht von den Krankenkassen über das jeweilige Staatsgebiet hinaus zur Verfügung gestellt werden kann, könnte darin ein Eingriff in die Dienstleistungsfreiheit des ausländischen Dienstleistungserbringers und mittelbar in die des in Deutschland Versicherten liegen, dem es nicht ermöglicht wird, einen Dienstleistungserbringer in einem anderen Mitgliedstaat in Anspruch zu nehmen. Hat der Versicherte denn nicht schon aus der Tatsache, dass er Mitglied der Krankenkasse ist, einen Anspruch auf Leistungen seiner Krankenkasse in einem anderen Mitgliedstaat (eine Art grenzüberschreitende Mitgliedschaft)? Gleichzeitig ist diese Frage mit dem Rechtsproblem verbunden, ob Leistungen von der Krankenkasse in anderen

---

199 Siehe 2. Teil, E. II. 1. a).
200 Ausführlich hierzu vgl. 2. Teil, E. II. 1. a); insbesondere cc).
201 Becker, in: NZS 1998, 359 (361).
202 OLG Düsseldorf, in: NZS 1998, 567 (569); Pitschas, in: VSSR 1999, 221 (225).
203 Vgl. zu den einzelnen Leistungsbeziehungen: Ost/Mohr/Estelmann, Grundzüge des Sozialrechts, S. 132.

Mitgliedstaaten angeboten werden dürfen oder, ob hier das Krankenversicherungsmonopol entgegensteht.

aaa) Grenzüberschreitung

Voraussetzung ist, dass es sich um eine Betätigung handelt, „deren wesentliche Elemente sämtlich nicht über die Grenzen eines Mitgliedstaats hinausweisen"[204]. Die Leistung der Krankenkasse ist keiner der oben genannten Fallgruppen zur Grenzüberschreitung zuzuordnen. Überdies stellt sich die Annahme einer Grenzüberschreitung als problematisch dar, wenn man bedenkt, dass beide, d. h. Krankenkasse und Versicherter, aus einem Mitgliedstaat stammen. Eine derartige Betrachtung wird aber dem Dreikonstellationenverhältnis nicht gerecht, da zu berücksichtigen ist, dass die Leistungserbringer im Ausland die Dienste auch für die Krankenkassen des zuständigen Staates erbringen. Die Leistungserbringer sind als Erfüllungsgehilfen der Krankenkassen anzusehen[205]. Daher ist dann ein grenzüberschreitender Charakter der Dienstleistungen anzunehmen: Denn die Versicherten gehen in ein anderes Mitgliedsland, um die Leistungen der Leistungserbringer - der Erfüllungsgehilfen der Krankenkassen - also im Endeffekt der Krankenkassen selbst in Anspruch zu nehmen.

bbb) Entgelt

Problematisch ist, ob auch in dem Verhältnis der Krankenkassen zum Versicherten Leistungen bestehen, die als entgeltlich i. S. d. Dienstleistungsfreiheit qualifiziert werden können. Das Kriterium der Entgeltlichkeit bringt die primär wirtschaftliche Ausrichtung des Vertrages zum Ausdruck. Als Dienstleistungen kommen nur Tätigkeiten in Betracht, „die einen Teil des Wirtschaftslebens ausmachen"[206], d. h. der Dienstleistungserbringer muss grundsätzlich einen irgendwie gearteten Erwerbszweck verfolgen[207]. Die Vorschriften zur Dienstleistungsfreiheit zielen, indem sie auf die Entgeltlichkeit der Leistungen abstellen, auf die Freiheit der unternehmerischen Betätigung ab, wenn auch mit einer gewissen Einschränkung: unentgeltlich ausgeübte Aktivitäten können sich ebenfalls als unternehmerisch darstellen, wären jedoch nicht unbedingt als Dienstleistungen zu qualifizieren[208]. Einigkeit besteht bezüglich der Gesetzesaussage, dass bei Leistungen, die in der Regel gegen Entgelt erbracht werden, keine Gewinnerzielungsabsicht vorausgesetzt wird[209].

(1) Krankenkasse als staatliche Organisation

Dass die Dienstleistungen von einer staatlichen Organisation (rechtsfähige, sich selbst verwaltende Körperschaft des öffentlichen Rechts; vgl. § 29 I SGB IV, § 4 I SGB V)

---

204 EuGH, Urt. v. 18.3.1980, Rs. 52/79 (Debauve), Slg. 1980, 833 (855, Rn. 9).
205 Vgl. Kugelmann, Der Rundfunk und die Dienstleistungsfreiheit des EWG-Vertrages, S. 112 ff.
206 EuGH, Urt. v. 12.12.1974, Rs. 36/74 (Walrave), Slg. 1974, 1405 (1418, Rn. 4/10); EuGH, Urt. v. 5.10.1988, Rs. 196/87 (Steyemann), Slg. 1988, 6159 (6172, Rn. 10); EuGH, Urt. v. 24.3.1994, Rs. C-275/92 (Schindler), Slg. 1994, I-1039 (1087, Rn. 19) Roth, in: Dauses, E. I., Rn. 12; Troberg, in: GTE, Art. 60, Rn. 4; Hailbronner/Nachbaur, in: EuZW 1992, 105 (108); Kluth, in: Calliess/EUV/EGV, Art. 50, Rn. 10.
207 Hailbronner, in: Handkommentar zum EUV/EGV, Art. 60, Rn. 10.
208 Schulz-Weidner, in: Freizügigkeit und Soziale Sicherheit, S. 269 (276).
209 U. Everling, Das Niederlassungsrecht im Gemeinsamen Markt, S. 33 f.; V. Wilmowsky, in: Zeitschrift für ausländisches öffentliches Recht und Völkerrecht 1990, 231 (236).

erbracht werden, spielt keine Rolle. Nach der EuGH-Rechtsprechung kommt es weder auf eine Gewinnerzielungsabsicht an, noch auf die Art der Gegenleistung oder darauf, von wem die Gegenleistung erbracht wird[210]. Demnach unterfallen auch staatliche Leistungen grundsätzlich dem gemeinschaftlichen Dienstleistungsbegriff, soweit der Staat bei Erbringung dieser Leistungen unternehmerähnlich am Wirtschaftsleben teilnimmt[211] und damit dem Merkmal der Entgeltlichkeit genügt.

(2) Finanzierung aus Staatshaushalt

Verlieren Leistungen jedoch ihren entgeltlichen Charakter, wenn sie aus dem Staatshaushalt finanziert werden[212]? Die Krankenversicherung ist beispielsweise in Deutschland weitgehend beitragsfinanziert (§ 220 SGB V). Auch wenn nicht von jedem Versicherten Beiträge – wie das zum Beispiel bei der kostenlosen Familienversicherung in der gesetzlichen Krankenversicherung (§ 10 SGB V) der Fall ist – geleistet werden, ist allein deswegen die Entgeltlichkeit nicht zu verneinen. Zum Teil wird argumentiert, dass diese Leistungen an die originäre Versicherung des Ehepartners oder der Eltern anknüpfen und somit beitragsfinanziert seien[213]. Außerdem ist es ohne Bedeutung, ob das Entgelt vom Dienstleistungsempfänger oder einem Dritten erbracht wird[214].

(3) Soziale Ziele der Krankenkassen

Fehlt es an dem wirtschaftlichen Charakter, da die Krankenkassen eher soziale als wirtschaftliche Ziele verfolgen[215]? Der EuGH hat bisher noch keine Entscheidung zur Versicherungstätigkeit der Träger sozialer Sicherheit in Bezug auf die Grundfreiheiten gefällt. Ein Indiz zur Beantwortung dieser Frage kann der Rechtsprechung zum europäischen Wettbewerbsrecht entnommen werden[216]. Denn schon mehrmals hatte der Gerichtshof über die Frage zu entscheiden, ob Sozialversicherungsträger als Unternehmen[217] i. S. d. Art. 81 EGV anzusehen sind[218]. Die Heranziehung der Rechtsprechung

---

210 Vgl. EuGH, Urt. v. 5.10.1988, Rs. 196/87 (Steymann), Slg. 1988, 6159 (6172, Rn. 10-14); EuGH, Urt. v. 25.4.1988, Rs. 352/85 (Bond van Adverteeders), Slg. 1988, 2085 (2131, Rn. 16).
211 Vgl. EuGH, Urt. v. 24.3.1994, Rs. C-275/92 (Schindler), Slg. 1994, I-1039 (1091, Rn. 35); EuGH, Urt. v. 23.4.1991, Rs. C-41/90 (Höfner und Elser), Slg. 1991, I-1979 (2016, Rn. 21 ff.); EuGH, Urt. v. 20.3.1985, Rs. 41/83 (Italienische Republik/KOM), Slg. 1985, 873 (885 f., Rn. 18-20). Dass dies auch bei staatlichen Leistungen der Fall sein kann, ergibt bereits der Gegenschluss aus Art. 44 I i. V. m. Art. 55 EGV; vgl. Giesen, Sozialversicherungsmonopol und EG-Vertrag, S. 115; Seidel, Gedächtnisschrift Sasse, Bd. 1, 351 (362 f.); Hailbronner, in: NJW 1991, 593 (594).
212 Vgl. EuGH, Urt. v. 27.9.1988, Rs. 263/86 (Humbel und Edel), Slg. 1988, 5365 (5388, Rn. 17).
213 Vgl. Schulz-Weidner, in: DRV 1997, 449 (446).
214 Vgl. EuGH, Urt. v. 30.4.1974, Rs. 15/73 (Sacchi), Slg. 1974, 409 (428 Rn. 6); EuGH, Urt. v. 18.3.1980, Rs. 52/79 (Debauve), Slg. 1980, 833 (855 Rn. 8); EuGH, Urt. v. 26.4.1988, Rs. 352/85 (Bond van Adverteeders), Slg. 1988, 2085 (2131, Rn. 16); Vgl. Kluth, in: Calliess/Ruffert, EUV/EGV, Art. 50, Rn. 11.
215 Diese Frage stellt sich erneut im Bereich der Warenverkehrsfreiheit, da auch diese Grundfreiheit wirtschaftlich ausgerichtet ist. Vgl. 2. Teil, E. II. 2.
216 Vgl. hierzu auch Gutachten des Wissenschaftlichen Beirats beim Bundesministerium der Finanzen, S. 19 ff.
217 Vgl. dazu die sich erst seit kurzem damit auseinandersetzende Literatur: Schulz-Weidner, in: DRV 1997, 449 (453 f.); ders., in: Freizügigkeit und soziale Sicherheit, S. 269 (276 ff.); Eichenhofer, in: VSSR 1997, 71 (77 f.); Benicke, in: ZfSH/SGB 1998, 22 (28 ff.); Fuchs, in: ZIAS 1996, 338 (350 ff.); Giesen, Sozialversicherungsmonopole und EG-Vertrag, S. 119 ff.; ders. VSSR 1996, 311 (321

zum Unternehmensbegriff[219] für die Auslegung des Dienstleistungsbegriffs i. S. d. Art. 49 EGV ermöglicht eine gleichmäßige Anwendung von Grundfreiheiten und Wettbewerbsregeln[220]. Außerdem ist Ziel beider Vorschriften die Garantie des freien Wirtschaftsverkehrs, und das verlangt eine einheitliche Auslegung. Trotz der nicht unwesentlichen Bedeutung der Einordnung einer Tätigkeit als wirtschaftlich oder unwirtschaftlich besteht keine klare Abgrenzung des EuGH, so dass einzelne Kriterien aus der EuGH-Rechtsprechung[221] zu entwickeln sind.

Festzuhalten ist zunächst, dass der EuGH von einem funktionalen Unternehmensbegriff[222] ausgeht. Wie er in der Rechtssache *Höfner* und *Elser*[223] erläuterte, umfasst der Begriff des Unternehmens jede eine wirtschaftliche Tätigkeit ausübende Einheit, unabhängig von ihrer Rechtsform und der Art der Finanzierung (funktionaler Unternehmensbegriff). In der Entscheidung *Höfner* hatte der EuGH zu überprüfen, ob es gegen die Wettbewerbsvorschriften des EGV verstößt, wenn das Arbeitsvermittlungsmonopol der öffentlich-rechtlich organisierten Bundesanstalt für Arbeit auch die Vermittlung von Führungskräften umfasst. Voraussetzung der Anwendbarkeit der Wettbewerbsregeln war, dass es sich bei der Vermittlungstätigkeit der Bundesanstalt um eine unternehmerische Tätigkeit handelt. Der EuGH hat dies bejaht.

Um weitere Kriterien zur Beurteilung einer sozialen Tätigkeit zu finden, sind besonders die Rechtssachen *Poucet*[224] und *Fédération francaise*[225] von großer Bedeutung[226].

---

ff.); ders., in: Freizügigkeit und soziale Sicherheit, S. 359 ff.; Sahmer, in: NZS 1997, 260 (264 f.); Fesenmair, Öffentliche Dienstleistungsmonopole im europäischen Recht, S. 33 ff., 43 ff.

218 In der Rechtssache *Ministère Public* hat der EuGH, Urt. v. 30.4.1986, Rs. C-209 bis 213/84, Slg 1986, 1425 (1465, Rn. 40) entschieden, dass die Wettbewerbsregeln nur dort a priori unanwendbar sind, wo der Vertrag dies ausdrücklich anordnet. Für den Sozialsektor fehlt eine solche Regelung. Vgl. Hänlein/Kruse, in: NZS 2000, 165 (167).

219 Schon auf den ersten Blick scheint die Wettbewerbssituation nicht gegeben zu sein: Der Gesundheitsmarkt, der von der gesetzlichen Krankenversicherung erfasst wird, unterscheidet sich von der ansonsten üblichen Wettbewerbssituation. Es stehen sich typischerweise Anbieter und Nachfrager gegenüber, wobei die Nachfrager von der Wettbewerbssituation unter den Anbietern profitieren. Die Leistungsnachfrager sind regelmäßig auch die Kostenträger. So aber nicht in der gesetzlichen Krankenversicherung: Die de-facto-Leistungsnachfrager, die Patienten, sind nicht identisch mit den Kostenträgern. Die Patienten werden also von dem Wettbewerbsprozess ausgeschlossen, sogar davor geschützt. Vgl. zu dieser Argumentation: Engelmann, in: VSSR 1999, 167 (168). Diese Sicht ist aber so nicht zutreffend, da die Patienten mittelbar die Kostenträger sind, indem sie Beiträge an die Krankenkassen leisten.

220 Fesenmair, Öffentliche Dienstleistungsmonopole im europäischen Recht, S. 30 ff., sieht dies umgekehrt; d. h. Leistungen, die auf die Dienstleistungsfreiheit wegen Ausübung öffentlicher Gewalt gem. Art. 55 i. V. m. Art. 44 EGV keine Anwendung finden, sollen aus dem Unternehmensbegriff fallen.

221 Zur Rechtsprechung des EuGH zur Unternehmenseigenschaft von Sozialversicherungsträgern vgl. Heinze, in: Zeitschrift für die gesamte Versicherungswissenschaft 1996, 281 (296 ff.); Schulz-Weidner, in: Freizügigkeit und Soziale Sicherheit, S. 269 (276 ff.).

222 Auch die überwiegende Ansicht im Schrifttum vertritt diese Ansicht: Mestmäcker, in: RabelsZ 1988, 526 (536) m. w. N. A.A.: Rottmann, in: Archiv PT 1989, 1 (6), der einem formal bestimmten Unternehmensbegriff folgt. Unternehmerische Tätigkeit setzt hiernach eine von der staatlichen Verwaltung getrennte Organisationseinheit voraus, die in den Formen des Privatrechts auf dem Markt tätig ist.

223 EuGH, Urt. v. 23.4.1991, Rs. C-41/90 (Höfner und Elser), Slg. 1991, S. I-1979 (2016, Rn. 21).

224 EuGH, Urt. v. 17.2.1993, Rs. C-159/91 und 160/91 (Poucet und Pistre), Slg. 1993, I-637 ff.

225 EuGH, Urt. v. 16.11.1995, Rs. C-244/94 (Fédération française), Slg. 1995, I-4013 ff.

In dem Grundsatzurteil *Poucet* und *Pistre*[227] wandten sich die Kläger gegen ihnen zugestellte Zahlungsbefehle, mit denen sie zur Zahlung von Sozialversicherungsbeiträgen an die örtliche Kranken- oder Rentenkasse aufgefordert worden waren. Die Kläger waren der Auffassung, sie könnten sich frei an jedes im Gebiet der Gemeinschaft niedergelassene private Versicherungsunternehmen wenden und brauchten sich nicht den Bedingungen zu unterwerfen, die von den örtlichen Sozialversicherungsträgern einseitig festgestellt worden seien. Der Gerichtshof verneinte die Unternehmenseigenschaft der Sozialversicherungsträger, weil sie auf dem Grundsatz der nationalen Solidarität beruhe und ohne Gewinnzweck ausgeübt werde[228]. Daraus lässt sich aber nicht allgemein schließen, dass der weite Unternehmensbegriff, wie er der Rechtssache *Höfner* und *Elser* vorlag, eingeschränkt werden soll und nun keine sozialen Tätigkeiten mehr erfasst wären[229]. Denn der EuGH bezieht sich bei der Bestimmung des Unternehmensbegriffs ausdrücklich auf die Rechtssache *Höfner* und *Elser*.

Diese Rechtsprechung fand ihre Bestätigung in der Rechtssache *Fédération française*[230]. In diesem Verfahren hatte der französische Verband der Versicherer beim Conseil d'Etat die Nichtigerklärung eines Dekrets erstrebt, mit dem 1990 ein System der Rentenzusatzversicherung für die Selbstständigen der landwirtschaftlichen Berufe geschaffen worden war. Die Beiträge zu dieser Zusatzversicherung wurden steuerlich begünstigt und dadurch wurde dieses System der sozialen Sicherheit gegenüber vergleichbaren Angeboten privater Versicherer bevorzugt. Entgegen der Ansicht der französischen Regierung entschied der EuGH, dass die Mitgliedschaft in dieser Versicherung freiwillig sei, die Versicherung nach dem Kapitalisierungsverfahren arbeite, sich die gewährten Leistungen ausschließlich nach der Höhe der von den Leistungsempfängern gezahlten Beiträge richteten und es sich somit um eine wirtschaftliche Tätigkeit der Versicherung handele[231].

Im Einzelnen handelt es sich um folgende Beurteilungskriterien, die sich bei genauer Untersuchung der eben genannten Urteile herauskristallisieren und bei deren Vorliegen eine soziale Tätigkeit anzunehmen ist[232]:

- *Fehlender Gewinnzweck der Tätigkeit – als Indiz*
  Hierbei handelt es sich nicht um ein zwingendes Kriterium, sondern um ein Merkmal,

---

226 Daneben existieren auch andere wichtige Rechtssachen wie *Höfner* und *Elser* (EuGH, Urt. v. 23.4.1991, Rs. C-41/90, Slg. 1991, I-1979 ff.) und wie *van Schijndel* und *van Veen* (EuGH, Urt. v. 14.2.1995, verb. Rs. C-430/93 und C-431/93, Slg. 1995, I-4705 ff.
227 EuGH, Urt. v. 17.2.1993, Rs. C-159/91 und 160/91 (Poucet und Pistre), Slg. 1993, I-637 ff.
228 Diese Auffassung wurde auch in der Rechtssache *Garcia* u.a. bestätigt, EuGH, Urt. v. 26.3.1996, Rs. C-238/94 (Garcia u. a.), Slg. 1996, I-1673 (1686, Rn. 12).
229 So auch: Benicke, in: EuZW 1996, 165 (168).
230 EuGH, Urt. v. 16.11.1995, Rs. C-244/94 (Fédération française), Slg. 1995, I-4013 ff.
231 Eichenhofer versucht die Differenzierung des EuGH im Sinne einer Überprüfung des Rechts der sozialen Sicherheit auf dessen Eignung, Erforderlichkeit und Verhältnismäßigkeit im engeren Sinne zu verstehen; vgl. Eichenhofer, in: VSSR 1997, 71 (77 f.); dagegen: Rolfs, in: SGb 1998, 202 (204).
232 Vgl. auch zu dieser Aufzählung: Schulz-Weidner, in: Freizügigkeit und Soziale Sicherheit, S. 269 (278 ff.); ders., in: DRV 1997, 449 (453 ff.); vgl. Stelzer, in: Die Sozialversicherung 2000, 141, 169 (173).

bei dessen Vorliegen die Vermutung des sozialen Charakters gegeben ist. Das wurde vom Gerichtshof[233] bereits mehrmals festgestellt, indem er ausführte, dass der wirtschaftliche Charakter einer Krankenkasse nicht deshalb entfällt, weil sie keinen Gewinnzweck verfolgt. Andernfalls könnten Mitgliedstaaten durch Gewinnverzicht gemeinnützige Unternehmen der Anwendung des Wettbewerbsrechts entziehen[234].

- *Solidaritätsgedanke*
Der Solidaritätsgedanke findet in der Sozialversicherung mehrere Ansätze und zwar bei: (1) der Finanzierung der Sozialversicherung, (2) der Gestaltung der Leistungen und (3) der nationalen Solidarität. Es findet in einem Sozialversicherungssystem ein einkommensbezogener Solidarausgleich zwischen gesunden und kranken Versicherten statt, der dadurch zum Ausdruck kommt, dass sich die Versicherungsbeiträge nach der wirtschaftlichen Leitungsfähigkeit des Versicherten bemessen[235]. Des Weiteren ist der Solidaritätsgedanke darin zu sehen, dass Leistungen nach dem individuellen Bedarf zur Verfügung gestellt werden, unabhängig von den zuvor geleisteten Beiträgen. Außerdem stellt der Gerichtshof fest, dass es sich um eine soziale Tätigkeit handelt, wenn eine Umverteilung von Systemen, die Gewinne erwirtschaften, auf Systeme mit finanziellen Schwierigkeiten stattfindet.

- *Obligatorische Einbeziehung weiter Bevölkerungskreise*
Der EuGH hat in der *Poucet*-Entscheidung deutlich gemacht, dass es zur Aufrechterhaltung des finanziellen Gleichgewichtes unerlässlich ist, dieses System als Pflichtversicherung auszugestalten. Das sei - so der Gerichtshof - gerade für die Anwendung des Solidaritätsgedankens unerlässlich. Ist keine Pflichtmitgliedschaft vorgesehen, so fehle es auch an dem Merkmal der Solidarität. Damit stellte der Gerichtshof fest, dass das Merkmal der Pflichtmitgliedschaft eines ist, auf das im Rahmen der Einordnung eines Sozialversicherungsträgers als nicht-unternehmerisch keinesfalls verzichtet werden kann[236].

- *Ausgestaltung des Beitrags- und Leistungsspektrums durch den Gesetzgeber*
In der Rechtssache *Poucet* führte der EuGH aus, dass die französischen Krankenkassen „bei der Wahrnehmung ihrer Aufgaben die Gesetze anzuwenden und daher keine Mög-

---

233 Vgl. EuGH, Urt. v. 16.11.1995, Rs. C-244/94 (Fédération française), Slg. 1995, I-4013 (4030, Rn. 21); EuGH, Urt. v. 8.6.1994, Rs. C-382/92 (KOM/Vereinigtes Königreich) Slg. 1994, I-2435 (2473, Rn. 45). Überdies lässt sich das an der Rechtssache *Höfner* und *Elser* erkennen, denn dann hätte der EuGH zu dem gegenteiligen Ergebnis gelangen müssen. So auch der Generalanwalt Tesauro in den Schlussanträgen zu der Rs. C-288/89 (Gouda) und 353/89 (KOM/Niederlande), Slg. 1991, I-4022 (4026, Rn. 8 oder 4087), indem er feststellte, dass es sich hierbei um kein zwingendes Erfordernis handelt. So auch: Hochbaum, in: GTE, Art. 90, Rn. 16; Sahmer, in: NZS 1997, 260 (265).
234 Hochbaum, in: GTE, Art. 90 Rn. 16.
235 Vgl. Begründung in der Rechtssache *Poucet* (EuGH, Urt. v. 17.2.1993, verb. Rs. C-159/91 und 160/91, Slg. 1993, I-637 (668 f., Rn. 10 ff.). Allerdings kann es sich dabei um kein gefestigtes und zwingendes Kriterium des EuGH handeln, da er ansonsten in der Rechtssache *Höfner* keine Unternehmenseigenschaft der Bundesanstalt für Arbeit hätte annehmen dürfen.
236 Das hat bereits der Generalanwalt Tesauro in seinen Schlussanträgen in der Rechtssache *Poucet* besonders deutlich gemacht, vgl. Schlussantrag des Generalanwalts Tesauro vom 29.9.1992 in der verb. Rs. C-159/91 und C-160/91 (Poucet und Pistre), Slg. 1993, I-637 (668, Nr. 12).

lichkeit haben, auf die Höhe der Beiträge, die Verwendung der Mittel oder die Bestimmung des Leistungsumfangs Einfluss zu nehmen"[237].

Der Sozialversicherungsträger muss aber zumindest ähnlich viel Gestaltungsspielraum bei der Frage der Beitragshöhe und des Leistungsumfangs haben wie ein Unternehmer. Wenn die Gesetzgebung oder sonstige zwingende Gründe den Sozialversicherungsträgern bei der Durchführung ihrer Aufgaben hoheitliche Vorgaben machen und ihnen damit jede Entscheidungsfreiheit nehmen, fehlt es an ihrer wettbewerblichen Eigenverantwortung[238].

- *Mangelnde Substituierbarkeit der Leistungen durch Produkte privater Anbieter*[239]

Hier lassen sich viele Überlegungen anführen, die aber aus Gründen des Umfangs nur angedeutet werden sollen[240]. Besonders deutlich wird das Kriterium der Substituierbarkeit in der Rechtssache *Höfner*[241], denn im Rahmen der Urteilsfindung ließ sich der EuGH auch von dem Gedanken leiten, dass sich die von der Bundesanstalt für Arbeit als Monopol verwaltete Arbeitsvermittlung auch privat bzw. marktmäßig organisieren lasse und es sich deshalb um eine wirtschaftliche und unternehmerische Tätigkeit handele. Das Merkmal der Substituierbarkeit deutete er auch in der Rechtssache *Fédération française*[242] an, indem er ausführte, dass ein Kapitaldeckungssystem – im Gegensatz zum umlagefinanzierten System – für eine unternehmerische Tätigkeit spreche, da dies mit den privaten Versicherungsgesellschaften vergleichbar sei.

Zusammenfassend lässt sich hiernach festhalten: Es handelt sich umso mehr um eine wirtschaftliche als um eine soziale Tätigkeit je mehr die Sozialversicherungsträger im Wesentlichen nach denselben Prinzipien wie die private Versicherungswirtschaft handeln[243]. Das bedeutet, dass dem EuGH als Abgrenzungskriterium der Umfang des neben der Versicherungsfunktion zu realisierenden sozialen Ausgleichs und die Prägung des Systems durch den Gedanken der Solidarität dienen.

Wendet man diese Gesichtspunkte auf die deutsche gesetzliche Krankenversicherung an, so spricht für die Einordnung der Krankenkasse als Unternehmen folgendes: Das klassische Beispiel für das Wettbewerbsrecht ist die seit 1. Januar 1996 bestehende Berechtigung der Versicherten, sich einer Krankenkasse ihrer Wahl anzuschließen und damit auch die Krankenkasse zu wechseln (§§ 173, 174 SGB V), verbunden mit einem Kontrahierungszwang der Krankenkasse (§ 175 I S. 2 SGB V).

---

237 EuGH, Urt. v. 17.2.1993, verb. Rs. C-159/91 und C-160/91 (Poucet und Pistre), Slg. 1993, I-637 (669, Rn. 15).
238 EuGH, Urt. v. 30.1.1985, Rs. 123/83 (BNIC), Slg. 1985, 391 (422 f., Rn. 16 ff.); EuGH, Urt. v. 20.3.1985, Rs. 41/83 (British Telecom), Slg. 1985, 873 (885 f., Rn. 16 ff.); Rolfs, in: SGb 1998, 202 (205); Giesen, in: VSSR 1996, 311 (327).
239 Zur Anwendung des Kriteriums Substituierbarkeit: Stelzer, in: Die Sozialversicherung 2000, 141, 169 (176).
240 Ausführlicher: Giesen, Sozialversicherungsmonopol und EG-Vertrag, S. 199 ff.
241 EuGH, Urt. v. 23.4.1991, Rs. C-41/90 (Höfner und Elser), Slg. 1991, I-1979 (2016, Rn. 22).
242 EuGH, Urt. v. 16.11.1995, Rs. C-244/94 (Fédération française), Slg. 1995, I-4013 ff.
243 Vgl.: Rolfs, in: SGb 1998, 202 (208); ähnlich: Mestmäcker, in: RabelsZ 1988, 526 (544 f.).

Doch es überwiegen die Elemente, die gegen eine Einordnung der Krankenkasse als Unternehmen sprechen: Hier ist vor allem die solidarische Ausgestaltung der Krankenkasse zu nennen. Die gesetzliche Krankenversicherung dient vor allem dem sozialen Ausgleich. Das ist auch der Gesetzesbegründung zum Gesundheitsreformgesetz zu entnehmen: „Die Beiträge, die der Versicherte für seine Krankenversicherung zu entrichten hat, richten sich nach seiner finanziellen Leistungsfähigkeit; Alter, Geschlecht und das gesundheitliche Risiko des Versicherten sind für die Beitragshöhe unerheblich. Der Anspruch auf die medizinischen Leistungen der gesetzlichen Krankenversicherung ist unabhängig von der Höhe der gezahlten Beiträge. Ausdruck des Solidarprinzips ist auch die beitragsfreie Familienversicherung, insbesondere von Ehegatten und Kindern, sofern diese vom Versicherten unterhalten werden"[244].

Grundsätzlich sind die maßgebenden gesetzlich fixierten Leistungen für alle Versicherten gleich und unabhängig vom Gesundheitszustand. Außerdem wird die gesetzliche Krankenversicherung durch das Umlageverfahren finanziert, d. h. die jüngeren Versicherten müssen die Kosten für die älteren übernehmen (vgl. § 220 I SGB V)[245]. Auch dort wird wiederum das solidarische Element sichtbar. Die Pflichtmitgliedschaft (§§ 5 ff. SGB V) eines Großteils der Bevölkerung verstärkt dieses Ergebnis. Dieser Solidarausgleich[246] und die Solidarität in der deutschen gesetzlichen Krankenversicherung spricht für die Einordnung als nicht wirtschaftliche Tätigkeit[247].

Auch das oben angeführte Kriterium der Substantiierung, führt zu dem Ergebnis, dass es sich um eine soziale, nicht wirtschaftliche Tätigkeit handelt. Denn es stünde im Falle einer Substituierung der gesetzlichen Krankenversicherung zu befürchten, dass viele Personen mit gesundheitlichen Risiken – selbst gegen höhere Beiträge – den notwendigen – d. h. einen unter allen Umständen alle Krankheitskosten abdeckenden – Versicherungsschutz nicht erhalten würden. Denn bei besonderen Krankheiten kann eine private Krankenversicherung den Versicherungsschutz ablehnen.

Der öffentlich-rechtliche Einschlag wird auch durch die Sanktionsrechte, die der Krankenkasse zustehen, deutlich. Als Beispiel sei hier das Sanktionsrecht bei Verletzung der Mitwirkungspflichten seitens des Versicherten gem. §§ 60, 66 SGB I genannt[248].

Außerdem handelt es sich in dem Leistungsrechtsverhältnis Krankenkasse/Versicherter um ein gesetzlich festgelegtes Leistungsverhältnis, das grundsätzlich für beide Seiten zwingend ist, denn diese Leistungsbereiche fallen unter den Leistungsvorbehalt des § 31 SGB I mit dem Vereinbarungsverbot nach § 32 SGB I und den entsprechenden stringenten gesetzlichen Leistungsregelungen im SGB V.[249] Darin spiegelt sich die öffentliche allgemeine Aufgabe der sozialen und solidarischen gesundheitlichen Daseinsvorsorge

---

244 BT-Drucksache 11/2237, S. 146.
245 Vgl. Bauermeister, in: ZVersWiss 1996, 305 (306 f.).
246 Vgl. ausführlich zu den verschiedenen Elementen des Solidarausgleichs in der gesetzlichen Krankenversicherung: Schulin, in: HS-KV, § 6 Rn. 45 ff.
247 So auch für die Krankenversicherungsträger: Heinze, in: FS f. Gitter, S. 355 (365); ders., in: BG 1995, 89 (93); Rolfs, in: SGb 1998, 202 (205); Fuchs, in: ZIAS 1996, 338 (354).
248 Vgl. Stelzer, in: Die Sozialversicherung 2000, 141 (152).
249 Vgl. Stelzer, in: Die Sozialversicherung 2000, 141 (152).

wider. Dabei ist es unerheblich, dass ausnahmsweise einzelne Bereiche nicht durch Gesetz, sondern durch autonomes Recht in Gestalt von Satzungsbestimmungen geregelt werden können (§ 154 SGB V i. V. m. den gesetzlichen Regelungsermächtigungen per Satzungsbestimmungen §§ 47 III, 53, 54, 55, 56, 63 V SGB V).

Ebenso spricht der Gedanke der Ausfallhaftung des Staates im Falle der Zahlungsunfähigkeit des Sozialversicherungsträgers dafür, dass die Krankenkassen eine Monopolstellung genießen. Denn dann ist es auch ein legitimes Interesse des Staates, dieses System zu kontrollieren und zu überwachen[250].

Es ergeben sich zwar Bedenken an diesem Ergebnis, wenn man die Veränderungen der gesetzlichen Krankenversicherung betrachtet, wie zum Beispiel die Einführung der Wahl eines Kostenerstattungstarifs (§§ 13 II, 53 SGB V) oder der Beitragsrückerstattung (§ 54 SGB V), die eine Durchbrechung des sozialen Ausgleichs darstellen[251]. Doch handelt es sich hierbei um geringfügige Durchbrechungen, die nicht für die Einordnung des gesamten Systems einschlägig sein können. Abgesehen davon wurden diese Tendenzen hin zum Kostenerstattungsprinzip nach dem Regierungswechsel 1998 eingedämmt[252].

Resultat dieser Untersuchung ist: Die deutsche gesetzliche Krankenversicherung ist als Monopolist im Verhältnis zum Versicherten nicht dem wirtschaftlichen, unternehmerischen Bereich zuzuordnen, und somit liegt kein Dienstleistungsverhältnis der gesetzlichen Krankenversicherung gegenüber den Versicherten vor[253]. Das gilt jedenfalls, solange die Krankenversicherung ihres sozialen Charakters nicht entkleidet wird und sich dadurch privaten Versicherungsunternehmen annähert[254]. Bei der hier getroffenen Einordnung der gesetzlichen Krankenversicherung als ein System, das grundsätzlich nicht wirtschaftlich tätig ist, muss jedoch bedacht werden, dass, je weiter sich der Sozialversicherungsträger von dem herkömmlichen Bild eines Monopolisten entfernt, der Einfluss des Gemeinschaftsrechts umso stärker wird[255].

---

250 Vgl. zu diesem Gedanken: Schulz-Weidner, in: DRV 1997, 449 (460).
251 Vgl. dazu ausführlich: Sahmer, in: NZS 1997, 260 (265).
252 Mit dem 2. GKV-Neuordnungsgesetz (BGBl I 1997, 1520) war die Kostenerstattung für alle Versicherten der gesetzlichen Krankenversicherung eingeführt worden; am 1.1.1999 ist der Gesetzgeber durch das GKV-Solidaritätsstärkungsgesetz (BGBl 1998, 3853) wieder zum alten Rechtszustand zurückgekehrt. Nach § 13 II SGB V können seitdem nur noch freiwillig Versicherte Kostenerstattung statt Sachleistung wählen; vgl. dazu: Marburger, in: BB 1999, 789 (789).
253 A. A.: Giesen, Sozialversicherungsmonopol und EG-Vertrag, S. 123 ff. Er sieht die Krankenversicherungsaufgaben der Sozialversicherungsträger als unternehmerische und damit als wirtschaftliche Tätigkeit an, da der Tätigkeitsbereich der Krankenversicherung der Risikovorsorge in der privaten Versicherung entspreche und auf dem Leistungs- und Gegenleistungsprinzip beruhe. Direkt gegen Giesen: Fuchs, in: ZIAS 1996, 338 (350). Auch Grabitz, in: Grabitz/Hilf, Art. 90, Rn. 37 sieht die Krankenkasse als Unternehmen i. S. v. Art. 90 II EGV an – wenn auch ohne weitere Begründung. Zechel, Die territorial begrenzte Leistungserbringung der Krankenkassen im Lichte des EG-Vertrages, S. 41 f. sieht die Voraussetzung der Entgeltlichkeit gegeben.
254 So auch: Schulte, in: ZFSH/SGB 1999, 269 (273); vgl. Knieps, in: Soziale Sicherheit (Wien) 1997, 356 (362).
255 So auch: Isensee, in VSSR 1996, 175 (175); Becker, in: JZ 1997, 534 (541); Schulz-Weidner/Terwey, in: BKK 1997, 523 (528).

(4) Zusammenfassung

Danach ist die Dienstleistungsfreiheit gem. Art. 49 EGV in dem Verhältnis zwischen den Krankenkassen und den Versicherten nicht anzuwenden[256]. Daraus folgt, dass die territoriale Begrenzung der Leistungserbringung in diesem Verhältnis generell zulässig ist[257]. Daher kann der Versicherte allein aus der Tatsache, dass er Mitglied in einer Krankenkasse ist, nicht schon einen Anspruch herleiten, außerhalb des Wirkungsbereiches der Krankenkasse auf deren Kosten behandelt zu werden[258].

b) Beschränkung

Wie gezeigt wurde, bestehen aber Dienstleistungsverhältnisse in den Leistungsverhältnissen Krankenkasse/Leistungserbringer und Versicherter/Leistungserbringer. Würde in diesen Verhältnissen das Genehmigungserfordernis des Art. 22 I VO 1408/71 als Beschränkung wirken, die nicht gerechtfertigt ist, so würde daraus ein Recht des Versicherten folgen, dass die Krankenkasse auch Leistungen in einem anderen Mitgliedstaat übernimmt.

aa) Verhältnis Versicherter und Leistungserbringer

Art. 49 EGV verbietet Beschränkungen des freien Dienstleistungsverkehrs innerhalb der Gemeinschaft aufgrund der Staatsangehörigkeit oder der Ansässigkeit. Damit statuieren die Art. 49 f. EGV ein konkretes Diskriminierungsverbot auf dem Gebiet des Dienstleistungsrechts. Daher stellt jede offene Diskriminierung einen Eingriff in den Schutzbereich der Art. 49 f. EGV dar. Eine offene Diskriminierung liegt vor, wenn an den Dienstleistungsempfänger aufgrund seiner Staatsangehörigkeit besondere Anforderungen gestellt werden[259]. Ebenso wie die offenen greifen die versteckten Diskriminierungen, die zwar nicht ausdrücklich, aber faktisch zu einer Schlechterstellung aufgrund der Staatsangehörigkeit führen, in den Schutzbereich der Dienstleistungsfreiheit ein[260]. Dabei werden andere – von der Staatsangehörigkeit - scheinbar unabhängige, neutrale Unterscheidungsmerkmale – etwa die Anknüpfung an Tatbestände, die regelmäßig nur von Ausländern (nicht) erfüllt werden - angewendet. Es existieren keine Vorschriften nach deutschem Recht und nach der VO 1408/71, die es dem Versicherten bzw. Patienten

---

256 Dies schließt eine wirtschaftliche Tätigkeit der gesetzlichen Krankenversicherung nicht gänzlich aus. Vor allem im Rahmen der Leistungserbringung ist die Anwendbarkeit der Dienstleistungsfreiheit nicht ausgeschlossen, denn hier tritt der Sozialversicherungsträger als Nachfrager am Markt auf. Es kommt also nicht auf eine Gesamtbetrachtung an, sondern auf den jeweiligen Charakter der Tätigkeit. Vgl. hierzu: Schulz-Weidner, in: Freizügigkeit und soziale Sicherheit, S. 269 (288); Fuchs, in: ZIAS 1996, 338 (354, Fn. 71); Benicke, in: ZfSH/SGB 1998, 22 (30); Marhold, in: Europäische Integration und nationale Rechtskultur, S. 451 (454).
257 Vor allem dem *Poucet*-Urteil (EuGH, Urt. v. 17.2.1993, Rs. C-159/91 und 160/91 (Poucet und Pistre), Slg. 1993, I-637 ff.) lässt sich der Grundsatz ableiten, dass nationalstaatliche Regeln den Zugang zu einem Sozialversicherungssystem – also auch die Mitgliedschaft in einer Krankenkasse – abschließend regeln.
258 Zu diesem Ergebnis gelangt auch M. Everling, in: Die Krankenversicherung in der Europäischen Union, S. 67 (90); Schulz-Weidner/Felix, in: Soziale Sicherheit (Wien) 1998, 1120 (1146) für Österreich.
259 Vgl. EuGH, Urt. v. 3.12.1974, Rs. 33/74 (Van Binsbergen), Slg. 1974, 1299 (1304); Troberg, in: GTE, Art. 59, Rn. 8.
260 EuGH, Urt. v. 3.2.1982, verb. Rs. 62/81 u. 63/81 (Seco), Slg. 1982, 223 (235, Rn. 8); Oppermann, Europarecht, S. 577 f., Rn. 1498.

verbieten, Leistungen – wie Kureinrichtungen oder ärztliche Behandlungen – in Anspruch zu nehmen. Dabei werden auch keine besonderen Anforderungen an den Dienstleistungsempfänger, den Patienten, gestellt. Somit scheidet eine Diskriminierung aus, und prima facie scheint hier keine Dienstleistungsbeschränkung vorzuliegen.

Dabei hat es der EuGH aber nicht belassen. Er entschied frühzeitig im Fall *van Binsbergen*, dass die Dienstleistungsfreiheit über das Diskriminierungsverbot hinaus auch allen sonstigen Beschränkungen entgegenstehe, die in anderer Weise geeignet sind, die Tätigkeiten der Leistungsempfänger bzw. Leistungserbringer zu behindern bzw. zu unterbinden[261]. Damit folgte der Gerichtshof der Rechtsprechung zur Warenverkehrsfreiheit und zwar in der Rechtssache *Dassonville*, in der er „alle Maßnahmen gleicher Wirkung" i. S. d. Art. 28 EGV als „jede Handelsregelung der Mitgliedstaaten, die geeignet ist, den innergemeinschaftlichen Handel unmittelbar oder mittelbar, tatsächlich oder potentiell zu behindern" (*Dassonville*-Formel) ansah[262]. Daraus folgt, dass auch unterschiedslos geltende Maßnahmen einen Eingriff in die Dienstleistungsfreiheit darstellen können.[263] Der Rechtsprechung im Fall *van Binsbergen* und den folgenden Fällen ist auch überwiegend das Schrifttum gefolgt[264].

Also ist hier zu untersuchen, ob in Art. 22 VO 1408/71 eine Beschränkung der Dienstleistungsempfänger zu sehen ist. Die Anspruchsvoraussetzungen des Art. 22 VO 1408/71 sind so eng gefasst, dass ein Anspruch auf Kostenübernahme gegen die Krankenkasse nur gegeben ist, wenn aufgrund des Krankheitszustandes eine unverzügliche Leistung nötig ist oder eine Genehmigung des zuständigen Trägers besteht, sich zur Behandlung in ein anderes Mitgliedsland zu begeben. Das bedeutet, dass der Versicherte

---

[261] EuGH, Urt. v. 3.12.1974, Rs. 33/74 (Van Binsbergen), Slg. 1974, 1299 (1309, Rn. 10/12); ebenso: EuGH, Urt. v. 26.11.1975, Rs. 39/75 (Coenen), Slg. 1975, 1547 (1554, Rn. 5/7); EuGH, Urt. v. 25.7.1991, Rs. C-76/90 (Säger), Slg. 1991, I-4221 (4243, Rn. 12); EuGH, Urt. v. 24.3.1994, Rs. C-275/92 (Schindler), Slg. 1994, I-1039 (1093, Rn. 43); EuGH, Urt. v. 12.12.1996, Rs.C-3/95 (Reisebüro Broede), Slg. 1996, I-6511, (6537, Rn. 25).

[262] EuGH, Urt. v. 11.7.1974, Rs. 8/74 (Dassonville), Slg. 1974, 837 (852, Rn. 5). Diese Definition wurde seitdem noch erweitert, indem der EuGH auf das Merkmal der mitgliedstaatlichen Handelsregelung verzichtete und statt dessen jede Art von Maßnahme unter den Art. 28 EGV subsumiert, die die genannte Eignung besitzt.

[263] Vgl. zum Beschränkungsverbot: Epiney, Umgekehrte Diskriminierung, S. 44 ff.; Kugelmann, Rundfunk und Dienstleistungsfreiheit, S. 157 ff.; Steindorff, in: RIW 1983, 831 (832 ff.); Weber, in: EWS 1995, 292 (296) Man könnte daran zweifeln, dass dieses Beschränkungsverbot auch für die passive Dienstleistungsfreiheit gilt, da der EuGH das Beschränkungsverbot immer im Zusammenhang mit der aktiven Dienstleistungsfreiheit sah, vgl. EuGH, Urt. v. 4.12.1986, Rs. 205/84 (Kommission/Deutschland), Slg. 1986, 3781 (1802, Rn. 25); EuGH, Urt. v. 26.2.91, Rs. C-198/89 (Kommission/Griechenland), Slg. 1991, I-727 (740, Rn. 16). Dem widerspricht jedoch das *Luisi*- und *Carbone*-Urteil, in dem der EuGH auch von Beschränkungen im Zusammenhang mit der Inanspruchnahme von Dienstleistungen sprach (vgl. EuGH, Urt. v. 31.1.1984, verb. Rs. 286/82 u. 26/83 Slg. 1984, 377 (403, Rn. 16).

[264] Klein, in: DÖV 1988, 244 (249 f.); Steindorff, in: RIW 1983, 831 (832 ff.); Troberg, in: GTE, Art. 59, Rn. 3 ff.; Roth, Internationales Versicherungsvertragsrecht, S. 659 f.; 663 ff.; Behrens, in: EuR 1992, 145 (150 f.); Hailbronner/Nachbaur, in: EuZW 1991, 105 (109 f.); Bleckmann, in: EuR 1987, 28 (32 f.); Epiney, Umgekehrte Diskriminierungen, S. 44; a. A.: Randelzhofer, in: Grabitz/Hilf, Art. 59, Rn. 3, 10 ff.; Fikentscher, Wirtschaftsrecht Bd. 1, S. 560; Buchmeier, Schranken der Dienstleistungsfreiheit, S. 115 ff.; ders., in: VW 1984, 488 (490); Seidel, Gedächtnisschrift für Sasse, Bd. I, S. 351 (358).

zwar Leistungen in einem anderen Mitgliedstaat annehmen kann, aber kein Anspruch auf Kostenübernahme durch seine Krankenkasse besteht, falls kein Notfall vorliegt oder er eine Genehmigung seiner Krankenkasse eingeholt hat. Deswegen werden die meisten Versicherten eine Behandlung im jeweils zuständigen Mitgliedstaat vorziehen, damit sie nicht selbst die Behandlungskosten tragen müssen, obwohl sie ihre Beiträge an die deutsche oder andere mitgliedstaatliche Krankenkasse leisten. Also liegt de facto eine Beschränkung der Inspruchnahme von Dienstleistungserbringern in anderen Mitgliedstaaten vor.[265]

Diese Beschränkung ist zugleich eine mittelbare (nicht-diskriminierende) Beschränkung des Dienstleistungserbringers[266], da sich durch die Behinderung das Nachfrageverhalten von potentiellen Leistungsempfängern negativ ändert. Damit wird die Nachfrage auf im Inland ansässige Anbieter gelenkt und für ausländische Unternehmen wird der Marktzugang gesperrt[267]. Die Tatsache, dass es sich um mittelbar beschränkende und nicht unmittelbar beschränkende Regelungen handelt, spricht nicht gegen die Annahme eines

---

265 Da die Rechtsprechung zur Warenverkehrs- und Dienstleistungsfreiheit parallel verlief, wäre es denkbar, die Grundsätze der *Keck*-Rechtsprechung (EuGH, Urt. v. 24.11.1993, verb. Rs. C-267 u. C-268/91 (Keck und Mithouard), Slg. 1993, I-6097 (6131, Rn. 16)) auf die Dienstleistungsfreiheit anzuwenden (vgl. zu diesem Problem: Troberg, in: GTE, Art. 59, Rn. 34 f.). In dem Urteil nahm der EuGH eine Einschränkung des Tatbestandes des Art. 28 EGV vor, in dem es um das französische Verbot des Verkaufs bestimmter Waren zum Verlustpreis ging. Der Gerichtshof stellte hier fest, dass bestimmte Verkaufsmodalitäten nicht in den Anwendungsbereich des Art. 28 EGV fallen. Bisher hat diese Einschränkung der *Keck*-Rechtsprechung noch keinen Niederschlag in den Entscheidungen zur Dienstleistungsfreiheit hinterlassen (vgl. zum Beispiel: EuGH, Urt. v. 10.5.1995, Rs. C-384/93 (Alpine Investment), Slg. 1995, I-1141 (1176 ff.; Rn. 33 ff.); vgl. auch das Schrifttum: Kort, in: JZ 1996, 132 (136)). Teilweise wird vertreten, dass diese Rechtsprechung analog auf die Dienstleistungsfreiheit anzuwenden ist, wovon man im Rahmen der Dienstleistungsfreiheit ein weites Beschränkungsverbot annimmt (vgl. zu Vorschriften über Werbung: U. Everling, in: ZLR 1994, 221 (231); so auch Generalanwalt Gulmann in seinen Schlussanträgen vom 16.12.1993, Rs. C-275/92 (Schindler), Slg, 1994, I-1039 (1058 ff., Nr. 54 ff.)). Doch dürfen bei der Beurteilung dieser Frage nicht der Hintergrund der *Keck*-Entscheidung und der Sinn und Zweck der Einschränkung der *Dassonville*-Rechtsprechung vergessen werden. Die *Keck*-Entscheidung war notwendig, da sich die Wirtschaftsteilnehmer immer häufiger auf Art. 28 EGV beriefen und jede Regelung beanstandeten, die sich als Beschränkung ihrer wirtschaftlichen Freiheit auswirkte, auch wenn sie nicht auf Erzeugnisse aus anderen Mitgliedstaaten gerichtet war (EuGH, Urt. v. 24.11.1993, verb. Rs. C-267 u. C-268/91 (Keck und Mithouard), Slg. 1993, I-6097 (6131, Rn. 14); Möschel, in: NJW 1994, 429 (431)). Daneben führte die *Keck*-Entscheidung zu einem sinnvollen Ausgleich zwischen der Einheit des Binnenmarktes und der mitgliedstaatlichen Regelungsautonomie (Ackermann, in: RIW 1994, 189 (192)). Die hier dargestellten Probleme stellen sich bei der Dienstleistungsfreiheit nicht. Auch die Rechtsprechung des EuGH spricht für die Nichtanwendung der *Keck*-Formel auf die Dienstleistungsfreiheit, denn sie hat innerhalb von sechs Jahren die *Keck*-Formel nicht in die Prüfung der Dienstleistungsfreiheit eingeführt (so auch im Ergebnis: Giesen, Sozialversicherungsmonopol und EG-Vertrag, S. 52). Der EuGH ist in der Rechtssache *Schindler (*EuGH, Urt. v. 24.3.1994, Rs. C-275/92 (Schindler), Slg. 1994, I-1039 (1094, Rn. 50)) auch nicht seinem Generalanwalt gefolgt, der eine Art *Keck*-Formel vorgeschlagen hatte. Dieses Problem kann hier letztlich dahingestellt bleiben, da das hier in Frage stehende Genehmigungserfordernis des Art. 22 I lit. c) VO 1408/71 keine bloße Regelung der Modalität des Verkaufs der Leistungen ist. Vielmehr wird dadurch die Inanspruchnahme von Leistungen im Krankheitsfall unmittelbar begrenzt.
266 Vgl. dazu: Roth, in: Dauses, E. I., Rn. 109, 133; Zechel, Die territorial begrenzte Leistungserbringung der Krankenkassen im Lichte des EG-Vertrages, S. 53 f.
267 Vgl. EuGH, Urt. v. 25.7.1991, Rs. C-353/89 (Kommission/Niederlande), Slg. 1991, I-4069 (4095, Rn. 23).

Eingriffs in die Dienstleistungsfreiheit; das zeigt schon die Parallele zu Art. 28 EGV. Dieser erfasst nach der *Dassonville*-Rechtsprechung[268] sowohl mittelbare als auch unmittelbare Behinderungen. Auch der Umstand, dass eine einzige Regelung sowohl den Erbringer als auch den Empfänger einer Leistung beschränken kann, steht nach der *Reiseführerentscheidung*[269] des EuGH nicht entgegen.

bb) Verhältnis Krankenkasse und Leistungserbringer

Die ausländischen Leistungserbringer werden unmittelbar durch das territorial ausgerichtete Leistungserbringungsrecht und Art. 22 VO 1408/71 beeinträchtigt. Denn ausländischen Leistungserbringern ist es kaum möglich, mit deutschen Krankenkassen Vertragsbeziehungen einzugehen, solange sie sich nicht in Deutschland niedergelassen haben[270]. Wollen sie aber ihren Mitgliedsstaat nicht verlassen, so können sie nur unter großen Schwierigkeiten Leistungsbeziehungen zu Krankenkassen in anderen Mitgliedsstaaten aufbauen. Damit hindert das faktische Niederlassungserfordernis die Leistungserbringer, ihre Dienstleistungen in einem anderen Mitgliedsstaat anzubieten. Wäre stets zur Leistungserbringung die innerstaatliche Niederlassung notwendig, gäbe es begriffslogischerweise keinen freien Dienstleistungsverkehr mehr[271]. Also liegt eine Beschränkung vor[272].

Diese stellt wiederum spiegelbildlich eine mittelbare Beschränkung der Leistungsinanspruchnahme des Versicherten dar. Auch diese mittelbaren Leistungsbeschränkungen werden nach der Rechtsprechung des EuGH von der Dienstleistungsfreiheit erfasst – wie oben schon ausgeführt[273].

So entschied auch der EuGH in der zuletzt zu dieser Thematik ergangenen Rechtssache *Smits* und *Peerbooms*[274]: „Nach allem schreckt eine Regelung von der im Ausgangsverfahren in Rede stehenden Art die Sozialversicherten davon ab oder hindert sie sogar daran, sich an medizinische Dienstleistungserbringer in einem anderen Mitgliedstaat als dem Mitgliedstaat der Versicherungszugehörigkeit zu wenden, und stellt sowohl für die Versicherten als auch für die Leistungserbringer eine Behinderung des freien Dienstleistungsverkehrs dar."

c) Rechtfertigung

Die Beschränkungen der Dienstleistungsfreiheit – zum einen durch das territorial be-

---

268 EuGH, Urt. v. 11.7.1974, Rs. 8/74 (Dassonville), Slg. 1974, 837 (852, Rn. 5).
269 EuGH, Urt. v. 26.2.1991, Rs. C-154/89 (Kommission/Französische Republik), Slg. 1991, I-659 (686, Rn. 14); und bestätigt in: EuGH, Urt. v. 26.2.1991, Rs. C-180/89 (Kommission/Italienische Republik), Slg. 1991, I-709 (722, Rn. 15); EuGH, Urt. v. 26.2.91, Rs. C-198/89 (Kommission/Griechische Republik), Slg. 1991, I-727 (740, Rn. 16).
270 Vgl. 2. Teil, C. II.
271 EuGH, Urt. v. 25.7.1991, Rs. C-76/90 (Säger/Dennemeyer), Slg. 1991, I-4221 (4243, Rn. 13).
272 In der Rechtsprechung ist allerdings nicht klar erkennbar, ob es sich bei dem Niederlassungserfordernis um eine diskriminierende oder eine nicht diskriminierende Beschränkung handelt. Doch das ist nicht weiter problematisch, da sich im Endeffekt hier keine Unterschiede ergeben. Vgl. dazu: Zechel, Die territorial begrenzte Leistungserbringung der Krankenkassen im Lichte des EG-Vertrages, S. 49.
273 Vgl. 2. Teil, E. II. 1.a).
274 EuGH, Urt. v. 12.7.2001, Rs. C-157/99 (Smits u. Peerbooms), Rn. 66 ff.; das Urteil ist noch nicht der amtlichen Sammlung veröffentlicht; siehe „http://curia.eu.int".

grenzte Leistungsrecht und zum anderen durch das territorial begrenzte Leistungserbringungsrecht – könnte gerechtfertigt sein[275]. Die Erfassung der nicht-diskriminierenden Beschränkungen der Art. 49 ff. EGV erfordert indes eine Korrektur zugunsten legitimer Interessen der Mitgliedstaaten (sog. immanente Schranken des Art. 49 EGV). D. h. nicht-diskriminierende Beschränkungen des Dienstleistungsverkehrs können gerechtfertigt sein, soweit sie aus übergeordneten Gründen des Allgemeininteresses tatsächlich erforderlich und verhältnismäßig sind; dies hat der EuGH – bestätigt durch das Schrifttum[276] – schon seit seinen frühesten Entscheidungen[277] zur Dienstleistungsfreiheit so gesehen[278].

Im Rahmen der Verhältnismäßigkeitsprüfung ist - neben der Prüfung der Geeignetheit und Erforderlichkeit - insbesondere eine Abwägung zwischen den Interessen der Mitgliedstaaten an der Regelung der betreffenden Bereiche und dem Ausmaß der Beeinträchtigung der gemeinschaftlichen Dienstleistungsfreiheit vorzunehmen[279].

Folglich sind Einschränkungen der Grundfreiheit nur bei Erfüllung von vier Bedingungen zulässig: „Sie müssen in nicht-diskriminierender Weise angewandt werden, sie müssen aus zwingenden Gründen des Allgemeininteresses gerechtfertigt sein, sie müssen geeignet sein, die Verwirklichung des mit ihnen verfolgten Ziels zu gewährleisten, und sie dürfen nicht über das hinausgehen, was zur Erreichung dieses Zieles erforderlich ist."[280]

Bisher hat der EuGH noch keine allgemeine Definition dessen, was unter übergeordneten Gründen des Allgemeininteresses zu verstehen ist, vorgegeben. Fest steht jedoch, dass der Begriff des Allgemeininteresses dabei der gemeinschaftsrechtlichen Überprüfung unterliegt[281]. Als Erfordernisse des Allgemeininteresses lassen sich zum Beispiel der Schutz des Verbrauchers (beispielsweise als Versicherter[282]) und soziale Belange, etwa im Bereich der sozialen Sicherheit[283] nennen. Bei der Bestimmung der Gründe, die

---

275 Da das Leistungsrecht und das Leistungserbringungsrecht vom Territorialitätsprinzip getragen werden, ist es gerechtfertigt diese einheitlich zu prüfen.
276 Jarass, in: EuR 1986, 75 (88f.); Troberg, in: GTE, Art. 59, Rn. 10 ff.; Schöne, Dienstleistungsfreiheit, S. 118; Behrens, in: EuR 1992, 145 (150 f.); Klein, in: DÖV 1988, 244 (249).
277 EuGH, Urt. v. 3.12.1974, Rs. 33/74 (Van Binsbergen), Slg. 1974, 1299 (1309, Rn. 10/12); EuGH, Urt. v. 18.3.1980, Rs. 52/79 (Debauve), Slg. 1980, 833 (856f., Rn. 12); EuGH, Urt. v. 17.12.1981, Rs. 279/80 (Webb), Slg. 1981, 3305 (3325, Rn. 17). Dabei hat der EuGH für diese Einführung der genannten Einschränkung keine Begründung gegeben.
278 Dies lässt sich mit der erst fünf Jahre später in dem Urteil *Cassis de Dijon* entwickelten Formulierung zur Warenverkehrsfreiheit vergleichen, vgl. EuGH, Urt. v. 20.2.1979, Rs. 120/78 (Cassis de Dijon), Slg. 1979 I, 649 (662, Rn. 8).
279 Bleckmann, in: EuR 1987, 28 (45); Schöne, Dienstleistungsfreiheit, S. 121 ff.; Troberg, in: GTE, Art. 59, Rn. 13; Völker, Passive Dienstleistungsfreiheit im Europäischen Gemeinschaftsrecht, S. 140 f.
280 EuGH, Urt. v. 30.11.1995, Rs. C-55/94 (Gebhard), Slg. 1995, I-4165 (4197 f., Rn. 37).
281 Hailbronner/Nachbaur, in: EuZW 1992, 105 (110).
282 EuGH, Urt. v. 4.12.1986, Rs. 205/84 (Kommission/Deutschland), Slg. 1986, 3755 (3803 f., Rn. 30 ff.).
283 EuGH, Urt. v. 7.2.1984, Rs. 238/82 (Duphar), Slg. 1984, 523 (540 f., Rn. 16) zu Art. 28 EGV, was aber aufgrund der vom EuGH entwickelten vergleichbaren *Cassis*-Formel auch für die Dienstleistungsfreiheit herangezogen werden kann. In dieser Entscheidung ging es um die Frage, ob die Finanzierbarkeit der Krankenversicherung als Allgemeininteresse verstanden werden kann.

für eine Wahrung des Allgemeininteresses angeführt werden, sind zwei wesentliche Aspekte zu beachten. Zum einen gilt der Grundsatz, dass Ausnahmen zu den Grundfreiheiten des EG-Vertrages eng auszulegen sind[284] und zum anderen, dass Gründe, die unter den Begriff „Allgemeininteresse" zu subsumieren sind, nicht rein wirtschaftlichen Interessen dienen dürfen[285].

Als zwingender Grund des Allgemeininteresses kommt das finanzielle Gleichgewicht des sozialen Systems in Betracht. Der EuGH lehnt es zwar manchmal kategorisch ab, wirtschaftliche Zwecke, die unterschiedslosen Maßnahmen zu Grunde liegen, als gerechtfertigt anzusehen[286], aber er erkannte einen wirtschaftlichen Zweck als Grund des Allgemeininteresses ausnahmsweise an, und zwar wenn es sich dabei nicht um einen Selbstzweck handelt, sondern wenn er vielmehr für die Funktionsfähigkeit des betreffenden Systems von Bedeutung ist[287]. Außerdem lässt sich das *Duphar*-Urteil[288] zu Art. 28 EGV anführen, in dem das Erfordernis des finanziellen Gleichgewichts schon als Rechtfertigungsgrund anerkannt worden ist. Danach muss eine erhebliche Gefährdung des finanziellen Gleichgewichts nicht hingenommen werden. In der *Duphar*-Rechtssache ging es um eine so genannte „Negativ-Liste" erlaubter Medikamente, und zwar um die Entscheidung einzelner Mitgliedstaaten, bestimmte europaweit zugelassene Medikamente nicht vom Markt, aber im Rahmen ihrer nationalen Systeme der sozialen Sicherheit von der Erstattung auszuschließen. Dieser Ausschluss ist nach Ansicht des EuGH zulässig, da er der Aufrechterhaltung des finanziellen Gleichgewichts des Krankenversicherungssystems diene. Aufgrund der Parallelen zwischen der Dienstleistungsfreiheit[289] und der Warenverkehrsfreiheit ist es gerechtfertigt, den im Rahmen der Warenverkehrsfreiheit anerkannten Rechtfertigungsgrund auf die Dienstleistungsfreiheit zu übertragen. Dies hat auch der Gerichtshof in den Rechtssachen *Kohll* und *Decker* so gesehen und die Rechtsprechung zu Art. 28 EGV auf die Dienstleistungsfreiheit ausgeweitet[290].

Daneben könnte man auch daran denken, dass Gründe der öffentlichen Ordnung, Sicherheit oder Gesundheit nach Art. 46 und 56 EGV als Rechtfertigungsgründe vorliegen könnten. Nach der europarechtlichen Definition kann die öffentliche Ordnung und Si-

---

284 Vgl. anstelle vieler: EuGH, Urt. v. 19.12.1961, Rs. 7/61 (Kommission/Italien), Slg. 1961, 695 (720); EuGH, Urt. v. 17.6.1981, Rs. 113/80 (Kommission/Irland), Slg. 1981, 1625 (1637, Rn. 7).
285 Vgl. EuGH, Urt. v. 26.4.1988, Rs. 325/85 (Bond van Adverteerders), Slg. 1988, 2085 (2135, Rn. 34).
286 EuGH, Urt. v. 25.7.1991, Rs.-288/89 (Gouda), Slg. 1991, I-4007 (4040, Rn. 11); EuGH, Urt. v. 5.6.1997, Rs. C-398/95 (SETTG), Slg. 1997, I-3091 (3120 f., Rn. 23).
287 Vgl. EuGH, Urt. v. 24.3.1994, Rs. C-275/92 (Schindler), Slg. 1994, I-1039 (1096 f., Rn. 60); EuGH, Urt. v. 15.12.1995, Rs. C-415/93 (Bosman,) Slg. 1995, I-4921 (5071 f., Rn. 106, 107).
288 EuGH, Urt. v. 7.2.1984, Rs. 238/82 (Duphar), Slg. 1984, 523 (541 f., Rn. 16).
289 Zu den Überlegungen, die Keck-Formel auf die Dienstleistungsfreiheit anzuwenden, 2. Teil, E. II. 1. a), aa), insbesondere Fußnoten.
290 Der EuGH stellte fest, dass die Beteiligten in den Rechtssachen *Kohll* und *Decker* die Gefährdung des finanziellen Gleichgewichts nicht ausreichend dargetan hätten. Der Gerichtshof hat aber keine weiteren Ausführungen zu diesem Argument gemacht; vgl. EuGH, Urt. v. 28.4.1998, Rs. C-158/96 (Decker), Slg. 1998, 1831 (1884 f., Rn. 39 ff.) und EuGH, Urt. v. 28.4.1998, Rs. C-120/95 (Kohll), Slg. 1998, 1931 (1948 f., 41 ff.).

cherheit nur gefährdet sein, wenn wesentliche Interessen des Staates berührt sind[291]. Hier kommt vor allem der Gesundheitsschutz in Betracht. Bedenken könnten bestehen, ob die für die Fälle diskriminierender Beeinträchtigungen vorgesehenen Fälle auch auf die nicht diskriminierenden Beschränkungen anzuwenden sind[292]. Dennoch spricht der EuGH in den Rechtssachen *Kohll* und *Decker* sowie *Smits* und *Peerbooms* – Fälle nicht diskriminierender Beschränkungen – davon, dass die Mitgliedstaaten den freien Dienstleistungsverkehr bzw. den freien Warenverkehr aus Gründen der öffentlichen Gesundheit beschränken können[293], so dass man auf einen Rückgriff auf die in den Art. 46 EGV vorgesehenen Ausnahmen schließen kann. Gerade in der neuen EuGH-Judikatur wird der Gesundheitsschutz nicht mehr als zwingendes Erfordernis im Rahmen der vergleichbaren *Cassis*-Formel, sondern nur noch unter den Ausnahmen des Art. 28 EGV subsumiert[294]. Abgesehen davon steht jedenfalls fest, dass der Gesundheitsschutz ein Kernbestandteil des Allgemeininteresses ist. Das ergibt sich schon aus folgender Überlegung: Der vom EuGH getätigte Rückgriff auf die Allgemeininteressen als Rechtfertigungsgrund im Bereich der unterschiedslos anwendbaren Beschränkungen erfolgte gerade deshalb, weil bei einer lediglich analogen Anwendung des Art. 46 EGV auf solche Fälle nicht alle schützenswerten Interessen berücksichtigt werden könnten[295]. Daneben zeigen schon die Vorschriften der Warenverkehrs- und Dienstleistungsfreiheit, dass es sich beim Gesundheitsschutz um ein gemeinschaftsrechtlich anerkanntes Schutzgut handelt. Deswegen kann die hier rein dogmatische Frage der Einordnung des Gesundheitsschutzes als Ausnahme des Art. 46 EGV oder als Grund des Allgemeininteresses dahin stehen.

Also kommen als Rechtfertigungsgründe für Beschränkungen der Dienstleistungsfreiheit (1) die erhebliche Gefahr einer Störung des finanziellen Gleichgewichts des Systems der sozialen Sicherheit und (2) die Gründe des Gesundheitsschutzes in Betracht[296]. Es ist schwierig, die einzelnen Gesichtspunkte jeweils einem Rechtfertigungsgrund zuzuordnen, da die Folge eines möglichen finanziellen Ungleichgewichts des Systems der sozialen Sicherheit auch gleichzeitig die Gefährdung des Gesundheitsschutzes der Versicherten ist[297], so dass es im Einzelnen zu Überschneidungen kommen kann.

---

291 EuGH, Urt. v. 28.10.1975, Rs. 36/75 (Rutuli), Slg. 1975, 1219 (1231, Rn. 26/28); EuGH, Urt. v. 27.10.1977, Rs. 30/70 (Boucherau), Slg. 1977, 1999 (2013, Rn. 33/53).
292 Art. 46 I EGV sei eine besondere Regelung für Ausländer und damit nur auf diskriminierende Beschränkungen anwendbar, vgl. Troberg, in: GTE, Art. 56 Rn. 2; Müller-Graff, in: FS für Lukes, S. 471 (485).
293 EuGH, Urt. v. 28.4.1998, Rs. C-158/96 u. Rs. C-120/95 (Kohll und Decker), Slg. 1998, I-1931 (1948, Rn. 45) u. Slg. 1998, I-1831 (1885, Rn. 41); EuGH, Urt. v. 12.7.2001, Rs. C-157/99 (Smits u. Peerbooms), Rn. 73; noch nicht in der amtlichen Sammlung veröffentlicht; siehe http://curia.eu.int".
294 Vgl. etwa: EuGH, Urt. v. 12.3.1987, Rs. 178/84 (Reinheitsgebot für Bier), Slg. 1987, 1227 (1273, Rn. 40); EuGH, Urt. v. 25.7.1991, Rs. 1/90 und 176/90 (Aragonesa), Slg. 1991, 4151 (4184, Rn. 13).
295 Vgl. zur Herleitung dieser Begründung: Wetzel, Die Dienstleistungsfreiheit nach den Artikeln 56-60 des EWG-Vertrages, S. 94 f.
296 So schon: V. Maydell, in: Die Auswirkungen des EG-Rechts auf das Arbeits- und Sozialrecht der Bundesrepublik, S. 25 (35); Schulte, in: ZIAS 1992, 191 (221).
297 So auch Generalanwalt Tesauro in seinem Schlussantrag vom 28.4.1998 zu der Rs. C-120/95 (Decker), Slg. 1998, I-1831 (1863, Rn. 51).

aa) Finanzielles Gleichgewicht der sozialen Systeme

Fraglich ist, ob der Genehmigungsvorbehalt in Art. 22 I VO 1408/71 ein zwingendes Erfordernis für das finanzielle Gleichgewicht der sozialen Systeme ist. Es sind verschiedene Beeinträchtigungen des finanziellen Gleichgewichts des sozialen Systems durch die territorial ausgerichteten Regelungen in der VO 1408/71 denkbar:

aaa) Erhöhte Kostenerstattung

Bedenkt man, dass die Krankenkassen durch eine erweiterte Regelung – d. h. ohne Genehmigungsvorbehalt – zu einer erhöhten Kostenerstattung, d. h. nicht nach ihren Tarifen abzurechnen, gezwungen werden könnten, erscheint in der Tat das finanzielle Gleichgewicht beeinträchtigt. Bestünde das Genehmigungsverfahren nicht, so könnten die Versicherten ihre Leistungserbringer selbst wählen und die Krankenkassen würden von diesen in Anspruch genommen werden. Diese Kosten könnten die inländischen Tarife übersteigen. Damit würden Verluste für die deutsche Krankenversicherung anfallen, und das könnte zu einer enormen Steigerung der Ausgaben führen und das finanzielle Gleichgewicht ins Wanken bringen. Eine solche Sicht ist jedoch einseitig. Im internationalen Vergleich sind die Kosten für Behandlungen in Deutschland häufig höher als in anderen EU-Staaten. Außerdem wird ein derartiger Gesundheitstourismus zwar in den Grenzgebieten häufiger auftreten, aber es wird sich in der Gesamtbetrachtung um eine eher niedrigere Anzahl derer handeln, die grenzüberschreitende Gesundheitsleistungen in Anspruch nehmen werden. Österreich sieht beispielsweise eine Kostenerstattung bei Auslandsbehandlungen weitgehend vor. Hier zeigte sich, dass es sich nur um wenige Versicherte handelt, von denen Auslandsbehandlungen in Anspruch genommen werden[298]. Deswegen sind die von den Ländern immer wieder vorgebrachten finanziellen Gefahren nicht wahrscheinlich. Außerdem werden der Arzt und das Krankenhaus in der Nähe, im vertrauten sozialen Umfeld, ohne wesentliche Sprachprobleme erfahrungsgemäß auch weiterhin regelmäßig den Vorzug erhalten[299].

Trotzdem bleibt abzuwarten, welche Auswirkungen eine Leistungserbringung durch EU-Ausländer auf das deutsche System hat. Jedenfalls kann hier nicht gänzlich ausgeschlossen werden, dass durch den Wegfall des Genehmigungserfordernisses das finanzielle System ins Wanken gerät. Gerade in Niedrigpreisländern hätte dies zur Folge, dass der Sozialtourismus gefördert würde. Aber da hier eine europarechtliche Norm begutachtet wird, darf die Frage, ob Allgemeininteressen beeinträchtigt sind, nicht nur aus deutscher Sicht betrachtet werden. Deswegen darf die Situation der Niedrigpreisländer bei der Betrachtung nicht fehlen.

Ferner wird das Genehmigungserfordernis und somit die Territorialisierung der Leistungserbringung und Leistungsinanspruchnahme dem Ziel, die Ausgaben des zuständigen Sozialleistungsträgers gering zu halten, gerecht. Da durch die Regelung des Art. 22 VO 1408/71 nur ausnahmsweise die Leistungsinanspruchnahme im nicht zuständigen

---

298 Vgl. Langer, in: NZS 1999, 537 (538); Sendler, in: KrV 1998, 285 (287).
299 Im Ergebnis so auch: Godry, in: Freizügigkeit und Soziale Sicherheit, S. 109 (115); Leingärtner, in: Freizügigkeit und Soziale Sicherheit, S. 117 (121), der die Gefahr des Gesundheitstourismus als „schlechthin abwegig" bezeichnet. Schulte, in: ZFSH/SGB 1999, 269 (276) macht darauf aufmerksam, dass die Niederlassungsfreiheit auch nicht dazu geführt habe, dass sich eine Vielzahl von Ärzten aus anderen Mitgliedstaaten in Deutschland niedergelassen hätten.

Staat gewährt wird, fallen keine zusätzlichen Ausgaben an. Ein Sozialtourismus wird dadurch vermieden. Folglich besteht der vom EuGH für die Geeignetheit eines Mittels notwendige Zusammenhang[300] zwischen dem Genehmigungsvorbehalt und dem finanziellen Gleichgewicht der gesetzlichen Krankenversicherung.

Es sind aber mildere Mittel als der Genehmigungsvorbehalt ersichtlich. Die denkbaren Modelle seien hier nur kurz angedeutet. Im Einzelnen werden sie später untersucht[301]. Zu denken ist vor allem an das Modell der begrenzten Kostenübernahme, d. h. der Übernahme der Kosten der ausländischen Dienst- und Sachleistungsinanspruchnahme, die auf die Übernahme der Tarife des zuständigen Trägers begrenzt sind.

bbb) Planungssicherheit - Umgehung der Steuerungsinstrumente

Im Bereich der <u>ambulanten ärztlichen Behandlungen</u> gibt es eine Reihe von Steuerungsinstrumenten. Bei erheblicher Zunahme der Inanspruchnahme von ambulanten Leistungen außerhalb des zuständigen Staates könnte deren Wirksamkeit beeinträchtigt und das finanzielle System der Krankenversicherung gestört werden. Dazu gehören z. B. die Bundesmantelverträge (§ 87 SGB V), die Bedarfsplanung (§ 99 SGB V), die Zulassung zur vertragsärztlichen Versorgung (§ 95 SGB V), die Gesamtverträge (§ 83 SGB V) und die Gesamtvergütung (§ 85 SGB V). Die Problematik der Steuerungsinstrumente sei hier an den Gesamtverträgen aufgezeigt. In den Gesamtverträgen wird vereinbart, dass die Krankenkassen an die Kassenärztlichen Vereinigungen für die Sicherstellung der ärztlichen Leistungen zahlen (§ 85 SGB V). Möchte man nicht die finanzielle Stabilität des Systems gefährden, muss eine Anrechnung der Kosten für ambulante ärztliche Behandlungen in Auslandsfällen auf die an die Kassenärztlichen Vereinigungen zu zahlende Gesamtvergütung erfolgen. Dies wird aber zur Folge haben, dass die Kassenärztlichen Vereinigungen weniger Mittel erhalten und deswegen werden sie vorbringen, dass sie nicht mehr in der Lage sind, den Sicherstellungsauftrag zu erfüllen[302]. Doch auch hier ist zu bedenken, dass dieses Problem nur eintreten wird, wenn es sich um eine Vielzahl von Auslandsfällen handelt. Hinzu kommt folgende Überlegung: Die nationalen Vorschriften, welche die Angebotskapazität regeln, könnten auch durch deutsche Leistungsanbieter umgangen werden. Diese könnten – wenn sie nicht in Deutschland zugelassen werden – zum Beispiel in das niederländische Grenzgebiet ziehen und dort überwiegend deutsche Patienten behandeln[303]. So könnten die Steuerungsinstrumente der einzelnen Mitgliedstaaten umgangen werden, was wiederum ein Ungleichgewicht des sozialen Systems zur Folge hätte.

---

300 Der EuGH sieht die Geeignetheit des Mittels als grundsätzlich gegeben an. Er verneint dies jedoch ausnahmsweise, wenn zwischen der Beschränkung und dem verfolgten Allgemeininteresse kein notwendiger Zusammenhang besteht. Vgl. dazu: EuGH, Urt. v. 25.7.1991, Rs. C-288/89 (Gouda), Slg. 1991, I-4007 (4044, Rn. 24); EuGH, Urt. v. 25.7.1991, Rs. C-353/89 (Kommission/Königreich der Niederlande), Slg. 1991, I-4069 (4100, Rn. 43).
301 Vgl. 2. Teil, G. II.
302 Dass diese Regelung, Ausgaben für Kostenerstattung auf die Gesamtvergütung anzurechnen, für Deutschland praktiziert wurde (vor allem vor Inkrafttreten des Gesetzes zur Stärkung der Solidarität in der gesetzlichen Krankenversicherung war die Kostenerstattung in weitem Umfang zugelassen, vgl. § 13 SGB V in der Fassung von BGBl 1997, 1520) und wird, schwächt diese Argumentation erheblich.
303 Bsp. Giesen, Die Vorgaben des EG-Vertrages für das Internationale Sozialrecht, S. 110.

Gerade im Bereich des stationären Sektors könnte es durch den Wegfall des Genehmigungserfordernisses zur Störung des finanziellen Gleichgewichts der Systeme sozialer Sicherheit kommen[304]. Der Krankenhaussektor ist in vielen Mitgliedstaaten einschließlich Deutschland vom Prinzip der Bedarfsplanung geprägt (vgl. § 99 SGB V)[305]. Die Landesverbände vereinbaren mit den Krankenhäusern Budgets. Sinken die Fallzahlen im Inland aufgrund einer vermehrten Auslandsbehandlung, ist zwar nachträglich eine Budgetbereinigung um die flexiblen Kosten möglich. Die fixen Kosten werden dem Krankenhaus aber nicht abgezogen. Das bedeutet, dass bei einer unkontrollierten Abwanderung der Versicherten ins Ausland die nationalen Infrastrukturen möglicherweise ungenutzt blieben und die Personal- und Sachkosten auf unverändert hohem Niveau festgeschrieben werden müssten. Das könnte zum finanziellen Ungleichgewicht des sozialen Systems in Deutschland führen, was auf längere Sicht gesehen von Schließungen unwirtschaftlicher Abteilungen begleitet wäre. Gerade dies ist aber nicht ohne Gefährdung der Gesundheitsversorgung der Bürger möglich und kann nicht als Lösung vertreten werden. Deswegen sollten alle zugänglichen notwendigen Systeme aufrechterhalten werden. So besteht bei der Ermöglichung einer ausländischen Leistungserbringung bzw. -inanspruchnahme auf dem stationären Sektor das Risiko, dass das finanzielle Gleichgewicht aus dem Lot gerät.

Ein ähnlich gelagertes Problem könnte sich nicht nur für die im Inland ansässigen Gesundheitssysteme ergeben, sondern auch für die betreffenden sozialen Systeme im Ausland[306]: Genießt nun ein Krankenhaus einen besonders guten Ruf und sehr viele Versicherte begeben sich dorthin, um Leistungen in Anspruch zu nehmen, so hat das möglicherweise eine Überlastung des dortigen Systems zur Folge; das heißt, dass sich Warteschlangen bilden, die wiederum zur Gesundheitsgefährdung führen können. Dieses Problem könnte man dadurch lösen, dass zum einen die Kapazitäten ausgeweitet werden und zum anderen eine Prioritätenliste für inländische Versicherte aufgestellt wird. Die Kapazitätenausweitung ist aber unkalkulierbar und deswegen indiskutabel. Der zweite soeben genannte Vorschlag verstößt jedoch gegen das allgemeine Diskriminierungsverbot und ist deswegen unhaltbar.

Ob es aber aufgrund der sprachlichen Probleme und sonstigen Ungewissheiten zu einem so starken Gesundheitstourismus kommen wird, dass man von einer erheblichen Gefährdung sprechen kann, ist zu bezweifeln.

---

304 Die Schlussanträge des Generalanwalts Tesauro dürfen nicht dahingehend missverstanden werden, dass die Grundfreiheiten im stationären Bereich keine Geltung hätten. Hier sind lediglich besondere Probleme zu beachten.
305 Derartige nationale Regelungen, welche die Angebotskapazität regeln, existieren auch in anderen EU-Mitgliedstaaten: vgl. Weber/Leienbach/Dohle, Soziale Sicherung, S. 47 (Dänemark), S. 127 (Niederlande); Zur finanziellen Förderung von Kuren nach dem Recht ausländischer europäischer Staaten, vgl. v. Maydell, in: HuK 1990, 276 (277 f.).
306 Vgl. Schulz-Weidner, in: Freizügigkeit und Soziale Sicherheit, S. 269 (339), Schulte, in: ZFSH/SGB 1999, 269 (276).

Der EuGH machte in der Rechtssache *Smits* und *Peerbooms*[307], die am 12.7.2001 entschieden wurde, auf diese Problematik aufmerksam, indem er ausführte: „Würden zahlreiche Versicherte die Versorgung in anderen Mitgliedstaaten in Anspruch nehmen, während die Krankenanstalten, die mit der Krankenkasse, der sie angehören, eine vertragliche Vereinbarung geschlossen haben, angemessene, gleiche oder gleichwertige Behandlungen anbieten, so könnten derartige Patientenströme (...) sämtliche Planungs- und Rationalisierungsanstrengungen in diesem äußerst wichtigen Sektor in Frage stellen, die dazu dienen, die Überkapazität von Krankenanstalten, Ungleichgewichtigkeiten im Angebot an medizinischer Krankenhausversorgung und logistische wie auch finanzielle Verschwendungen und Verluste zu verhindern".[308]

Will man hier eine Störung des finanziellen Gleichgewichts annehmen, wäre dennoch ein milderes Mittel als das Zustimmungserfordernis denkbar: Das Modell der begrenzten Kostenübernahme[309]. Daneben könnten Harmonisierungsrichtlinien erstellt werden, die in gleicher Weise wie in Deutschland in der gesamten EU eine Bedarfsplanung vorsehen[310]. Den Kassen könnte aber auch das Recht eingeräumt werden, Kapazitäten einzukaufen, etwa in einem Tenderverfahren. Sie könnten auf diese Weise eine wirksame Mengenplanung mit Preisverhandlungen verbinden[311].

Auch die <u>stationären Rehabilitationsleistungen</u>[312] könnten durch eine Entterritorialisierung zu einer Störung des finanziellen Gleichgewichts der sozialen Systeme führen. Eine vermehrte Inspruchnahme von stationären Leistungen im Ausland hätte zur Folge, dass inländische Einrichtungen zum Teil nicht mehr ausgelastet wären. Eine geringere Auslastung und die damit einhergehende Unwirtschaftlichkeit[313] kann zu höheren Pflegesätzen in den inländischen Einrichtungen und damit zu Mehrbelastungen der gesetzlichen Krankenversicherung führen. In der Rehabilitation gibt es aber keine dem Krankenhaussektor vergleichbare Bedarfsplanung mit der Garantie einer flächendeckenden Versorgung[314]. Die Krankenkassen entscheiden zwar in der Regel über Art, Ort und Umfang der Maßnahmen unter Berücksichtigung der medizinischen Notwendigkeit und Wirtschaftlichkeit (§ 40 III 1 SGB V) und haben somit eine Steuerungsmöglichkeit in der Hand, doch ist diese nicht mit der Bedarfsplanung vergleichbar. Hier herrscht schon ein gewisser Wettbewerb, zumal die Anbieter das wirtschaftliche Risiko nicht auf die Pflegesätze abwälzen können. Deswegen ist die Situation wohl eher mit dem ambulanten Sektor vergleichbar. Außerdem sind gerade in diesem Bereich Veränderungen uner-

---

307 EuGH, Urt. v. 12.7.2001, Rs. C-157/99 (Smits und Peerbooms), noch nicht in der amtlichen Sammlung veröffentlicht; vgl. Internet „http://curia.eu.int".
308 EuGH, Urt. v. 12.7.2001, Rs. C-157/99 (Smits und Peerbooms), S. 25, Rn. 106.
309 Vgl. zu den Einzelheiten des Änderungsvorschlages 2. Teil, H.
310 Gegen eine Erstattungspflicht für Krankenhausbehandlungen in anderen Mitgliedstaaten: Berg, in: EuZW 1999, 587 (591).
311 Vgl. Münnich, in: BKK 1999, 17 (22).
312 Durch die GKV-Gesundheitsreform 2000 ist der Stellenwert der Rehabilitation erhöht worden (§§ 23, 40, 61 SGB V). Vgl. hierzu: BT-Drucksache 14/1245, Begründung, S. 53 ff.; Jochheim, in: Kompass 2000, 113 (116).
313 Deswegen sieht wohl § 18 SGB IX vor, dass Sachleistungen im Ausland erbracht werden, wenn sie dort bei zumindest gleicher Qualität und Wirksamkeit wirtschaftlicher ausgeführt werden können.
314 A. A., aber ohne rechtliche Begründung: Domscheit, in: KrV 1998, 246 (249); V. Maydell, in: VSSR 1999, 3 (17).

lässlich. Aufgrund der Spargesetze von 1996 sind die deutschen Rehabilitationseinrichtungen bereits heute teilweise nur zu 50-60 % ausgelastet. Deswegen muss man sich hier, trotz beispielsweise großer Kündigungsprobleme unter Berücksichtigung des § 111 SGB V von den alten Strukturen lösen. Zur Kostendämpfung ist ein Wettbewerb in diesem Bereich unerlässlich. Außerdem wäre es eine einseitige Sicht dieses Problems, wenn man daran denkt, dass viele inländischen Patienten in die Kur- und Rehabilitationseinrichtungen ins Ausland strömten. Dies könnte durch ausländische Patienten in deutschen Reha-Zentren wieder ausgeglichen werden. Außerdem könnten gerade in diesem Bereich für die Krankenkassen große Chancen – insbesondere in finanzieller Hinsicht – bestehen[315].

Die Inanspruchnahme von Hilfs[316]- und Heilmitteln[317] wird keine nennenswerten Auswirkungen auf die Steuerungsinstrumente haben.

Für Hilfsmittel ist keine Budgetierung vorgesehen. Ferner enthalten die gesetzlichen Regelungen für den Hilfsmittelbereich außer der Einzelfallprüfung bezüglich der Mengenkomponente im Inland kein Steuerungsinstrument. Allerdings gibt es für einige Hilfsmittel Festbeträge, d. h. die Krankenkasse zahlt nur einen festgesetzten Betrag für gleiche Hilfsmittel dieser Art. Damit ist es für die Krankenkassen nicht wesentlich, ob das Hilfsmittel im In- oder EU-Ausland abgegeben wird[318].

Für Heilmittel wird nach Maßgabe des § 84 SGB V von den Landesverbänden der Krankenkassen gemeinsam und einheitlich mit der Kassenärztlichen Vereinigung ein Budget als Obergrenze für die insgesamt von den Vertragsärzten veranlassten Ausgaben für Arznei-, Verbands- und Heilmittel vereinbart. Diese Budgetierung dient der Steuerung der Kosten der Gesundheitsvorsorge. Werden nun vermehrt Heilmittel im Ausland in Anspruch genommen, könnte das vorgesehene Gesamtvolumen der Aufwendungen für Heilmittel überschritten werden, ohne dass dieser Entwicklung durch die in § 106 SGB V vorgesehenen Instrumente entgegengewirkt werden könnte[319]. Mit dieser Maßnahme der Budgetierung ist jedoch ein Instrument vorgesehen, das eine Mengensteuerung der von inländischen Vertragsärzten verordneten Heilmittel darstellt, unabhängig davon, ob die Heilmittel selber im In- oder Ausland erbracht werden[320].

ccc) Abrechnungsmöglichkeiten und erschwerte Wirtschaftlichkeitskontrolle
Man könnte jedoch einen zwingenden Grund des Allgemeininteresses darin sehen, dass Abrechnungs- und Wirtschaftlichkeitskontrollmöglichkeiten fehlen, wenn man ausländische Leistungserbringer zulässt. Ohne Abrechnungsmethoden ist das finanzielle Gleichgewicht der Systeme der sozialen Sicherheit gefährdet. Die Durchführung von Wirtschaftlichkeitskontrollen erfolgt unter anderem auch mit hoheitlichen Eingriffsmitteln. Da aber auch im Binnenmarkt das Territorialitätsprinzip gilt, nach dem Hoheitsbe-

---

315 Ähnlich: V. Maydell, in: G+G (Heft 8) 1998, 3 (3).
316 Anspruch auf Hilfsmittel, beispielsweise Seh- und Hörhilfe, ergibt sich aus § 33 I SGB V.
317 Anspruch auf Heilmittel ergibt sich aus § 32 SGB V.
318 So auch: Berg, in: EuZW 1999, 587 (590).
319 Vgl. Schulte, in: ZFSH/SGB 1999, 347 (351).
320 Vgl. Mitteilungen, in: ZFSH/SGB 1999, 621 (637); ähnlich: Berg, in: EuZW 1999, 587 (590).

fugnisse nicht im Ausland ausgeübt werden können, stehen einem Mitgliedstaat auf anderem Hoheitsgebiet grundsätzlich[321] keine Kontrollen zur Verfügung[322]. Somit scheinen die Vorschriften, die Leistungen grundsätzlich nur auf das Inland beschränken, ein geeignetes Mittel zu sein, um dem finanziellen Interesse der Länder zu dienen.

Zu klären bleibt, ob es sich dabei aber auch um das mildeste Mittel handelt. Zur Durchsetzung von Kontrollen wären etwa Sanktionen und Abstriche beim Entgelt oder die Entziehung der Zulassung zur grenzüberschreitenden Leistungserbringung denkbar[323]. Beispielsweise könnte man auf der Grundlage entsprechender Verwaltungsabkommen auch die ausländischen Überwachungsorgane in die Prüfung des Leistungserbringers an dessen Sitz einbeziehen[324].

Diese Vorschläge erscheinen jedoch zu unsicher und zu kompliziert, denn es ist nicht klar, ob sich alle Mitgliedstaaten auf ein derartiges Abkommen einigen würden, und bis zum reibungslosen Verlauf der Verfahren würde es noch lange Zeit dauern. Es erscheint aber folgende Lösung als einfach und verhältnismäßig: Durch Übersendung beglaubigter Abrechnungsunterlagen sowie durch Abrechnungsvereinbarungen, gegebenenfalls in Zusammenarbeit mit den Trägern der anderen Mitgliedstaaten, kann dem Allgemeininteresse in vergleichbarer Weise Rechnung getragen werden[325].

ddd) Mehrkosten

Denkbar ist jedoch, dass durch die erschwerten Abrechnungsmethoden Mehrkosten auftreten. Nach deutscher Rechtslage entrichten die Krankenkassen eine Gesamtvergütung an die Kassenärztlichen Vereinigungen (§ 85 I SGB V), wobei eine Budgetierung vorgesehen ist. Die Ausgaben für ausländische ärztliche Leistungen müssen gesondert erfasst und erstattet werden. Das führt natürlich zu Mehrkosten für die Krankenkassen. Ob das aber zu erheblichen Mehrbelastungen führt, ist aufgrund der schon genannten spezifischen Probleme wie des besonderen Vertrauensverhältnisses zwischen Arzt und Patient und den in der Regel bestehenden Sprachproblemen zweifelhaft[326]. In diesem Zusammenhang ist auch auf eine Entscheidung des EuGH hinzuweisen: Es handelt sich um die Einschränkung der Dienstleistungsfreiheit als fundamentalen Grundsatz des EG-Vertrages. Nach der Rechtsprechung des Gerichtshofs können Erwägungen administrativer Art nicht rechtfertigen, dass von Vorschriften des Gemeinschaftsrechts abgewichen

---

321 Das gilt natürlich nicht im Falle der Vertragsärzte nach § 106 SGB V, denn soweit Wirtschaftlichkeitsprüfungen ohne hoheitliche Maßnahmen auskommen und sich auf Datenübermittlungen beschränken, ist eine Kollision mit dem Territorialitätsprinzip nicht ersichtlich. Das gilt auch für die in §§ 294 ff. SGB V geregelten Abrechnungsverfahren.
322 Giesen, in: Freizügigkeit und Soziale Sicherheit, S. 359 (369); Zechel, Die territorial begrenzte Leistungserbringung der Krankenkassen im Lichte des EG-Vertrages, S. 60 f.
323 Schulz-Weidner, Freizügigkeit und Soziale Sicherheit, S. 269 (369).
324 Dies lässt sich auch der Entscheidung des EuGH, Urt. v. 6.6.1996, Rs. C-101/94 (Kommission/Italien), Slg. 1996, I-2691 (2723 ff., Rn. 10) entnehmen.
325 Bieback, in: SDSRV 36, S. 179 f.; V. Maydell, in: Die Auswirkungen des EG-Rechts auf das Arbeits- und Sozialrecht in der Bundesrepublik, S. 35 f.; Zechel, Die territoriale Leistungserbringung der Krankenkassen im Lichte des EG-Vertrages, S. 66. Auf diese Kontrollmöglichkeiten hat bereits der EuGH hingewiesen: EuGH, Urt. v. 4.12.1986, Rs. 205/84 (Kommission/Deutschland), Slg. 1986, 3755 (3810 Rn. 55).
326 So auch: Berg, in: PharmaRecht 1998, 232 (235).

wird[327]. Außerdem ließen sich diese Kosten langfristig durch eine Einführung einer EU-Krankenversicherungskarte einsparen.

Das Allgemeininteresse könnte eher dadurch beeinträchtigt sein, dass Gewährleistungsrechte nicht so unproblematisch geltend gemacht werden können wie bei einem inländischen Leistungserbringer[328]. Erhält der Versicherte beispielsweise das Recht, Zahnersatz im Ausland anfertigen zu lassen, kann man ihm notwendige Folgebehandlungen im Inland bei mangelhaftem Zahnersatz nicht verwehren. In diesen Fällen wäre das Territorialitätsprinzip geeignet, einem finanziellen Risiko aus dem Weg zu gehen. Doch auch hier könnte man wieder bezweifeln, ob es sich in der Tat um so viele Patienten handeln wird, die Leistungen in anderen EU-Mitgliedstaaten annehmen und es anschließend zu einem Gewährleistungsfall kommt. Dies kann jedoch dahin stehen, da es auf alle Fälle an dem Kriterium eines milderen Mittels scheitert und dieses Problem auch durch Harmonisierungsregeln gelöst werden könnte.[329]

eee) Zusammenfassung

Es ist eher unwahrscheinlich, dass die Stabilität des finanziellen Gleichgewichts ins Wanken gerät, da aufgrund der genannten Barrieren nur mit wenigen Versicherten zu rechnen ist, die Leistungen in einem anderen EU-Mitgliedstaat in Anspruch nehmen. Selbst in der *Kohll*- und *Decker*-Entscheidung des EuGH konnte diese Gefahr nicht angenommen werden, obwohl sie latent in einem kleinen Staat wie Luxemburg mit rund 350.000 Einwohnern eher gegeben ist[330].

Dennoch ist nicht gänzlich auszuschließen, dass das finanzielle Gleichgewicht durch den Wegfall des Genehmigungsvorbehaltes gestört wird. Um diese Gefahr aber allgemein auszuschließen, sind Modelle denkbar, die weniger einschneidend sind als der Genehmigungsvorbehalt[331].

---

327 EuGH, Urt. v. 4.12.1986, Rs. 205/84 (Kommission/Deutschland), Slg. 1986, 3755 (3810, Rn. 55).
328 Dieses Problem wird von Domscheit, in: KrV 1998, 246 (248) aufgeworfen.
329 M. Everling, in: DOK 1994, 449 (455) macht darauf aufmerksam, dass sich in vielen Bereichen, von Krankenhauskosten bis zu Kurleistungen, durchaus Kostenvorteile bei der Inanspruchnahme ausländischer Leistungserbringer ergeben, die einen eventuellen Mehraufwand der Versicherten mehr als wettmachen könnten.
330 Vgl. Schulte, in: ZFSH/SGB 1999, 347 (359).
331 Ausführlich hierzu vgl. 2. Teil, G. II.

bb) Gründe des Gesundheitsschutzes

Der Genehmigungsvorbehalt des Art. 22 I VO 1408/71 könnte durch den in Art. 46 EGV genannten Gesundheitsschutz gerechtfertigt sein. „Artikel 46 EG-Vertrag erlaubt nämlich den Mitgliedstaaten, den freien Dienstleistungsverkehr im Bereich der ärztlichen und klinischen Versorgung einzuschränken, soweit die Erhaltung eines bestimmten Umfangs der medizinischen und pflegerischen Versorgung oder eines bestimmten Niveaus der Heilkunde im Inland für die Gesundheit oder selbst das Überleben ihrer Bevölkerung erforderlich ist[332]", so der EuGH in der Rechtssache *Kohll*.

aaa) Qualitätssicherung

Eine Gesundheitsgefährdung ist denkbar, wenn die Qualität einer Leistung, die die Versicherten in Anspruch nehmen, nicht kontrolliert und gesichert werden kann. Im Inland werden die unterschiedlichsten Maßnahmen im Rahmen des öffentlich-rechtlich ausgestalteten Sachleistungssystems sichergestellt. Zum Beispiel kann die Zulassung einer Versorgungseinrichtung bzw. eines Arztes zur vertragsärztlichen Versorgung dann verweigert werden, wenn die im Rahmen der Leistungserbringung erwarteten Qualitätsstandards nicht erfüllt sind (z. B.: § 95 VI SGB V). § 72 II SGB V schreibt außerdem vor, dass die vertragsärztliche Versorgung so zu regeln ist, dass eine ausreichende, zweckmäßige und wirtschaftliche Versorgung der Versicherten unter Berücksichtigung des allgemein anerkannten Standes der medizinischen Erkenntnisse gewährleistet ist. Hierzu zählen vor allem die Disziplinarbefugnisse der Kassenärztlichen Vereinigungen über die Vertragsärzte gemäß § 81 V SGB V und das Recht der Verbände der Krankenkassen und Ersatzkassen, Wirtschaftlichkeit und Qualität einer Krankenhausbehandlung zu überprüfen (§ 113 I SGB V). Die erforderlichen Hoheitsakte sind aber im Ausland nicht durchführbar, so dass im Ergebnis die Qualität der ausländischen Leistungserbringer durch inländische öffentlich-rechtliche Maßnahmen nicht sichergestellt werden kann[333]. Gerade diese Vorgaben müssen auch im europäischen Binnenmarkt gesichert sein, damit es nicht zu einer Gefährdung des Gesundheitsschutzes kommt.

Es finden sich in der Rechtsprechung und in der Literatur verschiedene Argumentationsstränge, um zu zeigen, dass eine Gleichwertigkeit zwischen den einzelnen medizinischen Behandlungen der Mitgliedstaaten besteht: Der EuGH hat in der Rechtssache *Kohll* festgestellt, dass eine Regelung bezüglich eines Genehmigungsvorbehaltes nicht unter Berufung auf Gründe des Gesundheitsschutzes damit gerechtfertigt werden kann, dass die Qualität in anderen Mitgliedstaaten erbrachter ärztlicher Leistungen gewährleistet werden müsse[334]. Da inzwischen die Bedingungen des Zugangs und der Ausübung ärztlicher Tätigkeit europaweit weitgehend koordiniert und harmonisiert seien, müssten die in anderen Mitgliedstaaten niedergelassenen Ärzte und Zahnärzte für die Zwecke des freien Dienstleistungsverkehrs als ebenso qualifiziert anerkannt werden wie die im Inland niedergelassenen Ärzte. Das gleiche gelte in Bezug auf den Kauf einer Brille bei einem in einem anderen Mitgliedstaat niedergelassenen Augenoptiker. Hier komme so-

---

332 EuGH, Urt. v. 28.4.1998, Rs. C-158/96 (Kohll), Slg. 1998, I- 1931 (1950, Rn. 51).
333 Vgl. BSG, Urt. v. 9.3.1982, BSGE 53, 150 (154).
334 EuGH, Urt. v. 28.4.1998, Rs. C-158/96 (Kohll), Slg. 1998, I-1931 (1949, Rn. 49).

gar noch hinzu, dass der Kauf aufgrund einer augenärztlichen Verschreibung erfolge, was die Sicherung des Gesundheitsschutzes gewährleiste.[335]

Zechel[336] beispielsweise leitet die Gleichwertigkeit des Gesundheitsschutzes – also damit auch die Gleichwertigkeit der medizinischen Behandlungen – aus dem Umstand ab, dass die VO 1408/71 in Ausnahmefällen eine Behandlung im Ausland im Wege der Sachleistungsaushilfe vorsieht und hierbei den medizinischen Qualitätsstandard im Gastland akzeptiert.

Aufgrund der spezifischen Richtlinien[337] bezüglich der Ausbildung kann darauf geschlossen werden, dass diese wohl als gleichwertig angesehen werden kann. Aber es ergeben sich Zweifel an dem Schluss „gleichwertige Ausbildung bedeutet wiederum gleichwertige Ausübung des Berufs". Das ist lediglich eine Fiktion. Hierbei handelt es sich nicht um Regelungen, wie der Beruf im Einzelfall ausgeübt werden soll, sondern es sind lediglich Berufszugangsregelungen (oder Berufsausbildungsregelungen), die jedoch nichts über das in den einzelnen Ländern herrschende Behandlungsniveau aussagen. Dieses hängt von erheblich mehr Faktoren ab, als von der Ausbildung, denn sie ist je nach den mitgliedstaatlichen Vorgaben sehr verschieden ausgestaltet. In Deutschland hat sich ein Kassenarzt zum Beispiel bei der Ausübung seines Berufes an die in den Gesamtverträgen vorgegebenen Regelungen zu halten unabhängig davon, wo er sein die Berufsausübung erlaubendes Diplom erworben hat. In kaum einem anderem Bereich ist die Sicherung der Freizügigkeit bisher so weit fortgeschritten wie im Bereich der persönlichen Berufszugangsvoraussetzungen der Ärzte. Dennoch darf nicht übersehen werden, dass die hier in Rede stehenden Bestimmungen vorrangig rechtliche Zugangsvoraussetzungen regeln, die nicht zwangsläufig Rückschlüsse auf die Qualität der vor Ort geleisteten Versorgung zulassen[338].

Im Schrifttum finden sich aber auch Bemühungen, eine Gleichwertigkeit nicht nur aus den Vorschriften zur Ausbildung herzuleiten. Godry[339] beispielsweise betont, dass man trotz aller Unterschiede im Gesundheitswesen und vor allem auch bei den Mechanismen der Qualitätskontrollen in allen Mitgliedstaaten bemüht sei, die Nachfrage nach gesundheitlichen Leistungen so zu decken, dass dem medizinischen Bedarf Rechnung getragen und ein hoher Standard der Gesundheitsfürsorge gewährleistet werde. Reine Bemühungen – wie sie von Godry bezeichnet werden – genügen aber nicht für eine gesicherte Gesundheitsfürsorge. Abgesehen davon mag es wohl so sein, dass man in jedem Mitgliedstaat eine gleichwertige Behandlung erhalten kann; die Frage ist nur, welche finanziellen oder sonstigen Voraussetzungen dafür erfüllt werden müssen.

---

335 Der EuGH hat sich in der Entscheidung *Schuhmacher* (EuGH, Urt. v. 7.3.1989, Rs. 215/87 Slg. 1989, 617 (640, Rn. 20) in ähnlicher Weise zur Gleichwertigkeit von Leistungen der Apotheker geäußert. Jedoch findet sich auch hier kein Hinweis, woher der EuGH diese Schlussfolgerung nimmt.
336 Zechel, Die territorial begrenzte Leistungserbringung der Krankenkassen im Lichte des EG-Vertrages, S. 62.
337 Bsp.: Ärzterichtlinie, Richtlinie 93/16/EWG.
338 Studie der GVG, Einfluss der EU-Politiken auf das deutsche Gesundheitswesen, S. 31.
339 Godry, in: ZFSH/SGB 1997, 416 (420).

Folglich dient der Genehmigungsvorbehalt des Art. 22 I VO 1408/71 auch dem Schutz der Gesundheit. Da diese Vorschrift grundsätzlich eine Leistungsinanspruchnahme von ausländischen Leistungserbringern verhindert, stehen grundsätzlich keine Behandlungs- bzw. Leistungsangebote von ausländischen Anbietern zur Verfügung, und somit besteht keine Gefahr für den Gesundheitsschutz der Versicherten. Der in Art. 22 VO 1408/71 enthaltene Genehmigungsvorbehalt ist zum Schutz vor Gesundheitsgefahren geeignet.

Doch ist diese Regelung nicht verhältnismäßig. Als milderes Mittel im Verhältnis zu einem Ausschluss der generellen Leistungsinanspruchnahme von ausländischen Leistungserbringern wären Verfahren zu entwickeln, die den inländischen Standard auch bei ausländischen Anbietern sicherstellen. Das Interesse an effektiver Kontrolle könnte einerseits bereits durch entsprechende Kontrollen im Heimatland des Leistungserbringers gewahrt werden. Zum anderen kommen spezielle Vertragsgestaltungen in Betracht, wodurch die Kontrollinteressen erfüllt werden können.[340] Es ist beispielsweise eine Regelung denkbar, welche die Bezahlung nur solcher Heilbehandlungen vorsieht, die den Qualitätsmerkmalen im Inland genügen. Dies ergibt sich im Übrigen auch aus einer Formulierung des EuGH, wonach eine Honorierung ausländischer Leistungen nur nach den Tarifen des Versicherungsstaates zu erfolgen hat[341]. Mit Tarifen ist aber nicht nur der Preis, sondern auch Leistungen gemeint, die untrennbar mit der Qualität verbunden sind.[342] Zu denken ist daran, in verstärktem Maße auf eine Konvergenz im Gesundheitssystem hinzuwirken, wie schon die Empfehlung 442/92/EWG des Rates über die Annäherung der Ziele und Politiken im Bereich des sozialen Schutzes[343] deutlich machte[344].

bbb) Sicherstellung einer flächendeckenden medizinischen Versorgung
Der Gerichtshof deutete an, dass ferner eine Ausnahme vom Grundsatz der Dienstleistungsfreiheit gerechtfertigt sein könnte, wenn dies zur Erhaltung einer allen zugänglichen ärztlichen und klinischen Versorgung erforderlich sei und damit zur Erzielung eines hohen Gesundheitsschutzes beitrage: „Das Ziel, eine ausgewogene, allen zugängliche ärztliche und klinische Versorgung aufrechtzuerhalten, ist zwar eng mit der Finanzierung des Systems der sozialen Sicherheit verbunden, kann aber auch zu den Ausnahmen aus Gründen der öffentlichen Gesundheit nach Artikel 56 EG-Vertrag zählen, soweit es zur Erzielung eines hohen Gesundheitsschutzes beiträgt", so der EuGH in der Rechtssache *Kohll*[345] zur Einordnung dieses Arguments. Der Gerichtshof machte hierzu jedoch keine Ausführungen, da von keiner Seite schlüssig vorgetragen worden sei, dass die Regelung zur Erreichung dieses Ziels erforderlich sei. Diese Regelung zielt auf die Ermöglichung einer flächendeckenden Gesundheitsvorsorge ab[346]. Dazu zählt auch die Möglichkeit einer ortsnahen Versorgung (§ 75 SGB V). Fraglich ist, ob eine Regelung

---

340 Benicke, in: ZFSH/SGB 1998, 22 (33); EuGH, Urt. v. 4.12.1986, Rs. 205/84 (Kommission/BRD), Slg. 1986, 3755 (3802, Rn. 25); V. Maydell, in: Die Auswirkungen des EG-Rechts auf das Arbeits- und Sozialrecht der Bundesrepublik, S. 25 (36); Bieback, in: EuR 1993, 150 (163); Plute, in: DOK 1994, 421 (423).
341 EuGH, Urt. v. 28.4.1998, Rs. C-158/96 (Kohll), Slg. 1998, I-1935 (1947, Rn. 40).
342 Vgl. Schulz-Weidner, in: KrV 1998, 241 (244).
343 ABl. EG 1992 Nr. L 245/49 v. 26.8.1992.
344 Ausführlich hierzu: Schulte, in: ZFSH/SGB 1999, 347 (356); ders., in: ZFSH/SGB 1991, 281 ff.
345 EuGH, Urt. v. 28.4.1998, Rs. C-158/96 (Kohll), Slg. 1998, I- 1931 (1950, Rn. 50).
346 Giesen, Die Vorgaben des EG-Vertrages für das Internationale Sozialrecht, S. 107.

der Territorialisierung überhaupt verhältnismäßig ist, um dieses Ziel zu erreichen. Zum einen kann gerade die Versorgung durch einen ausländischen Leistungserbringer für den Versicherten ortsnäher sein als durch einen nationalen Leistungserbringer. Zum anderen lassen sich eine Vielzahl von milderen Möglichkeiten erdenken, die einer Versorgung entlegener Gebiete dienen, als die Territorialisierung. Als Beispiel sei eine EU-weite Bedarfsplanung genannt.

Betrachtet man diese Frage aus deutscher Sicht, so könnte Deutschland eine Gefährdung der medizinischen Versorgung nicht ausreichend begründen. Denn bei den gegenwärtigen Fallzahlen von grenzüberschreitenden Leistungen kann Deutschland noch nicht nachweisen, dass die Voraussetzung für eine solche Belegung gegeben seien. Inwieweit sich das in Zukunft ändert, lässt sich nicht vorhersagen. Es kann allerdings erhebliche Änderungen des Inanspruchnahmeverhaltens der Versicherten deutscher Krankenkassen geben, wenn die Preistransparenz im Rahmen der EURO-Umstellung hergestellt ist und die Krankenkassen verstärkt auf Versorgungsangebote im EU-Ausland reagieren. Doch selbst wenn eine verstärkte Nachfrage eintreten sollte, dürfte wohl die Territorialisierung kein verhältnismäßiges Mittel sein, um die flächendeckende Versorgung zu garantieren.

Da mildere Möglichkeiten denkbar sind, ist der Ausschluss der Leistungsinanspruchnahme im Ausland ohne vorherige Genehmigung als unverhältnismäßige Beschränkung einzustufen.

cc) Zusammenfassung

Die Prüfung der Dienstleistungsfreiheit hat gezeigt, dass die Dienstleistungsfreiheit die Regelung des Art. 22 I VO 1408/71 und auch die nationalen Regelungen im Bereich des Leistungsrechts und des Leistungserbringungsrechts überlagert[347]. Deswegen ist das in Art. 22 VO 1408/71 enthaltene Genehmigungserfordernis nicht mit dem Primärrecht vereinbar und nach der hier vertretenen Lösung unzulässig[348]. Im Schrifttum finden sich diesbezüglich verschiedene Ansichten[349].

Neumann-Duesberg[350] will am Genehmigungserfordernis festhalten. Auch der Generalanwalt Ruiz-Jarabo machte in seinem Schlussantrag zur Rechtssache *Smits* und *Peer-*

---

347 Schon vor Erlass der *Kohll*-und *Decker*-Urteile wurde von einigen Autoren auf die Unzulänglichkeit des geltenden Gemeinschaftsrechts bei der Erbringung von grenzüberschreitenden Behandlungsleistungen hingewiesen: Vgl. Bieback, in: Reform des Europäischen koordinierenden Sozialrechts, S. 55 (64 f.); Lichtenberg, in: VSSR 1978, 125 (125 ff.); V. Maydell, in: Die Auswirkung des EG-Rechts auf das Arbeits- und Sozialrecht der Bundesrepublik, S. 25 (32 ff.).
348 Das Europäische Gemeinschaftsrecht gestattet bereits de lege lata in Art. 20 VO 1408/71 Grenzgängern die Inanspruchnahme von medizinischen Leistungen in anderen EU-Staaten. D. h., dass dem Gemeinschaftsrecht die grenzüberschreitende Inanspruchnahme von Gesundheitsleistungen nicht gänzlich fremd ist.
349 Die hier aufgeführten Meinungen wurden teilweise vor der *Kohll*- und *Decker*-Entscheidung des EuGH geäußert und besteht durchaus die Möglichkeit, dass sich einige Meinungsvertreter nun in anderer Weise äußern würden.
350 Neumann-Duesberg, in: Wechselwirkungen zwischen dem Europäischen Sozialrecht und dem Sozialrecht der Bundesrepublik Deutschland, S. 83 (93); ders. auch nach der *Kohll*- und *Decker*-Entscheidung, in: G+G (Heft 10) 1998, 22 ff.; so auch Zechel, Die territorial begrenzte Leistungs-

booms deutlich, dass er das Genehmigungserfordernis – zwar nicht im Rahmen des Art. 22 VO 1408/71, sondern im niederländischen Recht – für unerlässlich hält, um das finanzielle Gleichgewicht der Krankenpflichtversicherung zu wahren, eine ausgewogene und allen Versicherten in gleicher Weise zugängliche ärztliche und klinische Versorgung zu garantieren und im Inland die nötige Pflegekapazität und das erforderliche Niveau der Heilkunde sicherzustellen[351].

Bieback[352] hingegen hält dieses Genehmigungserfordernis – mindestens teilweise – für unzulässig. Steindorff[353], Wachendorff[354], Schulte[355] und Eichenhofer[356] sprechen sich strikt gegen ein Genehmigungserfordernis aus.

Der EuGH befasste sich in den Rechtssachen *Kohll* und *Decker* in erster Linie mit der Vereinbarkeit der nationalen Regelungen mit dem europäischen Primärrecht. Er erklärte den Art. 22 VO 1408/71 zwar nicht für ungültig, eröffnete aber durch zweckgerichtete Auslegung[357] eine neue Möglichkeit, die bisher im koordinierenden Recht der VO 1408/71 bei der Gewährung von Sachleistungen unbekannt war. Ebenso wie der Gerichtshof das Genehmigungsgebot des luxemburgischen Rechts für nichtig erklärte, hätte er den in Art. 22 VO 1408/71 enthalten Genehmigungsvorbehalt für ungültig erklären können, da der Genehmigungsvorbehalt in beiden Rechtsquellen eine gleichwertige Tatbestandsvoraussetzung darstellt.

2. Vereinbarkeit mit der Warenverkehrsfreiheit gem. Art. 28 EGV

In erster Linie denkt man im Zusammenhang mit Krankenversicherungsleistungen an Behandlungen durch Ärzte und somit an die Dienstleistungsfreiheit. Doch gibt es auch zahlreiche Bereiche der Krankenversicherungsleistungen, die möglicherweise der Warenverkehrsfreiheit zuzuordnen sind, wie zum Beispiel der Kauf einer Brille. Wie oben schon angedeutet, gibt es daneben zahlreiche Leistungen, die sich nicht eindeutig der Dienstleistungs- oder Warenverkehrsfreiheit zuweisen lassen. Häufig muss diese Frage im Einzelfall geprüft werden. Deswegen ist hier auch ergänzend auf die Warenverkehrsfreiheit einzugehen. Im Weiteren müsste nun ebenso wieder zwischen den einzelnen Verhältnissen zwischen Leistungserbringer, Leistungsempfänger und der Krankenkasse getrennt werden. Doch hier kann auf die parallel verlaufende Prüfung der Dienstleistungsfreiheit verwiesen werden, so dass nur auf einzelne Besonderheiten eingegangen wird.

---

    erbringung der Krankenkassen im Lichte des EG-Vertrages, S. 76, der das Genehmigungserfordernis zur Vermeidung des Sozialtourismus für erforderlich hält.
351 Vgl. Schlussanträge des Generalanwalt Ruiz-Jarabo zur Rs. C-157/99 (Geraets-Smits und Peerbooms), Nr. 55 ff.; siehe „http://curia.eu.int".
352 Bieback, in: Wechselwirkungen zwischen dem Europäischen Sozialrecht und dem Sozialrecht der Bundesrepublik Deutschland, S. 177 (179); ders., in: Reform des Europäischen koordinierenden Sozialrechts, S. 55 (64 f.).
353 Steindorff, in: RIW 1983, 831 (833).
354 Wachendorff, in: HuK 1990, 90 (91).
355 Schulte, in: 30 Jahre Freizügigkeit in Europa, S. 93 (110 ff.).
356 Eichenhofer, in: Freizügigkeit und Soziale Sicherheit, S. 411 (413).
357 EuGH, Urt. v. 28.4.1998, Rs. C-120/95 (Decker), Slg. 1998, I-1871 (1882, Rn. 29).

a) Anwendungsbereich

Der Anwendungsbereich des Art. 28 EGV setzt voraus, dass es sich um Waren i. S. d. Art. 23 EGV handelt. Dieses Erfordernis ist gegeben, wenn es sich beispielsweise um den Kauf einer Brille handelt.

b) Beschränkung

Art. 28 EGV bestimmt, dass „mengenmäßige Einfuhrbeschränkungen sowie alle Maßnahmen gleicher Wirkung (...) zwischen den Mitgliedstaaten verboten" sind. Mengenmäßige Beschränkungen sind sämtliche Maßnahmen, welche die Einfuhr, Durchfuhr oder Ausfuhr einer Ware der Menge oder dem Wert nach begrenzen[358]. Das Genehmigungsgebot des Art. 22 I VO 1408/71 und die deutschen nationalen Begrenzungen des Leistungserbringungsrechts (§ 129 SGB V) und des Leistungsrechts (§§ 16 ff. SGB V) stellen keine mengenmäßige Beschränkung dar. Es könnte sich dabei aber um Maßnahmen gleicher Wirkung handeln. Eine allgemeine Definition des Begriffs „Maßnahmen gleicher Wirkung" ist dem Gemeinschaftsrecht nicht zu entnehmen. Nach der *Dassonville*-Formel des EuGH[359] wird eine Maßnahme gleicher Wirkung extensiv als Handelsregelung der Mitgliedstaaten definiert, die geeignet ist, den innergemeinschaftlichen Handel unmittelbar oder mittelbar, tatsächlich oder potentiell zu behindern[360]. Diese Rechtsprechung erfuhr am 24.11.1993 in der Rechtssache *Keck*[361] eine teilweise Änderung und einen Hinweis auf eine künftig restriktivere Handhabung des Begriffs der Maßnahme gleicher Wirkung. Handelt es sich bei der streitigen Regelung um eine nichtdiskriminierende Vertriebsanforderung, so wird diese nicht von der Warenverkehrsfreiheit erfasst. Eine Regelung ist als nicht-diskriminierende Vertriebsanforderung zu qualifizieren, wenn sie nur bestimmte Verkaufsmodalitäten beschränkt oder verbietet und für alle Wirtschaftsteilnehmer gilt, die ihre Tätigkeit im Inland ausüben, und sofern sie den Absatz der inländischen Erzeugnisse und der Erzeugnisse aus anderen Mitgliedstaaten rechtlich wie tatsächlich in der gleichen Weise berührt. Nicht darunter fallen demnach alle Produktanforderungen sowie diskriminierende Vertriebsanforderungen. Der EuGH reduziert also im Bereich der Regelungen über Verkaufsmodalitäten Art. 28 EGV auf ein Diskriminierungsverbot, wohingegen im Bereich der produktbezogenen Maßnahmen der Charakter eines Beschränkungsverbotes erhalten bleibt[362].

Im Einzelnen handelt es sich um folgende Voraussetzungen der *Dassonville*-Formel und der einschränkenden *Keck*-Formel, die hier zu beachten sind: (1) Handelsregelung der Mitgliedstaaten, (2) Maßnahme zur Beeinträchtigung geeignet (3) keine Regelung über

---

[358] Schweitzer/Hummer, Europarecht S. 339, Rn. 1112; Streil, in: Beutler/Bieber/Piepkorn/Streil, S. 293.
[359] Vgl. zu früheren Auslegungen die Darstellung bei Thier, Das Recht des EG-Arzneimittelmarktes und des freien Warenverkehrs, S. 170 ff.
[360] EuGH, Urt. v. 11.7.1974, Rs. 8/74 (Dassonville), Slg. 1974, 837 (852, Rn. 5); seitdem ständige Rechtsprechung: EuGH, Urt. v. 9.12.1981, Rs. 193/80 (Kommission/Italien), Slg. 1981, 3019 (3034, Rn. 18); EuGH, Urt. v. 5.6.1986, Rs. 103/84 (Kommission/Italien), Slg. 1986, 1759 (1760, Nr. 2); EuGH, Urt. v. 14.7.1988, Rs. 407/85 (Drei Glocken), Slg. 1988, 4233 (4278, Rn. 9).
[361] EuGH, Urt. v. 14.11.1993, Rs. C-267/91 u. 268/91 (Keck und Mithouard), Slg. 1993, I-6097 (6131, Rn. 16 f.).
[362] Schweitzer/Hummer, Europarecht, S. 342, Rn. 1123.

Verkaufsmodalitäten, sofern sie allgemein gelten und sich auch nicht überwiegend zu Lasten ausländischer Erzeugnisse auswirken.

- *Handelsregelung der Mitgliedstaaten*

Die *Dassonville*-Formel kennzeichnet in ihrer ursprünglichen Fassung die Maßnahme gleicher Wirkung als eine „mitgliedstaatliche Handelsregelung"[363]. Daraus könnte man schließen, dass es sich um eine Regelung handeln muss, die sich auf den Handel der Mitgliedstaaten bezieht. Das würde für die hier vorliegende Konstellation bedeuten, dass die Regelungen der §§ 124 ff. SGB V und §§ 16 ff. SGB V nicht unter die Warenverkehrsfreiheit zu fassen sind, da es sich dabei um innerstaatliche Vorschriften handelt, welche die Rechtsbeziehungen zwischen den zuständigen Verbänden und den Warenerbringern regeln. Doch der EuGH hat in verschiedenen Urteilen nach der *Dassonville*-Rechtsprechung von innerstaatlichen[364] oder einzelstaatlichen[365] Regelungen oder Maßnahmen[366] gesprochen. Also kann eine Regelung unabhängig von der ihr beigelegten Funktion eine Maßnahme gleicher Wirkung sein[367].

- *Beeinträchtigungseignung*

Der Gerichtshof stellt mit der *Dassonville*-Formel nicht auf die der staatlichen Maßnahme zu Grunde liegende Zweck- und Zielsetzung ab, sondern allein auf die von ihr ausgehende Wirkung auf den innergemeinschaftlichen Handel[368]. Eine entsprechende handelshemmende Wirkung oder Beschränkung des innergemeinschaftlichen Warenverkehrs muss jedoch nicht einmal tatsächlich eingetreten sein oder nachgewiesen werden, sondern es reicht aus, wenn eine solche möglich ist bzw. nicht außerhalb jeder Wahrscheinlichkeit liegt (potentielle Eignung[369]). Unerheblich ist somit der Grad der Beeinträchtigung[370].

Zunächst zum Regelungsinhalt des deutschen Leistungserbringungsrechts: § 129 SGB V regelt die Rechtsbeziehungen der Apotheker zu den Kassenverbänden. Durch Auslegung dieser Vorschrift[371] gelangt man zu dem Ergebnis, dass nur Rechtsbeziehungen zu solchen Apothekern aufgebaut werden können, die sich auch in Deutschland niedergelassen haben. Also enthält das deutsche Leistungserbringungsrecht faktisch ein Niederlassungserfordernis. Das bedeutet, dass sich der Leistungserbringer, beispielsweise der

---

363 EuGH, Urt. v. 11.7.1974, Rs. 8/47 (Dassonville), Slg. 1974, 837 (852, Rn. 214).
364 EuGH, Urt. v. 30.10.1974, Rs. 190/73 (Van Haaster), Slg. 1974, 1123 (1134, Rn. 13/17); EuGH, Urt. v. 14.7.1976, Rs. 3/4 und 6/76 (Kramer), Slg. 1976, 1279 (1314, Rn. 53/54).
365 EuGH, Urt. v. 23.1.1975, Rs. 31/74 (Galli), Slg. 1975, 47 (62, Rn. 15).
366 EuGH, Urt. v. 8.7.1975, Rs. 4/75 (Rewe), Slg. 1975, 843 (858, Rn. 3); EuGH, Urt. v. 26.2.1976, Rs. 65/75 (Tasca), Slg. 1976, 291 (308); EuGH, Urt. v. 26.2.1976, Rs. 88-90/75 (SADAM) Slg. 1976, 330 (340, Rn. 32); EuGH, Urt. v. 20.5.1976, Rs. 104/75 (de Peijper), Slg. 1976, 613 (635, Rn. 12/13).
367 Gegen eine einschränkende Deutung auch: Müller-Graff, in: GTE, Art. 30, Rn. 47; Moench, in: NJW 1982, 2689 (2690); Dauses, in: RIW 1984, 197 (201).
368 Matthies, in: Grabitz/Hilf, Art. 28, Rn. 15 f.; Müller-Graff, in: GTE, Art. 30, Rn. 47.
369 EuGH, Urt. v. 20.2.1975, Rs. 12/74 (Kommission/Deutschland), Slg. 1975, 181 (199, Rn. 17); EuGH, Urt. v. 14.11.1982, Rs. 249/81 (Kommission/Irland), Slg. 1982, 4005 (4022, Rn. 25).
370 EuGH, Urt. v. 13.3.1984, Rs. 16/83 (Prantl), Slg. 1983, 1299 (1326, Rn. 20).
371 Siehe Zechel, Die territorial begrenzte Leistungserbringung der Krankenkassen im Lichte des EG-Vertrages, S. 79.

Apotheker, erst in Deutschland niederlassen muss, um seine Waren den Warenempfängern anbieten zu können. Dadurch werden die Apotheker mittelbar beeinträchtigt. Also ist § 129 SGB V geeignet, die Warenverkehrsfreiheit zu beeinträchtigen.

Aber auch die Regelungen des deutschen Leistungsrechts dürfen hier nicht außer Betracht bleiben: Die §§ 16 ff. SGB beschränken das Leistungsrecht grundsätzlich auf Deutschland. Außerhalb deutschen Gebiets ruhen die Ansprüche grundsätzlich. Dadurch werden die Versicherten beschränkt, medizinische Waren aus dem Ausland auf Kosten der Krankenkasse zu erhalten. Demnach sind auch die Vorschriften des Leistungsrechts geeignet, die Warenverkehrsfreiheit zu beeinträchtigen.

Ebenso sieht die VO 1408/71 eine Behinderung des Leistungsrechts vor. Vor allem das Genehmigungsgebot des Art. 22 I VO 1408/71 hindert den Arbeitnehmer, medizinische Waren ohne Behinderungen in Anspruch zu nehmen. Das Genehmigungsgebot veranlasst den Sozialversicherten dazu, beispielsweise seine Brille bei Optikern im zuständigen Staat und nicht in einem anderen Mitgliedstaat zu erwerben. Freilich kann der Versicherte Waren im Ausland in Anspruch nehmen. Die Erstattung von Kosten, die in diesem Mitgliedstaat angefallen sind, werden aber von einer vorherigen Genehmigung abhängig gemacht. Kosten, die hingegen im Versicherungsstaat anfallen, unterliegen keiner solchen Genehmigung. Also sind auch die Regelungen des Leistungsrechts dazu geeignet, die Einfuhr von medizinischen Produkten bzw. Hilfsmitteln zu hemmen (mittelbare Behinderung).

- *Keine Regelung über Verkaufsmodalitäten*

Nach der *Keck*-Formel ist es überdies nötig, dass die hier in Frage stehenden Normen nicht nur Verkaufsmodalitäten regeln. Als „bestimmte Verkaufsmodalitäten" hat der EuGH beispielsweise folgende Sachverhalte anerkannt: Die italienische Beschränkung des Einzelhandels mit Tabakwaren zugunsten zugelassener Vertriebshändler[372], die von einer Landesapothekerkammer erlassene Standesregel, die Apothekern die Werbung für apothekenübliche Waren außerhalb der Apotheke verbietet[373] und allgemein geltende Ladenschlussregelungen[374].

Das Leistungserbringungsrecht sieht faktisch ein Niederlassungserfordernis vor. Die Regelung sieht den Verkauf eines Produktes nur von einem in Deutschland niedergelassenen Apotheker vor. Somit stellt dieses Niederlassungserfordernis nicht eine bloße Verkaufsmodalität dar, die den Verkaufsort regelt, sondern eine produktbezogene Regelung[375].

---

372 EuGH, Urt. v. 14.12.1995, Rs. C-387/93 (Banchero), Slg. 1995, I-4663 (4694 f.; Rn. 35 ff.).
373 EuGH, Urt. v. 15.12.1993, Rs. C-292/92 (Hünermund), Slg. 1993, I-6787 (6823, Rn. 21).
374 EuGH, Urt. v. 2.6.1994, Rs. C-401/92 und C-402/92 ('t Heutkske und Boermans), Slg. 1994, I-2199, (2233 f., Rn. 12 ff.).
375 Der EuGH hat zwar bereits ein Sitzerfordernis als Vertriebsbehinderung angesehen, vgl. EuGH, Urt. v. 28.2.1984, Rs. 247/81 (Kommission/Deutschland), Slg. 1984, 1111 (1120, Rn. 9), aber diese Einordnung ist nicht zwingend. Vgl. hierzu: Müller-Graff, in: GTE, Art. 30, Rn. 253.

Das Leistungsrecht beschränkt den Versicherten darin, Waren im Ausland auf Kosten der Krankenkasse zu besorgen. Auch hier besteht eine produktbezogene Behinderung, weil es nicht um die Art und Weise des Verkaufs geht, sondern um die Frage, ob auch Produkte in anderen EU-Staaten auf Kosten der Krankenkasse bezogen werden können. Damit steht fest, dass die territorial begrenzten Regelungen des deutschen Krankenversicherungsrechts, des Leistungserbringungsrechts sowie des Leistungsrechts und Art. 22 VO 1408/71 geeignet sind, die Warenverkehrsfreiheit zu behindern.

c) Rechtfertigung

Die beschränkenden Regelungen könnten durch eine Schranke der Warenverkehrsfreiheit gerechtfertigt sein. Als immanente Schranke der Warenverkehrsfreiheit hat der EuGH die *Cassis-de-Dijon*-Formel[376] entwickelt, die seither zum Bestand seiner ständigen Rechtsprechung[377] gehört. Hiernach sind nationale Handelshemmnisse nur dann europarechtlich zulässig, wenn Schutzinteressen der Mitgliedstaaten im Einzelfall ausnahmsweise dem Vertragsziel der Schaffung eines Binnenmarktes vorgehen. Insbesondere sind Hemmnisse für den Binnenhandel der Gemeinschaft, die sich aus den Unterschieden der nationalen Regelungen über die Vermarktung von Waren ergeben, von dieser immanenten Schranke gerechtfertigt, soweit diese Bestimmungen notwendig sind, um zwingenden Erfordernissen gerecht zu werden. Solche zwingende Erfordernisse des nationalen Interesses sind beispielsweise der Schutz der öffentlichen Gesundheit – der nun in der neueren Rechtsprechung im Rahmen des Art. 30 EGV geprüft wird[378] – und das System des Gleichgewichts der sozialen Sicherheit.

Voraussetzung für die Anwendung der *Cassis-de-Dijon*-Formel ist, dass es sich (1) um eine unterschiedslos anwendbare Regelung handelt und (2) keine abschließende Gemeinschaftsregelung besteht[379]. Erst dann kann mit der Prüfung der zwingenden Gründe des Allgemeininteresses fortgefahren werden.

aa) Unterschiedslos anwendbare Regelung

Wichtig ist zunächst, dass die *Cassis*-Rechtsprechung nur solche Maßnahmen erfasst, die unterschiedslos einheimische und eingeführte Waren betreffen und daher keinen diskriminierenden Charakter haben. Das Niederlassungserfordernis gilt für alle Apotheker, die mit deutschen Krankenkassen abrechnen wollen. Diese Regelung ist unabhängig von der Herkunft des Produktes. Auch bei der Prüfung des Leistungsrechtes ergibt sich nichts anderes: Das Ruhen der Ansprüche ist nicht von der Produktherkunft abhängig.

---

376 EuGH, Urt. v. 20.2.1979, Rs. 120/78 (Cassis de Dijon), Slg. 1979, 649 (662, Rn. 8).
377 EuGH, Urt. v. 15.12.1993, Rs. C-292/92 (Hünermund), Slg. 1993, I-6787 (6821, Rn. 15); EuGH, Urt. v. 29.6.1995, Rs. C-391/92 (Kommission/Griechenland), Slg. 1995, I-1621 (1646, Rn. 10); EuGH, Urt. v. 14.12.1995, Rs. C-387/93 (Branchero) Slg. 1995, I-4663 (4693, Rn. 29).
378 Der Gesundheitsschutz wird in der neueren EuGH-Judikatur nicht mehr als zwingendes Erfordernis im Rahmen der *Cassis*-Formel, sondern nur noch als Ausnahme des Art. 30 EGV subsumiert. Vgl. EuGH, Urt. v. 5.3.1996, verb. Rs. C-46/93 u. C-48/93 (Brasserie du Pêcheur), Slg. 1996, I-1029 (1273, Rn. 40); EuGH, Urt. v. 25.7.1991, verb. Rs. C-1 u. C-176/90 (Aragonesa), Slg. 1991, I-4151 (4181, Rn. 13).
379 Vgl. zu diesen Voraussetzungen: EuGH, Urt. v. 20.2.1979, Rs. 120/78 (Cassis de Dijon), Slg. 1979, 649 (662, Rn. 8).

Ebenso differenziert der Genehmigungsvorbehalt nicht nach dem Ursprung der Ware. Folglich handelt es sich um unterschiedslose Maßnahmen.

bb) Keine abschließende Gemeinschaftsregelung

Es existieren keine abschließenden Gemeinschaftsregelungen. Es sind lediglich einzelne Vorschriften vorhanden, die eine vereinzelte Koordinierung vorsehen, beispielsweise die VO 1408/71. Der in Frage kommende Art. 22 VO 1408/71 führt – wie schon oben erläutert – lediglich zu einer vereinzelten Lockerung des in den Mitgliedstaaten geltenden Territorialitätsprinzips. Damit ist aber noch lange keine abschließende Gemeinschaftsregelung vorhanden.

cc) Zwingende Gründe des Allgemeininteresses

Hier kann auf die parallel laufende Prüfung der Dienstleistungsfreiheit verwiesen werden. Schon im Rahmen dieser Untersuchung ist die Unverhältnismäßigkeit des territorial begrenzten Leistungs- bzw. Leistungserbringungsrechts festgestellt worden. Nichts anderes gilt für die Warenverkehrsfreiheit.

Damit sind die territorial begrenzten Regelungen des SGB V und der VO 1408/71 nicht gerechtfertigt. Die Warenverkehrsfreiheit verlangt viel mehr als von den nationalen Regelungen und auch der VO 1408/71 vorgesehen ist.

3. Zusammenfassung

Also verstößt das Genehmigungserfordernis des Art. 22 I VO 1408/71 gegen die Dienstleistungs- und Warenverkehrsfreiheit. Der zur Zeit geltende Art. 22 VO 1408/71 erweist sich angesichts der Waren- und Dienstleistungsfreiheit als zu restriktiv. In Anbetracht des Zusammenwachsens Europas werden die auf dem Territorialitätsprinzip beruhenden Exportbeschränkungen immer fragwürdiger. Hierfür spricht nicht zuletzt auch, dass der EuGH die bislang als bloße Diskriminierungsverbote verstandenen personenbezogenen Grundfreiheiten (Arbeitnehmerfreizügigkeit und Niederlassungsfreiheit) zunehmend zu einem „Grundrecht auf wirtschaftliche Mobilität" umformt und damit – auch unter Berücksichtigung der Warenverkehrs- und Dienstleistungsfreiheit[380] – ein einheitliches Grundrecht auf wirtschaftliche Liberalität im Sinne einer umfassenden wirtschaftsbezogenen Beschränkungsverbots geschaffen hat[381].

F. Auswirkungen auf den Nationalen Gesundheitsdienst

In den Staaten, in denen die Absicherung des Krankheitsfalls durch Nationale Gesundheitsdienste geleistet wird, ergeben sich besondere Probleme. Grundsätzlich ist keine private Leistungsinanspruchnahme im Bereich dieses Sozialversicherungssystems vorgesehen. Würde man die Aussagen der EuGH-Urteile *Kohll* und *Decker*, nun konsequent verfolgen und auch für Staaten mit Nationalen Gesundheitsdiensten als gültig

---

380 Nettesheim, in: NVwZ 1996, 342 (343); Füßer, in: JZ 1997, 835 (836).
381 Vgl. EuGH, Urt. v. 30.11.1995, Rs. C-55/94 (Gebhard), Slg. 1995, I-4165 ff.; Füßer, in: NJW 1998, 1762 (1763).

ansehen, so müsste man auch hier den Versicherten eine Leistungsinanspruchnahme im Ausland ermöglichen. Das hätte aber auch zur Folge, dass die Versicherten, welche die Leistungen im Inland in Anspruch nehmen, fordern, auch Leistungen in privater Art und Weise – wie das eben im Ausland möglich ist – in Anspruch nehmen zu können[382]. Das würde jedoch das System der Nationalen Gesundheitsdienste in enorme Schwierigkeiten – vor allem in finanzieller Hinsicht – bringen und das System selbst in Frage stellen. Die Vertreter dieser Systeme gehen deswegen davon aus, dass der EuGH keine Systemumstellung durch die Urteile *Kohll* und *Decker* verlangt hat und sehen die in diesen Urteilen gemachten Aussagen als für ihr Land nicht anwendbar an[383].

Diese Haltung ist aber in einem zusammenwachsenden Europa so wohl nicht haltbar. Jede Art von Disymmetrie der Leistungen muss zwischen den Mitgliedstaaten vermieden werden. Es ist vor allem auch die Einheitlichkeit der Geltung des Europäischen Gemeinschaftsrechts und die Einheitlichkeit des gemeinsamen Marktes zu beachten[384]. Die Grundfreiheiten müssen für alle Mitgliedstaaten in gleicher Weise gelten. Andernfalls könnten sich die Mitgliedstaaten durch die Umstellung ihres Systems der sozialen Sicherheit den Grundfreiheiten entziehen.

Eichenhofer macht überdies darauf aufmerksam, dass die Nationalen Gesundheitsdienste seit den 80er Jahren den Markt entdeckt, sich aus ihrer bürokratischen Organisationsform gelöst und Formen hervorgebracht hätten, die mit einer Krankenversicherung nach dem Sachleistungsprinzip verblüffende Ähnlichkeiten aufweisen[385]. Zwischen dem staatlichen Gesundheitsdienst und den Leistungserbringern bestünden „quasi-markets"[386]. Dies könne man auch in Italien beobachten. Dort sei Anfang der 90er Jahre die USL[387], die örtliche Niederlassung des Nationalen Gesundheitsdienstes zu einem weitgehend autonomen öffentlichen Unternehmen umgewandelt worden, das nur noch Zahlungen aus der „Zentrale" erlangt[388]. Immer mehr haben die Versicherten überdies die Wahlfreiheit unter den Leistungserbringern[389].

Deswegen können sich die Staaten mit Nationalen Gesundheitsdiensten nicht auf die Position zurückziehen, sie tangierten die Grundfreiheiten in ihrem sozialen Sicherungssystem nicht. In zunehmenden Maße gleichen sie sich den Mitgliedstaaten mit einem Krankenversicherungssystem nach dem Sachleistungsprinzip an, so dass für sie nichts anderes gelten kann als zum Beispiel für das deutsche System.

---

382 So auch Felix, in: Soziale Sicherheit (Wien) 1999, 31 (33).
383 Felix, in: Soziale Sicherheit (Wien) 1998, 30 (33).
384 Vgl. Schulte, in: ZFSH/SGB 1999, 269, 347 (348).
385 Eichenhofer, in: VSSR 1999, 101 (113).
386 Vgl. Bartlett/Popper/Wilson/Le Grand, Quasi-Markets in the Welfare State, S. 216 ff., 232 ff.
387 USL: Abkürzung für: Unità Sanitaria Locale.
388 Hohnerlein, in: SF 1997, 16 (18).
389 Vgl. OECD, The Reform of Health Care Systems. A Review of 17 OECD Countries.

G. Änderungsüberlegungen

I. Änderungsbedarf

Wie gezeigt verstößt Art. 22 VO 1408/71 in seiner jetzigen Ausprägung gegen die Waren- und Dienstleistungsfreiheit. Deswegen ist es unerlässlich diese Verordnung zu ändern[390], so dass die Verordnung mit dem Primärrecht vereinbar ist. Auch durch die beiden EuGH–Urteile *Kohll* und *Decker* wurde – jedenfalls indirekt – klar, dass in diesem Bereich das Koordinierungsrecht verbessert werden muss. Es liegt auf der Hand, dass das in Art. 22 I VO 1408/71 vorgesehene Genehmigungserfordernis zu streichen ist. Fraglich ist, ob die Abrechnung der Inanspruchnahme von Sachleistungen das Modell der Kostenerstattung, der Ausdehnung des Sachleistungsprinzips oder einer Kombination bzw. Variation dieser Modelle voraussetzt.

Die Europäische Kommission hat in ihrem Änderungsvorschlag zu der VO 1408/71[391] die Entscheidungen *Kohll* und *Decker*[392] nicht berücksichtigt. Die Leistungen sollen weiterhin nach den Sätzen des aufnehmenden Staates geleistet werden, und die vorherige Genehmigung des zuständigen Staates sei weiterhin erforderlich. Als Grund werden Probleme bei der Finanzierung der Systeme genannt: Staaten, in denen die Kosten niedrig seien, hätten Probleme, die in anderen Mitgliedstaaten entstandenen hohen Kosten zu erstatten. Die Preisunterschiede sollten also zuerst angeglichen werden[393]. Dies rechtfertigt aber nicht den Verstoß gegen Grundfreiheiten. Außerdem ist hierbei von der Überlegung auszugehen, dass sich der Markt selbst reguliert, wenn man ihn nur ermöglicht, ohne dass es dazu der Preisfestsetzung bedarf.

II. Modelle zur Änderung des Art. 22 VO 1408/71

Nach Erlass der *Kohll*- und *Decker*-Urteile übten zwar einige Autoren Kritik an dem vom EuGH neu eingeschlagenen Weg, die europafreundlichen Experten begrüßten diese neue EuGH-Rechtsprechung[394]. Dabei haben es aber die meisten belassen. Nur wenige machten sich Gedanken, wie die VO 1408/71 im Hinblick auf den Leistungsexport im Bereich der Krankenversicherungsleistungen verändert werden könnte, damit sie mit den Grundfreiheiten in Einklang steht.

Folgende Modelle zur Änderung des Art. 22 VO 1408/71[395], die zum Teil auch im Schrifttum erörtert werden, sind denkbar:

---

390 A. A.: Langer, in: NZS 1999, 537 (541 f.), die nicht die Änderung des Art. 22 VO 1408/71, sondern allenfalls die Klarstellung, dass neben den Ansprüchen aus der VO 1408/71 solche aus Art. 28 und 49 EGV bestehen, vorschlägt.
391 Vgl. Vorschlag vom 21.12.1998 KOM (1998) 779 endg.
392 EuGH Urt. v. 28.4.1998, Rs. C-158/96 (Decker), Slg. 1998, I-1831 ff.; EuGH, Urt. v. 28.4.1998, Rs. C-158/96 (Kohll), Slg. 1998, I-1931 ff.
393 So Langer in einem Bericht auf der Wissenschaftlichen Tagung vom 26. bis 27.11.1998 in Kiel zu dem Thema: „Europäische Union und gesetzliche Krankenversicherung – Status und Perspektiven der Gesundheitspolitik in der EU", zusammengefasst von Becker/Devetzi/Stähler, in: ZFSH/SGB 1999, 139 (140).
394 Als Beispiel sei genannt: Dötsch, in: Arbeit und Arbeitsrecht 2001, S. 72 (74).
395 Neben der Änderung der VO 1408/71 wurde auch die Änderung der deutschen Sozialrechtsnormen im Hinblick auf den Leistungsexport, die ähnlich wie Art. 22 VO 1408/71 gegen Gemeinschaftsrecht

(1) Denkbar wäre die Ausdehnung des Sachleistungs- und Vertragsprinzips[396]. Dadurch soll es den Krankenkassen ermöglicht werden, Vertragsbeziehungen zu ausländischen Leistungserbringern aufzunehmen. Zwar hätten die Kassen dann freie Wahl, mit den ausländischen Leistungserbringern Vertragsbeziehungen einzugehen, aber dieser Weg ist nicht praktikabel, weil eine flächendeckende Versorgung im Ausland nicht gewährleistet werden kann. Außerdem wäre die Zahl der in die Leistungssysteme integrierten Vertragspartner nicht mehr zu begrenzen und daher für die Verwaltung nicht mehr übersehbar[397].

(2) Eichenhofer[398] schlägt das Modell der Kostenerstattung vor. Er regt an, anstelle der Art. 19-22 VO 1408/71 eine Neuregelung zu setzen, die eine Abrechnung mit dem Träger des zuständigen Staates auf Basis der für ihre Leistungen im Erbringungsstaat maßgeblichen Sätze vorsieht. Eine Beschränkung der Vergütung auf die im zuständigen Staat für vergleichbare Leistungen gewährte Vergütung soll unstatthaft sein. Eichenhofer selbst bezeichnet seine Lösung als – aus heutiger Sicht – tollkühn und wagemutig[399]. Ist die Zeit dafür wirklich schon reif? Seine Lösung würde möglicherweise zur Steigerung des Sozialtourismus führen, der das finanzielle Gleichgewicht des Systems sozialer Sicherheit der Niedrigpreisländer ins Schwanken bringt. Gerade auf dem Gebiet eines so lange gewachsenen sozialen Systems in den einzelnen Mitgliedstaaten, auf das die Menschen vertrauen, sollte nur schrittweise vorgegangen werden. Auch der Markt wird für die Angleichung der Entgelte sorgen[400]. Die Unterschiede sind jedoch noch zu groß. Sinn einer gemeinschaftsrechtlichen Regelung kann es nicht sein, Länder wie beispielsweise Griechenland in finanzielle Schwierigkeiten auf dem Gebiet des Systems der sozialen Sicherheit zu stürzen.

(3) Davor schützt das von vielen Autoren[401] angeregte Modell der begrenzten Kostenerstattung. Das bedeutet, dass den Versicherten die Kosten, die bei einer Leistungsinanspruchnahme in einem anderen Mitgliedstaat entstehen, bis zur Höhe des Betrages erstattet werden, den die Krankenkassen für eine vergleichbare Leistung im Inland auf-

---

verstoßen, vorgeschlagen. Vgl. dazu z. B.: Zechel, Die territoriale begrenzte Leistungserbringung der Krankenkassen im Lichte des EG-Vertrages, der ein Kombinationsmodell Sachleistungs – Kostenerstattungsprinzip vorschlägt und dabei den Art. 22 VO 1408/71 unberührt lässt.

396 Vgl. zu dieser Idee: Zechel, Die territoriale Leistungserbringung der Krankenkassen im Lichte des EG-Vertrages, S. 68 f.; so wohl auch Wanek, in: KrV 2000, 332 (332).
397 Vgl. Giesen, Die Vorgaben des EG-Vertrages für das Internationale Sozialrecht, S. 112; im Ergebnis ähnlich: Ratzel, in: MedR 1999, 510 (511).
398 Eichenhofer, in: VSSR 1999, 101 (121); ders., in: Freizügigkeit und Soziale Sicherheit, S. 411 (423), wobei er diese Regelung im Rahmen eines Gesamtänderungsentwurf der VO 1408/71 vorschlägt.
399 Eichenhofer, in: VSSR 1999, 101 (121).
400 Eichenhofer, in: VSSR 1999, 101 (121).
401 Schuler, in: Freizügigkeit und Soziale Sicherheit, S. 233 (245); vgl. Berg, in: EuZW 1999, 587 (591); Pitschas, in: VSSR 1999, 221 (233). Dieser Gedanke ist von Bieback, in: Reform des Europäischen koordinierenden Sozialrechts, S. 55 (64 f.) auch schon aufgegriffen worden, indem er unter anderem vorschlägt, eine Klausel einzufügen, die den zuständigen Träger verpflichtet, die Genehmigung zu erteilen, allerdings mit der Möglichkeit diese zu versagen, wenn dies im Verhältnis zum Leistungsrecht des zuständigen Trägers unverhältnismäßige Mehrkosten mit sich bringen würde.

bringen müssen. Liegen die Kosten über den Inlandssätzen, so müssten diese von den Versicherten selbst getragen werden.

Der EuGH machte in der Rechtssache *Kohll* deutlich, dass nur eine Pflicht besteht, die Kosten nach den Tarifen des jeweiligen zuständigen Staates zu erstatten: „Bei zweckgerichteter Auslegung regelt Art. 22 VO 1408/71 hingegen nicht den Fall, dass Kosten für eine in einem anderen Mitgliedstaat ohne vorherige Genehmigung erbrachte Behandlung zu den Sätzen erstattet werden, die im Versicherungsstaat gelten, und hindert die Mitgliedstaaten daher nicht an einer solchen Erstattung."[402]

Die Frage, ob eine Abrechnung nach den Tarifen des zuständigen oder des aushelfenden Staates erfolgen muss, lag vor kurzem dem EuGH im Rahmen eines Vorabentscheidungsverfahrens vor. Es handelt sich um die Rechtssache *Vanbraekel*[403], der folgender Sachverhalt zu Grunde liegt: Die belgische Staatsangehörige Descamps[404], wohnhaft in Belgien, bat ihre belgische Krankenkasse um die Erlaubnis, sich in Frankreich einem chirurgisch-orthopädischen Eingriff auf deren Kosten unterziehen zu dürfen. Die Krankenkasse verweigerte Frau Descamps die Erlaubnis mit der Begründung, ihr Antrag sei wegen einer fehlenden ärztlichen Stellungnahme ungenügend begründet. Im April 1990 entschloss sich Frau Descamps, sich trotzdem in Frankreich behandeln zu lassen. Nach ihrer Rückkehr versuchte sie in einem Prozess eine Kostenübernahme für die gesamten, ihr in Frankreich entstanden Arztkosten zu erreichen. Das belgische Gericht wies ihren Antrag mit der gleichen Begründung wie die Krankenkasse zurück. Das Berufungsgericht beauftragte einen Facharzt mit der Feststellung, ob es im März 1990 notwendig war, Frau Descamps in ein ausländisches Krankenhaus einzuliefern, das bessere medizinische Bedingungen als die nationalen Krankenhäuser bietet. In seinem Bericht gelangte der Experte zu dem Schluss, dass die Behandlung in Frankreich für die Genesung von Frau Descamps notwendig war. Nach Ansicht der Krankenkasse beliefen sich die erstattungsfähigen Kosten auf 38.608,89 Francs, ein Betrag, der einer Erstattungssumme nach den französischen Tarifen entsprach. Frau Descamps beanspruchte aber eine Summe von 49.935,44 Franc, die sich nach dem vom belgischen Gesetzgeber vorgesehenen Erstattungssatz richtete. Indem das belgische Berufungsgericht die Notwendigkeit des ärztlichen Eingriffs durch einen Facharzt hatte klären lassen, hat es „implizit erlaubt, dass die medizinischen Kosten, die von Frau Descamps aufgewendet wurden, von der Krankenkasse übernommen werden mussten"[405]. Vorgelegt hat das nationale Gericht die Frage, ob sich die Erstattung der Krankenhauskosten nach dem System des zuständigen Staates oder nach dem des Leistungserbringungsstaates richte.

Der Gerichtshof führte dazu in seiner Entscheidung aus: „Wurde ein Genehmigungsantrag, den ein Sozialversicherter gem. Art. 22 I lit. c) VO 1408/71 gestellt hat, durch den zuständigen Träger abgelehnt und wird die Unbegründetheit dieser Ablehnung später

---

402 EuGH, Urt. v. 28.4.1998, Rs. C-158/96 (Kohll), Slg. 1998 I- 1931 (1944, Rn. 27).
403 EuGH, Urt. v. 12.7.2001, Rs. C-368/98 (Vanbraekel); noch nicht in der amtlichen Sammlung veröffentlicht; siehe „http://curia.eu.int".
404 Nach dem Tod Frau Descamps im Jahre 1996 führte ihr Ehemann, Herr Vanbraekel, den Prozess vor dem Berufungsgerichtshof fort.
405 Schlussanträge des Generalanwalts Saggio vom 18.5.2000 zur Rs. C-368/98 (Vanbraekel), Nr.8; siehe „http://curia.eu.int".

festgestellt, so hat der Betroffene einen unmittelbaren Anspruch gegen den zuständigen Träger auf eine Erstattung in der Höhe wie sie der Träger des Aufenthaltsort gemäß der Regelung nach den für ihn geltenden Rechtsvorschriften zu erbringen gehabt hätte, wenn die Genehmigung von Anfang an ordnungsgemäß erteilt worden wäre". Weiter stellte der Gerichtshof klar, dass Art. 22 I lit. c) VO 1408/71 keine Erstattung zu den im Mitgliedstaat der Versicherungszugehörigkeit geltenden Sätzen regeln und hindert daher weder an der Gewährung einer ergänzenden Erstattung gemäß dem Unterschied zwischen der Beteiligungsregelung nach den Vorschriften dieses Staates und der für den Aufenthaltsmitgliedstaat geltenden Regelung noch schreibt er eine solche Erstattung vor, wenn die erstere Regelung günstiger als die letztere ist und die Rechtsvorschriften des Mitgliedstaats der Versicherungszugehörigkeit eine solche Erstattung vorsehen. Dabei beließ es aber der EuGH nicht und zog zur Klärung dieser Frage Art. 49 EGV heran. Danach ist der Unterschiedsbetrag zwischen dem niedrigeren Tarif des Erbringungsstaates und des höheren Tarifes des Versicherungsstaates zu erstatten. Übertragen auf den Fall war Frau Descamps der Unterschiedsbetrag zwischen dem höheren belgischen Tarif und dem niedrigeren französischen Tarif zu erstatten.

Diese Entscheidung lässt sich jedoch nicht ohne Weiteres auf das von einigen Autoren vorgeschlagene Modell der begrenzten Kostenerstattung übertragen. Denn in dem zu entscheidenden Fall wurde von einer zu Unrecht abgelehnten Genehmigung ausgegangen. Bei fehlender Genehmigung muss allerdings die Höhe der Kostenübernahme auf die Tarife des zuständigen Staates beschränkt werden. Allein dadurch kann das finanzielle Gleichgewicht der einzelnen Sozialversicherungssysteme gewährleistet werden[406].

Eine Kostenerstattung, welche die vorherige Bezahlung durch den Versicherten vorsieht, könnte den Versicherten davon abhalten, einen ausländischen Leistungserbringer in Anspruch zu nehmen, wenn er in Deutschland - bedingt durch das Sachleistungsprinzip - keine Vorleistungen erbringen muss. Durch das Erfordernis der Vorleistung werden die Unionsbürger, die Leistungen in dem nicht zuständigen Mitgliedstaat in Anspruch nehmen, schlechter behandelt als diejenigen, welche die Leistungen im Heimatstaat erhalten.

Auch das deutsche Krankenversicherungsrecht kennt eine Reihe von Fällen (vgl. §§ 13, 14, 17 II, 18, 29 ff., 37 IV, 38 IV, 64 IV SGB V), die eine Kostenerstattung vorsehen. §13 a. F. SGB V gab den Versicherten generell die Möglichkeit, anstatt der Sachleistung die Kostenerstattung zu wählen. Diese Modelle, die ein Element der Kostenerstattung vorsehen, laufen jedoch diametral den aktuellen Vorstellungen des deutschen Gesetzgebers zuwider. Mit dem GKV-Solidaritätsstärkungsgesetz (am 1. Januar 1999 in Kraft getreten) hat der deutsche Gesetzgeber die Kostenerstattung bei Zahnersatz und Kieferorthopädie sowie die Möglichkeit der Kostenerstattung für Pflichtversicherte wieder beseitigt. Die Rückführung der Kostenerstattung wird damit begründet, dass sie ein der solidarischen gesetzlichen Krankenversicherung fremdes Element ist und die Abschaffung zur Aufwertung des Solidar- und Sachleistungsprinzips geboten ist. Das Sachleistungssystem trägt dem Solidaritätsprinzip in der gesetzlichen Krankenversicherung stärker Rechnung, als es die Regelung der Kostenerstattung vermag. Diese aus deutscher

---

406 Art. 36 I VO 1408/71 wäre damit hinfällig.

Sicht hervorgebrachten Gründe zur Erhaltung des Sachleistungsprinzips sind zwar zu verstehen, aber sie können nicht den Vorgaben des EG-Rechts widersprechen. Die Mitgliedstaaten – und somit auch Deutschland – haben sich verpflichtet, den EG-Vertrag einzuhalten und somit können sie nicht einzelne Gebiete den Grundfreiheiten entziehen. Sinn und Zweck des EG-Vertrages ist es unter anderem, dass der Wettbewerb und damit auch der Preiswettbewerb nicht ausgeschlossen, sondern im Gegenteil gerade gefördert werden soll.

(4) Im Schrifttum wird außerdem eine Kombination von Sachleistungs-, Vertrags- und Kostenerstattungsprinzip vorgeschlagen[407]. Dieses System gibt dem Versicherten die Möglichkeit, sich seinen Leistungserbringer frei zu wählen. Das bedeutet, dass er nicht nur einen ausländischen Leistungserbringer wählen kann, mit dem die Krankenversicherung in Vertragsbeziehungen steht, sondern er hat auch die Möglichkeit einen anderen Leistungserbringer zu wählen und dann mit der Krankenkasse im Wege der Kostenerstattung abzurechnen[408]. Allerdings werden über die Ermöglichung der Kostenerstattung die Regelungen des Sachleistungsprinzips ausgehebelt. Weshalb sollte sich ein Versicherter noch einen Krankenschein für die Behandlung im Ausland besorgen, wenn ihm doch in jedem Fall die Möglichkeit der Kostenerstattung offen steht[409]?

H. Änderungsvorschlag

Es ist vom Grundsatz her das Modell der begrenzten Kostenerstattung zu wählen. Das bedeutet, dass die Kostenübernahme auf die im zuständigen Staat vorgesehenen Tarife für Leistungen beschränkt wird. Die Kostenabrechnung wird mit Hilfe einer Versicherungskarte zwischen den zuständigen Krankenkassen und den Leistungserbringern direkt abgewickelt.

Für unverzüglich erforderliche Leistungen ist eine Ausnahmevorschrift vorzusehen. In diesem Fall sind die notwendigen Leistungen von den Leistungserbringern der Mitgliedstaaten zu erbringen, in dessen Gebiet sich der Leistungsempfänger aufhält. Hier ist eine beschränkte Kostenübernahme des zuständigen Trägers nicht angebracht, da der geltende Art. 22 I lit. a) VO 1408/71 i.V.m. Art. 36 I VO 1408/71 bereits hierfür eine unbegrenzte Kostenübernahme vorsieht.

Ebenso muss eine besondere Ausnahmeregelung für den Fall vorgesehen werden, dass nach jetziger Rechtslage aufgrund einer Genehmigung, die Inanspruchnahme von Gesundheitsleistungen in einem anderen Mitgliedstaat auf Kosten des zuständigen Trägers möglich ist. In diesem Fall darf auch eine Beschränkung der Kostenübernahme in Höhe

---

407 Sendler, in: Wechselwirkungen zwischen dem Europäischen Sozialrecht und dem Sozialrecht der Bundesrepublik Deutschland, S. 169 (172); Zechel, Die territoriale Leistungserbringung der Krankenkassen im Lichte des EG-Vertrages, S. 69 f.
408 Zu den einzelnen Problemen dieses Modells: Zechel, Die territoriale Leistungserbringung der Krankenkassen im Lichte des EG-Vertrages, S. 70 ff.; Sendler, in: Wechselwirkungen zwischen dem Europäischen Sozialrecht und dem Sozialrecht der Bundesrepublik Deutschland, S. 169 (172 ff.).
409 Vgl. Eichenhofer, in: VSSR 1999, 101 (119 f.).

der Tarife des zuständigen Mitgliedstaates vorgesehen werden. Ohne Berücksichtigung dieser Ausnahmen wäre der hier vorgeschlagene Lösungsweg gleichzeitig ein Rückschritt im Vergleich zur derzeitigen Rechtslage.

Indem hier die Einführung einer EG-Versicherungsscheckkarte vorgeschlagen wird, wird auch das immer wieder von Kritikern des Kostenerstattungsprinzips vorgebrachte Argument, dass die Patienten zunächst im Falle der Inanspruchnahme ausländischer Leistungen in Vorkasse treten müssten[410], umgangen, da die Krankenkassen direkt mit den einzelnen Leistungserbringern abrechnen. Damit verringert sich auch der Arbeitsaufwand der einzelnen Verbindungsstellen, Teile dieser könnten abgeschafft und somit Kosten eingespart werden.

Durch die Einführung einer europäischen Krankenversicherungskarte[411] kann innerhalb der EG eine direkte Abrechnung zwischen den Leistungserbringern und den zuständigen Sozialversicherungsträgern erfolgen. Das ist in Deutschland schon möglich und im europäischen Bankverkehr selbstverständlich. Warum sollte das im Anwendungsbereich der VO 1408/71 nicht realisierbar sein? In rechtlicher Hinsicht könnte Art. 152 EGV hierfür eine geeignete Rechtsgrundlage darstellen[412]. In der Übergangszeit, bis alle technischen Schwierigkeiten überwunden sind, könnte eine Krankenversicherungskarte bereits als Ausweis für den Ersatz der Krankenscheine dienen und die Kosten müssten manuell zwischen den Leistungserbringern und den einzelnen Sozialversicherungsträgern abgerechnet werden.

Kritiker werden dieser Regelung entgegensetzen, dass sie das Vertragsprinzip missachtet. Dem ist aber nicht so, sondern Sinn des Prinzips ist es vor allem, die Kostenhöhe und die Leistungspalette für die Kasse überschaubar zu machen. Da in der vorliegenden Arbeit aber die auf deutsche Tarife begrenzte Kostenübernahme für vergleichbare Leistungen im Ausland als obere Begrenzung festgeschrieben wird, ist das hier vorgeschlagene Prinzip als Ausstrahlung des innerstaatlichen Vertragsprinzips zu sehen. Von dieser territorial begrenzten Sichtweise muss man sich jedoch im Zeitalter der Währungsunion auf dem Weg zu einer politischen Union verabschieden[413]. Der konkrete Formulierungsvorschlag wird im Rahmen des Vorschlags einer Generalklausel im 7. Teil, B. dargestellt.

---

410 So Langer, in: NZS 1999, 537 (541).
411 Vgl. zu dieser Diskussion: Cornelissen, in: ZSR 1991, 465 (478); Langer-Stein, in: ZSR 1991, 480, (484); Neumann-Duesberg, in: Wechselwirkungen zwischen dem Europäischen Sozialrecht und dem Sozialrecht der Bundesrepublik Deutschland, S. 83 (94 f.); Stachl, in: Freizügigkeit und Soziale Sicherheit, S. 123 (124); Pitschas, in: VSSR 1994, 85 (105).
412 Art. 152 EGV sichert auch die Informationsvernetzung, die ihrerseits schon ein Anlegen der in Deutschland eingeführten Krankenversicherungskarte ist. Vgl. Pitschas, in: VSSR 1994, 85 (105).
413 Eine Unterscheidung der Regelung nach stationären und ambulanten Behandlungen – wie von Generalanwalt Tesauro in der Rs. C-120/95 (Decker), Slg. 1998, I-1831 (1868, Nr. 59) vorgeschlagen – ist nicht praktikabel. Es ergeben sich schon Schwierigkeiten bei der Feststellung der Voraussetzungen, die für die europaweite Annahme einer stationären Behandlung vorliegen müssen. Die Mitgliedstaaten sehen diesbezüglich sehr unterschiedliche Regelungen vor.

3. Teil: Gesetzliche Pflegeversicherung

Schätzungsweise 10% der über 75jährigen bedürfen der Betreuung und Pflege rund um die Uhr, weitere 25% haben Bedarf an einer Teilzeitbetreuung[414]. Infolge der zunehmenden Alterung der europäischen Bevölkerung und damit auch eines steigenden Bedarfs an Langzeitpflege sieht sich die Sozialpolitik in allen EU-Staaten mit der Forderung nach einer besseren sozialen Absicherung dieses Risikos konfrontiert. Die Reaktionen darauf waren sehr unterschiedlich: Wenige Länder der EU wählten den Weg der Absicherung über eine Pflegeversicherung als eigenen Versicherungszweig, so Deutschland (seit 1994), Österreich, Niederlande und seit dem 1. Januar 1999 Luxemburg. Andere lösten dieses Problem, indem sie die Absicherung bei Pflegebedürftigkeit in traditionellen Absicherungssystemen vorsehen.

A. Allgemeiner Überblick über die Absicherungssysteme im Pflegefall in der EU

Es werden drei Grundtypen bezüglich der Sicherungsform unterschieden[415]:
- *Sicherung innerhalb des universellen Sicherungssystems*

Jeder Einwohner hat einen Anspruch auf die von den Kommunen bereitgestellten sozialen und gesundheitlichen Leistungen der Fürsorgestellen. Vor allem in den skandinavischen Mitgliedstaaten ist diese Art der Absicherung zu finden.

- *Sicherung innerhalb eines eigenständigen Zweiges*

In Deutschland, Luxemburg und Österreich wurden hingegen eigene Systeme zur Absicherung dieses Risikos implementiert.

- *Sicherung innerhalb verschiedener Zweige der sozialen Sicherung*

In Belgien, Griechenland, Spanien, Frankreich, Italien und Portugal werden Leistungen bei Pflegebedürftigkeit sowohl innerhalb der beitragsabhängigen als auch innerhalb der beitragsunabhängigen Systeme gewährt. In Griechenland, Spanien und Italien werden zusätzlich im Rahmen besonderer Programme einzelne Leistungen vorgesehen. Auch in Irland und Großbritannien bestehen keine einheitlichen Systeme für Pflegeleistungen. So sind in Großbritannien die lokalen Behörden zuständig und in Irland fällt die Frage der Leistung bei Pflegebedürftigkeit in die Zuständigkeit zweier Minister.

Zum anderen kann man die Pflegeversicherung der einzelnen Mitgliedstaaten hinsichtlich der jeweiligen Finanzierungsart unterschieden, wobei hier zwei Gruppen bestehen:

---

414 Vgl. für Deutschland: BT-Drucksache 12/5262, S. 62. Danach beträgt der Anteil pflegebedürftiger Personen an der Gesamtbevölkerung in der Altersgruppe bis zum 60. Lebensjahr 0,5-0,7%, in der Altersgruppe vom 60. bis zum 80. Lebensjahr 5,0%, nach dem 80. Lebensjahr 20%. Zur Statistik vgl. Widekamp, in: PflegeV-Komm, Einf. SGB XI, Rn. 20 ff.
415 Vgl. detaillierte Darstellung zu den einzelnen Mitgliedstaaten, auf der die vergleichende Betrachtung beruht Anhang, III.

- *Finanzierung aus Steuermitteln*
In Dänemark, Irland, Finnland, Schweden und Großbritannien werden die Leistungen der Pflegeversicherung rein aus Steuermitteln finanziert.

- *Mischfinanzierung aus Beiträgen und Steuermitteln*
Diese Finanzierungsform wurde in den Niederlanden gewählt. In etwas abgewandelter Form gilt diese Mischform auch für Deutschland: Die Pflegeversicherung wird in erster Linie aus Beiträgen und teilweise aus Steuermitteln finanziert. Die anderen Mitgliedstaaten, wie Belgien, Frankreich, Luxemburg, Italien, Portugal und Griechenland haben die Finanzierung der Pflegeleistungen aus verschiedenen „Töpfen" vorgesehen, woraus sich in der Regel ebenfalls eine gemischte Finanzierung aus Beiträgen und Steuermitteln ergibt.

Die Definition bezüglich der Pflegebedürftigkeit ist in nahezu allen Mitgliedstaaten gleich. Bedürftigkeit bedeutet der Zustand, in dem eine Person für die gewöhnlichen und regelmäßig wiederkehrenden Verrichtungen im Ablauf des täglichen Lebens Hilfe bedarf[416].

Schließlich kann die Leistungsgewährung allein von der Pflegebedürftigkeit abhängen oder aber in Abhängigkeit vom Einkommen gewährt werden, wobei auch vereinzelt Mischsysteme bestehen.

Tabelle zu den Grundsicherungsformen:

Universelles System	Sicherung innerhalb eines eigenständigen Zweiges	Sicherung innerhalb verschiedener Zweige
Jeder Einwohner hat einen Anspruch auf die von den Kommunen bereitgestellten sozialen und gesundheitlichen Fürsorgestellen	1) Eigene Sicherungssysteme 2) Innerhalb des allg. Krankenversicherungssystems	1) Leistungsgewährung innerhalb von beitragsabhängigen und -unabhängigen Systemen 2) Besondere Leistungen i. R. besonderer Programme 3) Lokale Behörden zuständig bzw. Zuständigkeit zweier Ministerien
Dänemark, Finnland, Schweden	1) Deutschland, Luxemburg, Österreich 2) Niederlande	1) Belgien, Griechenland, Spanien, Frankreich, Italien, Portugal 2) Griechenland, Spanien, Italien 3) Großbritannien bzw. Irland

---

416 Vgl. Plute, in: DOK 1995, 372 (372).

Tabelle zu den Finanzierungsarten in den Mitgliedstaaten:

Finanzierung aus Steuermitteln	Mischfinanzierung aus Beiträgen und Steuermitteln
Dänemark, Irland, Finnland, Schweden, Großbritannien	Niederlande, Belgien, Frankreich, Luxemburg, Italien, Portugal, Griechenland, in abgewandelter Form auch in Deutschland

B. Die deutsche gesetzliche Pflegeversicherung

Nach langjähriger Diskussion, beeinflusst vom niederländischen Vorbild, ist in Deutschland mit Wirkung zum 1. Januar 1995 eine eigenständige soziale Pflegeversicherung (die fünfte Säule des deutschen Sozialversicherungssystems[417]) errichtet worden[418]. Das System der sozialen Pflegeversicherung ist in SGB XI geregelt. Die öffentlich-rechtliche Pflegeversicherung ist – wenn auch nicht so eindeutig wie bei der gesetzlichen Krankenversicherung[419] – durch das Sachleistungsprinzip[420] geprägt; nur ausnahmsweise ist Kostenerstattung[421] vorgesehen (§ 4 I Satz 1 SGB XI). Es gibt eine Vielzahl verschiedener Verträge zwischen den Trägern der sozialen Pflegeversicherung und den Leistungserbringern, wobei an das im Krankenversicherungsrecht bewährte System mehrstufiger Verträge angeknüpft wurde[422]. Umfassend gilt im deutschen Pflegeversicherungsrecht der so genannte Vertragsgrundsatz, wonach Leistungen nur bei Leistungserbringern in Anspruch genommen werden dürfen, mit denen Versorgungsverträge bestehen (vgl. §§ 71 bis 74 SGB XI)[423]. Das ist aus Sicht des Sachleistungsgrundsatzes selbstverständlich, aber dieser Vertragsgrundsatz gilt auch in den wenigen Fällen der Kostenerstattung, wie § 91 SGB XI zeigt. Träger der sozialen Pflegeversicherung sind die Pflegekassen (§§ 46, 47 SGB XI). Jede Krankenkasse hat eine rechtlich selbstständige Pflegekasse als Körperschaft des öffentlichen Rechts „unter ihrem Dach" errichtet[424].

Es besteht eine Versicherungspflicht für die versicherungspflichtigen Mitglieder der gesetzlichen Krankenversicherung (§ 20 SGB XI)[425]. Damit kommt nahezu der gesamten Bevölkerung ein Pflegeversicherungsschutz zu. Die Pflegeversicherung stellt ihrem

---

417 Neben der Kranken-, Unfall-, Renten- und Arbeitslosenversicherung.
418 Allgemein zur Pflegeversicherung: Igl/Stadelmann, in: Soziale Sicherung bei der Pflegebedürftigkeit in der Europäischen Union, S. 37 ff.; VDK, Pflegeversicherung, S. 5 ff.
419 Vgl. Maschmann, in: NZS 1995, 109 (111).
420 Dass die Pflegekassen ihre Leistungen nur bis zu einem Höchstbetrag erbringen und der Restbetrag von den Pflegebedürftigen selbst zu zahlen ist, lässt die Geltung des Sachleistungsprinzip unberührt. Vgl. Schulin, in: VSSR 1994, 285 (287 ff.).
421 Beispielsweise im Fall des § 37 III S. 2 SGB XI und § 91 SGB XI, wobei § 91 SGB XI kein typischer Fall der Kostenerstattung ist. Denn dann müsste in § 91 SGB XI die Inanspruchnahme auch von solchen Leistungserbringern erlaubt sein, mit denen kein Versorgungsvertrag abgeschlossen worden ist.
422 Zu den einzelnen Vertragsarten in den verschiedenen Beteiligungsformen: Schulin, in: VSSR 1994, 285 (302).
423 Vgl. Maschmann, in: SGb 1996, 49 (54 ff.); Bieback, in: SGb 1995, 569 (570).
424 Ost/Mohr/Estelmann, Grundzüge des Sozialrechts, S. 137 f.
425 Wer hingegen gegen Krankheit bei einem privaten Krankenversicherungsunternehmen versichert ist, muss eine private Pflegeversicherung abschließen (§ 1 SGB XI).

Wesen nach eine Grundabsicherung dar. Wenn die beitragsmäßig begrenzten Leistungen der Pflegeversicherung zur Sicherstellung der Pflege nicht ausreichen, sichert die Sozialhilfe bei Bedürftigkeit sowohl im ambulanten als auch im stationären Bereich in Ergänzung zur Pflegeversicherung den gesamten pflegerischen Bedarf einschließlich der Kosten für Unterkunft und Verpflegung sowie Investitionskosten des Pflegebedürftigen[426] ab[427]. Die Hilfe zur Pflege nach dem Bundessozialhilfegesetz[428] tritt nur ein, wenn dem Pflegebedürftigen die Finanzierung der Kosten aufgrund seiner Einkommens- und Vermögensverhältnisse nicht zuzumuten ist[429].

Es gibt drei Pflegestufen, nach denen das Pflegegeld berechnet wird (vgl. §§ 36 ff. SGB XI). Die Leistungen der Pflegeversicherung sind einkommens- und vermögensunabhängig. Zu den Leistungen der Pflegeversicherung zählen die ambulante häusliche Pflege einschließlich hauswirtschaftlicher Versorgung, die teilstationäre und vollstationäre Pflege[430]. In der sozialen Pflegeversicherung besteht ein Wahlrecht zwischen Geld- und Sachleistungen[431], d. h. ob man eher die häusliche Pflege oder die stationäre Pflege bevorzugt, wobei die erstgenannte Vorrang genießt (§ 3 SGB XI). Wählt der Versicherte das Pflegegeld für die häusliche Pflege, so kann er daneben auch Pflegesachleistungen beanspruchen.

Die Mittel der sozialen Pflegeversicherung werden durch Beiträge sowie sonstige Einnahmen gedeckt (§ 54 I SGB XI). Die Finanzierung erfolgt im so genannten Umlageverfahren[432]. Es gelten im Wesentlichen dieselben Regelungen über die Beitragsbemessung und Beitragszahlung wie in der gesetzlichen Krankenversicherung. Die Beiträge werden grundsätzlich von den Versicherten und den Arbeitgebern je zur Hälfte getragen[433]. Leistungsanbieter im Rahmen der Pflegeversicherung sind die Träger der freien Wohlfahrtspflege, die öffentlichen Träger und die privaten gewerblichen Träger.

C. Leistungsexport und Sachleistungsaushilfe nach den SGB-Vorschriften

Hinsichtlich des Leistungsexportes und der Sachleistungsaushilfe ist zeitlich vor und nach Einführung der Pflegeversicherung im Jahre 1995 zu trennen. Bis zur Einführung der Pflegeversicherung bestand in Deutschland eine Absicherung gegen das Risiko des Pflegefalls nur insoweit, als die Pflege im Rahmen der Sozialhilfe zugunsten materiell

---

426 Der Begriff der Pflegebedürftigkeit wird in § 14 I SGB XI legal definiert.
427 Vgl. Beckmann/Christen, in: NZS 1996, 614 (615).
428 Die Pflegeversicherung ist geschaffen worden, um vor allem die Pflegeleistungen der Sozialhilfe abzulösen. Vgl. Bieback, in: SGb 1995, 569 (578).
429 Soweit die Pflegeversicherung leistet, schließt dies entsprechende Leistungen der Sozialhilfe aus (§§ 13 III S. 1, 68 c BSHG), aber es bestehen erhebliche Abgrenzungsprobleme. Vgl. Bieback, in: SGb 1995, 569 (578).
430 Zu den einzelnen Leistungen: Maschmann, in: NZS 1995, 109 (116).
431 Anders in der privaten Pflegeversicherung, die nur Geldleistung gewährt.
432 Bader, in: Übersicht über das Sozialrecht, Kapitel 11, S. 388, Rn. 82.
433 Vgl. Igl/Stadelmann, Soziale Sicherung bei Pflegebedürftigkeit in der Europäischen Union, S. 37 (48).

Bedürftiger geleistet wurde[434]. Das BSHG knüpft an den Wohnort des Hilfsbedürftigen an (vgl. § 108 BSHG), weswegen Pflegeleistungen danach nicht exportiert wurden. Mit Einführung der neuen Pflegeversicherung im Jahre 1995 wurden sowohl aus der Sicht des Leistungsrechts wie des Leistungserbringungsrechts verschiedene Regelungen, die grundsätzlich eine territoriale Begrenzung vorsehen, geschaffen.

I. Leistungsrecht

Es ist von der Grundregel des § 30 SGB IV auszugehen, der den Grundsatz des Territorialitätsprinzips widerspiegelt. So wie im Krankenversicherungsrecht[435] sind auch in der Pflegeversicherung besondere Vorschriften zur Frage, ob Leistungen der Pflegeversicherung in einem anderen Mitgliedstaat auf Kosten der Pflegekasse in Anspruch genommen werden können oder ob Leistungen derselben exportiert werden, zu finden.

1. Vorübergehender Aufenthalt im EU-Ausland

Nach § 34 I Nr. 1 SGB XI ruht der Anspruch auf Pflegeleistungen, solange sich der Versicherte im Ausland aufhält. Ebenso wie im Bereich der Krankenversicherung ist auch bei der Pflegeversicherung eine Risikoabsicherung im Ausland vom Gesetzgeber grundsätzlich nicht gewollt. Der Anspruch soll auch dann ruhen, wenn die Pflegebedürftigkeit schon vor dem Auslandsaufenthalt bestanden hat[436]. Ausnahmsweise sieht § 34 I Nr. 1 S. 2 und 3 SGB XI bei einem vorübergehenden Auslandsaufenthalt (bis zu sechs Wochen im Kalenderjahr) sowohl die Zahlung von Pflegegeld als auch die Gewährung von Sachleistungen vor[437]. Damit soll dem Pflegebedürftigen die Möglichkeit gegeben werden, Urlaub im Ausland zu machen.[438]

2. Ständiger Aufenthalt im EU-Ausland

Aber wie verhält es sich, wenn sich der Pflegebedürftige dauerhaft im Ausland aufhält? Arbeitet ein Deutscher im Ausland und wohnt er dort, ergeben sich keine Probleme, da er gem. §§ 20, 21 SGB XI nicht versicherungspflichtig ist. Denkbar sind jedoch Fälle, in denen Wohnsitz und Arbeitsort auseinanderfallen. Das ist vor allem für Grenzgänger von Bedeutung. Es ist aber auch ein Auseinanderfallen in zeitlicher Hinsicht – bei Rentnern – möglich.

Bei Grenzgängern ist zu unterscheiden: Grenzgänger, die in Deutschland wohnen und im Ausland gearbeitet haben sind gem. §§ 20, 21 SGB XI nicht beitragspflichtig, sind also keine Versicherten i. S. d. § 33 I S. 1 SGB XI und erhalten auch keine Leistungen

---

434 Vgl. BT-Drucksache 12/5262, S. 61 ff., 181 ff.
435 Siehe 2. Teil, C. I.
436 Koch, in: ZFSH/SGB 1998, 451 (452); Meyering, in: BArbBl. (Heft 8-9) 1994, 58 (59).
437 So seit Gesetzesänderung im Jahre 1996. Zuvor ließ § 34 SGB XI keine Ausnahme zu (vgl. BT-Drucksache 13/3696, S. 12 zu Nr. 11 zu § 34), wobei diese Gesetzesänderung lediglich die schon zu diesem Zeitpunkt bestehende Praxis der Pflegekassen nachvollzogen hat. Vgl. Sieveking, in: ZAR 1997, 17 (20).
438 Daneben existieren noch die schon oben ausgeführten Ausnahmen der Ein- und Ausstrahlung gem. § 5 SGB IV und § 4 SGB IV. Vgl. zur Ausstrahlung: Steinmeyer, in: SRH, Kap. 31, S. 1515, Rn. 54 ff.

nach deutschem Recht. Diese sind für die weiteren Untersuchungen bedeutungslos, da sie folglich nicht der deutschen Pflegeversicherung unterliegen. Schwieriger ist der Fall, wenn der Grenzgänger in Deutschland gearbeitet hat, somit seiner Beitragspflicht nach § 20 I Nr. 1 SGB XI nachkommen musste, aber aufgrund des § 34 I Nr. 1 SGB XI keine Leistungen aus der Pflegeversicherung erhält. Dies führt für in Deutschland berufstätige Wanderarbeitnehmer aus anderen EU-Staaten zu der unbefriedigenden Konsequenz, dass sie zwar in der Pflegeversicherung pflichtversichert sind und Beiträge entrichten müssen, gleichzeitig aber keine Leistungen in Anspruch nehmen können, wenn sie im Ausland pflegebedürftig werden – sei es, weil sie schon während ihrer Berufstätigkeit im benachbarten Ausland wohnen (Grenzgänger) oder nach Beendigung der Berufstätigkeit in ihr Heimatland zurückkehren (so der eigentliche Wanderarbeitnehmer).

Diese Regelung betrifft auch – was eine heftige Diskussion in Deutschland auslöste – die deutschen Rentner, die den Herbst und den Winter in einem anderen wärmeren Mitgliedstaat verbringen und pflegebedürftig werden. Für Rentner, die sich im Ausland aufhalten, gilt das jeweilige Sozialversicherungsrecht des Landes, in dem sie ihre Rente beziehen. Deutsche Rentner sind demnach gem. § 20 I Nr. 11 SGB XI i. V. m. § 5 Nr. 11 und 12 SGB V in der Pflegeversicherung versicherungspflichtig. Einem möglichen Leistungsanspruch steht hier jedoch wieder § 34 I Nr. 1 SGB XI entgegen. Bedenklich ist, ob dies mit dem EG-Recht vereinbar ist. Betroffen von der Beitragserhebung in Deutschland bei gleichzeitigem Leistungsausschluss sind über 100.000 Personen. Allein im Elsass leben mehr als 60.000 Grenzgänger[439].

II. Leistungserbringungsrecht

Typisch für die deutsche Sozialpolitik ist der Rückgriff der Sozialleistungsträger auf Personen und Institutionen, die ihre Leistungen anbieten. Nichts anderes gilt für das Pflegeversicherungsrecht. Die Pflegekassen schließen deswegen mit den privaten Leistungserbringern Versorgungsverträge und Vergütungsvereinbarungen ab (§ 69 SGB XI). Auf den Abschluss dieser Verträge besteht ein Anspruch, wenn die in § 72 III SGB XI genannten Voraussetzungen erfüllt sind.

Im Pflegeversicherungsrecht findet sich explizit keine Vorschrift, die eine territoriale Begrenzung der Leistungserbringer vorsieht. Betrachtet man das Gesamtgebilde des SGB XI, so gelangt man zu dem Ergebnis, dass eine indirekte Einschränkung der Leistungserbringer im SGB XI angelegt ist. Die Vorschriften des SGB XI sind darauf ausgerichtet, dass inländische Leistungserbringer die Pflegesachleistungen übernehmen. Die Pflegebedürftigen können frei wählen, welcher Träger die Pflegedienstleistungen erbringen soll (§ 2 II SGB XI). Wählen sie jedoch eine Einrichtung im Ausland, haben sie keinen Anspruch gegen die Pflegekasse auf Kostenübernahme. Demnach werden die Leistungserbringer zwar nicht durch das deutsche Leistungserbringungsrecht eingeschränkt, aber mittelbar durch das Leistungsrecht.

---

439 Schirp, in: NJW 1996, 1582 (1583).

Abgesehen davon wird es für einen ausländischen Leistungserbringer sehr schwierig werden, einen Versorgungsvertrag mit einer Pflegekasse abzuschließen, da die Anforderungen[440] an die Pflegeeinrichtungen nach §§ 71 ff. SGB XI von Leistungserbringern, die im Inland ansässig sind, wesentlich leichter überprüft werden können als bei Erbringern im Ausland[441].

Dieses Ergebnis wird vom Bundesministerium für Arbeit und Sozialordnung bestätigt. Es ist der Ansicht, dass stationäre Pflege nur in Pflegeheimen in Deutschland von den deutschen Pflegekassen angeboten werden könnten, weil Versorgungsverträge nicht mit ausländischen Pflegeheimen abgeschlossen werden könnten[442].

D. Leistungsexport und Sachleistungsaushilfe nach der VO 1408/71

Auch bei der Frage des Exports und der Sachleistungsaushilfe ist zwischen der früheren Rechtslage, also vor Einführung der Pflegeversicherung, und danach zu differenzieren. Wird die Pflege nur im Rahmen der Sozialhilfe – so im früheren deutschen Recht – geleistet, so besteht nach VO 1408/71 kein Leistungsexport, da die Verordnung gem. Art. 4 IV VO 1408/71 nicht auf die Sozialhilfe anzuwenden ist[443]. Nach Einführung der deutschen Pflegeversicherung stellte sich die Frage, ob die VO 1408/71 auf diese anwendbar ist.

I. Anwendbarkeit der VO 1408/71

Nach Art. 4 VO 1408/71 gilt die VO 1408/71 für alle Versicherungszweige, die folgende Leistungen gewähren:
- Leistungen bei Krankheit und Mutterschaft,
- Leistungen bei Invalidität, einschließlich der Leistungen, die zur Erhaltung oder Besserung der Erwerbsfähigkeit bestimmt sind,
- Leistungen bei Alter,
- Leistungen an Hinterbliebene,
- Leistungen bei Arbeitsunfällen und Berufskrankheiten,
- Sterbegeld,
- Leistungen bei Arbeitslosigkeit und
- Familienleistungen.

Die Leistungen der Pflegeversicherung werden bei Pflegebedürftigkeit, das bedeutet eingeschränkte Fähigkeit zur Selbstbetreuung und -versorgung[444], gewährt. Dieses Risi-

---

440 Vgl. zu den Grundsätzen und Maßstäben zur Qualität und Qualitätssicherung einschließlich des Verfahrens zur Durchführung von Qualitätsprüfungen: Pflege-Komm Nr. 5060.
441 Zuleeg, in: Soziale Sicherung bei Pflegebedürftigkeit in der Europäischen Union, S. 159 (160).
442 Bundesregierung 1995, in: DOK 1995, 254 (256, 258).
443 Vgl. Schulte, in: Reform des Europäischen koordinierenden Sozialrechts, S. 19 (22 ff.); Willms, Soziale Sicherung durch Europäische Integration, S. 105 ff.; Pompe, Leistungen der Sozialen Sicherheit, S. 155 ff.
444 Stahlberg, Europäisches Sozialrecht, S. 243, Rn. 387.

ko ist nicht in Art. 4 VO 1408/71, der den sachlichen Anwendungsbereich der Verordnung vorgibt, aufgezählt[445].

Aber durch Auslegung der in Art. 4 VO 1408/71 enthaltenen Begriffe könnte man dazu gelangen, dass das Risiko unter eine der dort aufgeführten Kategorien subsumiert werden könnte. Zu klären ist zunächst, wie diese Begriffe auszulegen sind. Sie sind nicht nach dem jeweiligen nationalen Verständnis auszulegen, weil sie in einer Norm des Internationalen Rechts gebraucht werden[446]. Europarechtliche Begriffe sind autonom durch das Gemeinschaftsrecht und nicht durch Übernahme nationaler Definitionen zu bestimmen[447]. Deswegen kann die Einordnung der Pflegeversicherung nach deutschem Recht als eigener Versicherungszweig nicht alleinige Auslegungsbasis sein. Abgesehen davon werden nach deutschem Sozialrecht die Pflegeleistungen nicht ausschließlich im Rahmen dieses separaten Versicherungszweiges Pflegeversicherung erbracht, da beispielsweise auch die Unfallversicherung Pflegeleistungen vorsieht (§ 44 SGB VII)[448]. Auch durch Rechtsvergleichung[449] lässt sich nicht herausfinden, ob Leistungen bei Pflegebedürftigkeit systematisch als Teil der in Art. 4 I VO 1408/71 aufgeführten Leistungsart oder als eigenständiger Zweig der Sozialversicherung begriffen werden. In letzterem Fall könnten die Leistungen bei Pflegebedürftigkeit nicht unter die VO 1408/71 gefasst werden, sie könnten in diesem Fall als soziale Vergünstigungen (Art. 7 II VO 1612/68) angesehen werden.

Wie sich aus den Länderberichten im Anhang ergibt, ist das Risiko der Pflegebedürftigkeit nur in wenigen Mitgliedstaaten als eigener Zweig ausgestaltet[450]. Deswegen besteht keine Bindung, die Pflegeversicherung in einen bestimmten Leistungszweig der VO 1408/71 anzusiedeln.

Auch der EuGH beschränkt den Begriff der sozialen Sicherheit in einzelnen Entscheidungen nicht auf die in der Verordnung genannten Leistungsarten[451]. Dabei ist es für ihn nicht entscheidend, ob eine Leistung von den nationalen Rechtsvorschriften als eine Leistung der sozialen Sicherheit eingestuft wird, da es sich hierbei um Rechtsbegriffe handelt, die in Normen des europäischen und internationalen Sozialrechts zu finden

---

445 Im Zeitpunkt der Konzeptierung der VO 1408/71 war die Pflegeabsicherung als eigener Versicherungszweig noch nicht bekannt. Es gab damals eine Pflegeabsicherung lediglich in den Niederlanden (seit 1968), jedoch nur als Bestandteil der Krankenversicherung.
446 Schulte, in: EuR 1990, Beiheft 1, S. 35 (46 ff.).
447 EuGH, Urt. v. 21.5.1963, Rs. 75/63 (Unger), Slg. 1964, 379 (396); EuGH, Urt. v. 1.2.1972, Rs. 49/71 (Hagen), Slg. 1972, 23 (35, Rn. 6); EuGH, Urt. v. 1.2.1972, Rs. 50/71 (Wünsche), Slg. 1972, 53 (65, Rn. 6); EuGH, Urt. v. 14.1.1982, Rs. 64/81 (Coman), Slg. 1982, 13 (24, Rn. 8); Rungaldier, in: EAS, B 2000, Rn. 17.
448 Diese unfallversicherungsrechtlichen Ansprüche auf Leistungen bei Pflegebedürftigkeit gehen dem Anspruch aus dem SGB XI vor (§ 13 I Nr. 2 SGB XI).
449 Zur Vorgehensweise bei der Sozialrechtsvergleichung: Eichenhofer, in: NZS 1997, 97 ff.
450 Siehe Anhang III.
451 EuGH, Urt. v. 27.3.1985, Rs. 249/83 (Hoeckx), Slg. 1985, 972 (986, Rn. 12); EuGH, Urt. v. 27.3.1985, Rs. 122/84 (Scrivener), Slg. 1985, 1027 (1034, Rn. 19).

sind[452]. Wesentlich ist vielmehr, ob die Sozialleistung „ihrem Wesen nach der sozialen Sicherheit zuzuordnen ist"[453]. Bestehen mehrere Voraussetzungen für die Leistungsgewährung und versicherungsähnliche Strukturen, so handelt es sich meist um ein System sozialer Sicherheit[454]. Voraussetzung für eine Leistungsgewährung ist neben der Versicherteneigenschaft (§ 33 I SGB XI) und einer bestimmten Vorversicherungszeit (§ 33 I SGB XI) vor allem die Pflegebedürftigkeit des Leistungsempfängers (§§ 36 ff., 14 SGB XI). Die Pflegeversicherung gewährt Leistungen nicht als Einkommensbestandteil oder Zusatzeinkommen des Pflegebedürftigen, sondern als erforderliche Sachleistungen bzw. das Pflegegeld als Ersatz für den Mehraufwand aufgrund des Versicherungsfalles Pflegebedürftigkeit. Also ist die Pflegeversicherung als Versicherungssystem ausgestaltet und bestimmt mehrere Voraussetzungen für die Leistungsgewährung. Damit sind die Leistungen der Pflegeversicherung ihrem Wesen nach der sozialen Sicherheit zuzuordnen.

Des Weiteren spricht folgende Überlegung für diese Einordnung: Die Leistungen bei Pflegebedürftigkeit sind Leistungen der sozialen Sicherung, die in der Mehrheit der Mitgliedstaaten in unterschiedlichen Zweigen vorgesehen sind, die ihrerseits aber wiederum eindeutig unter die VO 1408/71 fallen. Deswegen ist die VO 1408/71 unzweifelhaft[455] bei Leistungen der Pflegebedürftigkeit[456] anzuwenden.

In diesem Zusammenhang ist auch auf Art. 4 II VO 1408/71[457] hinzuweisen, wonach die VO 1408/71 für die „allgemeinen und die besonderen, die auf Beiträgen beruhenden und die beitragsfreien Systeme der sozialen Sicherheit" gilt; auch diese Formulierung lässt erkennen, dass sich die VO 1408/71 nicht eng auf die in Art. 4 I umschriebenen Risiken beschränken will[458].

Daneben darf folgende Überlegung nicht vergessen werden: Würde man die Pflegeversicherung nicht unter den Anwendungsbereich der VO 1408/71 fallen lassen, so würden solche Staaten, die - wie bei der Pflegeversicherung - Leistungen mittels eigenständiger

---

452 EuGH, Urt. v. 27.3.1985, Rs. 249/83 (Hoeckx), Slg. 1985, 972 (986, Rn. 11); EuGH, Urt. v. 16.7.1992, Rs. C-78/91 (Hughes), Slg. 1992, I-4839 (4869, Rn. 29); so auch Eichenhofer, in: Handbuch des Sozialversicherungsrechts, Bd. IV, § 30 Rn. 34; ders., in: VSSR 1994, 323 (326).
453 EuGH, Urt. v. 9.10.1974, Rs. 24/74 (Biason), Slg. 1974, 999 (1007, Rn. 12); EuGH, Urt. v. 24.1.1987, verb. Rs. 389/85 bis 381/85 u. 93/86 (Giletti u.a.), Slg. 1987, 995 (976, Rn. 11).
454 Pompe, Leistungen der sozialen Sicherheit, S. 156.
455 Nicht klar ist, ob die deutsche Pflegeversicherung von den zwischenstaatlichen Sozialversicherungsabkommen erfasst wird. Spiethoff, in: BKK 1995, 545 (545), lehnt dies mit der Begründung ab, dass sich diese Abkommen nicht auf Leistungsbereiche, sondern auf die im einzelnen dort genannten Versicherungszweige beziehen. Ist die Pflegeversicherung in den geschlossenen Abkommen nicht berücksichtigt worden, so werde sie von diesen auch nicht erfasst.
456 Vgl. Huster, in: NZS 1999, 10 (12); Stahlberg, Europäisches Sozialrecht, S. 243, Rn. 387; Koch, in: ZFSH/SGB 1998, 451 (452); Eichenhofer, in: VSSR 1994, 323 (329).
457 Es existieren neben den im SGB XI genannten Leistungen für den Fall der Pflegebedürftigkeit auch Regelungen in BVG und BSHG (§§ 11, 26c, 35 BVG, §§ 68 ff. BSHG). Diese sind Leistungen im Rahmen der Sozialhilfe und fallen nicht unter VO 1408/71 wegen Art. 4 II VO 1408/71. Es sind auch Leistungen für den Fall der Pflegebedürftigkeit, für Opfer eines Arbeitsunfalls oder einer Berufskrankheit vorgesehen. Diese sind unproblematisch den Art. 52-63 VO 1408/71 zuzuordnen.
458 Bokeloh, in: Die Krankenversicherung in der Europäischen Union, S. 115, (126).

Leistungszweige erbringen, gegenüber solchen Staaten privilegiert[459], die dieselben Leistungen innerhalb der traditionellen Sozialversicherung erbringen. Aber gerade dies widerspräche dem in der grundlegenden Entscheidung des EuGH in der Rechtssache *Pinna I*[460] aufgestellten Grundsatz, dass Koordinationsrecht die vorhandenen rechtlichen Unterschiede zwischen den Mitgliedstaaten nicht vertiefen darf.

II. Gemeinschaftsrechtliche Zuordnung der Pflegeversicherung

Dennoch bleibt zu klären, unter welche Leistungsart die Pflegeleistung zu fassen ist. In der VO 1408/71 sind verschiedene Spezialregelungen für die jeweiligen Leistungsarten mit den unterschiedlichsten Rechtsfolgen vorgesehen. Deswegen ist eine exakte Einordnung unerlässlich[461].

1. Einordnungsmöglichkeiten

Die Pflegeleistungen könnten auf den ersten Blick Leistungen bei Alter, Leistungen bei Invalidität und Leistungen bei Krankheit darstellen:

- *Pflegeleistungen als Leistungen bei Alter*

Für eine Einordnung der Pflegeversicherung als eine „Leistung bei Alter" im Sinne der VO 1408/71 spricht zum einen die faktische Koinzidenz zwischen Pflegebedürftigkeit und Alter. Der EuGH hat festgestellt, „dass die in Art. 4 I lit. c) VO 1408/71 genannten Leistungen bei Alter sich im Wesentlichen dadurch auszeichnen, dass sie den Lebensunterhalt für Personen sicherstellen sollen, die bei Erreichen eines bestimmten Alters ihre Beschäftigung aufgeben und nicht mehr verpflichtet sind, sich der Arbeitsverwaltung zur Verfügung zu stellen"[462].

Die Pflegeleistungen verfolgen jedoch keines der oben genannten Ziele und weisen deswegen auch keine derartig enge Verbindung zu dem Titel „Leistung bei Alter" auf, als dass sie diesem zuzuordnen wären. Die Anwendung dieser Vorschriften (Art. 44 ff. VO 1408/71) wäre außerdem nicht sachgerecht, da der Fall der Pflegebedürftigkeit nicht nur im Alter eintreten kann.

- *Pflegeleistungen als Leistungen bei Invalidität*

Schirp[463] sprach sich für die Qualifizierung der Pflegeleistung als Leistung bei Invalidität aus. Für diese Einordnung spricht der internationale Vergleich: Soweit in anderen

---

459 In diesem Fall wäre der Anwendungsbereich der VO 1408/71 ausgeschlossen und die Leistungen der Pflegeversicherung unterlägen nicht den Regelungen des Leistungsexportes nach Art. 19 VO 1408/71.
460 EuGH, Urt. v. 15.1.1986, Rs. 41/84 (Pinna I), Slg. 1986, 1 (25, Rn. 21).
461 Die Kommission vertrat eine abweichende Ansicht. Sie war der Meinung, Leistungen des SGB XI könnten nicht ausschließlich einem der in Art. 4 I der Verordnung genannten Zweige der sozialen Sicherheit zugeordnet werden. Die Leistungen wiesen mit den genannten Zweigen gemeinsame Merkmale auf, ohne mit einem dieser Zweige gleichgesetzt werden zu können. Diese Ansicht ist aber nicht praktikabel.
462 EuGH, Urt. v. 5.7.1983, Rs. 171/82 (Valentini), Slg. 1983, 2157 (2170, Rn. 14).
463 Schirp, in: NJW 1996, 1582 (1582).

Staaten Leistungen an pflegebedürftige Personen erbracht werden, erfolgt dies überwiegend durch die Invaliditätsversicherung[464]. Auch hat der Gerichtshof in der Rechtssache *Newton*[465] entschieden, dass eine Leistung, die die Erwerbsfähigkeit lediglich verbessert, als Leistung bei Invalidität betrachtet werden kann. § 5 SGB XI stellt sogar den Vorrang der Prävention vor der Rehabilitation auf; so dass sich auch im deutschen Pflegeversicherungsrecht Elemente finden, die für eine Zuordnung zu dem Kapitel Invalidität sprechen. Die Verbesserung der Erwerbsfähigkeit ist jedoch sicherlich kein spezifischer Zweck der Leistung Pflege[466].

Gegen die Einordnung als Leistung bei Invalidität spricht folgende Überlegung: Wann ein Versicherungsfall aufgrund von Invalidität vorliegt, wird von der VO 1408/71 nicht definiert. Der Eintritt des Versicherungsfalls und die damit verbundene Feststellung der Invalidität trifft jeder Mitgliedstaat gesondert und nach eigenen Vorschriften. Nach den deutschen Vorschriften liegt Invalidität vor, wenn der Versicherte wegen Krankheit oder Behinderung auf nicht absehbare Zeit zu einer Erwerbstätigkeit in gewisser Regelmäßigkeit nicht mehr imstande ist (§§ 43, 44 SGB VI). Also steht die Frage der Invalidität in einem engen Verhältnis zu der Erwerbstätigkeit. Die Pflegeleistung knüpft jedoch nicht an den Begriff der Erwerbstätigkeit an. Pflegebedürftig i.S.d. § 14 SGB XI sind Personen, die wegen einer körperlichen oder seelischen Krankheit oder Behinderung für die gewöhnliche und regelmäßig wiederkehrende Verrichtung im Ablauf des täglichen Lebens auf Dauer, voraussichtlich für mindestens sechs Monate, in erheblichem oder höherem Maße der Hilfe bedürfen. Die Invaliditätsleistung hat die Funktion des Lohnersatzes. Anders die Funktion der Pflegeleistungen: Sie sollen nicht krankheitsbedingte oder behinderungsbedingte Einkommensausfälle ausgleichen, sondern den Bedarf an Pflegediensten befriedigen. Zwar gibt es auch eine Anzahl von pflegebedürftigen Invaliden, aber daraus kann noch nicht der Schluss gezogen werden, dass Invalidität mit Pflegebedürftigkeit gleichzusetzen ist.

- *Pflegeleistungen als Leistungen bei Krankheit*
Mehrheitlich[467] wurde eine Zuordnung zu den Leistungen bei Krankheit angenommen. Jedoch lässt sich nicht bestreiten, dass die Krankheit meist ein vorübergehender Zustand ist und die Pflegebedürftigkeit in der Regel ein Dauerzustand (vgl. § 14 SGB XI). Nimmt man hinzu, dass im internationalen Vergleich die Geldleistungen bei Pflegebedürftigkeit überwiegend durch die Invalidenversicherung erbracht werden[468], so erscheint es in der Tat zweifelhaft, ob man die Pflegeleistung als Leistungen bei Krankheit einordnen kann.

Jedoch sprechen zahlreiche Argumente für eine Gleichsetzung mit dem Titel der Krankheit: Die Pflegeversicherung ist organisatorisch der Krankenversicherung zugeordnet

---

464 Igl, Pflegebedürftigkeit und Behinderung im Recht der sozialen Sicherheit, S. 242 ff.
465 EuGH, Urt. v. 20.6.1991, Rs. C-356/89 (Newton), Slg. 1991, I-3017 (3039, Rn. 11).
466 Langer, in: Soziale Sicherung bei Pflegebedürftigkeit in der Europäischen Union, S. 251 (255).
467 Eichenhofer, in: VSSR 1994, 323 (331); Giesen; in: SGb 1994, 63 (65); Meyering, in: BArbBl. (Heft 8-9) 1994, 58 (59); Schötz, in: DAngVers 1995, 177 (183).
468 Vgl. Eichenhofer, in: Handbuch der Sozialversicherung, Bd. IV, § 30, Fn. 55.

(§ 1 III SGB XI)[469]. Außerdem folgt die Pflegeversicherungspflicht der Krankenversicherungspflicht (§ 20 SGB XI). Die Gesetzesbegründung zum Pflegeversicherungsgesetz ordnet die Pflegeversicherung ebenfalls den Vorschriften über Krankheit und Mutterschaft zu[470]. Das Risiko der Pflegebedürftigkeit ist ferner mit dem der Krankheit wesensverwandt und unterscheidet sich von den in den anderen Bereichen der Verordnung angesprochenen Risiken phänotypisch deutlich[471]. Außerdem ist der Begriff der „Krankheit" in der VO 1408/71 weit zu verstehen, wie der EuGH in dem *Jordens-Voster*-Urteil[472], festgestellt hat. Auch die Vorläuferregelung zu den Leistungen nach dem SGB XI[473] sind als Leistungen bei Krankheit angesehen worden. Demnach muss auch die Pflegeleistung dem Titel der Krankheit zugeordnet werden.

2. Molenaar-Urteil

Klarheit in diesem Streitpunkt brachte die Rechtssache *Molenaar*[474], eine Entscheidung, die zu großer Aufregung, insbesondere im politischen Raum, führte.

a) Inhalt der Rechtssache Molenaar

Kläger des Ausgangsverfahrens waren die Eheleute Molenaar, Herr Molenaar war Niederländer und Frau Molenaar Deutsche. Beide waren in Deutschland erwerbstätig, wohnten jedoch in Frankreich und waren ab dem 1. Januar 1995 der deutschen Pflegeversicherung angeschlossen. Die zuständige AOK teilte ihnen mit, dass sie – solange sie sich in Frankreich aufhielten – keinen Anspruch auf Leistungen der Pflegeversicherung geltend machen könnten. Auf die hiergegen beim Sozialgericht Karlsruhe[475] erhobene Klage hat dieses dem EuGH die Frage zur Vorabentscheidung nach Art. 234 EGV vorgelegt, ob Art. 39 II EGV so auszulegen ist, dass ein Mitgliedstaat daran gehindert sei, ein System der sozialen Sicherheit zur Deckung des Risikos der Pflegebedürftigkeit im Rahmen einer gesetzlichen Versicherungspflicht zu errichten und dabei Personen mit Wohnsitz in einem anderen Mitgliedstaat zu Pflichtbeiträgen heranzuziehen, obwohl gleichzeitig für diese ein Leistungsanspruch wegen ihres Wohnsitzes ausgeschlossen sei bzw. ruhe.

---

469 Schumacher, in: Soziale Sicherung bei Pflegebedürftigkeit in der Europäischen Union, S. 179 (182) weist darauf hin, dass in Deutschland bis zur Einführung der Pflegeversicherung Leistungen bei Schwerpflegebedürftigkeit von der gesetzlichen Krankenversicherung erbracht worden sind. Hierbei sei nicht in Frage gestellt worden, dass die Leistungen dem Risiko bei Krankheit zuzuordnen sind und damit in den Geltungsbereich der VO 1408/71 fallen.
470 BT-Drucksache 12/5262, S. 82.
471 Giesen, in: SGb 1994, 63 (65).
472 EuGH, Urt. v. 10.1.1980, Rs. 69/79 (Jordens-Voster), Slg. 1980, 75 (84 f., Rn. 7 ff.); Auslegung auch in EuGH, Urt. v. 16.11.1972, Rs. 14/72 (Heinze), Slg. 1972, 1105 (1114, Rn. 8).
473 Dies waren die §§ 53 ff. SGB VI a. F.
474 EuGH, Urt. v. 5.3.1998, Rs. C-160/96 (Molenaar), Slg. 1998, I-880 ff.
475 Vorlagebeschluss vom 28. März 1996, Az.: S 11 P 676/75. Das SG Karlsruhe legte dem EuGH folgende Frage vor: „Sind Art. 6 und Art. 48 EWG-Vertrag so auszulegen, dass sie das Recht eines Mitgliedstaates einschränken, ein System der sozialen Sicherheit zur Deckung des Risikos der Pflegebedürftigkeit im Rahmen der gesetzlichen Versicherungspflicht zu errichten und dabei Personen mit Wohnsitz in einem anderen Mitgliedstaat zu Pflichtbeiträgen heranzuziehen, obwohl gleichzeitig für diese ein Leistungsanspruch wegen ihres Wohnsitzes ausgeschlossen ist oder ruht?".

Nachdem sich der EuGH mit dem Charakter der Pflegeversicherung nach dem SGB XI beschäftigt hatte, ging er auf die Frage ein, welchem Titel der VO 1408/71 die Pflegeversicherung zuzuordnen ist.[476] Dabei stellte der Gerichtshof fest, dass es gegen Art. 12 und Art. 39 EGV verstößt, wenn ein Mitgliedstaat Personen, die in seinem Gebiet arbeiten, jedoch in einem anderen Mitgliedstaat wohnen, zu Beiträgen zu einem System der sozialen Sicherheit zur Deckung des Risikos der Pflegebedürftigkeit heranzieht.

b) Einordnung als Leistung bei Krankheit

Der EuGH schloss sich der herrschenden Meinung an, die die Pflegeversicherung als Leistung bei Krankheit ansieht. Der Gerichtshof führte aus, dass die Frage der Zuordnung in erster Linie von den Wesensmerkmalen der jeweiligen Leistung, insbesondere von ihrem Zweck und den Voraussetzungen ihrer Gewährung abhängt[477]. Weiter erklärte der EuGH, dass nach ständiger Rechtsprechung eine Leistung dann eine Leistung der sozialen Sicherheit ist, wenn sie den Begünstigten aufgrund eines gesetzlich umschriebenen Tatbestandes gewährt wird, ohne dass im Einzelfall eine in das Ermessen gestellte Prüfung des persönlichen Bedarfs erfolgt (1. Voraussetzung), und wenn sie sich auf eines der in Art. 4 I VO 1408/71 ausdrücklich aufgezählten Risiken bezieht (2. Voraussetzung)[478]. Unstreitig liegt die erste der beiden Voraussetzungen vor – wie der EuGH feststellte –, denn auf die Leistungen der Pflegeversicherung haben die Begünstigten einen Rechtsanspruch. Auch die zweite Voraussetzung bejahte der Gerichtshof: Sinn und Zweck der Pflegeversicherung solle insbesondere sein, die Vorbeugung und Rehabilitation gegenüber der Pflege zu fördern und der häuslichen Pflege den Vorzug vor der Pflege im Heim zu geben. Leistungen dieser Art bezweckten somit im Wesentlichen eine Ergänzung der Leistungen der Krankenversicherung, mit der sie auch organisatorisch verknüpft sei, um den Gesundheitszustand und die Leistungsbedingungen der Pflegebedürftigkeit zu verbessern.

3. Zusammenfassung

Als Resultat lässt sich festhalten, dass die gesetzliche Pflegeversicherung dem Titel „Leistungen bei Krankheit" der VO 1408/71 zuzuordnen ist. Diese von der überwiegenden Ansicht gewählte Einordnung ist vom EuGH in der Rechtssache *Molenaar*[479] bestätigt worden.

III. Übertragbarkeit der Vorschriften bei Krankheit auf die Pflegeversicherung (Art. 18-24 VO 1408/71)

Mit dieser Einordnung ist aber noch nicht geklärt, ob alle der im Titel Krankheit vorgesehenen Regelungen auf die Pflegeversicherung anwendbar sind. Gemäß Art. 19 VO

---

476 Die Einzelheiten der Entscheidung werden im Rahmen der folgenden Ausführungen dargestellt.
477 So auch schon früher: EuGH, Urt. v. 16.7.1992, Rs. C-78/91 (Hughes), Slg. 1992, I-4839 (4865, Rn. 14).
478 So der EuGH auch schon in: EuGH, Urt. v. 27.3.1985, Rs. 249/83 (Hoeckx), Slg. 1985, 973 (986 f., Rn. 12 bis 14); EuGH, Urt. v. 27.3.1985, Rs. 122/84 (Scrivener), Slg. 1985, I-1027 (1034 f., Rn. 19 bis 21).
479 EuGH, Urt. v. 5.3.1998, Rs. C-160/96 (Molenaar), Slg. 1998, 880 (887 f., Rn. 24 ff.).

1408/71 besteht eine Verpflichtung zur Erbringung von Pflegeleistungen durch den Wohnstaat auf Kosten des Beschäftigungsstaates, falls ein Grenzgänger in einem anderen Staat beschäftigt ist. Nach Art. 19 I lit. a) VO 1408/71 werden Sachleistungen für Rechnung des zuständigen Trägers vom Träger des Wohnortes nach den für diesen Träger geltenden Rechtsvorschriften erbracht, als ob er bei diesem versichert wäre. Diese Vorschrift setzt aber notwendigerweise voraus, dass Pflegeleistungen im Wohnstaat sozialrechtlich vorgehalten werden. Es kommt gewiss nicht darauf an, in welchem nationalen Versicherungszweig die Pflegeleistung vorgesehen ist. Jedoch sind nicht in allen Mitgliedstaaten der EU Pflegeleistungen als spezifische sozialrechtliche Dienstleistungen vorgesehen. Bestehen nun in einem Wohnstaat des Grenzgängers keine spezifischen Pflegeleistungen, so kann er auch keine Leistungen auf Kosten des Beschäftigungsstaates im Wege der Sachleistungsaushilfe erhalten. Somit läuft das Gemeinschaftsrecht leer. Im umgekehrten Fall, in dem jedem Bewohner Pflegeleistungen zustehen, wie in Schweden und Dänemark, ist die Anwendung der Regeln über die Sachleistungsaushilfe unnötig.

Die Regelungen der Leistungsaushilfe bei Akuterkrankungen (Art. 22 I lit. a) VO 1408/71) sind nicht auf etwaige Pflegeleistungen in Akutfällen anwendbar. Das ergibt sich schon aus der Struktur der Pflegeversicherung, sie sieht erst Ansprüche vor, wenn der Pflegebedarf voraussichtlich mehr als sechs Monate währt (§ 14 I SGB XI).

Unproblematisch ist die Anwendung des Art. 22 I lit. b) VO 1408/71. Der darin genannte Fall betrifft die klassische Situation, in der Leistungen bei Pflegebedürftigkeit in Anspruch genommen werden.

Die Anwendung des Art. 22 lit. c) VO 1408/71 auf die Pflegeversicherung bedeutet, dass der in Deutschland zu Pflegeleistungen Berechtigte einen Anspruch auf Pflegedienste auch im Ausland erlangen würde, wenn und soweit sie im Inland nicht oder nicht ausreichend erbracht werden könnten. Art. 22 lit. c) VO 1408/71 betrifft von seinem Sinn und Zweck her vor allem die hochspezialisierten ärztlichen Behandlungen. Zu beachten ist jedoch, dass Art. 22 lit. c) VO 1408/71 keinen Anspruch auf die Durchführung der Pflegeleistungen vorsieht, wenn die Pflege in einem anderen Mitgliedstaat nicht oder nicht rechtzeitig erbracht wird.

IV. Qualifizierung der Pflegeleistungen des SGB XI als Sach- oder Geldleistungen

Wendet man die Vorschriften der Leistungen bei Krankheit an, so bedeutet das, dass auch hier – wie im Abschnitt der Krankenversicherung erörtert – zwischen Geld- und Sachleistungen zu unterscheiden ist. Die Einordnung der Pflegeleistungen des SGB XI als Sach- oder Geldleistungen war bzw. ist häufig problematisch:

1. Überblick zu den einzelnen Pflegeleistungen des SGB XI

Die Leistungen sind in den §§ 28 ff. SGB XI abschließend geregelt. Einen Leistungskatalog enthält die Einweisungsvorschrift des § 28 SGB XI. Hiernach kennt die Pflegeversicherung folgende Leistungen:

Leistungen bei häuslicher Pflege (§§ 36-40 SGB XI), teilstationäre und vollstationäre Pflege (§§ 41-43 a SGB XI) und Leistungen für Pflegepersonen (§§ 44, 45 SGB XI)[480].

2. Pflegesachleistungen (§ 36 SGB XI)

Primärtyp einer Leistung im Rahmen der häuslichen Pflege ist die Pflegesachleistung[481] nach § 36 SGB XI. Sie beinhaltet Grundpflege sowie hauswirtschaftliche Versorgung und setzt voraus, dass der Pflegebedürftige in seinem Haushalt oder in einem anderen Haushalt aufgenommen ist und dort gepflegt wird. Damit erhält der Pflegebedürftige die Leistungen direkt in Form einer Dienstleistung, er erhält keine Zahlungen der Pflegekasse, denn die Pflegedienstunternehmen rechnen mit den Pflegekassen ab. Also ist die Pflegesachleistung des § 36 SGB XI als Sachleistung i. S. d. VO 1408/71 anzusehen[482].

3. Pflegegeld (§ 37 SGB XI)

Anstelle der Pflegesachleistungen kann der Pflegebedürftige Pflegegeld beantragen (§ 37 SGB XI). Voraussetzung ist, dass er mit dem Pflegegeld die erforderliche Grundpflege und hauswirtschaftliche Versorgung sicherstellt[483]. Das Pflegegeld soll die eigene Verantwortlichkeit und Selbstbestimmung des Pflegebedürftigen stärken, der mit der Geldleistung seine Pflegehilfen selbst gestalten kann[484]. So kann die Pflege durch Angehörige, ehrenamtliche Pflegepersonen oder vom Pflegebedürftigen mit Arbeitsvertrag angestellte Pflegepersonen erfolgen. Inwieweit der Pflegebedürftige das Geld ausgibt, ist von ihm abhängig. Das SGB XI sieht zwar eine Kontrolle vor; diese ist jedoch auf die Qualität der Betreuung in Verbindung mit Hilfestellung und Beratung beschränkt und muss von den Pflegebedürftigen selbst bezahlt werden (§ 37 SGB XI).

Aufgrund dieses spezifischen Charakters des Pflegegeldes ist dessen Einordnung als Sach- oder Geldleistung problematisch. Handelt es sich um eine Geldleistung, ist das Pflegegeld nach Art. 19 I lit. c) VO 1408/71 zu exportieren. Zwar sind auch Sachleistungen nach Art. 19 I lit. c) VO 1408/71 im EU-Ausland zu erhalten, doch hilft hier der Verweis auf die Pflegesachleistungen nicht weiter, weil die anderen Mitgliedstaaten keine oder jedenfalls nur geringere Leistungen als die deutsche Pflegeversicherung kennen. Das reduziert die Möglichkeit der Inanspruchnahme der Sachleistungsaushilfe.

Prima facie könnte man das Pflegegeld als Geldleistung ansehen[485]. Diese Qualifizierung ist jedoch bedenklich, da § 37 I S. 1 SGB XI vorsieht, dass Pflegebedürftige anstel-

---

480 Vgl. zu den einzelnen Leistungen: VDK, Pflegeversicherung, S. 32 ff.
481 Zur Begrifflichkeit: Füßer, in: Arbeit und Sozialpolitik 1997 (Heft 9-10), 30 (34), der darauf aufmerksam macht, dass es sich bei den Pflegesachleistungen um Pflegedienstleistungen handelt.
482 So auch: Meyering, in: BArbBl (Heft 8-9) 1994, 58 (59); Schötz, in: DAngVers 1995, 177 (183f.); Giesen, in. SGb 1994, 63 (65); Zuleeg, in: DVBl 1997, 445 (450); Huster, in: NZS 1999, 10 (12).
483 VDK, Pflegeversicherung, S. 37.
484 BT-Drucksache 12/5262, S. 110 (112).
485 § 11 SGB I unterscheidet Geld-, Dienst- und Sachleistungen. Während Geldleistungen auf Geldzahlungen gerichtet sind, haben Sach- und Dienstleistungen die Erbringung von Diensten oder Überlassung von Sachen zum Gegenstand; vgl. Heinze, in: SRH, Kap. 8, S. 290, Rn. 4 ff. D. h. eine nach deutschem Recht durchgeführte Deutung führt dazu, dass das Pflegegeld eine Geldleistung ist.

le der häuslichen Pflegehilfe ein Pflegegeld beantragen können. Zum einen könnte man darin also eine Geldleistung sehen, zum anderen auch eine Art Sachleistungssurrogat, da das Pflegegeld schließlich anstelle gewisser Sachleistungen geleistet wird.

a) Meinungsstand

- *Sachleistungstheorie*

Der Bundestag[486] und die Bundesregierung[487], das vorlegende Sozialgericht Karlsruhe in der Rechtssache *Molenaar*[488] und die herrschende Ansicht in der Literatur[489] vertraten die Ansicht, dass das Pflegegeld eine Art von Sachleistungssurrogat ist. Die Vertreter dieser Theorie argumentierten wie folgt: Das Pflegegeld sei eine Sachleistung, da diese Leistung „jedenfalls in der sozialversicherungsrechtlichen Ausgestaltung – als Zuschuss für ambulante selbst beschaffte Pflegeleistungen ausgestaltet ist (Sachleistungssurrogat)"[490].

Wenn die Leistung erbracht werde, um dem Versicherten Ersatz für bestimmte Aufwendungen zu leisten, läge keine Geldleistung vor, sondern ein Sachleistungssurrogat. Außerdem wird von den Vertretern der Sachleistungstheorie die Bestimmung des § 37 III SGB XI vorgebracht, der vorschreibe, dass Pflegebedürftige, die ein Pflegegeld beziehen, verpflichtet seien, mindestens einmal halbjährlich (bzw. bei Pflegestufe III: mindestens einmal vierteljährlich) einen Pflegeeinsatz durch eine zugelassene Pflegekasse abzuberufen. Dieser Pflegeeinsatz diene vor allem der Feststellung, ob die Pflege fach- und sachgerecht durchgeführt werde. Außerdem werde an § 37 SGB XI deutlich, dass der Gesetzgeber dem Pflegegeld ausdrücklich die Funktion der Bezahlung der Pflegeperson gegeben habe. Das Pflegegeld diene der Entlohnung der Pflegekraft. In diesem Zusammenhang sei auch von Bedeutung, dass im Verfahren zur Feststellung der Pflegebedürftigkeit die Begutachtung durch den medizinischen Dienst der Pflegekassen sich auch darauf erstreckt habe, ob die häusliche Pflege in geeigneter Weise sichergestellt sei (§ 18 V SGB XI). Diese Bestimmungen verdeutlichten die spezifische Zweckbindung des Pflegegeldes: Es diene der Beschaffung der Sachleistung Pflege. Die Pflegekasse erbringe die Sachleistung Pflege dadurch, dass sie dem Pflegebedürftigen den hierfür erforderlichen Geldbetrag überweise.[491]

Außerdem sei folgendem Vergleich zu entnehmen, dass es sich beim Pflegegeld um eine Sachleistung handele: Die französische Krankenversicherung beruhe auf dem Kostenerstattungsprinzip, also vermittle die französische Krankenversicherung dem Versicherten

---

486 BT-Drucksache 12/5262, S. 82 sowie S. 110 zu § 30 und S. 112 zu § 33 des Entwurfs.
487 Bundesregierung, in: DOK 1995, 254 (256).
488 SG Karlsruhe, Vorlagebeschluss des SG Karlsruhe, Az. S 11 P 676/95.
489 Dalichau/Grüner/Müller-Alten, SGB XI, § 34 II 1; V. Einem, in: SGb 1991, 53 (55 f.); Gitter, Sozialrecht, S. 150; Giesen, in: SGb 1994, 63 (65); Knittel, in: Krauskopf, § 34 SGB XI Rn. 3; Meyering, in: BArBl. (Heft 8-9) 1994, 58 (59); Rojas, in: Mitt. LVA Rheinprovinz 1996, 422 (423); Schaaf, in: WzS 1995, 289 (291); Schötz, in: DAngVers 1995, 177 (183); Spiethoff, in: BKK 1995, 545, 702 (703, 706 f.); Udsching, SGB XI, 1. Auflage, § 34 Rn. 5; so wohl in 2. Auflage nicht mehr; Spiethoff, in: BKK 1995, 702 (703); Schumacher, in: Soziale Sicherung bei Pflegebedürftigkeit in der Europäischen Union, S. 179 (184 f.).
490 So in: BT-Drucksache 12/5262, S. 82.
491 Vgl. Bokeloh, in: Die Krankenversicherung in der Europäischen Union, S. 115 (136).

nicht unmittelbar die für die Krankenbehandlung nötigen Dienste und Sachen. Der Versicherte habe einen Anspruch auf Zahlung von Geld - gerichtet auf Ersatz der Aufwendungen, die er getroffen habe, um die für die Krankenbehandlung nötigen Dienste und Sachen zu beschaffen. Ein derartiger Anspruch werde nur gewährt, wenn der Aufwand für Zwecke der Krankenbehandlung nötig war. Dieser Anspruch werde jedoch nicht als Geldleistung qualifiziert, obgleich er auf Zahlung von Geld gerichtet sei. Da das Pflegegeld (§ 37 SGB XI) nicht einen abstrakten Mittel-, sondern einen konkreten Pflegebedarf des Empfängers befriedige, hätten die Ansprüche der sozialen Pflegeversicherung eine große Ähnlichkeit mit dem Kostenerstattungsprinzip nach französischem Krankenversicherungsrecht. Denn dieses erfülle gleichfalls die Funktion des Aufwendungsersatzes und werde nur gewährt, falls die Aufwendungen für Krankenbehandlung getroffen würden.[492]

- *Geldleistungstheorie*

Ein Teil der Literatur[493], die österreichische und schwedische Regierung und die Europäische Kommission[494] qualifizierten das Pflegegeld i. S. d § 37 I SGB XI als Geldleistung. Die Vertreter der Geldleistungstheorie gehen zunächst vom Wortlaut und der systematischen Stellung der Vorschrift aus: Das Gesetz selbst bezeichne das Pflegegeld in § 38 SGB XI sowohl in der Übersicht als auch im Gesetzestext als Geldleistung. In § 28 I Nr. 2 SGB XI sei das Pflegegeld als selbstständige Leistung nach der Pflegesachleistung aufgeführt und nicht als so genanntes Sachleistungssurrogat der Pflegesachleistung in § 28 I Nr. 1 SGB XI direkt oder in der folgenden Nummer dieser Vorschrift zugeordnet. Ebenso sei das Pflegegeld nicht – wie z. B. die Geldleistung im Rahmen der §§ 37, 38 SGB V – mit in § 36 SGB XI bei der Sach- und Dienstleistung, sondern in einer eigenen Vorschrift geregelt.

Überdies wird vorgebracht, dass sich die Vertreter der Sachleistungstheorie nicht mit den Besonderheiten des Pflegegeldes auseinandersetzen. Es sei ein Unterschied, ob ein Versicherter einen bestimmten Betrag für eine Pflegekraft erhalte oder er mit einer Monatspauschale in eigener Verantwortung seine Pflege sicherstellen solle.

Außerdem führe die Sachleistungstheorie zu ungerechten Ergebnissen: Da es nämlich in den meisten anderen Mitgliedstaaten bisher keine geldliche Pflegeleistung gebe, führe diese Ansicht dazu, dass ein in Deutschland Versicherter, der sich (z.B. als Grenzgänger) in einem anderen Mitgliedstaat aufhält, kein Pflegegeld erhalte, weder als Sachleis-

---

492 Vgl. Eichenhofer, in: Handbuch des Sozialversicherungsrechts, Bd. IV, § 30, Rn. 30.
493 Rehberg, in: Hauck/Wilde, K § 28, Rn. 6; Schulin: in: NZS 1994, 434 (441); Igl, Das neue Pflegeversicherungsrecht, S. 62; Krasney, in: SGb 1996, 253 (255 f.); Peters-Lange, in: ZfSH/SGb 1996, 624 (626 f.); Schirp, in: NJW 1996, 1582 (1582); Zuleeg, in: DVBl. 1997, 445 (449); Zuleeg, in: DVBl 1997, 450 (450 f.); Rojas, in: Mitt. LVA Rheinprovinz 1996, 422 (423); Füßer, in: Arbeit und Sozialpolitik 1997 (Heft 9-10), 30 (33); Eichenhofer, in: NZA 1998, 742 (742); Klein, Deutsches Pflegeversicherungsrecht versus Europarecht?, S. 116, der nach selbst entwickelten Abgrenzungskriterien zwischen Sachleistungen und Geldleistungen zu demselben Ergebnis gelangt; zweifelnd: Sieveking, in: Zeitschrift für Ausländerrecht und Ausländerpolitik 1997, 17 (24); BSG Urt. v. 6.2.1997, in: NZS 1997, 472 f., allerdings für das Pflegegeld nach § 57 SGB X a.F.
494 Vgl. Schlussantrag des Generalanwalts Cosmas in der Rechtssache *Molenaar* zu EuGH, Urt. v. 9.12.1998, Rs. C-160/96 (Molenaar), Slg. 1998, I-843 (864, Rn. 52).

tungsaushilfe noch als Pflegeleistungsexport[495]. Dieses Ergebnis sei unzumutbar, zumal dann, wenn in dem fremdmitgliedstaatlichen Wohnstaat tatsächlich Möglichkeiten vorhanden seien, die „erforderliche Grundpflege und hauswirtschaftliche Versorgung durch eine Pflegeperson" (§ 37 SGB XI) sicherzustellen. Außerdem sei das Pflegegeld keine echte Sachleistung, es biete nur einen gewissen Anreiz zur Erhaltung der Pflegebereitschaft, setze keine Verpflichtung des Versicherten voraus, das Pflegegeld in bestimmter Weise zu verwenden, denn es werde auch dann gewährt, wenn die sichergestellte Pflege unentgeltlich erfolgt. Ferner sei das monatliche Pflegegeld eine feststehende Leistung, werde nicht zur Vornahme bestimmter Ausgaben gewährt, und es gebe keine systematische Kontrolle ihrer Verwendung.

Außerdem hänge die Einordnung einer materiell-rechtlichen Norm des innerstaatlichen Rechts für die Anwendung der Koordinationsvorschriften der VO 1408/71, wie vom EuGH immer wieder[496] betont, nicht vom nationalen Verständnis und den daraus entwickelten Zuordnungskriterien ab. Maßgeblich seien vielmehr die grundlegenden Merkmale einer Leistung, die Zielsetzung und die Voraussetzungen ihrer Gewährung. Dem gemäß könne es auch keine Rolle spielen, dass der Gesetzgeber das Pflegegeld als Sachleistungssurrogat verstanden wissen will und deshalb eine Exportpflicht versperrt hält.[497]

b) Molenaar-Urteil

aa) Pflegegeld als Geldleistung

Die Frage, ob das Pflegegeld eine Geld- oder eine Sachleistung ist, bildete in der Rechtssache *Molenaar*[498] den Hauptstreitpunkt. Der EuGH sah im deutschen Pflegegeld eine Geldleistung. Er führte aus: Zwar sehe das SGB XI auch die Übernahme oder Erstattung der durch die Pflegebedürftigkeit entstandenen Kosten vor, was als Sachleistung zu qualifizieren sei; beispielhaft dafür sei die häusliche und stationäre Pflege des Versicherten bzw. der Kauf von Pflegehilfsmitteln. Auch das Pflegegeld diene zur Deckung bestimmter, durch die Pflegebedürftigkeit verursachter Kosten, insbesondere Aufwendungen für eine Pflegeperson, und solle gerade nicht einen Verdienstausfall des

---

495 Erhält ein Arbeitnehmer, der in Deutschland arbeitet, aber in einem anderen Mitgliedstaat wohnt und Beiträge an eine deutsche Pflegekasse leistet, bei Eintritt des Risikofalls keine Leistungen, liegt ein Verstoß gegen Art. 39 II EGV vor. Vgl. Zuleeg, in: DVBl. 1997, 445 (451); Klein, Deutsches Pflegeversicherungsrecht versus Europarecht?, S. 169.
496 EuGH, Urt. v. 10.1.1980, Rs. 69/79 (Jordens-Vosters), Slg. 1980, 75 (84, Rn. 6); EuGH, Urt. v. 27.3.1985, Rs. 249/83 (Hoeckx), Slg. 1985, 973 (986, Rn. 11); EuGH, Urt. v. 3.6.1992, Rs. C-45/90 (Paletta I) Slg. 1992, I-3423 (3462, Rn. 16).
497 Rothgang, in: Soziale Sicherung bei Pflegebedürftigkeit in der Europäischen Union, S. 219 ff., gelangte in seiner Untersuchung aus ökonomischer Sicht zu dem Ergebnis, dass anhand des Kriteriums der Zweckbindung das Pflegegeld als Geldleistung einzustufen sei. Zur Frage, ob dieses exportiert werden soll, führe eine Bewertung anhand des Äquivalenzprinzips zu der Empfehlung, nicht nur die Geld-, sondern auch die Sachleistungen und die Leistungen bei vollstationärer Pflege zu exportieren. Eine wohlfahrtstheoretische Bewertung anhand der Kriterien der paretianischen Wohlfahrtsökonomie gelange zu dem Ergebnis, dass zumindest ein Leistungsexport des Pflegegeldes wohlfahrtssteigernd sei und darum ermöglicht werden solle.
498 EuGH, Urt. v. 5.3.1998, Rs. C-160/96 (Molenaar), Slg. 1998, I-846 ff. Kritisch dazu: Schaaf, in: WzS 1998, 204 (207 ff.).

Begünstigten ausgleichen. Gleichwohl weise es aber Merkmale auf, die es von den Sachleistungen unterscheiden: Dies seien die periodischen Zahlungen des Pflegegeldes (1.), die Unabhängigkeit der Zahlung von bestimmten entstandenen bzw. nachgewiesenen Auslagen (2.), die Zahlung fester, ausgabenunabhängiger Beträge (3.) sowie die damit verbundene weitgehende Verwendungsfreiheit des Empfängers (4.). Das Pflegegeld stelle sich somit als eine finanzielle Unterstützung dar, die es ermögliche, den Lebensstandard der Pflegebedürftigen insgesamt zu verbessern.

Damit entschied sich der EuGH für eine Position, die im Vorfeld der Diskussion vor allem von der Bundesregierung Deutschland abgelehnt worden ist[499]. Als Resultat ist also festzuhalten: Das Pflegegeld (§ 34 I Nr. 1 SGB XI) ist als Geldleistung gem. Art. 19 I lit. b) bzw. Art. 22 I lit. c) ii) VO 1408/71 exportierbar.

bb) Probleme bei der Umsetzung der Molenaar-Entscheidung

Diese Entscheidung des EuGH wirft verschiedene Fragen auf und zwar nicht nur in rechtlicher, sondern auch in politischer Hinsicht: Politiker forderten aus Angst vor hohen Kosten, man müsse sich „jetzt sofort hinsetzen und überlegen, wie die Leistungen aus Deutschland begrenzt werden können"[500]. Dies könnte hinsichtlich des Pflegegeldes dadurch gelingen, dass zum Beispiel durch die Einführung von Verwendungsnachweisen stärker der Charakter des Sachleistungssurrogats betont wird[501]. Aber auch in rechtlicher Hinsicht stellen sich nach dieser Entscheidung verschiedene Fragen:

- *Missbrauch*

Probleme des Erschleichens von Leistungen und des Leistungsmissbrauchs sind nicht völlig von der Hand zu weisen. Diese Problematik stellt sich aber in anderen Bereichen in gleicher Weise. Als Beispiel sei hier der Fall des Missbrauchs beim Nachweis der Arbeitsunfähigkeit für eine Fortzahlung des Lohns, der vom Träger des Aufenthaltsstaates erbracht werden muss, genannt. Es müssen diesbezüglich Verfahren entwickelt werden, die die Missbrauchsmöglichkeiten eindämmen können[502].

- *Probleme bei der Prüfung der Anspruchsvoraussetzungen*

Der Export des Pflegegeldes und die damit zusammenhängende Begutachtung in anderen Staaten wirft zwangsläufig das Problem auf, ob es den Pflegekassen bzw. den Medizinischen Diensten erlaubt ist, Gutachter in einen Staat außerhalb des Hoheitsgebits der Bundesrepublik Deutschland zu entsenden. Nach § 18 SGB XI sind die Pflegekassen und die Medizinischen Dienste dazu verpflichtet, prüfen zu lassen, ob die Voraussetzungen der Pflegebedürftigkeit erfüllt sind und welche Stufe der Pflegebedürftigkeit

---

499 Das *Molenaar*-Urteil scheint vor allem ein politisch symbolhaftes Urteil zu sein, das die Freizügigkeit in der EG fördern möchte.
500 So der ehemalige sozialpolitische Sprecher der SPD-Bundestagsfraktion und jetzige Staatssekretär Gerd Andres gegenüber der Leipziger Volkszeitung vom 12.3.1998, S.1.
501 Vgl. Füßer, in: NJW 1998, 1762 (1763).
502 Neumann-Duesberg, in: Wechselwirkungen zwischen dem Europäischen Sozialrecht und dem Sozialrecht der Bundesrepublik Deutschland, S. 83 (101 f.) und ders., in: Freizügigkeit und Soziale Sicherheit, S. 89 (107) hat einige Vorschläge zur Missbrauchseindämmung im Rahmen der Arbeitsunfähigkeitsbescheinigung, die vom ausländischen Träger erstellt wird, gemacht. Ähnliche Verfahrensmöglichkeiten wären auch hier denkbar.

vorliegt. § 18 II S. 4 SGB XI bestimmt ganz konkret, dass der Medizinische Dienst den Versicherten grundsätzlich in dessen Wohnbereich zu untersuchen hat. Ohne räumliche Nähe zur Pflegekasse ist auch ein gewünschter Leistungswechsel aufgrund der verschiedenen Kombinationsmöglichkeiten äußerst kompliziert[503]. Nichts anderes gilt für Nachbegutachtungen gem. § 18 II SGB XI[504]. Diese Schwierigkeiten dürfen aber nicht dazu führen, den Nichtexport des Pflegegeldes zu rechtfertigen[505]. Das würde jede Zusammenarbeit auf EU-Ebene zerstören und die Mitgliedstaaten könnten dadurch – je nach Ausgestaltung der Leistungsvoraussetzungen – die Exportverpflichtung unterlaufen.

Der Gerichtshof hat in der *Molenaar*-Entscheidung deutlich gemacht, dass auch Fragen der Pflegeversicherung an der VO 1408/71 zu messen sind. Konsequenterweise müssen auch die Bestimmungen der Durchführungsverordnung zur VO 1408/71 Anwendung finden[506]. Nach Art. 18 V der Durchführungsverordnung 574/72 hat der zuständige Träger das Recht, die betreffenden Personen durch einen Arzt seiner Wahl untersuchen zu lassen. Überdies hat der EuGH entschieden, dass der zuständige Träger die fachliche Kontrolluntersuchung entweder durch Entsendung eines Arztes oder durch Inanspruchnahme der Dienste eines Arztes dieses Landes vornehmen lassen kann[507]. Auch die Verwaltungskommission für die soziale Sicherheit der Wanderarbeitnehmer hat anlässlich ihrer Tagung am 29. September 1998 bestätigt, dass dem Leistungsträger mehrere Möglichkeiten der Begutachtung zustehen[508], etwa die Einschaltung des Trägers des anderen Mitgliedstaates, Beauftragung des Arztes vor Ort und die Entsendung eines Gutachters zur Begutachtung der Betroffenen im Wohnland. Es wurden danach zwischen der MDK-Gemeinschaft (Medizinischer Dienst der Krankenversicherung) und den Spitzenverbänden der Pflegekassen Begutachtungsverfahren vereinbart[509].

- *Zweifache Anspruchsmöglichkeit*

Im Schrifttum[510] wird darauf aufmerksam gemacht, dass in den Ländern, die eine Pflegefallabsicherung für alle Einwohner vorhalten, Personen, die in Deutschland versichert sind, eine doppelte Versorgung genießen könnten[511]. Dann würde es zu einer doppelten Inanspruchnahme der Leistungen im Pflegefall kommen. Dies sei mit dem europäischen Sozialrecht unvereinbar[512]. Auch der Verordnungsgeber hat derartige doppelte Anspruchsmöglichkeiten gesehen und deswegen in Art. 13 I VO 1408/71 bestimmt, dass für jede Person die Rechtsvorschriften nur eines Mitgliedstaates gelten[513].

---

503 Koch, in: ZfSH/SGB 1998, 451 (454).
504 Meyering, in: BArbBl (Heft 8-9) 1994, 58 (59).
505 So etwa Maschmann, in: NZS 1995, 109 (122).
506 Spiethoff, in: BKK 1999, 136 (138).
507 EuGH, Urt. v. 12.3.1987, Rs. 22/86 (Rindone), Slg. 1987, 1339 (1363, Rn. 12).
508 Vgl. Spiethoff, in: BKK 1999, 136 (138).
509 Vgl. Kukla, in: KrV 1998, 251 (252 f.); Spiethoff, in: BKK 1999, 136 (138).
510 Eichenhofer, in: VSSR 1994, 323 (324).
511 Dänemark und Niederlande haben die Sicherung des Pflegefallrisikos nicht an der Inlandsbeschäftigung festgemacht.
512 So auch Lenz, in: V. Maydell/Schulte, Zukunftsperspektiven des Europäischen Sozialrechts, S. 15 (17).
513 Dazu auch: Steinmeyer, in: Nomos Kommentar, Art. 13, Rn. 2 ff.; Eichenhofer, in: Jura 1994, 11 (13).

cc) Analoge Anwendung der Molenaar-Entscheidung auf die Fälle des vorübergehenden Aufenthaltes

Die *Molenaar*-Entscheidung[514] betrifft die in Art. 19 VO 1408/71 genannte Fallgestaltung, also den gewöhnlichen Aufenthalt in einem anderen EU-Staat als dem zuständigen. Für gerade diesen Fall hat der EuGH entschieden, dass ein Anspruch auf die Geldleistungen der Pflegeversicherung besteht. Auf den ersten Blick ist unklar, ob diese Lösung nur auf den Fall des gewöhnlichen Aufenthaltes oder auch auf die Situation des vorübergehenden Aufenthaltes anzuwenden ist. Mit vorübergehendem Aufenthalt ist hier ein Zeitraum gemeint, der über den im § 34 I S. 2 SGB XI genannten Sechs-Wochen-Zeitraum hinausgeht. Art. 22 I lit. c) VO 1408/71 setzt grundsätzlich voraus, dass der zuständige Träger sein Einverständnis zur Behandlung im Ausland erteilt. Danach benötigt ein Pflegebedürftiger, der innerhalb eines Jahres nur geringfügig länger als sechs Wochen im nicht zuständigen Staat verweilt, eine Genehmigung. Ein anderer, der seinen gewöhnlichen Wohnsitz (Situation des Art. 19 VO 1408/71) im Ausland hat oder in einen anderen EU-Staat verlegt, hat der Pflegekasse lediglich die Wohnsitzverlegung anzuzeigen[515]. Demnach wäre es hier nur sachgerecht, die Aussage des *Molenaar*-Urteils, nämlich den Export der Pflegeleistungen auch für den Fall des vorübergehenden Aufenthaltes anzuwenden.[516] Das würde auch zu einer Verringerung des Verwaltungsaufwandes führen.

4. Kombination von Geld- und Sachleistungen (§ 38 SGB XI)

Das SGB XI sieht außerdem im Rahmen der häuslichen Pflege eine Kombination von Geld- und Sachleistungen vor (§ 38 SGB XI). Dabei handelt es sich um eine Mischung aus Dienstleistungen und Pflegegeld. Voraussetzung ist, dass die Sachleistungen zuvor gewährt und nicht vollständig realisiert werden[517]. Diese Kombinationsleistung ist so ausgestaltet, dass zunächst die Sachleistung bis zu einer bestimmten Höhe erbracht wird und der Rest des vorgesehenen Leistungsbetrags in Geld bis zum möglichen Höchstbetrag aufgefüllt wird. Nach deutschem Recht ist es möglich, die Sachleistungen nur teilweise in Anspruch zu nehmen, ohne dass der restliche Anspruch verfällt.

Problematisch ist, ob eine teilweise Inanspruchnahme von Pflegeleistungen im Ausland und gleichzeitig die Beibehaltung des Restanspruchs auch in anderen Ländern möglich ist oder ob die teilweise Inanspruchnahme zum Verlust des Restanspruchs führt. Sachleistungen werden nicht exportiert; sie werden nach den Rechtsvorschriften des aushelfenden Staates gewährleistet. Verfällt nach dem jeweiligen nationalen Recht ein restlicher Anspruch bei teilweiser Inanspruchnahme, so hat der Versicherte nicht die Möglichkeit einer Kombinationswahl. In der Regel tritt in einem solchen Fall in den Rechtsordnungen der Mitgliedstaaten der Verlust des Restanspruchs ein[518]. Folglich gibt es grundsätzlich keine Möglichkeit derartige Kombinationsleistungen im Ausland zu wäh-

---

514 EuGH, Urt. v. 5.3.1998, Rs. C-160/96 (Molenaar), Slg. 1998, I-880 ff.
515 Rundschreiben der Deutschen Verbindungsstelle Krankenversicherung Ausland 38/1998 vom 25. Juni 1998.
516 Vgl. Spiethoff, in: BKK 1999, 136 (137).
517 Vogel, in: LPK- SGB XI, Art.38, Rn. 5.
518 Vgl. Klein, Deutsche Pflegeversicherung versus Europarecht?, S. 125.

len; also muss sich der Versicherte entscheiden, ob er die Pflegedienste oder das Pflegegeld im Ausland in Anspruch nehmen möchte[519].

5. Pflegehilfsmittel und technische Hilfen (§ 40 SGB XI)

Pflegebedürftige haben ferner einen Anspruch gegen die Pflegekassen auf Versorgung mit Pflegehilfsmitteln und technische Hilfen (§ 40 SGB XI). Pflegehilfsmittel und technische Hilfen sind Sachleistungen i. S. d. VO 1408/71. Dabei handelt es sich um Leistungen, die einen konkreten Mittelaufwand abgelten. Außerdem werden auch Hilfsmittel im Rahmen der VO als Sachleistungen verstanden (Art. 24 VO 1408/71).

6. Teilstationäre und vollstationäre Leistungen (§§ 41-43 a SGB XI)

Kann die häusliche Pflege nicht sichergestellt werden, besteht die Möglichkeit der teilstationären Pflege (§ 41 SGB XI). Die Pflegekasse übernimmt die Aufwendungen in den entsprechenden drei Pflegestufen. Werden diese Höchstwerte nicht ausgeschöpft, erhält der Pflegebedürftige zusätzlich anteiliges Pflegegeld oder Pflegesachleistungen. Für die Dienste und Pflegesachleistungen kann nichts anderes gelten als unter e) schon ausgeführt. Es handelt sich um Sachleistungen. Das Pflegegeld ist als Geldleistung zu qualifizieren. Erhält der Versicherte ein anteiliges Pflegegeld bei teilweiser Inanspruchnahme der Dienste (§ 41 III SGB XI), so kann auf die Ausführungen zu Kombinationsleistungen verwiesen werden. Die Leistungen der vollstationären Pflege gem. § 43 SGB XI sind Sachleistungen, da es sich um Dienstleistungen in dafür bestimmten Einrichtungen handelt.

7. Leistungen für Pflegepersonen (§§ 44, 45 SGB XI)

Die Pflegepersonen haben zum einen Anspruch auf Leistungen zur sozialen Sicherung (§ 44 SGB XI), zum anderen einen Anspruch auf die Teilnahme an Pflegekursen (§ 45 SGB XI)[520].

§ 44 SGB XI schreibt vor, dass die Pflegekassen für Pflegepersonen Beiträge an den zuständigen Träger der gesetzlichen Rentenversicherung zahlen. Ob diese Leistungen dem Titel der Krankheit in der VO 1408/71 zuzuordnen sind, ist fraglich, da sie nicht unmittelbar mit den Leistungen bei Krankheit bzw. Pflegebedürftigkeit in Verbindung stehen. Diese Leistungen kommen unmittelbar der Pflegeperson zugute und nicht dem Pflegebedürftigen; auch wenn sie zumindest mittelbar für letzteren von Bedeutung sind, da durch diese für die Pflegeperson vorgesehenen Leistungen dem Pflegebedürftigen die Möglichkeit gegeben werden soll, im häuslichen Bereich gepflegt zu werden[521]. Für eine Einordnung in das System der VO 1408/71 spricht auch Art. 1 lit. t) VO 1408/71, der bestimmt, dass „Leistungen" und „Renten" sämtliche Leistungen und Renten einschließlich aller ihrer Teile aus öffentlichen Mitteln, aller Zuschläge, Anpassungsbeiträge und

---

519 Vgl. hierzu: Koch, in: VSSR 2000, 57 (87).
520 Es handelt sich um sog. Nebenleistungen der Pflegeversicherung, vgl. Eichenhofer, in: Handbuch des Sozialrechts, Bd. IV, § 30, Rn. 97.
521 Gallon, in: LPK-SGB XI, § 44 Rn. 5.

Zulagen, soweit Titel III nichts anderes vorsieht, sind. Diese Definition spricht für einen weiten Anwendungsbereich der VO 1408/71. Damit ist aber noch nichts darüber ausgesagt, ob für die Zuordnung zu der VO 1408/71 die Leistungen nicht unmittelbar an den Versicherten erbracht werden müssen oder wenigstens eine unmittelbare Wirkung besitzen müssen. Feststeht, dass die Zahlungen auch an Dritte erfolgen können und dem Pflegebedürftigen zumindest die Vorteile der Leistungen zugute kommen können. Das ergibt sich schon aus dem im deutschen Pflegeversicherungsrecht herrschenden Dreiecksverhältnis aufgrund des Sachleistungsprinzips. Aber nicht einmal damit ist die hier in Frage stehende Konstellation vergleichbar, denn der Pflegebedürftige genießt nicht unmittelbar die Leistungen. Auch die Vorschriften zu Krankheit in Titel III der VO 1408/71 beziehen sich auf Leistungen, die den Versicherten unmittelbar selbst betreffen. Deswegen sind Beiträge an den zuständigen Träger der gesetzlichen Rentenversicherung für die Pflegeperson nicht als Leistungen im Rahmen der VO 1408/71 zu sehen[522].

Etwas anderes gilt für das Anbieten der Pflegekurse gem. § 45 SGB XI. Zweck der Pflegekurse ist, dass den Pflegepersonen Fertigkeiten für eine eigenständige Durchführung der Pflege vermittelt wird[523]. Dass diese Leistung nicht direkt an den Versicherten erfolgt, ist unerheblich, denn er genießt die Vorteile der Sachleistung Pflegekurs.

V. Zusammenfassung

Insgesamt lässt sich festhalten, dass nach der VO 1408/71 lediglich das Pflegegeld zu exportieren ist, wenn es unter den Titel der Krankheit gefasst und als Geldleistung angesehen wird. Die übrigen Leistungen der Pflegeversicherung sind demnach im Rahmen der Sachleistungsaushilfe in Anspruch zu nehmen, falls derartige Leistungen überhaupt in dem jeweiligen EU-Mitgliedstaat, in dem sich der Pflegebedürftige aufhält, vorgesehen sind. Das ist derzeit nur in den Niederlanden, Luxemburg und Österreich der Fall.

E. Leistungsexport nach der VO 1612/68

Denkbar wäre, dass sich ein Exportgebot aus der VO 1612/68 herleiten lässt. In diesem Fall wäre es irrelevant, ob es sich bei den einzelnen Leistungen um Sach- oder Geldleistungen handelt. Warum sollte es nicht möglich sein, bestimmte Sachleistungen wie z. B. Hilfsmittel von Deutschland in die Niederlande zu senden, also zu exportieren? Bereits im deutschen Recht existiert in Ausnahmefällen der Export von Sachleistungen. Das sieht die seit 1.7.2001 geltende Vorschrift § 18 SGB IX für Rehabilitationsleistungen vor. Der Gedanke, dass eine solche Exportmöglichkeit auf Grundlage der VO 1612/68 hergeleitet werden kann, liegt auch deshalb nicht fern, weil der EuGH mehrmals in seiner Rechtsprechung betonte, dass Art. 7 II VO 1612/68 neben der VO 1408/71 anwendbar ist[524]. Die VO 1612/68 verfolge das Ziel, die Freizügigkeit und die Integration des

---

522 So auch: Klein, Deutsches Pflegeversicherungsrecht versus Europarecht?, S. 127 f.
523 Maschmann, in: NZS 1995, 109 (122).
524 EuGH, Urt. v. 10.3.1993, Rs. C-111/91 (Kommission/Luxemburg), Slg. 1993, I-817 (846); Urt. v. 12.5.1998, Rs. C-85/96 (Martinez Sala), Slg. 1998, I-2691 (2718).

Wanderarbeitnehmers und seiner Familie im Aufnahmeland umfassend sicherzustellen, wie der Gerichtshof feststellte[525].

I. Exportgebot unmittelbar aus VO 1612/68

Aus Art. 39 II EGV ergibt sich, dass Wanderarbeitnehmer nicht aufgrund ihrer Staatsangehörigkeit diskriminiert werden dürfen. Diese Vorgabe ist sekundärrechtlich durch die auf Art. 40 EGV gestützte Freizügigkeitsverordnung (VO 1612/68) umgesetzt worden. Von besonderer sozialrechtlicher Bedeutung ist dabei Art. 7 II VO 1612/68, der bestimmt, dass ein Arbeitnehmer im Hoheitsgebiet eines anderen Mitgliedstaates die gleichen sozialen und steuerlichen Vergünstigungen wie ein inländischer Arbeitnehmer genießt. Dem ist aber nicht zu entnehmen, dass Abs. 2 des Art. 7 VO 1612/68 nur soziale Vergünstigungen umfasst, die auf dem Territorium der Mitgliedstaaten gewährt werden. Denn eine soziale Vergünstigung ist nicht an den Wohnsitz im Leistungsstaat gebunden, wie der EuGH entschied[526].

Geht man nun mit dem EuGH davon aus, die VO 1612/68 finde neben der VO 1408/71 Anwendung, so ist es denkbar, dass damit Nachteile für die Wanderarbeitnehmer gerade im Bereich der Pflegeversicherung ausgeglichen werden könnten. Hinsichtlich des Pflegegeldes sind nun nach der *Molenaar*-Entscheidung keine Bedenken mehr ersichtlich, doch wie ist es mit den Sachleistungen der Pflegeversicherung? Der Umfang der Sachleistungen ist in den einzelnen Mitgliedstaaten sehr unterschiedlich. Grundsätzlich bleiben diese Leistungen hinter denen in Deutschland zurück[527]. Daher sind die Arbeitnehmer mit der Staatsangehörigkeit eines Mitgliedstaates benachteiligt, wenn sie z. B. in Deutschland eine Beschäftigung aufnehmen, aber ihren Wohnsitz in einem anderen Mitgliedstaat beibehalten[528]. Sie können nämlich nur auf das Pflegegeld verwiesen werden. D. h. der in Deutschland Arbeitende zahlt Beiträge zur Pflegeversicherung in Deutschland, ohne den Leistungsumfang zu erhalten, auf den er Anspruch in Deutschland hätte.

Mehrmals hatte der Gerichtshof die Gelegenheit, zu klären, was unter „sozialen Vergünstigungen" zu verstehen ist. In der Rechtssache *Michel*[529] stellte er fest, dass Vergünstigungen im Sinne von Art. 7 der VO 1612/68 nur diejenigen seien, die mit der Beschäftigung des Arbeitnehmers verbunden sind. Schon bald änderte er in der Rechtssache *Cristini*[530] seine Rechtsprechung. Der sachliche Anwendungsbereich von Art. 7 II VO 1612/68 umfasse danach alle sozialen Vergünstigungen, ohne Rücksicht darauf, ob

---

525 Vgl. EuGH, Urt. v. 14.1.1982, Rs. 65/81 (Reina), Slg. 1982, 33 (43, Rn. 11).
526 EuGH, Urt. v. 27.11.1997, Rs. C-57/96 (Meints), Slg. 1997, I-6689 (6721). In dieser Entscheidung betonte der Gerichtshof, dass in der Präambel der VO 1612/68 der Schutz der Grenzgänger ausdrücklich verankert ist.
527 Versicherte, deren Wohnstaat keine Leistungen bei Pflegebedürftigkeit kennt, können demnach keine Pflegesachleistungen erhalten.
528 So auch Zuleeg, in: Europarechtliche Gestaltungsvorgaben für das deutsche Sozialrecht, S. 103 (112).
529 EuGH, Urt. v. 11.4.1973, Rs. 76/72 (Michel S.), Slg. 1973, 457 (463, Rn. 6/10).
530 EuGH, Urt. v. 30.9.1975, Rs. 32/75 (Cristini), Slg. 1975, 1085 (1095, Rn. 10).

sie an einen Arbeitsvertrag anknüpfen[531]. Dadurch bezieht sich der Anwendungsbereich der Verordnung auf die unterschiedlichsten Sachbereiche[532]. Allgemein definiert sind unter sozialen Vergünstigungen „alle Vergünstigungen, die, ob sie an einen Arbeitsvertrag anknüpfen oder nicht, den inländischen Arbeitnehmern hauptsächlich wegen ihrer objektiven Arbeitnehmerschaft oder einfach wegen ihres Wohnortes im Inland gewährt werden und deren Ausdehnung auf die Arbeitnehmer, die Staatsangehörige eines anderen Mitgliedstaates sind, deshalb als geeignet erscheint, deren Mobilität innerhalb der Gemeinschaft zu erleichtern".

Der EuGH hat damit den Begriff der „sozialen Vergünstigungen" zu einem Auffangtatbestand gemacht[533]. Vor allem handelt es sich bei dieser Verordnung um einen Auffangtatbestand für alle diejenigen Leistungen, die nicht unter die VO 1408/71 zu fassen sind.

Trotz dieser Weite des Auffangtatbestandes ist dieser begrenzt, denn die VO 1612/68 sieht im Gegensatz zu der VO 1408/71 grundsätzlich keinen Leistungsexport vor[534]. Man könnte allerdings die Rechtssache *Matteucci*[535] anführen, in welcher der EuGH entschied, dass Art. 7 VO 1612/68 den Behörden eines Mitgliedstaates nicht erlaube, die Gewährung eines Stipendiums für ein Studium in einem anderen Mitgliedstaat einem Arbeitnehmer, der im Hoheitsgebiet des erst genannten Mitgliedstaats wohnt und dort eine Tätigkeit im Lohn- oder Gehaltsverhältnis ausübt, jedoch die Staatsangehörigkeit eines dritten Mitgliedstaats besitzt, mit der Begründung zu verweigern, dass dieser Arbeitnehmer nicht die Staatsangehörigkeit des Wohnmitgliedstaates besitze. Das führt zwar praktisch zu einem Leistungsexport, beruht jedoch auf dem Diskriminierungsverbot des Art. 7 II VO 1612/68. Damit gilt der Leitsatz: Soziale Leistungen im Sinne der VO 1408/71 sind exportfähig, während soziale Vergünstigungen im Sinne des Art. 7 II VO 1612/68 ausschließlich vom Wohnsitzstaat zu gewähren sind[536], was vor allem durch das Wort „dort" im Rahmen des Tatbestandes des Art. 7 II VO 1612/68 deutlich wird. Abschließend lässt sich deswegen festhalten, dass es sich nicht um ein originäres Exportgebot im Rahmen der VO 1612/68 handelt.

---

531 Bestätigt wurde diese Rechtsprechung mehrfach, vgl.: EuGH, Urt. v. 27.3.1985, Rs. 249/83 (Hoeckx), Slg. 1985, 973 (988, Rn. 20); EuGH, Urt. v. 6.6.1985, Rs. 157/84 (Fascogna I), Slg. 1985, 1739 (1749, Rn. 20); EuGH, Urt. v. 12.5.1998, Rs. C-85/96 (María Martínez Sala), Slg. 1998, I-2691 (2717, Rn. 25).
532 So konnte ein aufgrund von Zuschüssen des Landes Baden-Württemberg zinsloses Geburtsdarlehen (EuGH, Urt. v. 14.1.1982, Rs. 65/81 (Reina), Slg. 1982, 33 (44, Rn. 13)) die Kriterien der „sozialen Vergünstigung" erfüllen, ebenso wie eine Hilfe zum Lebensunterhalt (EuGH, Urt. v. 27.3.1985, Rs. 122/84 (Scrivener), Slg. 1985, 1027 (1036, Rn. 26)).
533 So auch: Voigt, in: SdL 1996, 104 (118); Ketelsen, in: ZSR 1990, 331 (336).
534 Vgl. Ketelsen, in: Europäischer Sozialraum, S. 11 (15); Hailbronner, in: EuZW 1991, 171 (175).
535 EuGH, Urt. v. 27.9.1988, Rs. 235/87 (Matteucci), Slg. 1988, 5589 (5612, Rn. 25).
536 Wölker, in: GTE, Art. 48, Rn. 49.

II. Exportgebot aus dem Diskriminierungsverbot des Art. 7 II VO 1612/68?

1. Herleitung

Dennoch wäre ein ähnlicher Weg – wie in der Rechtssache *Matteucci*[537] – denkbar, um zu einem Exportgebot der Sachleistungen zu gelangen. Denn auch in diesem Fall könnte man die antidiskriminierende Wirkung des Art. 7 II VO 1612/68 ausnutzen. Man könnte eine Diskriminierung - jedenfalls eine mittelbare - konstruieren: Art. 7 VO 1612/68 verbietet nicht nur die unmittelbare Diskriminierung, sondern auch die mittelbare Diskriminierung aufgrund der Staatsangehörigkeit. Wie im Urteil *O'Flynn* handelt es sich dabei um Voraussetzungen, die im Wesentlichen oder ganz überwiegend Wanderarbeitnehmer betreffen, sowie um unterschiedslos geltende Voraussetzungen, die von inländischen Arbeitnehmern leichter zu erfüllen sind als von Wanderarbeitnehmern oder bei denen die Gefahr besteht, dass sie sich besonders zum Nachteil der Wanderarbeitnehmer auswirken[538]. Der Tatbestand einer mittelbaren Diskriminierung aufgrund der Staatsangehörigkeit ist erfüllt, da die inländischen Arbeitnehmer die Voraussetzungen für einen Anspruch im Gegensatz zu anderen Arbeitnehmern in anderen Mitgliedstaaten unproblematisch erfüllen können. Ein Anspruch auf Leistungen aus der Pflegeversicherung ruht, solange sich der Versicherte im Ausland aufhält. Ebenso – wie schon gezeigt – führt die VO 1408/71 zu einem benachteiligenden Ergebnis und zwar dazu, dass die Versicherten auf das Pflegegeld verwiesen werden müssen, da Sachleistungen der Pflegeversicherung in den meisten Mitgliedstaaten nicht bestehen. Da eine grundsätzlich mögliche Rechtfertigung für diese mittelbare Diskriminierung nicht in Sicht ist – unter der Annahme, dass der Sachleistungsexport praktikabel und wirtschaftlich wäre –, führt das Diskriminierungsverbot zu einem Leistungsexport[539] unabhängig davon, ob es sich bei der jeweiligen Leistung um eine Sach- oder Geldleistung handelt.

2. Reflexion des Ergebnisses und die neue Rechtsprechung

Dieses Ergebnis ist jedoch so verblüffend, dass es einer reflektierenden Betrachtung Bedarf. Denn es steht konträr zu dem Grundsatz, dass die VO 1612/68 kein Exportgebot enthält. Die Leistungen der deutschen Pflegeversicherung fallen unter den Begriff der „sozialen Vergünstigungen". Das gilt vor allem, nachdem der EuGH einen weiten Begriff der „sozialen Vergünstigungen" vertritt. Damit ist der Begriff der „sozialen Vergünstigungen" weiter als derjenige der „sozialen Sicherheit", der im Zentrum der VO 1408/71 steht.

a) Kumulative Anwendbarkeit der VO 1408/71 und der VO 1612/68

Bedenken ergeben sich aber, wenn man sich bewusst macht, dass die Leistungen bei Pflegebedürftigkeit als Leistungen bei Krankheit sowohl der spezielleren VO 1408/71 unterfallen als auch der VO 1612/68. Also ist zu klären, ob etwa die VO 14108/71 als

---

[537] EuGH, Urt. v. 27.9.1988, Rs. 235/87 (Matteucci), Slg. 1988, 5589 (5612, Rn. 23).
[538] EuGH, Urt. v. 23.5.1996, Rs. C-237/94 (O'Flynn), Slg. 1996, I-2617 (2638, Rn. 19).
[539] Zu dieser Problematik vgl. Generalanwalts Cosmas, in: Schlussanträge zum Urteil des EuGH vom 5.3.1998, Rs. C-160/96 (Molenaar), Slg. 1998, 843 (878, Rn. 101); Gassner, in: NZS 1998, 313 (315); Huster, in: NZS 1999, 10 (13); Schirp, in: NJW 1996, 1582 (1583); Zuleeg, in: Europarechtliche Gestaltungsvorgaben für das deutsche Sozialrecht, S. 103 (109 f.).

speziellerer der VO 1612/68 vorgeht: Früher ließ sich der Rechtsprechung des EuGH die Tendenz[540] entnehmen, dass dann, wenn eine Leistung unter die eine Verordnung fällt, ausgeschlossen ist, dass sie auch unter die andere fällt[541]. Besonders deutlich wird dies in der Rechtssache *Scrivner*[542], in der der EuGH ausführt, es „ist vorab zu prüfen, ob eine Leistung (...) in den sachlichen Geltungsbereich der Verordnung Nr. 1408/71 fällt, wie er in Art. 4 I und II dieser Verordnung festgelegt ist. Die Prüfung ihrer möglichen Einordnung unter die „sozialen Vergünstigungen" im Sinne von Art. 7 der Verordnung Nr. 1612/68 kommt nämlich erst in Betracht, wenn feststeht, dass es sich nicht um eine Leistung der sozialen Sicherheit im Sinne der Verordnung Nr. 1408/71 handelt."

Nun scheint der EuGH einen anderen Weg eingeschlagen zu haben: Danach sollen beide Verordnungen auf ein und dieselbe Leistung kumulativ angewendet werden können. Diese Tendenz der EuGH-Rechtsprechung ist erstmals der Rechtssache *Inzirillo*[543] zu entnehmen, in der der Gerichtshof entschied, dass eine Beihilfe für erwachsene Behinderte sowohl eine Leistung der sozialen Sicherheit im Sinne der VO 1408/71 als auch eine soziale Vergünstigung im Sinne von Art. 7 der VO 1612/68 ist[544]. Seine Fortführung findet diese Tendenz in der Rechtsprechung des EuGH in der Rechtssache *Kommission/Belgien*[545], in welcher der EuGH entschied, dass Belgien dadurch gegen seine Verpflichtungen aus dem EG-Vertrag und insbesondere aus Art. 7 II VO 1612/68 und aus Art. 3 VO 1408/71 verstoßen habe, dass es das Erfordernis einer bestimmten Wohnzeit im belgischen Hoheitsgebiet als Voraussetzung für die Gewährung von Beihilfen für Behinderte, des garantierten Einkommens für ältere Personen und des Existenzminimums an Arbeitnehmer aus anderen Mitgliedstaaten, für welche die belgischen Rechtsvorschriften gelten, aufrechterhalten habe. Explizit in der Rechtssache *Kommission/Luxemburg*[546] betonte der Gerichtshof, dass die beiden Verordnungen kumulativ angewendet werden könnten, „da die Verordnung Nr. 1612/68 für die Freizügigkeit der Arbeitnehmer allgemeine Bedeutung hat, kann Artikel 7 II dieser Verordnung auf soziale Vergünstigungen Anwendung finden, die gleichzeitig in den besonderen Geltungsbereich der Verordnung Nr. 1408/71 fallen."

Danach sind alle Leistungen der deutschen Sozialversicherung – unabhängig davon, ob sie schon in den Anwendungsbereich der VO 1408/71 fallen oder nicht – als „soziale Vergünstigungen" zu qualifizieren.

---

540 Zu einer ausführlichen Besprechung der unterschiedlichen Tendenzen in der EuGH-Rechtsprechung vgl. Gouloussis, in: Social security in Europe, S. 75 (76 ff.); Spiegel, in: Soziale Sicherheit 2001, 365 (371).
541 EuGH, Urt. v. 22.06.1972, Rs. 1/72 (Frilli), Slg. 1972, 457 (465, Rn. 4) noch zur VO Nr. 3/58, der der VO 1408/71vorhergehenden VO; EuGH, Urt. v. 27.3.1985, Rs. 122/84 (Scrivener), Slg. 1985, 1027 (1034, Rn. 16).
542 EuGH, Urt. v. 27.3.1985, Rs. 122/84 (Scrivener), Slg. 1985, 1027 (1034, Rn. 16).
543 EuGH, Urt. v. 16.12.1976, Rs. 63/76 (Inzirillo), Slg. 1976, 2057 (2066 ff., Rn. 7/9). In der Rechtssache *Castelli* (EuGH, Urt. v. 12.7.1984, Rs. 261/83 (Castelli) Slg. 1984, 3199 (Rn. 12,13)) hat der EuGH die Frage der Anwendbarkeit der VO 1612/68 wieder offengelassen.
544 Vgl. dazu auch Otting, in: BArbBl (Heft 12) 1998, S. 16 ff.
545 EuGH, Urt. v. 10.11.1992, Rs. C-326/90 (Kommission/Belgien), Slg. 1992, I-5517 (5527, Rn. 3).
546 EuGH, Urt. v. 10.3.1993, Rs. C-111/91 (Kommission/Luxemburg), Slg. 1993, I-817 (846, Rn. 21); ebenso: EuGH, Urt. v. 27.5.1993, Rs. C-310/91 (Schmidt), Slg. 1993, I-3011 (3042, Rn. 17).

b) Entwicklung der Exportpflicht aus dem Verbot der mittelbaren Diskriminierung

Dieses Ergebnis krankt auch keineswegs an der Tatsache, dass es sich um eine mittelbare Diskriminierung handelt. Diese wird schon seit langem vom EuGH einer unmittelbaren Diskriminierung gleichgestellt[547]. Diese Entscheidungen hatten aber nicht die Frage des Leistungsexportes zum Inhalt. Vielmehr handelte es sich bei dem zu klärenden Sachverhalt um ausländische Arbeitnehmer, die in dem zuständigen Beschäftigungsstaat lebten und dort Leistungen in Anspruch nehmen wollten. Ihnen ist der Leistungsanspruch verwehrt worden, weil sie nicht lange genug oder nicht zu einem bestimmten Zeitpunkt in dem Beschäftigungsstaat lebten. Also ging es in diesen EuGH-Entscheidungen nicht um die Frage der Aufhebung der Wohnortklausel und somit um die Problematik des Leistungsexportes, sondern allein um Fragen der Gleichbehandlung. Danach hat der Grundsatz weiterhin Gültigkeit, dass kein originäres Leistungsexportgebot aus der VO 1612/86 zu entnehmen ist. Dieses Prinzip scheint auch nicht durch das Urteil *Meints*[548] aufgehoben worden zu sein. Der Rechtssache lag folgender Inhalt zugrunde: Ein deutscher Grenzgänger, der in der Landwirtschaft tätig war, arbeitete in den Niederlanden und wohnte in Deutschland. Er wurde aufgrund von Flächenstillegungsmaßnahmen seines Arbeitgebers arbeitslos und bezog dann Arbeitslosenunterstützung aus der deutschen Arbeitslosenversicherung. In den Niederlanden beantragte er gleichzeitig eine einmalige Leistung, die das dortige Recht für aus der Landwirtschaft ausgeschiedene Arbeitnehmer vorsieht. Dieser Antrag wurde mit der Begründung abgelehnt, dass er nicht in den Niederlanden wohne. Die Leistungen fielen nicht unter den von der VO 1408/71 vorgesehenen Anwendungsbereich. Deswegen stützte er seinen Anspruch auf Art. 7 II VO 1612/68, und zwar auf den Gesichtspunkt der mittelbaren Diskriminierung. Dagegen betonte die niederländische Regierung, dass die VO 1612/68 eben im Gegensatz zu der VO 1408/71 kein Exportgebot vorsehe. Der EuGH sprach dem deutschen Grenzgänger den Anspruch zu. Er erläuterte zunächst, dass das Wohnsitzerfordernis eine mittelbare Diskriminierung darstelle. Weiter führte der EuGH aus, dass sich daraus auch die Verpflichtung zum Export ergeben könne.[549] Das sei dem Wortlaut der VO 1612/68 zu entnehmen, die ausweislich ihrer vierten Begründungserwägung[550] auch für Grenzgänger gelte[551].

Schließlich geht es hierbei um die Frage, wie weit die Reichweite des Art. 7 II VO 1612/68 geht. Die Vorschrift spricht davon, dass der Arbeitnehmer „dort" den Anspruch

---

[547] Vgl. EuGH, Urt. v. 12.2.1974, Rs. 152/73 (Sotgiu), Slg. 1974, 153 (165, Rn. 13); EuGH, Urt. v. 10.11.1992, Rs. C-326/90 (Kommission/Belgien), Slg. 1992, I-5517 (5526 f., Rn. 1, 3); EuGH, Urt. v. 10.3.1993, Rs. C-111/91 (Kommission/Luxemburg), Slg. 1993, I-817 (843, Rn. 9).
[548] EuGH, Urt. v. 27.11.1997, Rs. C-75/96 (Meints), Slg. 1997, I-6689 ff.
[549] EuGH, Urt. v. 27.11.1997, Rs. C-57/96 (Meints), Slg. 1997, I-6689 (6720 f., Rn. 44 ff.).
[550] In der vierten Begründungserwägung zu VO 1612/68 wird ausdrücklich darauf hingewiesen, dass das Recht auf Freizügigkeit „gleichermaßen Dauerarbeitnehmern, Saisonarbeitern, Grenzarbeitnehmern oder Arbeitnehmern zusteht, die ihre Tätigkeit im Zusammenhang mit einer Dienstleistung ausüben". Vgl. EuGH, Urt. v. 27.11.1997, Rs. C-75/96 (Meints). Slg. 1997, I-6689 (6721, Rn. 50).
[551] Zu diesem Ergebnis gelangte auch der Generalanwalt Lenz in seinen Schlussanträgen vom 16. September 1997 zu der Rs. C-57/96 (Meints), Slg. 1997, I-6691 (6705 ff., Nr. 56 ff., 66). Er verwies darauf, dass die VO 1612/68 den Grenzgänger mit dem typischen Wanderarbeitnehmer, der im zuständigen Beschäftigungsstaat wohnt, gleichstellen wolle.

auf Gleichbehandlung hat, wo er arbeitet. Das bedeutet zunächst, dass der Anspruch auf Gleichbehandlung im Inland, also im Beschäftigungsstaat besteht. Klärungsbedürftig erscheint nun – vor allem aufgrund der *Meints*-Entscheidung –, ob der Anspruch auf Gleichbehandlung auch gilt, wenn der Arbeitnehmer nicht im Inland lebt, wenn es sich also um einen Grenzgänger handelt. Wenn man das Verbot der versteckten Diskriminierung beachtet, so gelangt man – wie der EuGH in der Rechtssache *Meints* – zu dem Ergebnis, dass die VO 1612/68 anwendbar sein muss. Es stellt sich aber die Frage, ob das Verbot von versteckten Diskriminierungen soweit reicht, dass der an sich auf das Inland beschränkte Anspruch auf Gleichbehandlung über die Grenze wirkt. Dies lässt sich zwar ansatzweise dem Urteil *Meints* entnehmen, aber diese Einzelentscheidung spiegelt noch keine diesbezügliche Tendenz wider.

c) Stellungnahme

Verknüpft man die oben dargestellten Gedanken der neuen EuGH-Rechtsprechung, so muss man zu dem Ergebnis gelangen, dass der Grundsatz – „kein Exportgebot aus der VO 1612/68" – überholt ist. Demnach könnte man in jedem Fall für alle Leistungen der deutschen Sozialversicherung eine Exportverpflichtung über die VO 1612/68 konstruieren. Danach wären auch Sachleistungen zu exportieren, da das Wohnsitzerfordernis regelmäßig mittelbar diskriminierend wirkt.

Der EuGH hat sich in den Urteilen zur kumulativen Anwendbarkeit der Verordnungen und auch in dem *Meints*-Urteil nicht mit der hier anstehenden Problematik beschäftigt, sondern hatte immer nur über Einzelprobleme zu entscheiden. Die Rechtssachen zur kumulativen Anwendbarkeit der Verordnungen hatten nicht die Frage der Exportpflicht zu beantworten. In der *Meints*-Entscheidung geht es nicht um eine Leistung der sozialen Sicherheit. Das bedeutet, dass sich der EuGH in diesem Zusammenhang noch nie mit der Frage zu beschäftigen hatte, ob auch Sachleistungen zu exportieren sind, obwohl ihnen das Wohnsitzerfordernis entgegensteht. Deswegen bleibt es zu bezweifeln, ob der Gerichtshof in einer derartigen Konstellation so entscheiden würde, wie es sich aus der Kombination der neuen Rechtsprechungsleitsätze ergibt. Jedoch lassen sich schon einige Bedenken bezüglich der kumulativen Anwendung der VO 1408/71 und der VO 1612/68 äußern. Zwar spricht der Gedanke, dass die in der Präambel der VO 1612/68 genannten Art. 39 und 40 EGV und Art. 42 EGV, auf den sich die VO 1408/71 stützt, in einem systematischen und teleologischen Zusammenhang stehen, dafür[552]. Aber allein dieser Zusammenhang kann nicht die Rechtfertigung für eine kumulative Anwendbarkeit der Verordnungen geben. Generalanwalt Cosmas begründet dies in seinen Schlussanträgen zur Rechtssache *Molenaar*[553] damit, dass Art. 42 EGV im Verhältnis zu Art. 39, 40 EGV lex specialis sei, mit der Folge, dass dies auch für die auf ihrer Grundlage ergangenen Verordnungen gelten müsse. Zudem sei die VO 1408/71 als Nachfolgeregelung der 1958 erlassenen VO Nr. 3 die ältere Norm. Mangels entgegenstehender Anhalts-

---

[552] Dieser Zusammenhang wird zwar nicht von Generalanwalt Cosmas bezweifelt, aber er lässt ihn nicht als Rechtfertigung für die kumulative Anwendbarkeit beider Verordnungen gelten. Vgl. Schlussanträge des Generalanwalts Cosmas vom 9.12.1997 zur Rs. C-160/96 (Molenaar), Slg. 1998, I-846 (877, Nr. 98, 99).

[553] Schlussanträge des Generalanwalts Cosmas vom 9.12.1997 zur Rechtssache *Molenaar*, Slg. 1998, I-846 (877 f., Nr. 98 ff.). Ihm folgend: Gassner, in: NZS 1998, 313 (314).

punkte folge hieraus, dass der Verordnungsgeber mit der VO 1612/68 nur solche Fragen regeln wollte, die nicht schon unter die VO Nr. 3 fielen und jetzt unter die VO 1408/71 fallen. Deswegen sind die Anwendungsbereiche der Verordnung unterschiedlich. Das gilt sowohl für den sachlichen wie für den persönlichen Anwendungsbereich, da die VO 1408/71 im Gegensatz zur VO 1612/68 die Selbstständigen[554] erfasst. Von anderen Autoren[555] wird überdies ein kompetentieller Gesichtspunkt vorgebracht: Die VO 1408/71 sei entsprechend Art. 42 EGV einstimmig erlassen worden, während für die VO 1612/68 gem. Art. 40 EGV eine qualifizierte Mehrheit genügt habe. Wollte man nun annehmen, die VO 1612/68 gelte auch für Leistungen der sozialen Sicherheit, würde dieses Einstimmigkeitserfordernis umgangen.

Fraglich bleibt auch, wie es sich vereinbaren lässt, dass die VO 1408/71 für den Bereich der sozialen Sicherheit ein umfassendes Koordinierungssystem mit Regelung des Exportgebotes enthält und diese differenzierten Regelungen verdrängt werden. Vor allem werden durch die Herleitung eines Exportgebotes aus der VO 1612/68 die unterschiedlichen Bestimmungen zu Sach- und Geldleistungen unterlaufen.

Selbst wenn man ein Exportgebot annähme, so ergäben sich jedoch irgendwann einmal zeitliche Begrenzungen. Geschützt wäre nämlich in erster Linie der aktive Arbeitnehmer und nicht ohne weiteres der ehemalige Arbeitnehmer. Auch der EuGH scheint nicht ein generelles Exportgebot statuieren zu wollen; er scheint dieses auf die Grenzgänger zu beschränken. Aber gerade für Grenzgänger sieht die VO 1408/71 spezifische Regelungen (vgl. Art. 25 II, Art. 39 III, Art. 71, Art. 72 a VO 1408/71) vor, die nicht durch eine allgemeine Norm verdrängt werden können.

Abgesehen davon führt eine Herleitung der Exportpflicht aus der VO 1612/68 zu kuriosen Ergebnissen, was sich deutlich an der Problematik der beitragsunabhängigen Sonderleistungen zeigen lässt: Der EuGH hat die beitragsunabhängigen Sonderleistungen als Leistungen der sozialen Sicherheit eingeordnet[556]. Danach wären diese Leistungen gem. Art. 10 VO 1408/71 zu exportieren. Um dieser Folge entgegenzuwirken, wurde in Art. 4 II a) und b) und Art. 10 a) VO 1408/71 aufgenommen, dass diese Leistungen zwar der VO 1408/71 unterfallen, es aber in der Hand der Mitgliedstaaten liegt, den Export auszuschließen. Eine solche Rechtsänderung wäre hinfällig, wenn man der VO 1612/68 eine Exportpflicht entnimmt. Damit wäre auch die problematische Abgrenzungsdiskussion, was nun in den Anwendungsbereich der VO 1408/71 fällt oder nicht, unverständlich. Die Debatten über den Anwendungsbereich der VO 1408/71, beispielsweise über die Abgrenzung der Leistungen der sozialen Sicherheit und Sozialhilfeleistungen, entfachten sich aufgrund der Tatsache, dass Leistungen nur nach der VO 1408/71 zu exportieren sind.

---

554 Durch die VO 1390/81 geändert.
555 Gassner, in: NZS 1998, 313 (314).
556 Vgl. 5. Teil, D. I. 4.

Betrachtet man den Hintergrund der herangezogenen Entscheidungen, welche die beiden Grundsätze der neuen EuGH-Rechtsprechung konstituiert haben[557], so ist ein Exportgebot aus der VO 1612/68 zu verneinen.

Dass der Gerichtshof die beiden Verordnungen für gleichzeitig nebeneinander anwendbar erklärt hat, hängt mit dem persönlichen Anwendungsbereich der Verordnungen zusammen. Im Gegensatz zu der VO 1612/68 fallen unter die VO 1408/71 nur Ansprüche, wenn sie auf abgeleiteten Ansprüchen beruhen, nicht, wenn der Angehörige einen eigenen, von seiner Angehörigeneigenschaft unabhängigen Anspruch geltend macht[558]. In den Entscheidungen *Kommission/Luxemburg*[559] und *Schmid*[560], in welchen der EuGH die Verordnungen für kumulativ anwendbar erklärte, ging es um Leistungen, die nicht der Arbeitnehmer selbst, sondern seine Familienangehörigen beanspruchten. Unter die VO 1612/68 fallen eigene Ansprüche des Angehörigen, solange dieser noch vom Arbeitnehmer unterhalten wird und die Leistungen sich daher als Vergünstigungen für den Arbeitnehmer darstellen[561]. Also wollte der EuGH durch die Anwendung der VO 1612/68 den engeren Anwendungsbereich der VO 1408/71 nicht berücksichtigen.

Vor diesem Hintergrund ist der generelle Schluss nicht gerechtfertigt, dass die beiden Verordnungen kumulativ angewendet werden können[562]. Außerdem ist in der letzten Zeit in der Rechtsprechung die Tendenz zu erkennen, dass der EuGH auch eigene Ansprüche der Familienangehörigen unter die VO 1408/71 fasst[563].

Auch der Hintergrund der *Meints*-Entscheidung ist aufschlussreich: Der EuGH mochte wohl nicht mehr einsehen, dass das Diskriminierungsverbot des Art. 7 II VO 1612/68 für Grenzgänger praktisch leer läuft, weil diese in einem anderen Mitgliedstaat wohnen (vgl. Art. 1 lit. b) VO 1408/71) und daher hinsichtlich der sozialen Vergünstigungen auf ein gemeinschaftsrechtliches Exportgebot angewiesen sind, wenn ihr leistungszuständiger Beschäftigungsstaat an dem Erfordernis eines inländischen Wohnsitzes festhält[564]. Die Aussage des *Meints*-Urteils ist in ihrer logischen Konsequenz weitergeführt problematisch. Das würde dann beispielsweise auch bedeuten, dass Sozialhilfe exportiert werden muss. Das ist nicht einzusehen. Deswegen hat der Generalanwalt Lenz auch in

---

557 Dazu vor allem: Huster, in: NZS 1999, 10 (15 f.).
558 Vgl. EuGH, Urt. v. 6.6.1985, Rs. 157/84 (Frascogna I), Slg. 1985, 1739 (1748, Rn. 17); EuGH, Urt. v. 20.6.1985, Rs. 94/84 (Deak), Slg. 1985, 1873 (1884 f., Rn. 14).
559 EuGH, Urt. v. 10.3.1993, Rs. C-111/91 (Kommission/Luxemburg), Slg. 1993, I-817 (845, Rn. 20).
560 EuGH, Urt. v. 27.5.1993, Rs. C-310/91 (Schmid), Slg. 1993, I-3011 (3042, Rn. 17).
561 EuGH, Urt. v. 30.9.1975, Rs. 32/75 (Cristini), Slg. 1975, 1085 (1095, Rn. 14/18); EuGH, Urt. v. 18.6.1987, Rs. 316/85 (Lebon), Slg. 1987, 2811 (2836, Rn. 12, 13); EuGH, Urt. v. 9.7.1987, Rs. 256/86 (Frascogna II), Slg. 1987, 3431 (3442, Rn. 6); in der Rechtssache *Michel S.* noch anders: EuGH, Urt. v. 11.4.1973, Rs. 76/72 (Michel S.), Slg. 1973, 457 (463, Rn. 6/10); vgl. dazu: Ziekow, in: DÖV 1991, 363 (365 f.).
562 Schulte, in: ZFSH/SGB 2001, 3 (11) sieht die in der VO 1408/71 enthaltenen Regelungen als lex specialis zu den Vorschriften der VO 1612/68 an.
563 EuGH, Urt. v. 30.4.1996, Rs. C-308/93 (Cabanis-Issarte), Slg. 1996, I-2097 (2132 ff., Rn. 21 ff.); Wohl auch: EuGH, Urt. v. 10.10.1996, Rs. C-245 und 312/94 (Hoever und Zachow), Slg. 1996, I-4895 (4938, Rn. 32).
564 Huster, in: NZS 1999, 10 (16).

seinen Schlussanträgen zu der Rechtssache *Meints*[565] ausgeführt, dass er an eine Beschränkung denke. Als eine solche sah er die Anknüpfung der Leistungen an eine Berufstätigkeit an. Doch dies ist nicht wünschenswert. Zum einen hat der EuGH in ständiger Rechtsprechung[566] betont, dass die sozialen Vergünstigungen keineswegs an ein Arbeitsverhältnis anknüpfen. Zum anderen würde eine von den Umständen abhängige Definition des Begriffs „soziale Vergünstigungen" zu einer Verdoppelung des Begriffs, d. h. wäre grundsätzlich weit zu verstehen, aber im Zusammenhang mit der Exportpflicht wiederum eng[567]. Das trägt nicht gerade zu einer Vereinfachung der Problematik bei. Deswegen ist die EuGH-Entscheidung *Meints* wohl als Einzelentscheidung zu verstehen, die nicht zur Überspielung der spezifischen Regelungen der VO 1408/71 führen darf.

Also ist der VO 1612/68 kein generelles Exportgebot zu entnehmen. Vor allem lässt sich daraus nicht herleiten, dass ein Exportgebot für Sachleistungen besteht und damit die von der VO 1408/71 vorgesehene Leistungsaushilfe unterlaufen wird.

F. Leistungsexport und Sachleistungsaushilfe nach dem EG-Vertrag

I. Genehmigungserfordernis des Art. 22 I VO 1408/71

Im Schrifttum[568] sind viele kritische Stimmen zu finden, die die Regelungen des SGB XI als unvereinbar mit den Grundfreiheiten sehen. Da – wie oben gezeigt – die Verordnung kein eigenes Kapitel zum Pflegefallrisiko vorsieht, sind die Regelungen für die Leistungen bei Krankheit, also Art. 19 ff. VO 1408/71 anzuwenden. Deswegen stellt sich hier genauso wie im Rahmen der Krankenversicherung die Frage, ob das in Art. 22 I VO 1408/71 vorgesehene Genehmigungserfordernis gegen die Grundfreiheiten verstößt.

1. Anwendbarkeit

Art. 49 EGV wie auch Art. 28 EGV sind im Rahmen der Pflegeversicherung anwendbar. In den Leistungsverhältnissen Leistungserbringer/Pflegekasse und Leistungserbringer/Versicherter sind die Grundfreiheiten unproblematisch anwendbar. Die im Rahmen des Krankenversicherungsrechts bestehenden Bedenken, ob eine wirtschaftliche Tätigkeit der Krankenkassen gegenüber den Versicherten vorliegt, stellen sich auch im Hin-

---

[565] Generalanwalt Lenz in seinen Schlussanträgen vom 16.9.1997 zu der Rs. C-57/96 (Meints), Slg. 1997, I-6691 (6706, Nr. 60 ff.).
[566] EuGH, Urt. v. 27.3.1985, Rs. 249/83 (Hoeckx), Slg. 1985, 973 (988, Rn. 20); EuGH, Urt. v. 6.6.1985, Rs. 157/84 (Frascogna I), Slg. 1985, 1739 (1749, Rn. 20); EuGH, Urt. v. 12.5.1998, Rs. C-85/96 (María Martínez Sala), Slg. 1998, I-2691 (2717, Rn. 25).
[567] Huster, in: NZS 1999, 10 (16).
[568] Peters-Lange, in: ZfSH/SGB 1996, 624 (627); Zuleeg, in: DVBl 1997, 445 (452); Füßer, in: Arbeit und Sozialpolitik (Heft 9-10) 1997, 30 (36); Fuchsloh, in: NZS 1996, 153 (157) sieht Art. 3 GG verletzt, wenn bei Verlassen des Geltungsbereichs des Gesetzes keine Beitragsrückerstattung erfolgt. Dieser Gedanke könnte auch auf das Europarecht übertragen werden, da auch hier ein allgemeiner Gleichheitssatz existiert.

blick auf die Pflegekassen. Im Verhältnis der gesetzlichen Krankenkassen zu den Krankenversicherten spielen die Grundfreiheiten nur in mittelbarer Hinsicht eine Rolle, da aufgrund der Monopolstellung der Krankenkassen das für die Anwendung der Grundfreiheiten notwendige wirtschaftliche Element fehlt[569]. Nichts anderes gilt für das Verhältnis der Pflegekassen zu den Pflegeversicherten, da die Pflegeversicherung von ihrem Grundkonzept her der Krankenversicherung nachgebildet ist: Auch sie ist von dem Solidaritätsgedanken geprägt[570]. Der Solidarausgleich findet vor allem zwischen den Jungen und den Alten statt, da das Pflegerisiko mit zunehmenden Alter anwächst[571]. Ferner ist die Pflegeversicherung im Wesentlichen deswegen geschaffen worden, um den aktuellen Pflegebedarf durch Umlagefinanzierung zu decken[572]. Neben der solidarischen Grundstruktur spricht auch die Versicherungspflicht gegen die Annahme, dass die Pflegekassen Unternehmen sind[573]. Aufgrund des fehlenden wirtschaftlichen Charakters scheidet ebenso wie im Rahmen der Krankenversicherung eine Anwendbarkeit der Grundfreiheiten in dem Verhältnis Versicherter und Pflegekasse aus[574]. Da aber die Grundfreiheiten im Rahmen der anderen Stränge des Sachleistungsprinzips einschlägig sind, kann diese Hürde genommen werden.

Gerade im Rahmen der Pflegeversicherung, für die eher längerfristige Aufenthalte in einem Mitgliedstaat charakteristisch sind, ist zu bedenken, dass der Anwendungsbereich der Dienstleistungsfreiheit nur vorliegt, wenn sich der Versicherte kurzzeitig in einen anderen Mitgliedstaat begibt, also beispielsweise für teilstationäre Pflege (§§ 32, 37f. SGB XI). Die Dienstleistungsfreiheit scheidet jedoch aus, wenn sich der zu Pflegende länger im Ausland aufhält und dort Pflegesachleistungen in Anspruch nehmen möchte[575].

2. Beschränkung

Auch hier hält das Genehmigungserfordernis des Art. 22 I VO 1408/71 die Versicherten davon ab, sich an Pflegeleistungserbringer in einem anderen Mitgliedstaat zu wenden und stellt sowohl für letzteren als auch für die zu Pflegenden eine Behinderung der Dienstleistungs- und Warenverkehrsfreiheit dar[576]. Das gleiche gilt für das deutsche Recht, das im Leistungsrecht ein Ruhen des Anspruchs bei Wechsel in einen anderen Mitgliedstaat vorsieht (vgl. § 34 SGB XI).

---

569 Vgl. 2. Teil, E. II. 1.a), insbesondere cc).
570 Dafür spricht auch die Entwicklung der Pflegeversicherung. Ein Entwurf eines Gesetzes zur Vorsorge gegen das finanzielle Pflegerisiko des Landes Baden-Württemberg vom 28.5.1990, BR-Drucksache 367/90 sah ein privatversicherungsrechtliches Modell vor.
571 Während bei den 60-70jährigen der Anteil der Pflegebedürftigkeit noch bei 1,5 % liegt, steigt er bei den 70-80jährigen auf 10,6 %, den 80-90jährigen auf 29,1 % und den über 90jährigen auf 40,1 %. Vgl. Rolfs, in: SGb 1998, 202 (206); Schulin, Handbuch der Sozialversicherung, Band IV, § 1 Rn. 5.
572 Eichenhofer, in: EuroAS 1995, 64 (64).
573 So auch: Rolfs, in: SGb 1998, 202 (206).
574 Siehe 2. Teil, E. II. 1.a), cc).
575 Vgl. Art. 50 III EGV, der darauf hinweist, dass der Leistende zwecks Erbringung seiner Leistungen seine Tätigkeit vorübergehend in dem Staat ausüben kann.
576 Vgl. 2. Teil, E. II. 1.a), cc).

3. Rechtfertigung

Als Rechtfertigungsgründe der Beschränkung im Bereich des Pflegeversicherungsrechts kommen die schon im Rahmen der Krankenversicherung herausgearbeiteten in Betracht:

a) Finanzielles Gleichgewicht der sozialen Pflegesicherungssysteme

Im Bereich der Pflegeversicherung rechtfertigt das im Rahmen der Krankenversicherung immer wieder vorgebrachte Argument, dass durch die Abschaffung des Genehmigungserfordernisses die Bedarfsplanung und somit das finanzielle Gleichgewicht der sozialen Sicherungssysteme gestört werde, noch viel weniger die Beschränkung[577]. Grund dafür ist, dass in der gesetzlichen Pflegeversicherung im Gegensatz zu der gesetzlichen Krankenversicherungen die Bedarfsplanung (§§ 70 I, 99 bis 105, 109 ff. SGB V) nicht gilt. Dieser wichtige Grundsatz im Rahmen des Krankenversicherungsrechts ist in der Pflegeversicherung nur modifiziert enthalten: Gem. §§ 9, 12 I SGB XI verpflichten sich die Länder und gesetzlichen Pflegekassen zur Gewährleistung einer leistungsfähigen, ausreichenden Versorgungsstruktur. Es sollen nicht Überkapazitäten vermieden, sondern gefördert werden[578]. Das bedeutet, dass das deutsche Pflegeversicherungsrecht bereits den Wettbewerb der Anbieter vorsieht. Das heißt aber wiederum, dass das deutsche Pflegeversicherungsrecht exterritorialisierbar ist, keine spezifischen deutschen Züge trägt und im allgemeinen, internationalen Privatisierungstrend liegt[579].

b) Qualitätssicherung

Auch die Qualitätssicherungsargumente können nicht die Beschränkung rechtfertigen. Nicht überzeugend ist vor allem das Argument, dass mangels verlässlicher Kontrollmöglichkeiten dem Sozialmissbrauch Tür und Tor geöffnet werden. Warum sollen beispielsweise österreichische Pflegedienste den Pflegezustand einer Person nicht ebenso gut wie deren deutsche Kollegen feststellen können? Die möglicherweise bestehenden Kontrollschwierigkeiten können durch die gegenseitige Amtshilfe nach Art. 84 II VO 1408/71 beseitigt werden[580]. Schwierigkeiten bei der Feststellung der Pflegebedürftigkeit der in einem anderen Mitgliedstaat wohnenden Versicherten sind mit den Schwierigkeiten bei der Feststellung der Erwerbsunfähigkeit vergleichbar. Dazu hat der EuGH in ständiger Rechtsprechung entschieden, dass der zuständige Träger grundsätzlich an die Feststellungen im Ausland gebunden bleibt[581]. Der EuGH hat wiederholt betont,

---

577 Zumal ein Jahr nach dem *Molenaar*-Urteil nur ca. 500 Anträge bei den Kassen gestellt wurden. Damit haben sich die anfangs aufgestellten Schätzungen, nach denen jährlich mit ca. 3.500 Anträgen auf Geldleistungen der Pflegeversicherung aus dem Ausland und einem Finanzvolumen von ca. 60 Mio. DM kalkuliert wurde, nicht bestätigt. Vgl. Spiethoff, in: BKK 1999, 136 (140).
Nach Auskunft des BMA sind seit der *Molenaar*-Entscheidung im Dezember 1998 bis Juli 2000 ca. 1000 Anträge eingegangen.
578 Vgl. Füßer, in: Arbeit und Sozialpolitik (Heft 9-10) 1997, 30 (35).
579 Jedoch mit der Ausnahme der dualen Finanzierung von Investitions- und Betriebskosten, vgl. hierzu Igl, Das neue Pflegeversicherungsrecht, S. 113 ff.; vgl. zur gesamten Thematik: Füßer, in: Arbeit und Sozialpolitik (Heft 9-10) 1997, 30 (35).
580 Der EuGH hat außerdem in der Rechtssache *Athanasopoulos*, (EuGH, Urt. v. 11.6.1991, Rs. C-251/89 (Athanasopoulos), Slg. 1991, I-2797 (2848, Rn. 57)) entschieden, dass die Träger vergleichbarer Sozialleistungen in den anderen Mitgliedstaaten zur Zusammenarbeit untereinander verpflichtet sind.
581 EuGH, Urt. v. 3.6.1992, Rs. C-45/90 (Paletta II), Slg. 1992, I-3423 (3465, Rn. 28).

dass administrative und praktische Schwierigkeiten bei der Anwendung der Verordnung generell nicht dazu führen dürfen, die Rechte der Betroffenen zu beeinträchtigen[582].

Bereits der Exportanspruch des Pflegegeldes ist der Wegbereiter des Exports der Pflegedienst- und Pflegesachleistungen. Beispielsweise müssen auch beim Export des Pflegegeldes die gesetzlich vorgeschriebenen Qualitätskontrollen der selbst beschafften Hilfe durchgeführt werden. Dies lässt sich zum Beispiel durch Beauftragung eines Arztes im Aufenthaltsstaat gem. Art. 18 V VO 574/72 bewältigen. Folglich scheiden Qualitätsgesichtspunkte und Kontrollschwierigkeiten als Rechtfertigungsgründe aus.

c) Unmöglichkeit der Leistungserbringung

Des Weiteren kann auch nicht die Überlegung, dass andere Mitgliedstaaten keine originäre Pflegeversicherung haben, das Genehmigungserfordernis des Art. 22 I VO 1408/71 rechtfertigen. Zum einen zeigte die oben dargestellte Einordnung, dass die deutschen Pflegeleistungen unter das Kapitel „Leistungen bei Krankheit" fallen und zum anderen sehen alle Mitgliedstaaten Leistungen im Falle des Pflegefallrisikos vor, ohne dass sie eine originäre Pflegeversicherung bereithalten. Es kommt darauf an, dass die Funktionsfähigkeit des Systems gewährleistet ist, was der Fall ist, auch wenn nicht alle Leistungen den gleichen Qualitätsstandard besitzen. Dadurch dass man die Pflegebedürftigkeit unter den Begriff der „Krankheit" des Titels III, Kapitel 1 VO 1408/71 subsumiert, unterstellt man, dass vergleichbare Leistungen in jedem Mitgliedstaat vorgesehen werden[583].

Ebenso kann die Überlegung Igls[584], dass die Leistungen der sozialen Sicherheit ein bestimmtes Leistungsumfeld darstellen und dieses in anderen Mitgliedstaaten nicht in gleicher Weise gewährleistet werden kann, nicht das Genehmigungserfordernis rechtfertigen. Als Beispiel führt er an: Die Geldleistungen bei häuslicher Pflege würden daran angeknüpft, dass der Pflegebedürftige je nach Grad der Pflegebedürftigkeit in bestimmten Zeitabständen die Sachleistungen in Anspruch nehme. Damit solle kontrolliert werden, ob die Geldleistungen zweckentsprechend verwendet würden, insbesondere, ob der Pflegebedürftige auch angemessen pflegerisch versorgt wird (§ 37 SGB XI). Außerdem solle schon bei der Begutachtung des Pflegebedürftigen gem. § 18 I SGB XI darauf geachtet werden, dass entsprechende Rehabilitationsmaßnahmen eingeleitet würden, an deren Teilnahme der Pflegeversicherte nach § 6 II SGB XI verpflichtet sei. Da in anderen Mitgliedstaaten ein derartiges Leistungsumfeld fehle, könne das Postulat des Vorrangs von Prävention und Rehabilitation (§ 5 SGB XI)[585] somit nicht durchgesetzt werden.

Diese von Igl vorgebrachten Unzulänglichkeiten sind Ausfluss der Koordinierung. Dabei kann nicht jeder Nuance eines Sozialleistungssystems genügt werden. Das Leis-

---

582 EuGH, Urt. v. 28.5.1974, Rs. 187/73 (Callemeyn), Slg. 1974, 553 (562, Rn. 12/13); EuGH, Urt. v. 12.7.1990, Rs. C-236/88 (Kommission/Frankreich), Slg. 1990, I-3163 (3182, Rn. 17).
583 Vgl. Füßer, in: Arbeit und Sozialpolitik (Heft 9-10) 1997, 30 (36).
584 Igl, in: Soziale Sicherung bei Pflegebedürftigkeit in der Europäischen Union, S. 19 (30 f.); auch von Schumacher, in: Soziale Sicherung bei Pflegebedürftigkeit in der Europäischen Union, S. 179 (186).
585 In der BT-Drucksache 12/5262, S. 91 zu § 5 wird deutlich, dass es sich hier um einen zentralen Punkt handelt, denn die Gesetzesbegründung zu § 5 SGB XI lautet: „Der Vorrang von Prävention und Rehabilitation vor der Inanspruchnahme von Versicherungsleistungen ist ein wichtiges Ziel der Gesundheitspolitik.".

tungsambiente ist national und kann deswegen eben nicht exportiert werden[586]. Deshalb kann aber noch lange nicht von einer Unmöglichkeit der Leistungserbringung gesprochen werden.

4. Zusammenfassung

Die als Rechtfertigung des Genehmigungserfordernisses vorgebrachten Gründe sind ebenso wie im Krankenversicherungsrecht nicht überzeugend[587]. Damit stellt das Genehmigungserfordernis des Art. 22 I VO 1408/71 einen Verstoß gegen die Dienstleistungs- und Warenverkehrsfreiheit dar. Dass es hier und da Probleme gibt, muss auf dem Weg zu einer EU – mit größtmöglicher Freiheit – hingenommen werden.

II. Kürzung des Pflegegeldes bei Export?

Angesichts der niedrigeren Lebenshaltungskosten in anderen Mitgliedstaaten, stellt sich die Frage, ob dieses gekürzt werden kann oder ob allein die individuellen Verhältnisse des Pflegebedürftigen entscheidend sind[588]. Dieses Problem ist noch nicht abschließend ausgefochten. Folgende Überlegungen sprechen gegen eine Kürzung des Pflegegeldes: Die Kaufkraftparität der einzelnen EU-Mitgliedstaaten nähert sich mit zunehmender Zeit an. Dieser Trend wird sich durch die einheitliche Währung des Euro, der einen einfachen Vergleich der Leistungshöhen ermöglicht, verstärken. Abgesehen davon ist bisher nur von wenigen Pflegeversicherten der Export des Pflegegeldes in einen anderen Mitgliedstaat verlangt worden. Nach Auskunft des BMA haben seit der *Molenaar*-Entscheidung im Dezember 1998 bis Juli 2000 ca. 1.000 Versicherte einen Antrag auf Zahlung von Pflegegeld in einen anderen Mitgliedstaat gestellt. Angesichts dieser geringen Zahl erscheint die Kaufkraftparitätsprüfung zu aufwendig.

Auch die Verordnung sieht eine Kürzung der Geldleistungen nicht vor. Vielmehr verdeutlicht sie in Art. 10 VO 1408/71 – allerdings nicht für Geldleistungen im Krankheitsfall –, dass eine Kürzung der Geldleistungsansprüche grundsätzlich nicht in Betracht kommt. Der EuGH hat sich in der Rechtssache deutlich dafür ausgesprochen, dass das Pflegegeld als Geldleistung zu qualifizieren ist. Nun kann nicht erneut bei der Frage der Kürzungsmöglichkeit des Pflegegeldes mit ähnlichen Argumenten diskutiert werden.

---

586 So auch Igl, in: Soziale Sicherung bei Pflegebedürftigkeit in der Europäischen Union, S. 19 (31).
587 Im Ergebnis auch so Giesen, in: SGb 1994, 63 (67).
588 Vgl. Wollenschläger, in: SGb 1999, 360 (365). Auch das Urteil des BSG vom 8.12.1998 (B 2 U 5/98 R) gibt Anlass, darüber nachzudenken. Dem Urteil lag folgender Sachverhalt zugrunde: Ein Spanier erhielt von einer deutschen Unfallkasse Verletztenrente und Pflegegeld. Als er in sein Heimatland Spanien zurückkehrte, glich die Unfallkasse das Pflegegeld zugleich dem Lebenshaltungskostenindex in Spanien an. Das Pflegegeld sei als Ersatz für die Sachleistung Pflege anzusehen. Der Bezug zur Sachleistung Pflege sei aber dadurch gewahrt worden, dass über eine Umrechnungsformel, die auch die Verbrauchergeldparität und damit das Niveau der Lebenshaltungskosten im Aufenthaltsstaat berücksichtige, im Regelfall eine Reduzierung des Pflegegeldbetrages vorgenommen worden sei. Das LSG entschied, dass das Pflegegeld nicht aufgrund der Paritätsunterschiede gekürzt werden könne, was vom BSG bestätigt worden ist. Die Gerichte prüften die Rechtmäßigkeit lediglich an § 48 SGB X.

Abgesehen davon erwarb der Versicherte durch seine Beitragszahlungen eine Anwartschaft auf die Leistung im Fall des Eintritts der Pflegebedürftigkeit. Nicht zuletzt verstößt es gegen den Gleichheitsgrundsatz (Art. 39 EGV), einem Versicherten, der die Leistungen in einem anderen Mitgliedsland beziehen möchte, weniger auszuzahlen.

G. Änderungsüberlegungen

Im Schrifttum wird gefordert, die VO 1408/71 um ein dem Risiko der Pflegebedürftigkeit gerecht werdendes Kapitel zu erweitern[589]. Fraglich ist allerdings, ob gesonderte Regelungen hierfür unbedingt nötig sind. Ein weiteres Kapitel in der VO 1408/71 trägt nicht zu deren – jetzt schon kaum gegebenen – Übersichtlichkeit bei[590]. Des Weiteren ist zu beachten, dass Art. 4 I VO 1408/71 Leistungsarten aufzählt, die als Risikogruppen gedacht sind[591]. Das heißt, dass eine explizite Aufzählung der in den einzelnen Mitgliedstaaten existierenden Systeme sozialer Sicherheit überhaupt nicht gewollt ist[592]. Eine befriedigende koordinationsrechtliche Lösung ist nur möglich, wenn in jedem Mitgliedstaat Pflegeleistungen vorgesehen werden. Das zeigt auch die Frage des Leistungsexportes bzw. der Sachleistungsaushilfe bei der Krankenversicherung: Die Koordination in diesem Bereich ist deswegen möglich, weil in allen Mitgliedstaaten Behandlungsleistungen im Krankheitsfalle vorgesehen sind. Um im Rahmen der Pflegeversicherung eine Koordination ohne „Haken und Ösen" zu erreichen, müssen in allen Mitgliedstaaten Pflegeleistungen garantiert werden. Dies entspricht auch einem Beschluss der Sozialminister des Europarates aus dem Jahre 1995[593]. Solange dieses Ziel aber noch nicht erreicht ist, sind die Pflegeleistungen als Leistungen bei Krankheit einzuordnen und diese Regelungen, auch wenn sie nicht exakt der Besonderheit der Leistungen bei Pflegebedürftigkeit gerecht werden, anzuwenden.

Auch im Hinblick auf die Schaffung einer neuen Regelung zur Vermeidung der soeben festgestellten Verstöße gegen die Grundfreiheiten ist ein separates Kapitel „Risiko der Pflegebedürftigkeit" nicht nötig. In diesem Zusammenhang wird darauf hingewiesen, dass viele Mitgliedstaaten Leistungen im Pflegefall im Bereich der Krankenversicherung vorsehen.

---

589 In der Literatur existieren verschiedene Reformvorschläge bezüglich der VO 1408/71; diese beispielsweise um ein Kapitel „Leistungen bei Pflegebedürftigkeit" zu erweitern. So: Eichenhofer, in: VSSR 1994, 323 (338); Bloch, in: DAngVers 1994, 237 (241); Krasney, in: SGB 1996, 253 (256); ähnlich: Langer, in: V. Maydell/Schulte, Zukunftsperspektiven des europäischen Sozialrechts, S. 24 (38). Auch in der Europäischen Kommission wurde diese Forderung laut, ein eigenes Kapitel für das Risiko der Pflegebedürftigkeit einzufügen, vgl. Kommission der EG, Europäische Sozialpolitik, ein zukunftsweisender Weg für die Union („Weißbuch zur Sozialpolitik"), KOM (94) 333 vom 27. Juli 1994, Kapitel IV B 11; auch abgedruckt in: ZFSH/SGB 1995, 28 ff., 94 ff., 149 ff., (100).
590 So auch: Klein, Deutsches Pflegeversicherungsrecht versus Europarecht?, S. 50 f.
591 Steinmeyer, in: VSSR 1996, 49 (55).
592 A. A.: Eichenhofer, in: VSSR 1994, 323 (338).
593 Council of Europe 6th Conference of European Ministers responsible for social security, The Situation of Dependence in Relation to the Protection afforded by Social Security, Strasbourg, 1995.

Da eine starke Parallelität zwischen der Pflegeversicherung und der gesetzlichen Krankenversicherung besteht, wird eine gleiche Regelung wie in dem Abschnitt „gesetzliche Krankenversicherung" vorgeschlagen[594].

H. Änderungsvorschlag

Um die Problematik klarer zu fassen, soll die Überschrift des Art. 22 VO 1408/71 um „Leistungen bei Pflegebedürftigkeit" erweitert werden. Der konkrete Formulierungsvorschlag wird im Rahmen des Vorschlags einer Generalklausel im 7. Teil, B. dargestellt.

---

594 Siehe 2. Teil, H.

4. Teil: Gesetzliche Unfallversicherung

Die deutschen Träger der gesetzlichen Unfallversicherung haben eine Vielzahl von Sachverhalten mit Auslandsberührung zu bearbeiten. Mit zunehmender Mobilität der Personen wachsen die Fallzahlen beim Leistungsexport in das Ausland und damit einhergehende Kontakte zu ausländischen Unfallversicherungs- oder Gesundheitssystemen im Rahmen der Amtshilfe (z.B. Unfallrentengutachten) oder der medizinischen Versorgung. 1999 überwiesen die deutschen Unfallversicherungsträger 160,3 Mio. DM an Geldleistungen in EU-Staaten[595].

In der Diskussion über die Entwicklung der sozialen Sicherheit auf europäischer Ebene ist immer wieder darauf hingewiesen worden, dass die Struktur der Unfallversicherung Modellcharakter für die gesamte Entwicklung der sozialen Sicherheit haben könnte[596]. Grund dafür ist nicht zuletzt, dass sie sich als effizient erwiesen hat[597], da nicht ständig Beitragserhöhungen[598] und Finanzierungsprobleme zu verzeichnen sind.[599]

A. Allgemeiner Überblick über die Absicherungssysteme in der EU

In nahezu allen Mitgliedstaaten gibt es ein System zur Absicherung des Risikos bei Berufskrankheit und Arbeitsunfall[600]. Überwiegend ist in der EU ein obligatorisches Sicherungssystem zu finden, nur in Griechenland und in den Niederlanden nicht. Es gibt allerdings erhebliche Unterschiede in der Ausgestaltung der Systeme, beispielsweise hinsichtlich des Personenkreises der Versicherten (Unfallversicherung als Arbeitnehmerversicherung oder für Arbeitnehmer und weitere Personengruppen oder als Pflichtversicherung und freiwillige Versicherung), der einzelnen Leistungen und der Organisation.

---

595 Nach Auskunft des Hauptverbandes der gewerblichen Berufsgenossenschaften, St. Augustin, vom 29. August 2000 handelt es sich um insgesamt 14.839 EU-Auslands-Fälle.
596 Tiemann, in: BG 1997, 728 ff.
597 Vgl. Fuchs, in: BG 1996, 248 (251 ff.).
598 Nachdem der durchschnittliche Beitragssatz zur gesetzlichen Unfallversicherung in der gewerblichen Wirtschaft von Deutschland bereits 1996 von 1,46% auf 1,42% des beitragspflichtigen Entgelts gesunken war, ist er 1997 nochmals zurückgegangen und zwar auf 1,40 v.H. Vgl. Greiner/Sokoll/Aulmann, in: BG 1998, 642 (650).
599 Deswegen ist auch nicht zu verstehen, dass in den letzten Jahren Stimmen laut wurden, die den Wert einer eigenständigen Unfallversicherung in Frage stellten. Vgl. dazu: Fuchs, in: BG 1996, 248 (253).
600 Dieser Überblick ergibt sich unter anderem aus dem im Anhang IV dargestellten Systemvergleich der einzelnen EU-Mitgliedstaaten. Des Weiteren hierzu: vgl. Fuchs, in: EAS, B 9130, Rn. 1 ff.; Raschke, in: BG 1989, 372 ff.; Lauerbach/Waltermann, in: Unfallversicherung, vor § 625 Anm. II; Hauptverband, Die soziale Unfallversicherung in Europa; BMA, Euroatlas, S. 62 ff.; Weber/Leienbach/Dohle, Soziale Sicherung, S. 34 ff.; Europäische Kommission: Sozialer Dialog und soziale Sicherheit, S. 33 ff.; Weber/Leienbach/Dohle, Soziale Sicherung; Sokoll, in: Die Unfallversicherung in der Europäischen Union, S. 45 (64 f.); Raschke, in: Lauterbach/Waltermann, UV, § 97 SGB VII, Rn. 1 ff.

Problematisch ist auch die Definition bzw. Konkretisierung der Begriffe Arbeitsunfall und Berufskrankheit[601].

In der EU sind die Unfallversicherungen in den meisten Staaten öffentlich-rechtlich in Gestalt von Körperschaften des öffentlichen Rechts organisiert. Als Ausnahme ist neben anderen Portugal zu nennen, das sich für eine privatrechtliche Organisation der Unfallversicherung entschieden hat. Belgien sieht eine geteilte Zuständigkeit vor, bei der die Versicherung gegen das Risiko der Arbeitsunfälle in der Trägerschaft privater Versicherungsgesellschaften und die Versicherung gegen das Risiko der Berufskrankheiten hingegen bei einem öffentlich-rechtlichen Fonds liegt. Spanien kennt neben dem öffentlich-rechtlichen System der Unfallversicherung die Wahlmöglichkeit der Unternehmen, sich in einem privatrechtlichen Verein zu versichern.

Obwohl die Systeme der EU-Staaten hinsichtlich der Absicherung des Arbeitsunfalls und der Berufskrankheit sehr unterschiedlich sind, ist eine Übereinstimmung zu erkennen, die Fuchs als „Einheit durch das allen Systemen eigene Streben nach der Einheit von Prävention, Rehabilitation und Entschädigung"[602], bezeichnet.

B. Die deutsche gesetzliche Unfallversicherung

In Deutschland gibt es eine gesetzliche Unfallversicherung, die berufsgenossenschaftlich organisiert ist[603]. Die Träger der Sozialversicherung sind rechtsfähige Körperschaften des öffentlichen Rechts mit Selbstverwaltung (§ 29 I SGB IV). Hierin sind Arbeitnehmer, bestimmte Selbstständige, Schüler und Studenten sowie Kindergartenkinder versichert[604]. Die Finanzierung erfolgt durch den Arbeitgeber durch eine nach Gefahrenklassen gestaffelte Umlage auf die Entgeltsummen (teilweise auch Bonus-/Malusverfahren) und durch den Staat, der den Öffentlichen Dienst sowie Zuschüsse für die Landwirtschaft finanziert. Genauso wie in der Krankenversicherung werden – mit Ausnahme der unterhaltsbezogenen Geldleistungen – die Leistungen der Unfallversicherung grundsätzlich als Sach- und Dienstleistungen erbracht (§ 26 IV S. 2 SGB VII – Sachleistungsprinzip). Leistungen werden gewährt für Arbeitsunfälle, die in ursächlichem Zusammenhang mit der versicherten Tätigkeit stehen, für Wegeunfälle sowie für eine Liste von zahlreichen Berufskrankheiten. Für die Sachleistungen sind ausschließlich von den Berufsgenossenschaften beauftragte Fachärzte zuständig. Das bedeutet, dass die Unfallversicherung im Gegensatz zur Kranken-, Renten-, Arbeitslosen- und Pflegeversicherung alle notwendigen Leistungen aus einer Hand anbietet[605]. Die Fest-

---

601 Wenige Länder, wie Portugal und Frankreich, haben ein strenges Listensystem, überwiegend werden jedoch auch Einzelfallregelungen, also ein gemischtes System, vorgesehen. Vgl. hierzu: Raschke, in: FS f. Noell, S. 166 ff.; ABl. EG Nr. L 160 vom 26. Juni 1990, S. 46; Zu einem Überblick zu den einzelnen Mitgliedstaaten: De Brucq/Mehrhoff, in: BG 1997, 732 ff.
  Die Kommission sprach sich 1990 in einer Empfehlung (ABl. EG Nr. L 160 vom 26. Juni 1990, S. 39) für das gemischte System aus.
602 Fuchs, in: EAS, B 9130, Rn. 10; ders., in: Internationale Revue für Soziale Sicherheit 1997, 21 ff.
603 Vgl. BMA, Euroatlas, S. 62 ff.
604 Weber/ Leienbach/ Dohle, Soziale Sicherung, S. 37 f.
605 Ost/Mohr/Estelmann, Grundzüge des Sozialrechts, S. 203.

stellung der Minderung der Erwerbsfähigkeit (Mindestsatz 20 %) wird von einem Facharzt getroffen. Als Rentenbemessungsgrundlage dient das tatsächliche Arbeitsentgelt im Jahr vor dem Unfall, mindestens jedoch 60 % bei Personen über 18 Jahren bzw. 40 % bei Personen unter 18 Jahren der maßgeblichen Bezugsgröße.

Die gesetzliche Unfallversicherung gewährt[606]:
- Heilbehandlungen (§§ 27 ff. SGB VII)
- Berufsfördernde Leistungen zur Rehabilitation (§ 35 SGB VII)
- Übergangsleistungen bei drohender Berufskrankheit (§ 3 BKV)
- Leistungen bei Pflegebedürftigkeit (§ 44 SGB VII)
- Geldleistungen während der Heilbehandlung und der beruflichen Rehabilitation (§§ 45 ff. SGB VII)
- Verletztenrenten (§§ 56 ff. SGB VII)
- Leistungen an Hinterbliebene (§§ 63 ff. SGB VII)
- Abfindungen (§§ 75 ff. SGB VII).

C. Leistungsexport und Sachleistungsaushilfe nach den SGB-Vorschriften

Zunächst ist von dem in § 30 I SGB I normierten Territorialitätsprinzip auszugehen. Jedoch kennt das deutsche Sozialversicherungsrecht kein für alle Versicherungszweige gleichermaßen gültiges Prinzip, dass Leistungen nur an Berechtigte im Inland zu erbringen sind, bei einem Auslandsaufenthalt also zu ruhen haben[607]. Dies ergibt sich bei der Unfallversicherung schon aus § 97 SGB VII[608], wonach Berechtigte, die ihren gewöhnlichen Aufenthalt im Ausland haben, Geldleistungen aus der Unfallversicherung und „für alle sonstigen zu erbringenden Leistungen eine angemessene Erstattung entstandener Kosten einschließlich der Kosten für eine Pflegekraft oder für Heimpflege" erhalten[609]. Das BSG stellte bereits 1970 die mangelnde Allgemeingültigkeit des Territoriali-

---

[606] Zusätzlich: Leistungen zur sozialen Rehabilitation und ergänzende Leistungen (§§ 39 ff. SGB VII), besondere Vorschriften für die Versicherten in der Seefahrt (§ 53 SGB VII) und für die Versicherten der landwirtschaftlichen Berufsgenossenschaften (§§ 54 ff. SGB VII).

[607] BSGE 31, 288 (290); BSGE 33, 280 (282); BSGE 53, 150 (152 f.). Podlech, in: NJW 1963, 1142 ff., setzte sich eingehend mit der Frage auseinander, ob in der deutschen gesetzlichen Unfallversicherung das Territorialitätsprinzip gilt.

[608] Seit 1. Januar 1997 ist diese Rechtsfolge im deutschen Unfallversicherungsrecht verankert; anders die frühere Bestimmung des § 625 RVO. Vgl. Heinze, in: Forum für Europäisches Wirtschaftsrecht, S. 3 (68). Kritisch zu § 625 RVO, Schuler, in: ZfS 1984, 225 (236).

[609] In der Gesetzesbegründung zu dieser Vorschrift (BT-Drucksache 13/2204, S. 99) findet sich folgende Argumentation: „Die Vorschrift sieht, abweichend von § 30 I SGB I, die generelle Gewährung von Sach- und Dienstleistungen an Berechtigte im Ausland vor. Nach dem geltenden Recht (§ 625 RVO, § 30 II SGB I) gilt dies nur für Leistungen an deutsche Staatsangehörige und Personen, die von der EWG-Verordnung 1408/71, von zweiseitigen Sozialversicherungsabkommen und von Übereinkommen der Internationalen Arbeitsorganisation (IAO) erfasst werden. Die Mehrzahl der ausländischen Berechtigten in der Unfallversicherung fallen unter die Übereinkommen Nr. 19 und Nr. 118 IAO und sind damit wegen des dort verankerten Gleichbehandlungsgrundsatzes bei der Leistungsgewährung im Ausland Deutschen gleichgestellt. Im Hinblick auf das Schadensersatzprinzip der Unfallversicherung werden die Leistungen im Ausland künftig auch an die Ausländer erbracht, die nicht unter die vorgenannten Regelungen fallen."

tätsprinzips fest, als es darauf verwies, dass bei der Unfallversicherung Leistungen an Deutsche im Ausland uneingeschränkt zugelassen sind[610]. § 97 SGB VII unterscheidet wie die Verordnung zwischen Geld- und Sachleistungen; bei letzteren wird das Exportprinzip durch das Kostenerstattungsprinzip ersetzt.

Die Universalisierung des Leistungsexports im Bereich der Unfallversicherung ist zum einen durch das Schadensersatzprinzip[611] begründet und zum anderen auf der Beitragsfinanzierung beruhend[612], denn die Leistungen der anderen Versicherungszweige werden überwiegend aus dem allgemeinen Steueraufkommen finanziert.

D. Leistungsexport und Sachleistungsaushilfe nach der VO 1408/71

Es steht fest, dass der Anwendungsbereich der VO 1408/71 die so genannte echte Unfallversicherung erfasst. Umstritten ist hingegen, ob auch Leistungen der unechten Unfallversicherung unter den Anwendungsbereich der VO 1408/71 fallen[613]. Unter unechter Unfallversicherung versteht man, dass auch Personen abgesichert werden, die nicht im Rahmen eines Arbeitsverhältnisses, sondern im Interesse des Gemeinwohls tätig werden[614]. Im vorliegenden Zusammenhang ist nur der Bereich der echten Unfallversicherung von Bedeutung.

I. Regelung des Art. 10 VO 1408/71

Art. 10 I VO 1408/71 garantiert den Export von Geldleistungen in EU-Staaten. Vor allem der Leistungsexport der aus der Unfallversicherung stammenden Renten ist, anders als die Geldleistungen bei Krankheit, bereits durch die Generalklausel des Art. 10 VI 1408/71 gewährleistet.

In Anhang VI C Nr. 1 zur VO 1408/71 ist festgeschrieben, dass Art. 10 VO 1408/71 nicht die deutschen Rechtsvorschriften berührt, nach denen aus Unfällen und Zeiten, die

---

610 BSGE 31, 280 (290).
611 Schulin, in: HS-UV, Bd. 2, S. 1418 ff.
612 Heine, in: Arbeit und Sozialpolitik (Heft 9-10) 1997, 9 (15).
613 Das BSG (BSGE 57, 262 ff.) hat im sog. *Pannenhelferurteil* die Anwendbarkeit der VO 1408/71 zumindest für eine arbeitnehmergleiche Tätigkeit, die nach deutschem Recht gem. § 2 II SGB VII in die Unfallversicherung einbezogen wird, angenommen. Vgl. kritisch dazu: Igl/Schuler, in: SGb 1986, 127 ff.; Fuchs, in: EAS, B 9130, Rn. 27. Das BSG hat vor Anwendung der VO 1408/71 vor allem nicht geprüft, ob der persönliche Anwendungsbereich nach § 2 VO 1408/71 eröffnet ist. Willms, Soziale Sicherung durch Europäische Integration, S. 146, lehnt dies ab, da die Versicherungsfälle der unechten Unfallversicherung keine Arbeitsunfälle im Sinne des Gemeinschaftsrechts seien. Schuler, Das Internationale Sozialrecht der BRD, S. 635, will die unechte Unfallversicherung von den Koordinierungsverordnungen umfasst sehen, aber hat im Hinblick auf die Arbeitnehmereigenschaft Bedenken. Fuchs, in: SDSRV Bd. 36, 123 (130) neigt dazu, den Anwendungsbereich in diesem Fall als nicht eröffnet anzusehen. Er begründet dies überzeugenderweise damit, dass es sich rechtsdogmatisch nicht um eine Sozialversicherung, vor allem nicht um eine Arbeitnehmerversicherung handelt, sondern um eine soziale Entschädigung. Im Ergebnis auch so: Steinmeyer, in: BG 1995, 99 (100).
614 Dazu gehört z. B. der Schul- und Hochschulbesuch (§ 2 I Nr. 8 SGB VII) oder die Tätigkeit des Zeugen (§ 2 I Nr. 11 b) SGB VII).

außerhalb des Gebietes der Bundesrepublik Deutschland eingetreten bzw. für die Beiträge entrichtet sind, Leistungen an Berechtigte außerhalb der Bundesrepublik Deutschland nicht oder nur unter bestimmten Voraussetzungen gezahlt werden. Diese Regelung dürfte aber jetzt aufgrund von § 97 Nr.1 SGB VII funktionslos geworden sein[615]. Demnach ist der Export von Geldleistungen an Personen, die ihren gewöhnlichen Aufenthaltsort im Ausland haben, ohne Einschränkung vorgesehen.

II. Regelung der Art. 52 ff. VO 1408/71

Daneben enthält die Verordnung spezielle Vorschriften für diesen Leistungszweig in Art. 52 bis 63 VO 1408/71. Sie weisen hinsichtlich der Unterscheidung von Sach- und Geldleistungen einerseits und von zuständigem Staat und einem anderen Staat der Wohnung oder des Aufenthaltes andererseits (Art. 52 bis 55 VO 1408/71) Parallelen zu den Vorschriften über die Leistungsgewährung bei Krankheit auf, so dass hier ein kurzer Abriss genügt.

Während Art. 52 VO 1408/71 die Leistungsgewährung bei Auseinanderfallen von zuständigem Staat und Wohnstaat regelt, betrifft Art. 55 VO 1408/71 drei Fallgestaltungen, bei denen sich der Betroffene außerhalb des Mitgliedstaates befindet, in dem er unfallversichert ist[616].

Gem. Art. 55 VO 1408/71 erhält der Betroffene Sach- und Geldleistungen. Ein Arbeitnehmer oder Selbstständiger, der außerhalb des zuständigen Mitgliedstaates wohnt und einen Arbeitsunfall erlitten bzw. sich eine Berufskrankheit zugezogen hat, erhält Sachleistungen vom Träger des Wohnortes nach den für ihn geltenden Rechtsvorschriften zu Lasten des zuständigen Staates, d. h. des Staates, in dem der Berechtigte versichert ist. Als Sachleistungen kommen alle Leistungen in Betracht, die dem Berechtigten konkret zu einem in der Leistungsvorschrift festgelegten, sozialen Schutzzweck zugute kommen, wobei es gleichgültig ist, ob die Leistungen vom Versicherungsträger für den Anspruchsberechtigten beschafft werden oder ob dieser sie selbst beschafft hat[617]. Gibt es in dem Mitgliedstaat des Wohnortes keine Unfallversicherung, so werden die Leistungen gem. Art. 61 I VO 1408/71 von dem Träger des Aufenthalts- oder Wohnorts gewährt, der für die Gewährung der Sachleistung bei Krankheit zuständig ist.

Sachleistungen sind beispielsweise auch die Rehabilitationsleistungen der Unfallversicherung (§§ 35 ff. SGB VII). Sie sind nicht etwa den Regelungen bei Krankheit zuzuordnen wie es für die Rehabilitationsmaßnahmen im Rahmen der Rentenversicherung in der hier vorliegenden Arbeit vertreten wird[618]. Denn im Gegensatz zu den Vorschriften bei Alter, Invalidität und Tod sind im Rahmen der „Leistungen bei Arbeitsunfällen und

---

615 So auch: Haverkate/Huster, Europäisches Sozialrecht, S. 186, Fn. 300.
616 Insoweit kann auf die bereits im Rahmen des Kapitels Krankenversicherung dargestellten Fallgruppen verwiesen werden. Siehe 2. Teil, D. II. 4..
617 Sachleistungen sind z.B. Zuschüsse zur Beschaffung von Kraftfahrzeugen. Vgl. Raschke, HS-UV, Bd. 2, § 73 Rn. 118; Neumann-Duesberg, in: DOK 1985, 306 (309).
618 Vgl. 5. Teil, D. II. 1.

Berufskrankheiten" Regelungen für Sachleistungen und zwar die Erbringung dieser im Rahmen der Sachleistungsaushilfe vorgesehen.

Zu den Aufgaben der deutschen Unfallversicherung gehören nach § 1 SGB VII nicht nur die Rehabilitation und Entschädigung nach dem Eintritt von Arbeitsunfällen und Berufskrankheiten, sondern auch Maßnahmen zur Verhütung dieser Risiken (§ 14 SGB VII). Diese werden aber nicht von der VO 1408/71 erfasst. Statt dessen sind hierfür die zahlreichen arbeitsschutzrechtlichen Vorschriften, die aufgrund der Art. 94, 95, 137 und 138 EGV erlassen worden sind, von Bedeutung.

Als Geldleistungen kommen im Wesentlichen die den allgemeinen Lebensunterhalt deckenden Verdienstausfallentschädigungen oder Abgeltungen für einen abstrakten Schaden in Betracht[619].

Problematisch ist die Einordnung des Pflegegeldes (§ 44 SGB VII). Prima facie könnte man das Pflegegeld in der gesetzlichen Unfallversicherung ebenso wie es beim Pflegegeld der Pflegeversicherung vertreten wurde, als Sachleistungssurrogat und somit als Sachleistung einordnen[620]. Das Pflegegeld ist in Anlehnung an das *Molenaar*-Urteil[621] als Geldleistung zu charakterisieren, da es diesem nach Sinn und Zweck entspricht[622]. Deswegen muss das Pflegegeld genauso wie beispielsweise die Unfallrente, das Verletztengeld und das Sterbegeld (vgl. Art. 65 II VO 1408/71) nach Art. 10 I VO 1408/71 ungekürzt ins Ausland gezahlt werden.

Diese Geldleistungen erhält der Berechtigte unmittelbar vom zuständigen Träger des Versicherungsstaates, es sei denn, der zuständige Träger und der Träger des Wohnorts sind übereingekommen, dass diese Leistungen vom Träger des Wohnortes gewährt werden und zwar nach den Rechtsvorschriften und für Rechnung des zuständigen Trägers. Art. 52 VO 1408/71 regelt das Auseinanderfallen von Wohnortstaat und zuständigem Träger.

Im Mittelpunkt der Untersuchung steht jedoch Art. 55 VO 1408/71. Dieser regelt die Anspruchsvoraussetzungen, wenn der Unfallverletzte Leistungen außerhalb des zuständigen Staates in Anspruch nehmen möchte. Nach Art. 55 I lit. c) i.V.m. II S. 2 VO 1408/71 kann ein Unfallverletzter mit Genehmigung des zuständigen Trägers Sachleistungen in einem anderen Mitgliedstaat erhalten. Gemeint sind Fälle, in denen der Arbeitsunfall im Staat des zuständigen Trägers eintritt, der Unfallverletzte sich jedoch zum Beispiel zur Heilbehandlung vorübergehend in einen anderen Staat begeben will[623]. Zur Klärung dieser Frage gilt für die Unfallversicherungsträger die Rechtsprechung des

---

619 Raschke, in: HS-UV, Bd. 2, § 73 Rn. 118.
620 In der Vorauflage: Fuchs, in: Nomos Kommentar, I. 52, Rn. 7, (jetzt spricht sich Fuchs für die Einordnung als Geldleistung aus, vgl. Art. 52, Rn. 7); Raschke, in: HS-UV, § 73 Rn. 158 sieht das Pflegegeld als Sachleistung und somit als nicht exportierbar an.
621 EuGH, Urt. v. 9.12.1998, Rs. C-160/96 (Molenaar), Slg. 1998, I-843 ff.
622 Vgl. 3. Teil, D. IV. 3.
623 Beispielsweise haben vor Geltung des § 97 SGB VII die deutschen Unfallversicherungsträger die Genehmigung zur Durchführung spezieller Augenoperationen in Italien gegeben. Vgl. Raschke, HS-UV, Bd. 2, § 73 Rn. 139.

EuGH zum sinngleichen Art. 22 I lit. c) i.V.m. II VO 1408/71[624]. So ist auch die Sachleistungsaushilfe in der VO 1408/71 im Bereich der Leistungen bei Arbeitsunfällen und Berufskrankheiten in gleicher Weise wie bei den Leistungen bei Krankheit eingeschränkt.

Bemerkenswert ist, dass im Bereich der Unfallversicherung das nationale deutsche Recht weniger Voraussetzungen als das Sekundärrecht der Gemeinschaft hat. Damit sieht das nationale deutsche Recht im Gegensatz zum Gemeinschaftsrecht einen weitergehenden Leistungsexport bzw. eine weitergehende Sachleistungsaushilfe vor. Deswegen stellt sich hier die Frage, welche Norm vorgeht. Grundsätzlich genießt das Recht der EG Anwendungsvorrang, d. h. soweit eine gemeinschaftsrechtliche Norm reicht, verdrängt oder überlagert sie das nationale Recht[625]. Dabei besteht jedoch die Einschränkung, dass günstigere, allein aus nationalem Recht ableitbare Ansprüche nicht entfallen oder gekürzt werden dürfen[626]. Für Deutschland gilt deswegen die günstigere Vorschrift des § 97 Nr. 2 SGB VII. Dieses Ergebnis ist in einem gemeinsamen Binnenmarkt keine befriedigende Lösung; es ist vielmehr eine einheitliche europäische Regelung nötig[627].

III. Verfahren des Leistungsexportes und der Sachleistungsaushilfe

Die Sachleistungen werden im Rahmen der Sachleistungsaushilfe vom zuständigen Träger des Wohnorts nach den für ihn geltenden Rechtsvorschriften erbracht. Die Einzelheiten der Sachleistungserbringung sind in den Art. 60 und 61 VO 574/72 geregelt. Sind die Voraussetzungen eines Anspruchs auf Sachleistungen dem Grunde nach entsprechend dem Recht des zuständigen Trägers gegeben, so stellt dieser eine Bescheinigung[628] aus, mit welcher der Unfallversicherte im aushelfenden Staat Sachleistungen verlangen kann, die von der Unfallversicherung des zuständigen Staates beglichen werden. Im Aufenthaltsstaat erfolgt eine Versorgung des Unfallversicherten in der dortigen Form, zum Beispiel über ein System der Kostenerstattung (z.B. Frankreich) oder grundsätzlich kostenlos im Rahmen eines Nationalen Gesundheitsdienstes (z.B. Großbritannien) oder durch die Krankenversicherung, wenn ein Unfallversicherungssystem nicht besteht (z.B. Niederlande) gem. Art. 61 I VO 1408/71. Der Unfallversicherte hat sich grundsätzlich eine Genehmigung nach Art. 60 VO 574/72 von dem zuständigen Träger erteilen zu lassen, um dann in dem Wohn- bzw. Aufenthaltsstaat die Leistungserbringung auf Kosten des zuständigen Trägers beanspruchen zu können[629]. Die Erstattungspflicht ist in Art. 63 I VO 1408/71 festgeschrieben. Die Erstattung von Kosten für die

---

[624] Raschke, HS-UV, Bd. 2, § 73 Rn. 139; Fuchs, in: EAS, B 9130, Rn. 40. Aufgrund des hohen Niveaus der medizinischen Rehabilitation in Deutschland sind die Anwendungsfälle dieser Vorschrift gering. Eine Genehmigung ist zum Beispiel zur Durchführung spezieller Augenoperationen in Italien gegeben worden, vgl. Rundschrift HVBG VB 34/88 und VB 86/86.
[625] Oppermann, Europarecht, Rn. 524 ff.
[626] Vgl. EuGH, Urt. v. 6.3.1979, Rs. 100/78 (Rossi), Slg. 1979, 831 (843 Rn. 10); Sieveking, in: ZSR 1994, 515 (520).
[627] Bezüglich der Einzelheiten – wie zum Beispiel das Verfahren der Erstattung – wird auf die entsprechenden Ausführungen zu den Leistungen bei Krankheit verwiesen, vgl. 2. Teil, D. II. 4. d).
[628] Diese Bescheinigung ist auf dem Vordruck 123 auszustellen.
[629] Ausführlich zu den Einzelheiten des Verfahrens: Raschke, HS-UV, Bd. 2, § 73 Rn. 105 ff.; Fuchs, Nomos Kommentar, Art. 55, Rn. 18.

Sachleistungen im Bereich der Arbeitsunfälle und der Berufskrankheiten richtet sich nach den für das Krankenversicherungsrecht geltenden Regelungen[630].

Aufgrund der Verfahrensregelung des Art. 61 VO 574/72 stellt sich im Rahmen der Unfallversicherung auch die Frage, ob und inwieweit der zuständige Träger an die Feststellungen der Arbeitsunfähigkeit durch den Träger des Wohnstaates gebunden ist. Dies ist jedoch nicht anders als für die Krankenversicherung zu beantworten. Der zuständige Träger ist grundsätzlich an die Feststellungen des Wohn- bzw. Aufenthaltsstaates gebunden.[631] Es sind die vom EuGH in den Rechtssachen *Rindone*[632] und *Paletta I*[633] zur Krankenversicherung entwickelten Grundsätze anzuwenden[634]. Eine andere Lösung wäre auch nicht praktikabel.

E. Leistungsexport und Sachleistungsaushilfe nach dem EG-Vertrag

Es bestehen auch hier - wie schon im Rahmen der Kranken- und Pflegeversicherung diskutiert - Bedenken[635], ob der Genehmigungsvorbehalt des Art. 55 VO 1408/71 gegen die Grundfreiheiten verstößt. Die Beschränkung liegt in der nach Art. 22 VO 1408/71 konzipierten Vorschrift des Art. 55 VO 1408/71, die den erwähnten Vorbehalt enthält.

Als Argument für die Notwendigkeit der Genehmigung wird vor allem der Behandlungstourismus genannt[636]. Wenn jedoch schon in der Krankenversicherung der Genehmigungsvorbehalt als gemeinschaftswidrig erachtet wurde[637], kann hier erst recht nichts anderes gelten. Für die Geltung der Grundfreiheiten ist ein wirtschaftlicher Charakter der Tätigkeit unentbehrlich. Die gesetzliche Unfallversicherung stand und steht deutlich mehr unter dem wirtschaftlichen Einfluss als beispielsweise die Krankenversicherung. Deswegen ist in diesem Bereich der Einfluss der Grundfreiheiten tendenziell stärker als im Rahmen der Krankenversicherung. Das beruht nicht zuletzt darauf, dass der europäische Integrationsprozess die gesetzliche Unfallversicherung gegenwärtig bereits massiver als die übrigen Zweige der Sozialversicherung berührt[638]. Das ist zum Beispiel schon an der äußerst kontroversen Diskussion zu der Frage, ob das Unfallversicherungsmonopol gemeinschaftswidrig ist, zu erkennen[639].

---

630 Vgl. Art. 63 II VO 1408/71 i. V. m. Art. 96 VO 574/72.
631 Fuchs, in: Nomos Kommentar, Art. 52, Rn. 9; a. A.: Raschke, in: HS-UV, Bd. 2, § 73 Rn. 225, der darauf verweist, dass der befasste Arzt im Ausland nicht in der Lage ist, die Kausalitätsgesichtspunkte, die für die Frage eines unfallversicherungsrechtlichen Anspruchs wesentlich sind, zu beurteilen.
632 EuGH, Urt. v. 12.3.1987, Rs. 22/86 (Rindone), Slg. 1987, 1339 (1363, Rn. 9).
633 EuGH, Urt. v. 3.6.1992, Rs. C-45/90 (Paletta I), Slg. 1992, I-3423 (3465, Rn. 28).
634 Ausführungen hierzu vgl. 2. Teil, D. II. 5. b).
635 Vgl. ebenso Fuchs, in: Nomos Kommentar, Art. 55, Rn. 6 ff.
636 Raschke, in: HS-UV, Bd. 2, § 73 Rn. 140.
637 Vgl. 2. Teil, E. II. 3.
638 So schon 1990 Sokoll im Rahmen einer Veranstaltung der Gesellschaft für Versicherungswissenschaft und -gestaltung in Bonn am 15.5.1990, zusammengefaßt von Leienbach, in: KrV 1990, 194 (196).
639 Giesen, Sozialversicherungsmonopol und EG-Vertrag, S. 244 ff. gelangt zu dem Ergebnis, dass das Unfallversicherungsmonopol der Berufsgenossenschaften gegen die Freiheit des Dienstleistungsverkehrs und gegen die mitgliedstaatliche Verpflichtung zur Gewährleistung des Wettbewerbs verstoße.

Dass die Unfallversicherung eher dem Wirtschaftsbereich zugeordnet wird, mag auch daran liegen, dass in kaum einem anderen Sozialbereich die unmittelbare Zugehörigkeit und Interdependenz von Wirtschaft und Sozialem so ausgeprägt und erkennbar wie in der gesetzlichen Unfallversicherung ist. Soweit die Unfallversicherung in Europa unmittelbare Sicherheitsstandards setzt, greift sie damit unmittelbar oder mittelbar in Produktionsverfahren und –mechanismen ein und gestaltet somit auch die wirtschaftlichen Faktoren und Rahmenbedingungen des Herstellungsprozesses, der Entwicklung oder der Dienstleistung mit.[640]

Zudem ist aufgrund des in der Unfallversicherung herrschenden Schadensersatzprinzips und der Beitragsfinanzierung ein Leistungsexport und eine Kostenerstattung im Falle der Sachleistungsaushilfe bereits im deutschen Sozialrecht vorgesehen (vgl. § 97 SGB VII).

Die Beschränkung der Warenverkehrs- und Dienstleistungsfreiheit durch das Genehmigungserfordernis des Art. 55 VO 1408/71 ist nicht gerechtfertigt. Dass das fehlende Genehmigungserfordernis nicht das gesamte gesetzliche Unfallversicherungssystem ins Wanken bringt, ist wiederum an der schon bestehenden deutschen Regelung des § 97 Nr. 2 SGB VII, der diese Einschränkung nicht vorsieht, zu sehen. Damit steht fest, dass die Regelung des Art. 55 VO 1408/71 gegen Art. 49 und Art. 28 EGV verstößt[641] und daher einer Änderung Bedarf.

F. Änderungsüberlegungen

In der Literatur finden sich bisher im Gegensatz zu den Regelungen der Verordnung bei Krankheit keine Änderungsvorschläge, obwohl die Art. 55 I lit. b) und c) VO 1408/71 mit Art. 22 lit. b) und lit. c) VO 1408/71 wortgleich sind und unter Heranziehung der Grundsätze aus dem *Decker*- und *Kohll*–Urteil auch hier die Genehmigungspflicht als gemeinschaftswidrig erachtet werden muss. Ein Vergleich mit den Ausführungen zu dem Kapitel Krankenversicherung ist vor allem deswegen erlaubt, da die gesetzliche Unfallversicherung ebenso wie die gesetzliche Krankenversicherung das Sachleistungs-

---

Im Ergebnis ebenso: Haverkate/Huster, Europäisches Sozialrecht, S. 343, Rn. 592, die ausführen: Die Berufsgenossenschaften haben im Wesentlichen zwei Aufgaben: Sie versichern das wirtschaftliche Risiko Arbeitsunfall und sie betreiben Unfallverhütung. Im Bereich der Versicherung gegen den Arbeitsunfall ist es besonders augenfällig, dass es sich um eine unternehmerische Tätigkeit handeln könnte, da diese Aufgabe private Versicherungen genauso wahrnehmen können wie die öffentlich-rechtlichen Berufsgenossenschaften. Dagegen: Heinze, in: FS f. Gitter, S. 355 (369 f.), indem er ausführt: „Betrachtet man die immerhin in über 100 Jahren erfolgreiche Tätigkeit der gesetzlichen Unfallversicherungsträger, gerade ihre Einheit von Unfallverhütung und Ausgleich von Unfallfolgen, dann ist ersichtlich, dass durch ein privatversicherungsrechtliches System i.S.d. Europarechtes gerade die Aufgabenerfüllung der gesetzlichen Unfallversicherungsträger irreparabel verletzt und verhindert würde." Ders., in: Die Unfallversicherung in der Europäischen Union, S. 4 (35).
640 Breuer, in: HS-UV, Bd. 2, § 2 Rn. 3.
641 Ähnlich: Fuchs, in: Nomos Kommentar, Art. 55, Rn. 16 und Raschke, in: HS-UV, Bd. 2, § 73 Rn. 140, die sich zwar nicht eindeutig für einen Verstoß gegen die Dienstleistungsfreiheit durch das Genehmigungserfordernis des Art. 55 VO 1408/71 aussprechen, aber immerhin an dessen Vereinbarkeit mit der Dienstleistungsfreiheit zweifeln.

prinzip vorsieht. Im Hinblick auf die Systeme sozialer Sicherheit der Niedrigpreisländer sollte auch hier die Kostenübernahme auf die Tarife des jeweils zuständigen Staates begrenzt werden[642]. Deswegen kann auf die Änderungsvorschläge zu Art. 22 VO 1408/71 verwiesen werden[643].

G. Änderungsvorschlag

Art. 55 VO 1408/71 ist wie Art. 22 VO 1408/71 zu ändern. Der konkrete Formulierungsvorschlag wird im Rahmen des Vorschlags einer Generalklausel im 7. Teil, B. dargestellt.

---

642 Natürlich muss auch hier die Qualitätssicherung für die Leistungen, die in den Ländern der EU „eingekauft" oder erbracht werden, sichergestellt sein. Vgl. Merhoff/Weber-Falkensammer, in: BG 2000, 104 ff.
643 Siehe 2. Teil, H.

5. Teil: Gesetzliche Rentenversicherung

Im EU-Durchschnitt werden rund die Hälfte aller Sozialleistungsausgaben für die gesetzliche Renten-, Invaliditäts- und Hinterbliebenenrenten ausgegeben[644]. Dabei hat auch der Leistungsexport von Renten große Bedeutung, da die europäische Bevölkerung, insbesondere im Alter nach Beendigung der Erwerbstätigkeit, ein neues Mobilitätsverlangen entwickelt. Zum Beispiel verbringen deutsche Rentner, vor allem in der kälteren Jahreszeit, häufiger längere Zeit in den wärmeren Gegenden der EU[645].

A. Allgemeiner Überblick über die Absicherungssysteme im Falle der Invalidität, des Alters und des Todes (Rente) in der EU

Alle 15 EU-Mitgliedstaaten[646] verfügen über gesetzliche Sicherungssysteme mit den Leistungsarten der Alters-, Invaliditäts- bzw. der Berufs-, Erwerbsunfähigkeits- und der Hinterbliebenenrente[647]. Diese Systeme sind in den einzelnen Ländern historisch gewachsen und jeweils an die nationalen Gegebenheiten angepasst.

Dies kommt schon dadurch zum Ausdruck, dass die nationalen Systeme bereits in ihrer grundlegenden Ausrichtung voneinander abweichen. Zum Beispiel sind in der staatlichen Altersvorsorge, ähnlich wie in der Gesundheitsvorsorge, zwei prinzipiell verschiedene Formen zu unterscheiden. Zum einen das Versicherungsprinzip und zum anderen das staatliche Grundrentensystem (auch Volksrenten oder Versorgungsprinzip genannt).

In der Mehrzahl der EU-Mitgliedstaaten ist die Alterssicherung am Versicherungsprinzip orientiert; das gilt für Deutschland, Frankreich, Italien, Spanien, Portugal, Griechenland, Belgien, Österreich und Luxemburg. Charakteristisch für das Versicherungsprinzip ist, dass die Leistungen im Wesentlichen aus Beiträgen finanziert werden und in ihrer Höhe eng an die gezahlten Beiträge gekoppelt sind. Es werden von diesem System grundsätzlich nur die Arbeitnehmer erfasst.

Bei der Volksrente handelt es sich um eine Grundsicherung, die meist nur das Existenzminimum abdeckt. Sie ist keine einkommensbezogene Lebensstandardversicherung, sondern eine einkommensunabhängige Grundsicherung. Es gibt sie in den sechs Mitgliedstaaten Dänemark, Irland, Finnland, Großbritannien, Schweden und in den Nieder-

---

644 Vgl. Acker, Renten in Europa, S. 76.
645 Deutsche Renten flossen 1992 an rund 18 Mio. in Deutschland wohnende Berechtigte, monatlicher Durchschnittsbetrag rund 1.100 DM. Ins gesamte Ausland wurden deutsche Renten an 1,1 Mio. Berechtigte gezahlt; bei diesem Export überwogen jene Renten, die in EU-Staaten gezahlt wurden (ca. 450.000). Vgl. VDR-Statistik, S. 16.
646 Ausführlich zu den Systemen der sozialen Sicherheit der Mitgliedstaaten vgl. Anhang V.
647 Dieser Überblick beruht auf folgenden Quellen: Europäische Kommission, Sozialer Dialog und soziale Rechte; BMA, Euroatlas; Seffen, in: Sozialraum Europa, S. 7 ff.; Deutsche Sozialversicherung, Sozialschutzsysteme in Europa; Weber/ Leienbach/Dohle, Soziale Sicherung; Acker, Renten in Europa, S. 72 ff.

landen. Es gibt in einigen Ländern neben den Grundsystemen durch Beiträge finanzierte Zusatzsysteme. Sie sehen in Ergänzung zur Volksrente einkommensabhängige Leistungen vor. Das ist zum Beispiel in Großbritannien, Dänemark, Finnland, Niederlanden und Schweden der Fall. Die Unterschiede in der Ausrichtung der Systeme setzen sich in der Finanzierung fort. Sie reichen von einem reinen Steuerfinanzierungssystem in Dänemark bis zu einer reinen Beitragsfinanzierung in Frankreich.

In der Realität existiert keines der Systeme in „reiner" Form. Es findet in zunehmendem Maße eine Vermischung dieser beiden Grundtypen statt. In den beitragsfinanzierten Systemen ist sehr unterschiedlich geregelt, wer die Beiträge zu leisten hat und wie die Bemessungsgrundlagen abzugrenzen sind. In Deutschland und Luxemburg zahlen Arbeitgeber und Arbeitnehmer die Beiträge je zur Hälfte. Das ist in den meisten anderen Mitgliedstaaten nicht so; es überwiegt hier meist der Beitragsanteil der Arbeitgeber. Bezüglich der Bemessungsgrundlage lässt sich feststellen, dass es nur in Belgien, Italien und Portugal keine Bemessungsgrenzen gibt, d. h. dass in diesen Ländern das gesamte Arbeitsentgelt - auch wenn es noch so gering ist - der Versicherungspflicht unterliegt.

Die Gewährung von Leistungen ist in allen Ländern an bestimmte Voraussetzungen geknüpft, und zwar an Wartezeiten, d. h. an eine bestimmte Zahl von Versicherungsmonaten bzw. Aufenthaltszeiten in dem betreffenden Land sowie an Altersgrenzen. Die Altersgrenze liegt in allen EU-Staaten bei 65 Jahren.

Bei den Invaliditätsrenten werden zwei Grundtypen[648] unterschieden: Risikosystem und Versicherungssystem. Im Risikosystem ist der Betrag der Invaliditätsrente unabhängig von der Dauer der zurückgelegten Versicherungszeiten (Dänemark, Belgien, Spanien, Frankreich, Irland, Niederlande, Großbritannien). Dieser Systemtyp ähnelt dem deutschen Krankengeld – Invalidität als eine Art „verlängerte Krankheit". Das Versicherungssystem ist eine Art „Aufbausystem", hier steigt die Höhe der Invaliditätsrente entsprechend der Dauer der zurückgelegten Versicherungszeit (Deutschland, Griechenland, Italien, Luxemburg, Portugal, Finnland, Österreich).

Also umfassen die gesetzlichen Absicherungssysteme in den Mitgliedstaaten in der Regel die drei klassischen Leistungsarten: Altersrente, Invaliditätsrente[649] und Hinterbliebenenrente. Es bestehen folgende Besonderheiten[650]:
- In Belgien und Frankreich ist die Invalidität der Krankenversicherung zugeordnet.
- In Griechenland und den Niederlanden schließt die Invaliditätsversicherung auch die
- im Allgemeinen der gesetzlichen Unfallversicherung zugeordneten Berufsunfälle und -krankheiten mit ein.
- In Dänemark gibt es seit 1987 aus der Volksrente keine Witwen- bzw. Witwerrenten mehr.
- In Belgien und Frankreich existiert keine spezielle Waisenrente, sondern es werden statt dessen Familienbeihilfen gewährt.

---

648 Vgl. zur folgenden Unterscheidung: Stahlberg, Europäisches Sozialrecht, S. 253, Rn. 401.
649 Einzelheiten hierzu: V. Maydell, in: DRV 1995, 537 ff.
650 Vgl. Acker, Renten in Europa, S. 73 f.

- In das gesetzliche Rentenversicherungssystem in Frankreich, Spanien, Italien, Portugal, Belgien und Luxemburg ist auch eine beitragsunabhängige Mindestsicherung im Alter integriert.

B. Die deutsche gesetzliche Rentenversicherung

Die deutsche[651] Rentenversicherung ist eine überwiegend beitragsfinanzierte Rentenversicherung, die auf dem Umlageverfahren gestützt ist. Arbeitgeber und Arbeitnehmer zahlen je die Hälfte des zu tragenden Beitrages (§ 168 I Nr. 1 SGB VI). Dazu leistet der Staat Zuschüsse, was unter anderem aus sachlichen Gründen gerechtfertigt ist, da eine Vielzahl von versicherungsfremden Leistungen von den Versicherungsträgern erbracht werden muss.

Die gesetzliche Rentenversicherung hat zwei Leistungsgruppen: Die erste Gruppe betrifft die Leistungen bei Rehabilitation[652] (§§ 9-31 SGB VI), die zweite Gruppe die Renten. Dabei sind drei Zweige (vgl. § 33 I SGB VI) zu unterscheiden: die Altersversorgung (§§ 35 ff. SGB VI), die Versorgung wegen verminderter Erwerbstätigkeit (§§ 43 ff. SGB VI) und die Hinterbliebenenversorgung (§§ 46 ff. SGB VI). Die gesetzliche Rentenversicherung ist eine Pflichtversicherung.

Die Leistungen der gesetzlichen Rentenversicherung[653] sind in § 33 SGB VI festgeschrieben. Darunter fallen auch vorübergehende Rentenleistungen wie zum Beispiel Leistungen bei Rehabilitation (vgl. § 9 SGB VI). Die Altersrenten werden auf Antrag, im Regelfall mit Vollendung des 65. Lebensjahres gezahlt. Die Rentenhöhe ist unter anderem abhängig von der Höhe und Dauer der eingezahlten Beiträge.

Die Rentenversicherung ist in paritätisch verwalteten Selbstverwaltungskörperschaften organisiert. Es gibt eine zentrale Organisation für Angestellte, Landesversicherungsanstalten, in denen die Arbeiter versichert sind, eine Bundesknappschaft für die im Bergbau Tätigen und einige Sonderorganisationen für Seeleute, Landwirte, Eisenbahner und Künstler.

C. Leistungsexport und Sachleistungsaushilfe nach den SGB-Vorschriften

Leistungen an ausländische Berechtigte, die ihren gewöhnlichen Aufenthalt im Ausland haben, waren nach früherem deutschem Sozialrecht erheblich eingeschränkt. Die damals geltenden Vorschriften waren zum Teil verfassungswidrig[654], zum Teil trugen sie den

---

651 Vgl. hierzu: Ost/Mohr/Estelmann, Sozialrecht in Grundzügen, S. 206 ff.
652 Im Jahr 2000 verwendete die gesetzliche Rentenversicherung rund acht Milliarden DM für die Rehabilitation ihrer Versicherten. Vgl. Rische, in: DAngVers 2001, Heft 1, S. 1 (1).
653 Daneben gibt es seit der Rentenreform vom Mai 2001 die Möglichkeit der freiwilligen zusätzlichen Altersversorgung, die vom Staat gefördert wird und zwar ab dem 1. Januar 2002. Ab 2003 wird als weiterer Pfeiler der Rentenreform die Grundsicherung, die aus Steuermitteln finanziert wird, in Kraft treten.
654 Vgl. BVerfGE 51, 1 ff.

Gegebenheiten des Arbeitsmarktes nicht mehr hinreichend Rechnung[655]. Das geltende Recht hat an einigen Einschränkungen festgehalten, ist aber insgesamt großzügiger geworden.

Als Ausgangspunkt ist – wie schon im Krankenversicherungsrecht – von dem in § 30 I SGB I[656] vorgesehenen Grundsatz auszugehen. Danach gelten die Vorschriften für alle Personen, die ihren Wohnsitz oder gewöhnlichen Aufenthalt im Geltungsbereich des SGB haben. In leistungsrechtlicher Hinsicht gehen diesem Grundsatz die spezielleren §§ 110 f. SGB VI vor. § 110 I und II SGB VI sehen vor, dass deutsche oder ausländische Berechtigte für den Fall eines nur vorübergehenden Auslandaufenthalts alle Leistungen uneingeschränkt, in den übrigen Fällen die Leistungen nur nach Maßgabe der §§ 111 ff. SGB VI erhalten. § 111 I SGB VI verschärft die Voraussetzungen für Rehabilitationsleistungen, Absatz II schließt den Zuschuss für die Krankenversicherung des Berechtigten gänzlich aus und § 112 SGB VI sieht für die Rente bei verminderter Erwerbsfähigkeit engere Voraussetzungen vor. Schließlich gelten nach §§ 113 f. SGB V detaillierte Sonderregelungen für die Ermittlung der persönlichen Entgeltpunkte, die maßgeblich die Rentenhöhe beeinflussen, wobei für Deutsche, die sich im Ausland aufhalten, großzügigere Bestimmungen gelten als für Ausländer. Jedoch ist § 110 III SGB VI zu berücksichtigen, der bestimmt, dass die soeben genannten Vorschriften nur gelten, wenn über- oder zwischenstaatliches Recht nicht etwas anderes bestimmt.

Das Leistungserbringungsrecht schrieb speziell für Rehabilitationsleistungen gem. § 14 SGB VI vor, dass Leistungen zur Rehabilitation grundsätzlich im Inland erbracht werden. Ausnahmen waren mit Genehmigung der Aufsichtsbehörde möglich, wenn eine Heilbehandlung im Ausland einen besseren Erfolg erwarten lässt[657]. Diese Regelung ist mit Inkrafttreten des SGB IX am 1. Juli 2001 weggefallen. Danach sind unter den in § 18 SGB IX genannten Voraussetzungen Sachleistungen im Ausland zu erbringen.

D. Leistungsexport und Sachleistungsaushilfe nach der VO 1408/71

Die VO 1408/71 sieht einige Regelungen vor, die dem Verlust eines in einem Mitgliedstaat erworbenen Anspruchs nach Wechsel in einen anderen Mitgliedstaat entgegenwirken[658].

---

655 Ost/Mohr/Estelmann, Grundzüge des Sozialrechts, S. 274.
656 Das Bundesverfassungsgericht (Beschluss der 2. Kammer des Ersten Senats vom 2.7.98, in: NZS 1998, 518 ff.) hat sich in jüngerer Zeit mit der Frage befasst, ob das Verbot des Exports von Sozialleistungen im deutschen Rentenrecht verfassungsgemäß ist. Es sah einen Eingriff in Art. 14 GG und Art. 3 GG als gerechtfertigt an. Mutschler, in: SGb 2000, 110 (116) gelangte hingegen zu dem Ergebnis, dass § 30 SGB I die Grundrechte von Personen mit grenznahem Wohnsitz im Ausland, die trotz Beitragszahlung von den Leistungen bei Arbeitslosigkeit ausgeschlossen sind, verletzt. Deswegen müsse diese Bestimmung verfassungskonform ausgelegt werden.
657 Solche Ausnahmen bestehen lediglich für die Indikationsbereiche Dermatologie und Allergologie für zwei Hochgebirgskliniken in der Schweiz. Vgl. Zabre, in: DAngVers 1999, 18 (23).
658 Für private und betriebliche Sicherungssysteme gilt die VO 1408/71 allerdings nicht.

I. Abgrenzung zu den Fürsorge- bzw. Sozialhilfeleistungen

Vor Anwendung dieser Verordnung ist jedoch zu klären, welche Leistungen im Rahmen der Rentenversicherung von ihr beeinflusst werden können. Wie aus Art. 4 I und II VO 1408/71 deutlich wird, werden vom europäischen Rentenversicherungsrecht alle Rechtsvorschriften erfasst, die folgende Leistungen betreffen: Leistungen bei Invalidität einschließlich derer, die zur Erhaltung oder Besserung der Erwerbstätigkeit bestimmt sind, Leistungen bei Alter und Leistungen an Hinterbliebene, soweit es sich um die allgemeinen oder um die besonderen, auf Beiträgen beruhenden oder beitragsfreien Systeme der sozialen Sicherheit handelt. Nicht einbezogen sind die Sozialhilfe, die Leistungssysteme für Opfer des Krieges und seiner Folgen oder Sondersysteme für Beamte und diesen Gleichgestellte (Art. 4 IV VO 1408/71). Diese Abgrenzung des sachlichen Geltungsbereichs macht es zunächst notwendig, zwischen den Systemen sozialer Sicherheit und den Fürsorge- bzw. Sozialhilfesystemen zu unterscheiden. Diese Abgrenzungsschwierigkeiten bestehen vor allem im Rentenbereich. Sie treten im Besonderen dann auf, wenn es sich um Grundrenten oder Sozialrenten handelt, deren Zweck es ist, das soziale Minimum zu garantieren. Diese Frage ist gerade wieder aus deutscher Sicht aktuell. Denn mit Einführung des Grundsicherungsmodells wird derzeit diskutiert, ob es sich dabei um eine Leistung i. S. d. VO 1408/71 handelt oder nicht.

1. Soziale Sicherheit i. S. d. VO 1408/71

In der Praxis des Gemeinschaftsrechts hat insbesondere die Abgrenzung zwischen Leistungen der sozialen Sicherheit und solchen der Sozialhilfe Probleme aufgeworfen. Die Abgrenzung stellt sich als besonders schwierig dar, da der Begriff der sozialen Sicherheit[659] in der VO 1408/71 nicht definiert wird[660]. Dass Leistungen der Sozialhilfe vom Koordinierungsrecht und damit vom Leistungsexportgebot ausgenommen wurden, hat seinen Grund darin, dass diese Leistungsart beitragsunabhängig ist und im besonderen Maße auf inländische Lebens-, Kosten- und Währungsverhältnisse zugeschnitten ist und früher häufig auch im Ermessen des Leistungsträgers lag (sog. Armenfürsorge). Bei keiner anderen Leistungsart ist die alte Wohlfahrtsvorstellung von der Fürsorge des Staates noch so präsent. Daher rührt auch der Gedanke, dass jemand diese Fürsorge nur „verdient", solange er sich im zuständigen Staat aufhält[661].

Unstrittig sind die deutschen Leistungen des BSHG (vgl. §§ 11 ff. BSHG) als Sozialhilfe i.S.d. VO 1408/71 anzusehen. Es bestehen aber immer häufiger Abgrenzungsprobleme, da in wachsendem Maße Leistungen „gemischter" Natur auftreten, die teils Elemente der Sozialhilfe und teils solche der sozialen Sicherheit aufweisen[662]. Eine klare Abgrenzung ist hier unerlässlich, da Leistungen, die der sozialen Sicherheit zuzuordnen

---

659 Zum Begriff der sozialen Sicherheit auch in historischer Hinsicht, vgl. Pompe, Leistungen der sozialen Sicherheit, S. 158 ff.; Klang, Soziale Sicherheit und Freizügigkeit im EWG-Vertrag, S. 53 f.
660 Der Begriff der (Leistungen der) sozialen Sicherheit in der Verordnung wie auch in Art. 42 EGV ist bewusst unbestimmt, um ihn flexibel anzuwenden und auslegbar zu halten. Vgl. Altrock, in: Casebook zum Arbeits- und Sozialrecht der EU, S. 213 (224).
661 Stahlberg, Europäisches Sozialrecht, S. 202, Rn. 322.
662 Vgl. Polster, in: DRV 1994, 50 (53).

sind, der Regelung über die Aufhebung der Wohnortsklauseln in Art. 10 VO 1408/71 unterliegen und demgemäss zu exportieren sind.

2. Notifizierung als Kriterium der Anwendbarkeit der VO 1408/71

Nach Art. 5 VO 1408/71 geben die Mitgliedstaaten in notifizierten und veröffentlichen Erklärungen die Rechtsvorschriften und Systeme an, die unter Art. 4 I und II VO 1408/71 fallen[663]. Deutschland hat unter anderem die Vorschriften vom SGB VI zur Rentenversicherung der Arbeiter und Angestellten bekannt gemacht[664]. Diese notifizierten Leistungen werden immer vom sachlichen Geltungsbereich der VO erfasst (sog. rechtliche Selbstbindung der jeweiligen Staaten)[665], d. h., dass die fragliche Leistung kraft Erklärung in den Anwendungsbereich fällt. Unterbleibt die Notifizierung einer Leistung, so kann daraus nicht geschlossen werden, dass die Verordnung nicht anwendbar ist, denn das würde zu einer eigenmächtigen Einschränkungsmöglichkeit der EU-Mitgliedstaaten führen[666].

3. Abgrenzungskriterien

Neben der Notifizierung, die keine abschließende Beurteilung der Anwendbarkeit der VO 1408/71 zulässt, hat der EuGH in vielen Urteilen Abgrenzungskriterien[667] entwickelt[668]: Der Gerichtshof hat zunächst versucht, Leistungen der sozialen Sicherheit dadurch zu charakterisieren, dass den Begünstigten eine gesetzlich umschriebene Stellung eingeräumt wird, während demgegenüber Sozialhilfeleistungen eine Bedürftigkeit voraussetzen, aber keinerlei Berufstätigkeits-, Mitgliedschafts- oder Beitragszeiten verlangen und keine Einzelfallbeurteilung vorsehen[669]. Der Gerichtshof ist dann dazu übergegangen, die Einordnung einer Leistung in den Bereich der sozialen Sicherheit von ihrem unmittelbaren Bezug zum Sozialversicherungssystem eines Mitgliedstaates abhängig zu machen[670]. Damit präzisierte der EuGH seine Rechtsprechung, da das zuerst gewählte

---

663 Das Notifizierungsverfahren richtet sich nach Art. 97 VO 1408/71.
664 Schulte, in: SRH, § 32, S. 1540, Rn. 36.
665 Vgl. zur Bindungswirkung der Notifizierung: EuGH, Urt. v. 29.11.1977, Rs. 35/77 (Beerens), Slg. 1977, 2249 (2254, Rn. 6/8); EuGH, Urt. v. 11.6.1991, Rs. C-251/89 (Athanasopoulos u.a.), Slg. 1991, I-2797 (2841, Rn. 28); EuGH, Urt. v. 20.2.1997, verb. Rs. C- 88/95, C-102/95 und C-103/95 (Losada), Slg. 1997, I-869 (903, Rn. 21).
666 Vgl. EuGH, Urt. v. 29.11.1977, Rs. 35/77 (Beerens), Slg. 1977, 2249 (2254, Rn. 6/8); EuGH, Urt. v. 27.1.1981, Rs. 70/80 (Vigier), Slg. 1981, 229 (240, Rn. 15).
667 Zu den Kriterien, die die Europäische Kommission zur Abgrenzung der Sozialhilfe von den übrigen Leistungen aufstellte, vgl. Polster, in: DRV 1995, 59 (68).
668 Denkbar wäre auch eine historische und eine begriffliche Auslegung, die jedoch nicht zu trennscharfen Kriterien führen. Siehe hierzu: Eichenhofer, in: SGb 1984, 563 ff.; Klang, Soziale Sicherheit und Freizügigkeit im EWG-Vertrag, S. 53 f.; Neumüller, in: BArbBl. (Heft 5) 1985, 30 ff.; Pompe, Leistungen der sozialen Sicherheit, S. 158 f.
669 EuGH, Urt. v. 22.6.1972, Rs. 1/72 (Frilli), Slg. 1972, 457 (466, Rn. 14/15); EuGH, Urt. v. 9.10.1974, Rs. 24/74 (Biason), 1974, 999 (1007, Rn. 9/12); EuGH, Urt. v. 31.3.1977, Rs. 79/76 (Fossi), Slg. 1977, 667 (678 Rn. 6); EuGH, Urt. v. 5.5.1983, Rs. 139/82, (Piscitello) Slg. 1983, 1427 (1439 Rn. 11); EuGH, Urt. v. 24.2.1987, verb. Rs. 379/85 bis 381/85 u. 93/86 (Giletti), Slg. 1987, 955 (976, Rn. 11).
670 EuGH, Urt. v. 27.3.1985, Rs. 249/83 (Hoeckx), Slg. 1985, 973 (986, Rn. 12); EuGH, Urt. v. 28.3.1985, Rs. 122/84 (Scrivener), Slg. 1985, 1027 (1034, Rn. 18); EuGH, Urt. v. 4.6.1987, Rs.

Kriterium nicht zwingend war, denn es besteht beispielsweise ein gesetzlich umschriebener Rechtsanspruch auf Sozialhilfeleistungen (vgl. § 4 I BSHG)[671].

Somit lassen sich vier Kriterien für die Beurteilung, ob es sich um eine Leistung der sozialen Sicherheit handelt, aufstellen[672]:
- Ein Bezug zu einer der acht in Art. 4 I VO 1408/71 genannten Risiken muss gegeben sein.
- Es muss sich um staatliche Systeme handeln, d. h. es muss sich um Sozialschutzleistungen handeln, die durch Rechtsvorschriften und beispielsweise nicht durch betriebliche Versorgungssysteme geregelt werden[673].
- Die Leistung muss einen Zweig der sozialen Sicherheit betreffen. Dabei ist nicht maßgebend, ob die betreffende Leistung von den nationalen Rechtsvorschriften als eine Leistung der sozialen Sicherheit bezeichnet oder eingestuft wird[674]. Auch die Rechts- und Finanzierungsform ist unerheblich[675].
- Es muss sich um eine Leistung handeln, die den Empfängern aufgrund einer gesetzlich umschriebenen Stellung gewährt wird, unabhängig von jeder auf Ermessensausübung beruhenden Einzelfallbeurteilung der persönlichen Bedürftigkeit[676], also um eine gesetzlich gesicherte Stellung.

Sind diese Voraussetzungen erfüllt, so steht die Leistung einer solchen der sozialen Sicherheit i. S. d. Art. 42 EGV und zugleich auch der Gemeinschaftsverordnung über die soziale Sicherheit nahe.

4. Sonderfälle: Beitragsunabhängige Sonderleistungen bzw. Mischleistungen

Folgt man den soeben dargestellten Abgrenzungskriterien, so gelangt man nicht immer zu richtigen Ergebnissen, wie sich an der EuGH-Rechtsprechung zum garantierten Mindesteinkommen im *Frilli*-Fall[677] zeigen lässt. In dieser Rechtssache ging es darum, ob eine beitragsfreie Sozialleistung, die einer Rentenempfängerin neben der Rente gezahlt

---

375/85 (Campana), Slg. 1987, 2387 (2407, Rn. 9 ff.); EuGH, Urt. v. 16.7.1992, Rs. C-78/91 (Hughes), Slg. 1992, I-4839 (4865, Rn. 15).
671 Zur Kritik an dieser EuGH-Rechtsprechung vgl. Klang, Soziale Sicherheit und Freizügigkeit im EWG-Vertrag, S. 54 ff.
672 Aufzählung vgl. Stahlberg, Europäisches Sozialrecht, S. 203 f., Rn. 325.
673 Eine Klassifizierung als Sozialhilfe im gemeinschaftsrechtlichen Sinne kann also nicht allein mit der Finanzierung aus Steuermitteln statt aus Versicherungsbeiträgen begründet werden, da in anderen Mitgliedstaaten die Finanzierung der Systeme der sozialen Sicherheit aus Steuermitteln weithin üblich ist. Vgl. Steiniger, in: NJW 1992, 1860 (1862).
674 Vgl. EuGH, Urt. v. 16.7.1992, Rs. C-78/91 (Hughes), Slg. 1992, I-4839 (4865, Rn. 14); EuGH, Urt. v. 16.11.1972, Rs. 14/72 (Heinze), Slg. 1972, 1105 (1113 f., Rn. 4); EuGH, Urt. v. 27.3.1985, Rs. 249/83 (Hoeckx), Slg. 1985, 973 (986, Rn. 11).
675 EuGH Urt. v. 24.7.1987 verb. Rs. 379/85 bis 381/85 u. 93/86 (Giletti u.a.) Slg. 1987, 955 (975, Rn. 7).
676 EuGH, Urt. v. 10.10.1996, Rs. C-245 und 312/94 (Hoever und Zachow), Slg. 1996, I-4895 (4935, Rn. 18); EuGH, Urt. v. 27.1.1981, Rs. 70/80 (Vigier), Slg. 1981 I, 229 (240 Rn. 13); EuGH, Urt. v. 16.12.1976, Rs. 63/76 (Inzirillo), Slg. 1976, 2057 (2066, Rn. 7/9).
677 EuGH, Urt. v. 22.6.1972, Rs. 1/72 (Frilli), Slg. 1972, 457 ff.; dabei handelt es sich um die erste hierzu ergangene Entscheidung.

wird und den bedürftigen Menschen in Belgien im Alter ein Mindesteinkommen garantiert, eine Leistung der sozialen Sicherheit oder der Sozialhilfe ist. Nach den oben erläuterten Kriterien gelangt man zu dem Schluss, dass es sich um eine Leistung im Rahmen der Sozialhilfe handelt, da es um eine beitragsfreie Leistung geht, die außerdem noch von einer Bedürftigkeitsprüfung abhängig ist. Der Gerichtshof kam in dieser Entscheidung aber zum gegenteiligen Ergebnis, indem er feststellte, dass die fragliche Leistung zwar Charakterzüge der Sozialhilfe trage, aber letztlich der sozialen Sicherheit zuzuordnen sei. Hier erfolge nämlich keine Einzelfallprüfung, sondern der Begünstigte befinde sich in einer gesetzlich umschriebenen Stellung, in der ihm ein konkreter Leistungsanspruch zustehe[678].

Zu einem ähnlichen Ergebnis gelangte der EuGH in dem späteren *Piscitello*-Fall[679], in dem er entschied, dass die Sozialrente unter die VO 1408/71 fällt, soweit durch die Sozialrenten „ohne ermessensgemäße Einzelfallbeurteilung der persönlichen Bedürftigkeit oder Lage eine gesetzlich umschriebene Stellung eingeräumt und den Empfängern von Leistungen der sozialen Sicherheit gegebenenfalls ein zusätzliches Einkommen gesichert wird"[680].

Daher sind diese Leistungen nach Art. 10 VO 1408/71 exportpflichtig[681]. Daran lässt sich erkennen, dass der EuGH den Begriff der sozialen Sicherheit extensiv auslegt. Dennoch hat er in seiner bisherigen Rechtsprechung keine eindeutigen Abgrenzungskriterien vorgegeben.

Die Leistungen der soeben genannten Fälle werden als Mischleistungen (sog. beitragsunabhängige Sonderleistungen) bezeichnet. Beitragsunabhängige Sonderleistungen sind Leistungen, die ihrem Charakter nach zwischen den klassischen Leistungen der sozialen

---

678 Die vom EuGH vorgenommene extensive Auslegung von Leistungsumfang und -berechtigung stößt häufig auf Kritik, vgl.: Hailbronner, in: EuZW 1991, 171 ff.; Heinze, in: Die Auswirkungen des EG-Rechts auf das Arbeits- und Sozialrecht der Bundesrepublik, S. 47 (54 f.). Hierbei wird aber oft nicht beachtet, dass die VO 1408/71 auch das allgemeine Diskriminierungsverbot des Art. 12 EGV konkretisieren und die Grundfreiheiten effektuieren soll (vgl. dazu Gassner, in: VSSR 1995, 255 (268)).
679 EuGH, Urt. v. 5.5.1983, Rs. 139/82 (Piscitello), Slg. 1983, 1427 (1440, Rn. 13). In diesem Urteil hat der Gerichtshof auch darauf hingewiesen, dass es eine breite Grauzone zwischen Leistungen der sozialen Sicherheit und solchen der Sozialhilfe gebe, in der eine eindeutige Zuordnung zu dem einen oder anderen Typus nicht möglich sei.
680 Unter anderem deshalb wurde auch im Rahmen der deutschen Rentenreform 1998 der Vorschlag nicht aufgegriffen, nach österreichischem Modell niedrige Renten durch Zahlung einer Ausgleichszulage auf das Sozialhilfeniveau aufzustocken, vgl. dazu auch Ruland, in: Wechselwirkungen zwischen dem Europäischen Sozialrecht und dem Sozialrecht der Bundesrepublik Deutschland, S. 50. Daran kann man sehen, dass die Gemeinschaftsrechtsprechung auch Bremse fortschrittlicher nationaler Sozialpolitik sein kann, vgl. Clever, in: SF 1992, 1 (5).
681 Der EuGH entschied in weiteren Fällen, dass auch Mischleistungen der VO 1408/71 unterfallen; vgl.: EuGH, Urt. v. 28.5.1974, Rs. 187/73 (Callemeyn), Slg. 1974, 553 (563, Rn. 15) zur belgischen Beihilfe für Behinderte; EuGH, Urt. v. 17.12.1987, Rs. 147/87 (Zaoui), Slg. 1987, 5511 (5527, Rn. 9) zur französischen Ergänzungszulage des *Fonds National de Solidarité*; EuGH, Urt. v. 20.6.1991, Rs. C 356/89 (Stanton Newton), Slg. 1991, I-3017 (3040 f., Rn. 19) zur britischen *mobility allowance*; EuGH, Urt. v. 16.7.1992, Rs. C-78/91 (Hughes), Slg. 1992, I-4839 (4867, Rn. 22) zum nordischen *family credit*.

Sicherheit und den Leistungen der Sozialhilfe stehen[682]. Diese Mischleistungen haben eine doppelte Funktion: zum einen die Sicherung des Existenzminimums bedürftiger Menschen (Sozialhilfe) und zum anderen die Einkommensverbesserung für Empfänger unzureichender Leistungen der sozialen Sicherheit (soziale Sicherheit)[683]. Daraus lassen sich folgende Merkmale einer beitragsunabhängigen Sozialleistung entwickeln:
(1) Sie dürfen nicht auf Beiträgen beruhen, d. h. sie müssen ausschließlich aus dem allgemeinen Steueraufkommen finanziert werden.
(2) Es muss sich um Sonderleistungen der sozialen Sicherheit handeln, d. h. sie müssen zwischen den eigentlichen Leistungen der sozialen Sicherheit und den Leistungen der Sozialhilfe liegen. Voraussetzung hierfür ist wiederum, dass der Empfänger einer Bedürftigkeitsprüfung unterliegt, gleichzeitig aber einen Rechtsanspruch besitzt.
(3) Die Sonderleistungen müssen eng an das soziale Umfeld des Berechtigten gebunden sein und dürften nicht von der Zurücklegung von Versicherungszeiten abhängig sein.
(4) Sie müssen Hilfe in den Notlagen des Lebens zum Ziel haben, also insofern das System der sozialen Sicherheit ergänzen.

Als Beispiele für beitragsunabhängige Sonderleistungen bei Alter und/oder Invalidität lassen sich die Sozialrente, die Ausgleichszulage, Zusatzbeihilfen und beitragsunabhängige Renten aufzählen[684].

5. Neuregelung: Art. 10 a) VO 1408/71

Die extensive Rechtsprechung des EuGH zu den so genannten Mischleistungen hat die EU veranlasst, durch die VO 1247/92[685] mit Wirkung vom 1. Juni 1992 hierfür in Art. 10 a) VO 1408/71 eine Sonderregelung zu schaffen. Sinn dieser Sonderregelung ist es, dass zwar auf der einen Seite die Mischleistungen von der Koordinierungsregelung der VO 1408/71 erfasst werden sollen, auf der anderen Seite aber für die Mitgliedstaaten die Möglichkeit besteht, ihren Leistungsexport nach Art. 10 a) VO 1408/71 durch explizite Aufnahme dieser Leistungen in den Anhang II a auszuschließen. Einige EU-Mitgliedstaaten haben hier Leistungen aufnehmen lassen, wie zum Beispiel Italien die Sozialrente und die Ergänzungsleistung zum Mindestruhegehalt. Deutschland hat davon bisher keinen Gebrauch gemacht, stellte aber im Sommer 2001 einen Antrag bei der Verwaltungskommission der Europäischen Gemeinschaften für die soziale Sicherheit der Wanderarbeitnehmer auf Aufnahme der Leistungen nach dem Gesetz über eine bedarfsorientierte Grundsicherung, die im Zuge der aktuell beschlossenen Rentenreform in

---

682 Dieses Problem stellt sich beispielsweise auch für die in Österreich gewährten Ergänzungsleistungen zu Renten und Pensionen. Nach österreichischem Recht erhält jeder Renten- oder Pensionsbezieher, dessen Rente oder Pension – verbunden mit sonstigem Nettoeinkommen – ein konventionelles Existenzminimum nicht erreicht, eine Ausgleichszulage. Vgl. Marhold, in: Europäische Integration und nationale Rechtskulturen, S. 451 (451 f.).
683 Vgl. Stahlberg, Europäisches Sozialrecht, S. 204 f., Rn. 326.
684 Fällt eine Leistung nicht in den Anwendungsbereich der VO 1408/71, so kann sie aber eine „soziale Vergünstigung" i. S. d. Art. 7 VO 1612/68 sein. Vgl. Watson-Olivier, in: ZIAS 1991, 41 (51); Ketelsen, in: ZSR 1990, 331 (336).
685 ABl. 1992 L 136/1; dazu: Schulte, in: Nomos Kommentar, Art. 10 a, Rn. 1 ff.

Deutschland ab dem 1.1.2003 eingeführt wird[686], in den Anhang II a der VO 1408/71. Die bedarfsorientierte Grundsicherung ist eine beitragsunabhängige Sonderleistung, da sie aus allgemeinen Steuermitteln finanziert wird und einerseits Merkmale der sozialen Sicherheit, andererseits solche der Sozialhilfe aufweist.

Allein die Eintragung einer Leistung in den Anhang II a der VO 1408/71 macht sie noch nicht zu einer nicht exportierbaren Leistung[687]. Der EuGH stellte in der Rechtssache *Jauch*[688] fest, dass zu prüfen ist, ob die in Frage stehende, im Anhang II a der VO 1408/71 aufgeführte Leistung eine Sonderleistung darstellt und beitragsunabhängig ist.

II. Beurteilung einzelner Leistungen der deutschen gesetzlichen Rentenversicherung nach der VO 1408/71

Leistungen der deutschen Rentenversicherung sind zum einen die Renten und zum anderen die Rehabilitationsleistungen. Die Leistungen bei Rente umfassen die Hinterbliebenenrente, die Rente bei Alter und die Rente bei Erwerbsunfähigkeit. Ganz allgemein gilt der Grundsatz, dass die Zahlung einer Rente nicht mit dem Hinweis verweigert oder gekürzt wird, die begünstigte Person wohne in einem anderen Mitgliedstaat als dem zuständigen Staat (Art. 10 VO 1408/71)[689]. Im Einzelnen ist zu prüfen, ob dieser Grundsatz für alle Leistungen der deutschen Rentenversicherung gilt.

1. Leistungen bei Rehabilitationsmaßnahmen (§§ 9-31 SGB VI)

a) Einordnung der Rehabilitationsmaßnahmen als Leistungen bei Krankheit

Problematisch ist die Einordnung der Rehabilitationsmaßnahmen im Rentenversicherungsbereich. Bei den Rehabilitationsmaßnahmen könnte es sich um Leistungen bei Krankheit und Mutterschaft oder Leistungen bei Invalidität handeln. Rentenversicherungsrechtliche Rehabilitationsleistungen werden zwar unbestreitbar von der VO 1408/71 (Art. 4 I lit. b) VO 1408/71) erfasst; doch führt diese Einordnung zu verschiedenen Problemen: Nach Art. 4 I lit. b) VO 1408/71 gilt die Verordnung für alle Rechtsvorschriften, die Leistungen bei Invalidität und zur Erhaltung oder Besserung der Erwerbsfähigkeit betreffen. Dann wären die Art. 37 ff. VO 1408/71 anzuwenden, wobei dieser Titel lediglich Leistungen bei Invalidität anführt und die Leistungen zur Erhal-

---

686 Die Grundsicherungsleistung dient der Sicherung des Lebensunterhalts im Alter und bei dauerhaft voller Erwerbsminderung.
687 Die österreichische Regierung war in dem Verfahren *Jauch* (EuGH, Urt. v. 8.3.2001, Rs. C-215/99, (Jauch), Rn.17; noch nicht in der amtlichen Sammlung veröffentlicht; siehe „http://curia.eu.int") der Ansicht, dass allein die Eintragung einer Leistung in diese Liste diese als beitragsunabhängige Sonderleistung qualifiziert. Sie stützte sich dabei auf die Urteile *Snares* (EuGH, Urt. v. 4.11.1997, Rs. C-20/96, Slg. 1997, I-6063), *Partridge* (EuGH, Urt. v. 11.6.1998, Rs. C-297/96, Slg. 1998, I-3467 und *Swaddling* (EuGH, Urt. v. 25.2.1999, Rs. C-90/97, Slg. 1999, I-1075). In diesen Urteilen stand jedoch die Natur der jeweiligen Leistungen als beitragsunabhängige Sonderleistungen nicht in Frage, wie der EuGH betonte.
688 EuGH, Urt. v. 8.3.2001, Rs. C-215/99, (Jauch), S. 5 ff.
689 Dieses Gebot zum Rentenexport ist unter anderem rechtstatsächliche Grundlage für das durch die RL 90/365 (ABl. 1990 L 180) Rentnern eingeräumte Recht, in jedem Mitgliedstaat Aufenthalt zu nehmen, soweit ausreichende Einkünfte vorhanden sind.

tung und Besserung der Erwerbsfähigkeit nicht erwähnt. Unabhängig davon führt die Einordnung als Leistungen bei Invalidität zu folgenden Problemen: Das Kapitel der Invalidität ist in zwei Abschnitte aufgeteilt, wobei Abschnitt 1 Leistungen betrifft, die von der Dauer der Versicherungszeiten unabhängig sind; im Gegensatz zu Abschnitt 2, der auf Leistungen anzuwenden ist, die von der Dauer der Versicherungs- oder Wohnzeiten abhängig sind. Die Leistungen der deutschen Rentenversicherung sind beitragsabhängig und somit dem Abschnitt 2 zuzuordnen und daher wäre Art. 40 I VO 1408/71 anzuwenden. Jedoch verweist dieser auf Rentenleistungen wegen Alters und Todes in Kapitel 3 und darin sind keine Leistungen zur Erhaltung und Besserung der Erwerbsfähigkeit aufgezählt. Daneben fallen unter die Vorschriften über Leistungen bei Invalidität nur Geldleistungen und keine Sachleistungen, die als Rehabilitationsleistungen überwiegen.

Somit gäbe es für Rehabilitationsleistungen keine speziellen Verfahrensvorschriften, ordnete man sie den Leistungen bei Invalidität zu. Damit ergäbe sich aus dem Gemeinschaftsrecht kein über das nationale Recht hinausgehender Leistungsexport bzw. keine Sachleistungsaushilfe für Rehabilitationsleistungen in Form von Sachleistungen aus der Rentenversicherung.

Trotz dieses unbefriedigenden Ergebnisses wird zum Teil[690] vertreten, dass nach Art. 4 I lit. b) VO 1408/71 zu den Leistungen bei Invalidität auch die Leistungen zur Erhaltung oder Besserung der Erwerbsfähigkeit gehören. Genau das sei auch der Zweck der Rehabilitationsleistungen der gesetzlichen Rentenversicherung.

Aus folgenden Überlegungen ist dieser Ansicht nicht zuzustimmen: Der EuGH hat bezüglich deutscher Rehabilitationsmaßnahmen noch kein Urteil gefällt, aber dennoch können einige Aussagen bereits entschiedener Fälle herangezogen werden. Im *Jordens-Vosters*-Urteil betonte der Gerichtshof, dass der Begriff „Leistungen bei Krankheit und Mutterschaft" in Art. 4 I lit. a) VO 1408/71 für die Anwendung dieser Verordnung nicht mit Blick auf die einzelstaatlichen Rechtsvorschriften zu definieren ist, sondern mit Schwerpunkt auf diejenigen Vorschriften des Gemeinschaftsrechts, welche die wesentlichen Bestandteile dieser Leistungen festlegen[691]. Die Entscheidung, unter welchen Titel die jeweilige nationale Leistung zu fassen ist, ist also unabhängig von der nationalen Einordnung zu fällen[692]. Demnach kann es auch keine Rolle spielen, wenn Rehabilitationsleistungen unter „Leistungen bei Krankheit" statt unter „Leistungen bei Invalidität" gefasst werden. Es muss vielmehr nach der Leistungsart gefragt werden, d. h. danach, ob es sich um eine Geld- oder Sachleistung handelt, denn Kapitel 2 des Titels III der Verordnung „Invalidität" sieht nur Geld- und keine Sachleistungen vor. Deswegen hat der

---

690 Bley, Sozialrecht, S. 283; Gerlach, in: DRV 1974, 164 (167 f.); Kubischke, in: DAngVers 1978, 443 (446); Willms, Soziale Sicherung durch Europäische Integration, S. 173 f.
691 EuGH, Urt. v. 10.1.1980, Rs. 69/79 (Jordens-Vosters), Slg. 1980, 75 (84, Rn. 6).
692 Schon in früheren Entscheidungen zur Tuberkulose-Hilfe hat der EuGH, bei der Definition der „Leistungen bei Krankheit und Mutterschaft" festgestellt, dass nicht darauf abgestellt werde, wie diese Leistungen in einzelnen Staaten der Gemeinschaft institutionell den Versicherungszweigen zugeordnet werden; vgl. EuGH, Urt. v. 16.11.1972, Rs. 14/72 Slg. 1972, 1105 (1114, Rn. 5); EuGH, Urt. v. 16.11.1972 Rs. 15/72 (Niedersachsen/Landesversicherungsanstalt), Slg. 1972, 1127 (1136, Rn. 4); EuGH, Urt. v. 16.11.1972, Rs. 16/72 (Ortskrankenkasse Hamburg/Landesversicherungsanstalt) Slg. 1972, 1141 (1150 f., Rn. 4).

Gerichtshof in dem *Jordens-Foster*-Urteil auch entschieden, dass die Leistungen nach dem niederländischen Arbeitsunfähigkeitsgesetz, das neben Geldleistungen auch Sachleistungen vorsieht, unter das Kapitel „Leistungen bei Krankheit und Mutterschaft" zu fassen sind, obwohl die Niederlande nach Art. 5 VO 1408/71 diese gesetzliche Regelung den „Leistungen bei Invalidität" zugeordnet hat[693]. Wäre der EuGH der Notifizierung der niederländischen Regierung gefolgt, so wäre keine Regelung des Gemeinschaftsrechts auf diese innerstaatlichen Vorschriften, soweit sie Sachleistungen betroffen hätten, anwendbar gewesen.

Zusammenfassend lässt sich nach der bisherigen Rechtsprechung des EuGH folgende Grundregel festhalten: Soweit es sich um Sachleistungen handelt, werden diese den „Leistungen bei Krankheit" zugeordnet, weil die Vorschriften des Kapitels 2 des Titels 3 der VO 1408/71 über die „Leistungen bei Invalidität" nur Leistungen in Form von Geldleistungen erfassen[694].

Dass medizinische Rehabilitationsleistungen unter den Titel „Leistungen bei Krankheiten und Mutterschaft" fallen, ist sachgerecht[695], zumal darunter die Beseitigung und Besserung der Behinderung durch eine günstige Beeinflussung der zu Grunde liegenden Gesundheitsstörung[696] verstanden wird. Diese medizinischen Rehabilitationsleistungen werden in § 15 SGB VI genannt und sind mit denen einer „Leistung bei Krankheit und Mutterschaft" i. S. d. VO 1408/71 verwandt.

Möchte man auf dem Weg der EuGH-Rechtsprechung bleiben, so kann man zu keinem anderen Resultat gelangen, als die Rehabilitationsleistungen, die in Form von Sachleistungen erbracht werden, an den Vorschriften zur Leistung bei Krankheit zu messen. Das muss auch unabhängig davon geschehen, dass es sich dabei nicht immer um medizinische Sachleistungen handelt, andernfalls bestünden keine Regelungen zur Frage der Sachleistungsaushilfe hinsichtlich von Rehabilitationsmaßnahmen im Rahmen der Rentenversicherung. Das wäre schon unter dem Gesichtspunkt ungerecht, dass der Versicherte Beiträge leistet und im Rehabilitationsfall die entsprechenden Sachleistungen in einem anderen Mitgliedstaat nicht in Anspruch nehmen könnte.

b) Rehabilitationsmaßnahmen als Sach- und Geldleistungen

Also ist im Einzelnen zu klären, ob es sich bei der Rehabilitationsmaßnahme um eine Sach- oder Geldleistung handelt. In der deutschen Rentenversicherung werden verschiedene Rehabilitationsleistungen vorgesehen: In der Regel handelt es sich um Sachleistungen wie medizinische Leistungen (§ 15 I Nr. 1- 4 SGB VI) und berufsfördernde Leis-

---

693 EuGH, Urt. v. 10.1.1980, Rs. 69/79 (Jordens-Vosters), Slg. 1980, 75 (84, Rn. 6).
694 So auch BSG, Urteil vom 21.6.1995 (5 RJ 38/94); Der Verband Deutscher Rentenversicherungsträger ordnet medizinische Rehabilitationsleistungen auch dem Titel „Leistungen bei Krankheit und Mutterschaft" zu und erklärt somit Art. 22 VO 1408/71 zum Prüfungsmaßstab; vgl. VDR, in: Die Sozialversicherung 1992, 177 (180).
695 Anders ist jedoch noch die gängige Praxis der deutschen Rentenversicherungsanstalten, die Rehabilitationsleistungen dem Exportgebot des Art. 10 VO 1408/71 unterfallen lassen. Vgl. Kinzel/Kunhardt/Laïs, Rentenversicherung, S. 29.
696 Schaub, Hdb. des gesetzlichen Rentenversicherungsrecht, S. 603, Rn. 8.

tungen (§ 17 SGB VI). Als Geldleistung kommt das Übergangsgeld als ergänzende Rehabilitationsleistung in Betracht (§§ 20 ff. SGB VI).

Folgt man nun der Einordnung der medizinischen Leistungen als „Leistungen bei Krankheit", so ist Art. 22 VO 1408/71 Prüfungsmaßstab. In Bezug auf Sachleistungen gilt also hier – wenn auch etwas gelockert – das Territorialitätsprinzip: Ein Arbeitnehmer soll medizinische Sachleistungen regelmäßig in dem Land erhalten, in dem er wohnt und arbeitet. Ausnahmsweise kann auch eine Sachleistung in einem anderen Mitgliedsland gewährt werden, wenn in dem Mitgliedstaat, in dem sich der Arbeitnehmer niedergelassen hat, keine geeignete medizinische Behandlung vorgenommen werden kann. Jedoch gilt dies nur in Zusammenhang mit einer Genehmigung des zuständigen Trägers. Auf Deutschland übertragen bedeutet dies, dass in der Regel Leistungen im Inland erbracht werden müssen, da nur in Einzelfällen Leistungen im Ausland geeigneter sind als diejenigen im Inland, wobei speziell für Deutschland mit Einführung des § 18 SGB IX Leistungen auch im Ausland erbracht werden müssen. Diese weitergehende nationale Regelung geht dann der ungünstigeren sekundärrechtlichen Vorschrift vor. Geldleistungen wie das Übergangsgeld werden problemlos nach Art. 10 VO 1408/71 exportiert.

Als Ergebnis ist festzuhalten, dass Sachleistungen der rentenversicherungsrechtlichen Rehabilitationsleistungen im Rahmen der Sachleistungsaushilfe nach den Regeln für „Leistungen bei Krankheit" in anderen Mitgliedstaaten nach Art. 22 VO 1408/71 erbracht werden, hingegen Geldleistungen nach der allgemeinen Regel des Art. 10 VO 1408/71 exportiert werden.

2. Renten
Renten dürfen nach Art. 10 VO 1408/71 nicht geschmälert werden, weil der Berechtigte in einem anderen Mitgliedstaat als dem, in dem er rentenversichert ist, lebt.

a) Rente bei Alter (§§ 35-42 SGB VI)
Die Renten bei Alter sind Geldleistungen, auf die Art. 10 VO 1408/71 anzuwenden ist. Danach sind diese Leistungen in vollem Umfang zu exportieren, wenn der Berechtigte Staatsangehöriger eines EU-Mitgliedstaates ist und seinen Wohnsitz in einem anderen als dem zur Leistung verpflichteten Mitgliedstaat hat.[697]

Damit wiederholt Art. 10 VO 1408/71 das, was schon aus deutschem Recht für die Renten bei Alter herzuleiten ist (§ 110 SGB VI): Renten bei Alter sind uneingeschränkt zu exportieren.

---

[697] Die Aufhebung der Wohnortklausel nach Art. 10 VO 1408/71 betrifft aber nur die Gewährung von Leistungen, die nach den Rechtsvorschriften der einzelnen Mitgliedstaaten geschuldet werden. Der Rentenanspruch ist hingegen grundsätzlich allein nach innerstaatlichem Recht zu prüfen.

b) Rente wegen verminderter Erwerbsfähigkeit (§§ 43–45 SGB VI)
Die Rente wegen Erwerbsminderung[698] gem. § 44 SGB VI und die Rente für Bergleute gem. § 45 SGB VI werden unproblematisch nach Art. 10 VO 1408/71 exportiert. Dies bedeutet, dass beispielsweise auch so genannte Arbeitsmarktrenten einem Export in ein anderes EU-Mitgliedsland unterliegen, obwohl dies § 112 S. 1 SGB VI ausschließt. Arbeitsmarktrenten sind Renten wegen verminderter Erwerbsfähigkeit, für die nicht nur der Gesundheitszustand, sondern zusätzlich die Arbeitsmarktlage berücksichtigt werden muss (sog. arbeitsmarktbedingte Erwerbsminderungsrente)[699].

c) Rente wegen Todes (§§ 46-49 SGB VI)
Nach Art. 10 I Unterabsatz 1 VO 1408/71 werden auch Kapitalabfindungen exportiert, die im Falle der Wiederverheiratung an den überlebenden Ehegatten gewährt werden, der Anspruch auf Hinterbliebenenrente hat.

Besonderes gilt in Bezug auf die Waisenrente. Für Waisenrenten gelten nach Art. 44 III VO 1408/71 nicht die Bestimmungen des Kapitels 3 VO 1408/71, sondern ausschließlich die Vorschriften des Kapitels 8. Danach wird die Waisenrente erst dann exportiert, wenn für den verstorbenen Elternteil nur die deutschen Rechtsvorschriften gegolten haben und ein Waisenrentenanspruch besteht. Haben dagegen für den verstorbenen Elternteil auch die Rechtsvorschriften des Wohnlands des Waisen gegolten, ist grundsätzlich das Wohnland für die Leistungen der Waisenrente zuständig (vgl. Art. 78 und 79 VO 1408/71). Der EuGH entschied – in Anwendung des *Petroni*-Prinzips[700] – dass die Waisenrentenzahlungen den Betrag des höchsten rein innerstaatlich erfüllten Leistungsanspruchs erreichen müssen. Daher sind gegebenenfalls auch durch an sich unzuständige Träger Unterschiedsbeiträge[701] in Höhe der Differenz zu den Leistungen des leistungspflichtigen Trägers zu zahlen und zu exportieren[702].

3. Beitragszuschüsse (§§ 106, 106 a SGB VI, § 249 a SGB V) – Movrin-Urteil
Mit Urteil vom 6.7.2000 hat der EuGH in der Rechtssache *Movrin*[703] entschieden, dass ein im Recht eines Mitgliedstaats vorgesehener Zuschuss zu den Aufwendungen für die Krankenversicherung, wie der im Ausgangsverfahren des *Movrin*-Urteils streitige, eine

---

698 Das bisherige zweistufige System der Renten wegen verminderter Erwerbsfähigkeit, dessen Kernstück bis zum 31.12.2000 die §§ 43, 44 SGB VI bildeten und das zwischen Berufs- und Erwerbsunfähigkeit unterschied, ist seit 1.1.2001 durch eine abgestufte Rente wegen Erwerbsminderung, die als Rente wegen teilweiser oder voller Erwerbsminderung geleistet wird, ersetzt worden. Vgl. zu den Änderungen Stichnoth/Wiechmann, DAngVers 2001, Heft 2, S. 1 ff.
699 Haverkate/Huster, Europäisches Sozialrecht, S. 177, Rn. 254.
700 EuGH, Urt. v. 21.10.1975, Rs. 24/75 (Petroni), Slg. 1975, 1149 (1161 Rn. 20).
701 Im Falle eines Zuständigkeitswechsels hat der ursprünglich leistungsverpflichtete Mitgliedstaat einen Waisenrenten-Unterschiedsbetrag zu erbringen, wenn (1) nach seinen Rechtsvorschriften ein innerstaatlicher Waisenrentenanspruch besteht und (2) die Leistung des nunmehr leistungspflichtigen Mitgliedstaates niedriger ist als diese innerstaatliche Waisenrente. Vgl. dazu: Grotzer, in: DRV 1995, 125 (134 f.).
702 Vgl. EuGH, Urt. v. 12.6.1980, Rs. 733/79 (CCAF), Slg. 1980, 1915 (1925 f. Rn. 9); EuGH, Urt. v. 9.7.1980, Rs. 807/79 (Gravina), Slg. 1980, 2205 (2219 Rn. 8); Schuler, in: SDSRV 36, S. 79 (109).
703 EuGH, Urt. v. 6.7.2000, Rs. C-73/99 (Movrin), noch nicht in der amtlichen Sammlung veröffentlicht; siehe „http://curia.eu.int".

Geldleistung i. S. d. Art. 10 VO 1408/71 ist, auf die der Bezieher einer nach dem Recht dieses Staates zu zahlenden Rente auch dann Anspruch hat, wenn er in einem anderen Mitgliedstaat wohnt und dort der Krankenversicherungspflicht unterliegt.

Das Urteil erging in einem Fall, in dem der Rentner seinen gewöhnlichen Aufenthalt in den Niederlanden hatte und sowohl eine niederländische als auch eine deutsche Rente bezog. In beiden Staaten waren die Voraussetzungen für eine Pflicht-KVdR aufgrund der Rente erfüllt. Gemäß Art. 27 VO 1408/71 kam es aufgrund der Wohnlandklausel allein zu einer niederländischen Pflicht-KVdR. Der Rentner hatte aufgrund der niederländischen Rechtsvorschriften für die niederländische gesetzliche Krankenversicherung Pflichtbeiträge aus der deutschen und der niederländischen Rente zu zahlen. Für die Beiträge aus der niederländischen Rente erhielt er vom niederländischen Träger einen Ausgleich, nicht hingegen für die Beiträge aus der deutschen Rente.

Der Kläger beantragte, ihm zu den Beiträgen aus seiner deutschen Rente einen Zuschuss analog § 106 SGB VI, § 249 a SGB V zu zahlen. Im Ausgangsstreitverfahren ging es also um die Zuschussgewährung zu ausländischen Pflichtbeiträgen bei Krankheit und Mutterschaft aus der deutschen Rente, für die nach dem ausländischen Recht kein Ausgleich erfolgt.

Die deutsche Regierung war der Auffassung, dass der streitige Zuschuss nicht als Leistung i. S. d. Art. 1 lit. t) VO 1408/71 anzusehen sei, wenn wie im vorliegenden Fall der Betroffene einer Krankenversicherungspflicht unterliege. In einem solchen Fall werde der deutsche Zuschuss nämlich nicht an den Rentenempfänger mit Wohnsitz in Deutschland gezahlt, sondern unmittelbar an die Krankenversicherung. Art. 10 VO 1408/71 finde daher keine Anwendung[704].

Nach der ständigen Rechtsprechung des Gerichtshofs beantwortet sich die Frage, ob eine Leistung in den Geltungsbereich der VO 1408/71 fällt, entscheidend nach ihren Wesensmerkmalen, insbesondere ihren Zwecken und den Voraussetzungen ihrer Gewährung[705]. Im vorliegenden Fall gilt Folgendes: der streitige Zuschuss setzt namentlich das Bestehen eines Rentenanspruchs voraus, wird von den Rentenversicherungsträgern gewährt, bemisst sich nach der Höhe der an die Krankenversicherung gezahlten Beiträge, wobei bei deren Festsetzung von der bezogenen Rente ausgegangen wird und soll die Leistungen bei Alter dergestalt ergänzen, dass zu den Aufwendungen für die Krankenversicherung ein Zuschuss gezahlt wird, um die Belastung, die jene für den Rentenempfänger darstellen, zu verringern. Der Zuschuss wird nicht erst im Krankheitsfall, also nach Eintritt des versicherten Risikos, gezahlt. Ein Zuschuss, der eine Beteiligung an den Aufwendungen für die Krankenversicherung darstellt, kann keine Leistung eben dieser Versicherung, der Krankenversicherung, sein.[706] Der Umstand, dass solche Zahlungen unmittelbar an den Krankenversicherungsträger und nicht an den in der fraglichen Krankenversicherung pflichtversicherten Rentenempfänger geleistet werden, än-

---

704 EuGH, Urt. v. 6.7.2000, Rs. C-73/99 (Movrin), Rn. 36; noch nicht in der amtlichen Sammlung veröffentlicht; siehe „http://curia.eu.int".
705 EuGH Urt. v. 3.6.1992 Rs. C-45/90 (Paletta) Slg. 1992, I-3423 (3463, Rn. 16).
706 EuGH, Urt. v. 6.7.2000, Rs. C-73/99 (Movrin), Rn. 40, 41.

dert nichts an der entscheidenden Feststellung, dass diese Zahlungen zu Gunsten des Rentenempfängers geleistet werden und als Zuschlag zu seiner Rente wirken, mit dem die Belastung ausgeglichen werden soll, die die Beitragszahlung für ihn darstellt.[707] Daher sieht der Gerichtshof den Zuschuss zu den Aufwendungen für die Krankenversicherung, der auf eine Erhöhung des Rentenbetrages hinausläuft, als eine Geldleistung bei Alter i. S. d. Art. 10 I VO 1408/71 an, welcher ihre Exportierbarkeit gewährleistet, da es keine besondere Bestimmung i. S. d. Anhangs VI VO 1408/71 gibt, die die Anwendbarkeit des Art. 10 I VO 1408/71 ausschließt.[708]

4. Zusammenfassung

Die meisten Leistungen der Rentenversicherung sind Geldleistungen und unterliegen der Exportpflicht nach Art. 10 VO 1408/71[709]. Allein problematisch ist der Export bzw. die Sachleistungsaushilfe der Rehabilitationsmaßnahmen. Aufgrund der oben angegebenen Erläuterungen[710] sind die Regeln des Art. 22 VO 1408/71 auf die Rehabilitationsleistungen analog anzuwenden.

III. Verfahren der Rentenzahlungen bei Leistungsexport

Die laufenden Renten werden grundsätzlich[711] von dem zuständigen Träger unmittelbar an den Berechtigten, der in einem anderen Mitgliedstaat wohnt, überwiesen[712]. Hingegen werden Nachzahlungen und Einmalzahlungen über die Verbindungsstelle des Wohnstaates geleistet (Anhang 6 der VO 575/72)[713].

E. Vereinbarkeit der Regelung des Art. 22 VO 1408/71 analog mit dem EG-Vertrag hinsichtlich der Rehabilitationsleistungen

Zu klären bleibt hier, ob die Rehabilitationsleistungen, die nach der Regelung des Art. 22 VO 1408/71 nur nach erfolgter Genehmigung in einem anderen Mitgliedstaat in Anspruch genommen werden können, aufgrund des Primärrechtes nicht auch ohne Genehmigung erbracht werden müssen. Ein anderes Ergebnis als im Rahmen der Krankenversicherung ist nur denkbar, wenn das Genehmigungserfordernis aufgrund der Struktur der Rehabilitationsleistungen im Rahmen der Rentenversicherung diese Beschränkung rechtfertigt.

---

707 EuGH, Urt. v. 6.7.2000, Rs. C-73/99 (Movrin), Rn. 43.
708 Vgl. EuGH, Urt. v. 6.7.2000, Rs. C-73/99 (Movrin), Rn. 44; Bormann/Petersen, in: DAngVers 2001. Heft 5/6, S. 1 (2 f.).
709 Das Vorruhestandsgeld kann zum Zweig „Alter", aber auch zum Zweig „Arbeitslosigkeit" gehören oder, weil nur privatrechtlich, auch ganz aus dem Anwendungsbereich der Verordnung fallen. Es kann aber sein, dass ein Vorruheständler keinem dieser Bereiche zuzuordnen ist und so die VO 1408/71 keine Anwendung findet.
710 Siehe 5. Teil, D. II. 1.
711 Nach den Niederlanden erfolgt die Zahlung über die Verbindungsstelle.
712 Vgl. zum Verfahren: Marschner, in: EAS, B 9120, Rn. 82.
713 Zum Rentenfeststellungsverfahren: Vgl. Schuler, in: Nomos Kommentar, Art.44, Rn. 6 ff.

I. Anwendungsbereich des Art. 49 EGV

Da die Leistungen der Rehabilitation, wie bereits im Rahmen des Krankenversicherungsrechts erörtert, in Form des Sachleistungsprinzips erbracht werden, ist auch hier von einem dreigliedrigen Leistungs- bzw. Leistungserbringungsverhältnis auszugehen. Ebenso wie bei den Krankenkassen handelt es sich bei den Rentenversicherungsträgern um Anstalten des öffentlichen Rechts, die keinen Erwerbszweck verfolgen[714]. Der ganz entscheidende Gesichtspunkt für die Beurteilung der gesetzlichen Rentenversicherung als nichtwirtschaftlich ist das von ihr angewandte Umlageverfahren[715]. Daran ändert auch die Belegung privater Kliniken nichts, die zur Erfüllung der gesetzlichen Aufgabe der Gewährung von Rehabilitationsleistungen dient und als fiskalische Hilfstätigkeit, nicht als Erwerbstätigkeit einzuordnen ist[716]. Damit gilt hier das Gleiche wie bereits im Rahmen der Kranken-, Pflege- und Unfallversicherung ausgeführt, nämlich, dass kein Anspruch des Versicherten gegen die zuständige Krankenkasse auf die Durchführung einer Rehabilitationsmaßnahme in einem anderen Mitgliedstaat aus dem Gebot der Dienstleistungsfreiheit herzuleiten ist[717]. Von der Dienstleistungsfreiheit wird jedoch die Rechtsbeziehung des Rentenversicherungsträgers zu den Dienstleistungserbringern und das Verhältnis der Versicherten zu den Kliniken erfasst.

II. Beschränkung der Dienstleistungsfreiheit durch den Genehmigungsvorbehalt des Art. 22 VO 1408/71

Die Dienstleistungserbringer und die Versicherten werden durch das Genehmigungserfordernis in der Ausübung der ihnen in diesem Verhältnis zustehenden Dienstleistungsfreiheit gem. Art. 49 EGV beschränkt. Daraus könnte sich mittelbar ein Anspruch des Versicherten auf Leistungen in einem anderen EU-Mitgliedstaat ergeben, wenn die Beschränkung durch Art. 22 VO 1408/71 nicht gerechtfertigt ist.

III. Rechtfertigung

Um Rechtfertigungsgründe näher beleuchten zu können, ist zunächst das Ziel der Rehabilitationsmaßnahmen im Bereich der Rentenversicherung festzulegen: Ziel der Rehabilitationsleistungen im Rahmen der Rentenversicherung ist die Erhaltung der Erwerbsfähigkeit oder Wiedereingliederung des Versicherten ins Erwerbsleben und damit die Vermeidung von Rentenzahlungen (§ 9 SGB VI)[718]. Fraglich ist, ob dieses Ziel auch erreicht werden kann, wenn das Genehmigungserfordernis i. S. d. Art. 22 I VO 1408/21 wegfällt. Als Rechtfertigungsgrund für diese Beschränkung durch das Genehmigungserfordernis kommen Gründe des öffentlichen Gesundheitsschutzes, der in Art. 46 EGV normiert ist, in Betracht. Dieser ist nicht garantiert, wenn zum einen die bestehende Rehabilitationsinfrastruktur in Deutschland gefährdet wird und zum anderen die medizini-

---

714 Zabre, in: DAngVers 1999, 18 (25); vgl. Randelzhofer, in: Grabitz/Hilf, Art. 58 Rn. 6 und 8.
715 Schulz-Weidner, in: DRV 1997, 449 (467).
716 Zabre, in: DAngVers 1999, 18 (25).
717 So auch Rische, in: DAngVers 1992, 1 (3).
718 Vgl. BSGE 50, 51 (53); Funk, in: SGb 1983, 45 (50 ff.).

schen Leistungen der Rentenversicherung als integrierter Bestandteil des gegliederten Systems der Rehabilitation im Inland nicht bestehen bleiben[719].

1. Sicherung der Infrastruktur für Rehabilitation

Durch die Öffnung des Marktes, in dem keine Kontrolle mehr durch die Genehmigung ausgeübt werden kann, könnten die Klinikstrukturen gefährdet werden. Rehabilitationsleistungen werden vom Rentenversicherungsträger als Sachleistungen nach pflichtgemäßem Ermessen gem. § 13 I SGB VI erbracht. Nach § 15 II S. 1 SGB VI bedient sich der Rentenversicherungsträger dafür eigener oder vertraglich an ihn gebundener Rehabilitationskliniken, wobei der Rentenversicherungsträger die Auswahl der Einrichtung trifft (§ 13 I SGB VI). Dabei beachtet der Rentenversicherungsträger auch den Erhalt der Rehabilitationskliniken durch ausgeglichene Belegungsplanung. Im Moment gibt es im Rahmen des deutschen Sozialversicherungssystems und nicht nur dort, sondern auch in vielen anderen EU-Mitgliedstaaten eine nicht enden wollende Diskussionen über Sparmaßnahmen. Was spricht dagegen, dieses Ziel durch Wettbewerb im europäischen Sozialversicherungssystem zu erreichen? Schon jetzt werben vereinzelt Krankenhäuser um ihre Patienten. Das wird zwar, wenn einzelne Rehabilitationskliniken im Wettbewerb nicht mithalten können, zu unvermeidbaren Klinikschließungen und sogar zu Entlassungen führen, doch auf der anderen Seite entstehen neue Chancen, welche die Rentenversicherungsträger zur Kosteneinsparung nutzen sollten. Schon jetzt werden durch das Spargesetz von 1996[720] viele Rehabilitationseinrichtungen teilweise nur zu 50-60 % ausgelastet[721]. Deswegen muss man sich hier endlich dem Wettbewerb stellen und in der Öffnung des Marktes neue Chancen sehen, um wieder zu einer höheren Auslastung der Rehabilitationseinrichtungen zu gelangen.

Eine Öffnung des Marktes wird auch nicht zu einer Senkung des Leistungsniveaus führen, denn die Kliniken werden sich im Rahmen des Wettbewerbs durch überzeugende Leistungen behaupten müssen. Um einer etwaigen Qualitätsgefährdung vorzubeugen, könnten außerdem Harmonisierungsrichtlinien mit Mindestqualitätsanforderungen aufgestellt werden.

Öffnet man den Markt und erkennt dann eine Gefährdung der Infrastruktur, so könnte man dieser immer noch mit Regulierungsmaßnahmen entgegenwirken, wie das zum Beispiel auf dem Telekommunikationssektor geschieht. Ein Wettbewerb, der reguliert wird, ist immer noch besser als keiner.

Abgesehen davon existieren im SGB VI keine Bedarfsplanungsvorschriften wie zum Beispiel im Krankenversicherungsrecht (vgl. § 99 SGB V). Das deutsche Sozialgesetzbuch VI schreibt in § 13 I lediglich vor, dass der Rentenversicherungsträger unter Be-

---

719 Zabre, in: DAngVers 1999, 18 (25).
720 Gesetz zur Umsetzung des Programms für mehr Wachstum und Beschäftigung in den Bereichen der Rentenversicherung und Arbeitsförderung (WFG) vom 25.9.1996, vgl. BGBl. I 1996, Nr. 48, S. 1461 ff.
721 Vgl. Bericht einer Arbeitsgruppe, in: ZFSH/SGB 1999, 621 (638); zum Reha-Budget der Rentenversicherungen vgl. Schaub, in: DRV 1999, 181 (193).

achtung der Grundsätze der Wirtschaftlichkeit und der Sparsamkeit Art, Dauer, Umfang, Beginn und Durchführung der Maßnahmen sowie die Rehabilitationseinrichtungen nach billigem Ermessen bestimmt. An dieser Ermessensvorschrift ist zu erkennen, dass der Gesetzgeber schon einen gewissen Wettbewerb vorsieht. Eine Bestandsgefährdung der Klinikinfrastrukturen scheidet somit als Rechtfertigungsgrund aus[722].

2. Medizinische Leistungen als integrierter Bestandteil des gegliederten Systems

Bei der medizinischen Rehabilitation im Rahmen der Rentenversicherung handelt es sich um eine spezielle Maßnahme des Rentenversicherungsträgers in dem Gesamtgefüge der Rentenversicherungsleistungen, die das Ziel haben, den Versicherten wieder auf die Beine zu stellen, um seine Erwerbsfähigkeit wieder herzustellen. Hier wird der im Rentenversicherungsrecht im Mittelpunkt stehende Grundsatz „Reha vor Rente" deutlich. Durch diesen in § 9 I S. 2 SGB VI festgelegten Grundsatz sind die Rentenversicherungsträger verpflichtet, vor der Gewährung von Rentenleistungen die Durchführung von Leistungen zur Rehabilitation zu prüfen, damit Leistungen wegen verminderter Erwerbsfähigkeit nicht oder erst zu einem späteren Zeitpunkt zu erbringen sind. Dabei handelt es sich um individuell auf den Rehabilitanden zugeschnittene Leistungsangebote.

Weiterer Schwerpunkt der Rehabilitation ist die Nachsorge des Versicherten. Bereits dann, wenn medizinische Leistungen durchgeführt werden, kümmert sich der Rehabilitationsberater beispielsweise um die Prüfung und Einleitung berufsfördernder Maßnahmen.

Charakteristisch für die Rehabilitationsleistungen der gesetzlichen Rentenversicherung ist demnach vor allem der ganzheitliche Behandlungsansatz. Dieser führt unter Beachtung von Wirtschaftlichkeit und Sparsamkeit zum besten Erfolg, wenn die Leistungen nach Ermessen des Rentenversicherungsträgers ausgesucht werden. Das kann aber durch kein anderes milderes Mittel als durch das Genehmigungserfordernis erreicht werden.

Damit steht fest, dass das im Rahmen des Art. 22 I VO 1408/71 vorgesehene Genehmigungserfordernis für die Rehabilitationsleistungen der Rentenversicherung nicht entfallen kann[723].

Das widerspricht auch nicht den Aussagen der *Kohll*- und *Decker*-Urteile und dem hier zur Krankenversicherung vertretenen Lösungsansatz[724]: Aufgrund der freien Arztwahl hat der Patient im Gegensatz zum Rehabilitanden eine grundsätzlich andere Rolle und ist auch aktiv an der Auswahl der Dienstleistung beteiligt. Die stationären Rehabilitationsleistungen durch die Krankenversicherung sind hingegen – wie bei der Rentenversicherung – Ermessensleistungen, bei denen die Krankenkassen Art und Umfang der Leis-

---

[722] Anderer Ansicht wohl auch in Bezug auf Art. 22 VO 1408/71 Zabre, in: DAngVers 1999, 18 (25 f.), der § 14 SGB VI als mit der Dienstleistungsfreiheit vereinbar ansieht.
[723] So auch Zabre, in: DAngVers 1999, 18 (26), der aber das Territorialitätsprinzip des § 14 SGB VI als gerechtfertigt ansieht.
[724] Vgl. 2. Teil, H.

tungen bestimmen. Doch sind die Rehaleistungen der Krankenversicherung nicht in ein solches Leistungsgeflecht eingebunden wie das im Rahmen der Rentenversicherung der Fall ist.

F. Änderungsüberlegungen

Im Bereich der Leistungen bei Alter und Tod (Rente) besteht hinsichtlich der Frage des Leistungsexportes kein Änderungsbedarf. Das beruht darauf, dass auf diesem Gebiet nur Geldleistungen vorgesehen werden, die bereits jetzt nach Art. 10 VO 1408/71 unbeschränkt exportiert werden müssen und damit im Einklang mit der Dienstleistungsfreiheit stehen.

Anders verhält es sich hinsichtlich der Rehabilitationsmaßnahmen, die als Sachleistungen weder im Kapitel 2 (Invalidität) noch im Kapitel 3 (Alter und Tod) der Verordnung geregelt sind. Auf diese finden zwar die Regelungen bei Krankheit Anwendung, also insbesondere Art. 22 VO 1408/71. Dieser ist in seiner momentanen Fassung für den Bereich der Rehabilitationsleistungen der Rentenversicherung, also mit dem Genehmigungserfordernis des Art. 22 I VO 1408/71, beizubehalten.

G. Änderungsvorschlag

Zur Klarstellung ist eine Regelung im Kapitel 2 der VO 1408/71, die auch die Sachleistungsaushilfe für Rehabilitationsleistungen nach vorheriger Genehmigung in anderen Mitgliedstaaten vorsieht, wünschenswert. Der konkrete Formulierungsvorschlag wird im Rahmen des Vorschlags einer Generalklausel im 7. Teil, B. dargestellt.

6. Teil: Gesetzliche Arbeitslosenversicherung

In den meisten europäischen Ländern ist Arbeitslosigkeit spätestens seit Beginn der achtziger Jahre zu einem wirtschafts- und sozialpolitischen Problem geworden. Im Jahre 1999 waren 15,4 Mio. EU-Bürger arbeitslos[725]. Die nationalen Leistungssysteme haben in der Regel nur den nationalen Arbeitsmarkt im Blickfeld, was zum Beispiel an dem Kriterium der Verfügbarkeit des Arbeitslosen für die Arbeitsvermittlung der nationalen Arbeitsverwaltung zu erkennen ist. Arbeitslosigkeit ist allerdings in einem Binnenmarkt schon lange kein rein nationales Thema mehr[726].

A. Allgemeiner Überblick über die Absicherungssysteme im Falle der Arbeitslosigkeit in der EU

Leistungen bei Arbeitslosigkeit dienen der Armutsverhinderung und der Wiedereingliederung in den Arbeitsmarkt[727]. Diese Leistungen werden von den einzelnen Mitgliedstaaten auf unterschiedlichste Weise erbracht[728]:

Überwiegend bestehen beitragsfinanzierte Versicherungssysteme. Nur Luxemburg und Finnland bilden Ausnahmen. In Finnland wird eine Grundsicherung durch ein staatliches Versorgungssystem gewährleistet und in Luxemburg wird dieses Risiko aus einem steuerfinanzierten Solidaritätsfonds abgesichert. In den anderen Mitgliedstaaten erfolgt die Defizitdeckung der Arbeitslosenversicherung über staatliche Zuschüsse. Die beitragsfinanzierten Versicherungssysteme sind überwiegend Pflichtversicherungssysteme, die Ausnahme machen Dänemark und Schweden mit freiwilligen Arbeitslosenversicherungen. Die Arbeitslosenversicherung wird zudem in den meisten Staaten ergänzt durch staatliche Unterstützungssysteme nach Art der deutschen Arbeitslosenhilfe.

Besonders große Unterschiede bestehen im Hinblick auf die Voraussetzungen der Leistungsgewährung. So reicht die geforderte Verfügbarkeit für eine neue Arbeit vom passiven Zur-Verfügungstellen (Bsp.: GR, L, SP) bis zur aktiven Suche (Bsp.: F, DK, GB). Dennoch lassen sich die Voraussetzungen zusammenfassend wie folgt formulieren: (1)

---

725 Vgl. Ohndorf, in: BArbBl (Heft 12) 1999, S. 5 (5); Marino, in: Coordination of social security schemes, S. 315 (317).
726 In der Union haben sich die gesamten nationalen Ausgaben für arbeitsmarktpolitische Maßnahmen in der Zeit von 1990 bis 1995 von 2,5% auf 3,5% der Summe des nationalen BIP erhöht, vgl. Stahlberg, Europäisches Sozialrecht, S. 275, Rn. 435.
727 Stahlberg, Europäisches Sozialrecht, S. 275, Rn. 435.
728 Der Überblick über die einzelnen Absicherungssysteme der Mitgliedstaaten beruht auf folgenden Quellen: Seffen, in: Sozialraum Europa, S. 55 ff.; Stahlberg, Europäisches Sozialrecht, S. 276 ff.; BMA, Euroatlas, S. 50 ff.; Deutsche Sozialversicherung, Sozialschutzsysteme in Europa, S. 18 ff.; Europäische Kommission, Missoc; Europäische Kommission, Sozialer Dialog und soziale Rechte, S. 33 ff.; Weber/Leienbach/Dohle, Soziale Sicherung; Waltermann, in: EAS, B 9140, Rn. 9; Buttler/Walwei/Werner, in: Soziale Sicherung im EG-Binnenmarkt, S. 159 (177); Acker, in: Renten in Europa, S. 48; siehe Anhang VI.

Registrierung beim zuständigen Arbeitsamt, (2) Nachweis einer zeitlich vor der Arbeitslosigkeit liegenden versicherungspflichtigen Tätigkeit während eines bestimmten Mindestzeitraumes, (3) Vermittlungsfähigkeit, also die Bereitschaft des Arbeitslosen, jede ihm zumutbare Arbeit anzunehmen und schließlich (4) darf die Arbeitslosigkeit nicht durch den Arbeitnehmer selbst herbeigeführt oder verschuldet sein. Ist dies der Fall, muss er in der Regel Sperrzeiten oder Leistungskürzungen in Kauf nehmen.

B. Die deutsche Arbeitslosenversicherung

Es besteht eine Versicherungspflicht für Arbeitnehmer, wenn sie gegen Arbeitsentgelt oder zu ihrer Berufsausbildung beschäftigt sind (§ 25 I i. V. m. § 24 I SGB III)[729]. Grundsätzlich erfolgt die Finanzierung der Arbeitslosenversicherung durch Beiträge der Arbeitnehmer und Arbeitgeber (§ 340 SGB III). Die Arbeitslosenversicherung wird von der Bundesanstalt für Arbeit verwaltet (§§ 367 ff. SGB III), die vor allem Arbeitsplätze vermittelt und Geldleistungen im Falle der Arbeitslosigkeit gewährt. Die deutsche Arbeitslosenversicherung kennt eine Vielzahl von Leistungen bei Vollarbeitslosigkeit:
- Arbeitslosengeld,
- Anschlussarbeitslosenhilfe,
- originäre Arbeitslosenhilfe und
- Leistungen bei beruflicher Fortbildung oder Umschulung, aber nur wegen schon eingetretener oder unmittelbar drohender Arbeitslosigkeit.

Bei Teilarbeitslosigkeit:
- Kurzarbeitergeld,
- Schlechtwettergeld und
- Winterausfallgeld.

Ein Anspruch auf Arbeitslosengeld besteht nach § 117 SGB III, wenn ein Arbeitnehmer oder Auszubildender arbeitslos wird und folgende Voraussetzungen erfüllt: (1) Anzeigen der Arbeitslosigkeit beim Arbeitsamt und Beantragen der Leistungen, (2) für die Arbeitsvermittlung zur Verfügung stehen und (3) Erfüllung der Anwartschaften, d. h. der Arbeitslose muss in den letzten drei Jahren vor der Arbeitslosigkeit wenigstens zwölf Monate beitragspflichtig beschäftigt gewesen sein. Die Dauer des Leistungsbezugs hängt von der Beitragszeit und dem Lebensalter ab. Im Anschluss an das Arbeitslosengeld kann Arbeitslosenhilfe gezahlt werden.

C. Leistungsexport nach den SGB-Vorschriften

Die Arbeitslosen haben sich für die Arbeitsvermittlung zur Verfügung zu halten.[730] Demnach sind Arbeitslose grundsätzlich gehalten, sich im Hoheitsgebiet des Beschäfti-

---

729 Speziell zum deutschen System vgl. Ost/Mohr/Estelmann, Grundzüge des Sozialrechts, S. 275 ff.
730 §§ 119 I Nr. 2, II, III Nr. 3 SGB III.

gungsstaates aufzuhalten. Das erschwert die europaweite Arbeitssuche; in Bezug auf viele Mitgliedstaaten macht es sie sogar unmöglich.[731]

Diese Regelung wird dem im SGB vorherrschenden Territorialitätsprinzip gerecht. Es ergeben sich jedoch Probleme, da der Territorialitätsgrundsatz verschiedene Ausprägungen erfahren hat. Im Leistungsrecht gilt überwiegend das Wohnsitzprinzip. Demnach erhalten Arbeitslosenunterstützung nur Personen mit Inlandswohnsitz. Dagegen knüpft das Beitragsrecht an dem Beschäftigungsort an, §§ 24, 324 SGB III jeweils i.V.m. §§ 1 I S. 2, 3 Nr. 1 SGB IV); also gilt das Beschäftigungsortprinzip. Folge ist, dass der Arbeitnehmer im Ausland zwar Beiträge entrichtet hat, Ansprüche aber dort nicht geltend machen kann, d. h. ein Leistungsexport ist nicht vorgesehen.

D. Leistungsexport nach der VO 1408/71

I. Regelung des Art. 10 VO 1408/71

Die VO 1408/71 durchbricht teilweise das in den meisten Staaten vorgegebene Territorialitätsprinzip. Allerdings findet die Generalklausel des Art. 10 VO 1408/71 im Bereich der Leistungen bei Arbeitslosigkeit keine Anwendung. Das lässt sich eindeutig seinem Wortlaut entnehmen.

II. Regelungen der Art. 69 ff. VO 1408/71

In der VO 1408/71 sind spezielle Vorschriften zum Export von Leistungen bei Arbeitslosigkeit vorgesehen (Art. 69 bis 71 VO 1408/71). Diese Vorschriften sollen die Freizügigkeit des Arbeitnehmers ermöglichen, welche die betreffenden Personen allein auf Grundlage der nationalen Rechtsvorschriften nicht besitzen würden.

1. Uneingeschränkter Leistungsexport von Leistungen bei Teilarbeitslosigkeit

Nach Art. 71 I lit. a) Ziff. I und lit. b) Ziff. I VO 1408/71 erhalten echte und unechte Grenzgänger Leistungen vom zuständigen Träger, also von dem des Beschäftigungsstaats, als ob sie in dessen Gebiet wohnten. Die Normen schreiben somit den uneingeschränkten Export von Leistungen bei Teilarbeitslosigkeit vor.

2. Eingeschränkter Export bei Vollarbeitslosigkeit

In den Fällen der Vollarbeitslosigkeit setzt die VO 1408/71 den Koordinierungsauftrag des Art. 42 lit. b) EGV nur sehr eingeschränkt um.

Art. 69 VO 1408/71 ermöglicht es Arbeitslosen, in einem anderen Mitgliedstaat Arbeit zu suchen und dabei ihren Anspruch auf Leistungen bei Arbeitslosigkeit für drei Monate „mitzunehmen". Dadurch wird die von den nationalen Regelungen vorausgesetzte Ver-

---

731 Dieser Gedanke ist auch der Rechtsprechung zu entnehmen: Das BSG hat in BSGE 44, 188 (189) festgestellt, dass keine Verfügbarkeit bei Aufenthalt im Ausland wegen Urlaubs gegeben ist.

fügbarkeit zwar gelockert und im Sinne des Art. 39 EGV ein Leistungsexport ermöglicht[732], doch das Verfügbarkeitserfordernis im zuständigen Staat wird durch Art. 69 VO nicht gestrichen, sondern ersetzt durch eine erforderliche Meldung und Verfügbarkeit in jenem Mitgliedstaat, in dem sich der Arbeitslose zur Arbeitssuche abgemeldet hat[733]. Kehrt der Versicherte nicht innerhalb der Frist von drei Monaten in den Ausgangsstaat zurück, so verliert er nach Art. 69 II S. 1, 2. HS VO 1408/71 seine gesamten restlichen Leistungsansprüche[734]. Dieser Anspruchsverlust hat die Funktion einer Sanktion[735].

In den verbundenen Rechtssachen *Testa, Maggio* und *Vitale*[736] bestätigte der EuGH diesen Rechtsverlust bei verspäteter Rückkehr, sofern die Frist nicht vorschriftsmäßig verlängert wurde. Art. 69 VO 1408/71 trage zur Verwirklichung der Freizügigkeit der Arbeitnehmer bei, daran ändere auch die zeitliche Begrenzung nichts. Durch Art. 69 VO 1408/71 habe der Arbeitnehmer nicht soziale Vergünstigungen verloren, die er zuvor nach dem Recht eines Mitgliedstaates hatte, sondern es seien ihm zusätzliche Rechte eingeräumt worden. Deswegen müsse man die Sanktionen in Art. 69 II VO 1408/71 im Lichte des Vorteils sehen, der ihm durch Absatz 1 dieser Vorschrift gewährt werde, so dass diese Regelung auch dann die Leistungen nicht ungerechtfertigt einschränke, wenn man davon ausgehe, dass der Leistungsanspruch vom Schutz des Eigentums erfasst werde, wie er in der Gemeinschaftsrechtsordnung gewährleistet werde. Nach Auffassung des Gerichtshofs[737] ist die Frage einer Fristverlängerung im Einzelfall in das Ermessen des zuständigen Trägers zu stellen. In einigen Fällen entschied der EuGH, dass dem Arbeitsuchenden wohl mindestens ein Aufenthaltsrecht von sechs Monaten zugestanden werden müsse, wenn die ernstliche Absicht bestehe, eine Beschäftigung aufzunehmen[738].

Zu dieser allgemeinen Regel des Art. 69 VO 1408/71 sieht die Verordnung eine Spezialvorschrift, Art. 71 VO 1408/71, vor. Sie findet Anwendung, wenn Beschäftigungs- und Wohnstaat verschieden sind[739]. Die Vorschrift unterscheidet zwischen Grenzgängern und Arbeitnehmern, die nicht Grenzgänger sind. Art. 71 I lit. a) Ziff. ii) VO 1408/71 stellt sicher, dass Grenzgänger („echte Grenzgänger"[740]) die Leistung in ihrem Wohnstaat erhalten. Arbeitnehmer, die zwar nicht Grenzgänger sind, aber dennoch nicht

---

732 Vgl. EuGH, Urt. v. 9.7.1975, Rs. 20/75 (d'Amico), Slg. 1975, 891 (898 f., Rn. 5); EuGH, Urt. v. 10.7.1975 Rs. 27/75 (Bonaffini) Slg. 1975, 971 (978 f., Rn. 5/8).
733 Zum Verfahren vgl. Art. 83 VO 1408/71.
734 Das betrifft auch die Ansprüche auf Arbeitslosenhilfe. Ein erneuter Anspruch auf Arbeitslosengeld oder Arbeitslosenhilfe besteht demnach erst, nachdem eine erneute Anwartschaft erworben wurde.
735 Waltermann, in: EAS, B 9140, Rn. 41.
736 EuGH, Urt. v. 19.6.1980, verb. Rs. 41/79, 121/70, 196/79 (Testa, Maggio, Vitale), Slg. 1980, 1979 (1997 f., Rn. 20 f.).
737 EuGH, Urt. v. 20.3.1979, Rs. 139/78 (Coccioli), Slg. 1979, 991 (998, Rn. 5 f.).
738 EuGH, Urt. v. 26.2.1991, Rs. C-292/89 (Antonissen), Slg. 1991, I-745 (779, Rn. 21).
739 Beispielsfälle aus der EuGH-Rechtsprechung dazu: EuGH, Urt. v. 27.5.1982, Rs. 227/81 (Aubin), Slg. 1982, 1991 (2002 ff., Rn. 9 ff.); EuGH, Urt. v. 12.6.1986, Rs. 1/85 (Miethe), Slg. 1986, 1837 (1849 ff. Rn. 7 ff.).
740 Echte Grenzgänger sind Personen, die zwischen Beschäftigungsstaat und Wohnstaat, in den sie in der Regel täglich, mindestens jedoch einmal in der Woche zurückkehren, wechseln (vgl. Art. 1 lit. b) VO 1408/71). Vgl. EuGH, Urt. v. 22.9.1988, Rs. 236/87 (Bergmann), Slg. 1988, 5125 (5145 f., Rn. 10 ff.); EuGH, Urt. v. 12.6.1986, Rs. 1/85 (Miethe), Slg. 1986, 1837 (1851, Rn. 14 f.).

im Beschäftigungsstaat wohnen („unechte Grenzgänger"[741]), erhalten bei Rückkehr in den Beschäftigungsstaat nach Art. 71 I lit. b) Ziff. ii) VO 1408/71 dort Leistungen bei Arbeitslosigkeit[742]. Die Vorschrift des Art. 71 I VO 1408/71 ist unanwendbar, wenn während der letzten Beschäftigung Beschäftigungsstaat und Wohnortstaat nicht verschieden waren[743]. Das Interessante an der Vorschrift des Art. 71 VO 1408/71 ist, dass die echten und unter bestimmten Voraussetzungen auch die unechten Grenzgänger bei Vollarbeitslosigkeit die Leistungen in Abweichung von den allgemeinen Kollisionsnormen nicht nach den Rechtsvorschriften des Beschäftigungsstaates, sondern nach denen des Wohnstaates erhalten (Art. 71 I lit. a) Ziff. ii) VO 1408/71) bzw. erhalten können (Art. 71 I lit. b) Ziff. ii) VO 1408/71). Damit ordnet Art.71 VO 1408/71 insoweit einen Statutenwechsel an, er bildet also eine Ausnahme zu Art. 13 VO 1408/71[744]. Auch bei einem solchen Wechsel werden die Versicherten im Ergebnis so behandelt wie im Falle eines Leistungsexports[745].

3. Zusammenfassung

Insgesamt ergibt sich: Das Verbot des Leistungsexportes – wie im SGB vorgesehen – wird lediglich durch Art. 69 VO 1408/71 temporär[746] und durch Art. 71 VO 1408/71 für einen bestimmten Personenkreis in Form des Statutenwechsels durchbrochen. Daraus wird deutlich, dass die Regelungen bei Arbeitslosigkeit auf dem grundsätzlichen Verbot des Leistungsexportes beruhen. Die Befristung des Leistungsexports ist im Sozialrecht der EG einmalig[747].

Deswegen ist es kaum verwunderlich, dass dieser Teil der gemeinschaftsrechtlichen Koordinierung der sozialen Sicherungssysteme der Mitgliedstaaten – der konzipiert

---

741 Der unechte Grenzgänger ist zwar auch ein Arbeitnehmer, der nicht im Beschäftigungsstaat, sondern in einem anderen Mitgliedstaat wohnt, der aber nicht in den für den Grenzgänger üblichen Zeiten in den Wohnstaat zurückkehrt. Vgl. Husmann, in: SGb 1998, 245 (251); EuGH, Urt. v. 12.6.1986, Rs. 1/85 (Miethe), Slg. 1986, 1837 (1851, Rn. 14 f.); LSG Rheinland-Pfalz Urt. v. 30.6.1992, Az. L 1 Ar 107/90, in: SGb 1983, 83 (85).
742 Daneben wird von manchen Autoren eine dritte Gruppe von Wanderarbeitnehmern unterschieden: Sonstige atypische Wanderarbeitnehmer. Sie sind keine Grenzgänger im Sinne von Art. 1 lit. o VO 1408/71, solche, bei denen ebenfalls während der letzten Beschäftigung Wohnstaat und Beschäftigungsstaat auseinanderfielen (Bsp.: Saisonarbeiter, Vertreter, im Grenzgebiet Wohnende). Vgl. zu Einzelheiten dieser Problematik: Raschke, in: Freizügigkeit und Soziale Sicherheit, S. 155 (173); Stahlberg, Europäisches Sozialrecht, S. 285, Rn. 454.
743 EuGH, Urt. v. 27.1.1994, Rs. C-287/92 (Maitland Toosey), Slg. 1994, I-279 (295, Rn. 14); Vgl. Wyatt/Dashwood, European Community Law, S. 349.
744 Waltermann, in: EAS, B 9140, Rn. 48; EuGH, Urt. v. 27.5.1982, Rs. 227/81 (Aubin), Slg. 1982, 1991 (2002 f., Rn. 10 ff.); offengelassen in EuGH, Urt. v. 12.6.1986, Rs. 1/85 (Miethe), Slg. 1986, 1837 (1849 f., Rn. 8 ff.).
745 Vgl. Willms, Soziale Sicherung durch Europäische Integration, S. 182.
746 Damit ist das EG-Recht weit restriktiver als manches zwischenstaatliche Abkommen über Arbeitslosenversicherung; z. B. das deutsch-griechische Abkommen (Abkommen vom 31.5.1961, BGBl II 1962, S. 110).
747 Art. 69 VO 1408/71 ist eine eigenständige Regelung, die in keiner der einzelstaatlichen Vorschriften und auch in keinem bilateralen Abkommen ein Vorbild hat, vgl. Montfort, in: Arbeitsförderung in Europa, S. 79 (93).

wurde, als in allen Mitgliedstaaten Überbeschäftigung herrschte – bereits seit Jahren kontrovers diskutiert wird.

III. Von der Verordnung erfasste Leistungen der deutschen Arbeitslosenversicherung

1. Arbeitslosengeld (§§ 117 ff.; 169 ff. SGB III)

Unproblematisch erfasst wird von der Verordnung die klassische Leistung der Arbeitslosenversicherung: das Arbeitslosengeld. Die Leistungen bei Kurzarbeit und sonstigem vorübergehenden Arbeitsausfall fallen ebenso in den Anwendungsbereich der Verordnung, was sich aus Art. 71 I lit. a) Ziff. i und lit. b) Ziff. i VO 1408/71 ergibt. Damit werden das Kurzarbeitergeld (§§ 169 ff. SGB II) und das Winterausfallgeld[748] (§ 214 SGB III) unter „Leistungen bei Arbeitslosigkeit" subsumiert.

2. Arbeitslosenhilfe (§ 190 I Nr. 5 SGB III)

Fraglich ist, ob auch die Arbeitslosenhilfe von der Verordnung erfasst wird, da sie sehr viel mehr Parallelen zur Sozialhilfe als zur Sozialversicherung aufweist. Sie wird nicht von der Sozialversicherung, sondern vom Bund getragen (§ 363 I SGB III). Außerdem setzt sie die Bedürftigkeit des Versicherten voraus (§ 190 I Nr. 5 SGB III). Zweck der Arbeitslosenhilfe ist es jedoch, demjenigen Arbeitslosen, der mangels Erfüllung der Anwartschaftszeit keinen Anspruch auf Arbeitslosengeld hat oder demjenigen Arbeitslosen, dessen Anspruch auf Arbeitslosengeld wegen Überschreitung der Anspruchsdauer (§§ 127 f. SGB III) erloschen ist, eine Absicherung zu geben. Deswegen wird die Arbeitslosenhilfe im Schrifttum, auch wenn sie keine Versicherungsleistung im engeren Sinne ist, als „Leistung bei Arbeitslosigkeit" im Sinne der Art. 67 ff. VO 1408/71 gesehen[749].

3. Arbeitsförderungsleistungen (§§ 29 ff., 35 ff., 59 ff. SGB III)

Problematischer ist hingegen die Einordnung der Arbeitsförderungsleistungen als „Leistungen bei Arbeitslosigkeit". Unter Arbeitsförderungsleistungen sind beispielsweise die Beratung gem. §§ 29 ff. SGB III, die Vermittlung gem. §§ 35 ff. SGB III und die Förderung der Berufsausbildung gem. §§ 59 ff. SGB III zu verstehen[750]. Zweck der Arbeitsförderungsleistungen, die häufig keine Arbeitslosigkeit voraussetzen, ist, künftige Arbeitslosigkeit vorzubeugen[751]. Der EuGH hatte in der Rechtssache *Campana*[752] zu ent-

---

748 Nicht erfasst wird das Wintergeld (§§ 212 ff. SGB III), dessen Zweck es nicht ist, etwa drohender Arbeitslosigkeit vorzubeugen, sondern als Zuschlag für geleistete Arbeit bei schlechter Witterung gezahlt wird (vgl. BSGE 43, 255 (267)). Hierzu und zu weiteren Leistungen, die nicht von der VO 1408/71 erfasst werden, vgl. Husmann, SGb 1998, 245 (248).
749 Waltermann, in: EAS, B 9140, Rn. 4; Schuler, Internationales Sozialrecht, S. 789; Willms, Soziale Sicherung durch Europäische Integration, S. 98; Haverkate/Huster, Europäisches Sozialrecht, S. 193, Rn. 291; Husmann, in: SGb 1998, 245 (248); Stahlberg, Europäisches Sozialrecht, S. 278, Rn. 439.
750 Näheres hierzu vgl. Ost/Mohr/Estelmann, Grundzüge des Sozialrechts, S. 285 ff.
751 Waltermann, in: EAS, B 9140 Rn. 5.
752 EuGH, Urt. v. 4.6.1987, Rs. 375/85 (Campana), Slg. 1987, 2387 ff.

scheiden, ob auch derartige Leistungen als „Leistungen bei Arbeitslosigkeit" zu verstehen sind. Er definierte als „Leistungen bei Arbeitslosigkeit" solche, die entweder bereits arbeitslose Arbeitnehmer betreffen oder solche Arbeitnehmer, die zwar noch in Arbeit stehen, für die aber eine konkrete Gefahr besteht, arbeitslos zu werden[753]. Nach deutschem Recht sind als solche Leistungen beispielsweise das Unterhaltsgeld bei einer Maßnahme der beruflichen Weiterbildung gem. § 77 I Nr. 1 Fall 2 SGB III zu qualifizieren.

4. Insolvenzausfallgeld (§§ 183 ff. SGB III)

Versichertes Risiko ist in Deutschland außerdem der insolvenzbedingte Lohnausfall des Arbeitnehmers[754]. Dabei handelt es sich nicht um ein Einkommen, das nicht erzielbar ist – wie im Fall der Arbeitslosigkeit –, sondern um ein noch ausstehendes, nicht beitreibbares Einkommen[755]. Also handelt es sich um Ersatz für bereits geschuldetes Arbeitsentgelt und somit ist es nicht als Leistungen bei Arbeitslosigkeit[756] zu qualifizieren, so dass die VO 1408/71 nicht anwendbar ist[757].

IV. Voraussetzungen und Verfahren des Leistungsexportes im Fall des Art. 69 VO 1408/71

Der Arbeitslose muss gem. Art. 69 I lit. a) VO 1408/71 zunächst der Arbeitsverwaltung des zuständigen Staates vier Wochen zur Verfügung gestanden haben oder eine Genehmigung des zuständigen Trägers besitzen, sich bereits vorher in einen anderen Mitgliedstaat begeben zu dürfen[758]. Vor seiner Abreise stellt der Arbeitslose bei der Arbeitsverwaltung des zuständigen Staates einen entsprechenden Antrag. Daraufhin wird dem Arbeitslosen eine Bescheinigung[759] mit den für den Leistungstransfer erforderlichen Angaben ausgestellt. Die Bundesanstalt für Arbeit hat 1996 insgesamt 6.241 Bescheinigungen für in Deutschland Versicherte, die in einem anderen Mitgliedstaat Arbeit suchen wollten, ausgestellt[760]. Diese Bescheinigung muss der Arbeitslose bei der Arbeitsverwaltung im Land der Arbeitssuche, die die Leistungen auszahlt und für die Kontrolle der Arbeitslosen zuständig ist, vorlegen[761]. Der Arbeitslose hat sich dort innerhalb von sieben Tagen zu melden, anderenfalls verliert er für die Tage bis zur tatsächlichen Meldung die Arbeitslosenunterstützung. Des Weiteren muss sich der Arbeitslose den lan-

---

753 Vgl. EuGH, Urt. v. 4.6.1987, Rs. 375/85 (Campana), Slg. 1987, 2387 (2406, Rn. 6).
754 Ost/Mohr/Estelmann, Grundzüge des Sozialrechts, S. 340.
755 EuGH, Urt. v. 15.12.1976, Rs. 39/76 (Mouthaan), Slg. 1976, 1901 (1912, Rn. 18/20).
756 Auch die sog. Gleichwohlgewährung (§ 143 III SGB III) fällt nicht in den Anwendungsbereich der VO 1408/71. Vgl. Eichenhofer, in: Nomos Kommentar, Art. 67, Rn. 5; Waltermann, EAS, B 9140, Rn. 7; A. A. Willms, Soziale Sicherung und Europäische Integration, S. 104.
757 Vgl. Eichenhofer, in: Nomos Kommentar, Art. 67, Rn. 5; Waltermann, in: EAS, B 9140, Rn. 6; Haverkate/Huster S. 195 f., Rn. 293.
758 Vgl. hierzu: Die Empfehlung Nr. 21 der Verwaltungskommission für die soziale Sicherheit der Wanderarbeitnehmer v. 28.11.1996 (ABl. C 67 v. 4.3.1997, S. 3).
759 Diese wird auf dem Formularblatt E 303 ausgestellt.
760 Das waren für Westdeutschland 6.085 und für Ostdeutschland 156 Bescheinigungen: Auskunft des BMA vom 31.8.2000.
761 Vgl. dazu im Einzelnen: Art. 83 VO 574/72. Das gilt jedoch nicht, wenn bilaterale Erstattungsverzichtsabkommen abgeschlossen sind.

desüblichen Kontrollen nach Art. 83 VO 574/72 unterwerfen. Die materiell-rechtlichen Voraussetzungen des Anspruchs, insbesondere die Verfügbarkeit für die Arbeitsvermittlung, richten sich aber weiterhin nach den Rechtsvorschriften des Staates, in dem der Anspruch entstanden ist[762]. Auf der vom Arbeitslosen mitgebrachten Bescheinigung kann der Träger im neuen Aufenthaltsort ersehen, für welche Zeit und in welcher Höhe Arbeitslosenunterstützung zu zahlen ist. Anzumerken ist, dass die Zahlungen aushilfsweise durch diesen Träger erfolgen und nicht etwa von dem zuständigen Träger überwiesen werden.[763]

E. Leistungsexport nach dem EG-Vertrag – Vereinbarkeit des Art. 69 VO 1408/71 mit der Arbeitnehmerfreizügigkeit gem. Art. 39 EGV

Die Aufrechterhaltung des Leistungsanspruchs nach Art. 69 I VO 1408/71 ist zeitlich auf die Dauer von drei Monaten beschränkt. Kehrt der Versicherte nicht innerhalb dieser Frist zurück, so verliert er nach Art. 69 II S. 1, 2. HS VO 1408/71 seine gesamten restlichen Leistungsansprüche. Darin könnte ein Verstoß gegen die Arbeitnehmerfreizügigkeit gem. Art. 39 EGV liegen. Diese konkretisiert das Diskriminierungsverbot des Art. 12 I EGV[764], indem es das Verbot jeder auf der Staatsangehörigkeit beruhenden unterschiedlichen Behandlung der Arbeitnehmer in Bezug auf Beschäftigung, Entlohnung und sonstige Arbeitsbedingungen umfasst.

I. Anwendungsbereich des Art. 39 EGV

Die Bestimmung des Art. 39 EGV regelt die Freizügigkeit der Arbeitnehmer. Folglich ist sie nur auf solche Personen anwendbar, die als Arbeitnehmer i. S. d. EG-Vertrages zu qualifizieren sind[765]. Der Arbeitnehmerbegriff ist nach gefestigter Rechtsprechung des EuGH ein Begriff des Gemeinschaftsrechts[766]. Arbeitnehmer sind nach der Rechtsprechung des EuGH und einhelliger Literaturmeinung alle Angehörigen eines Mitgliedstaates[767], die für andere unter deren Leitung Arbeitsleistungen gegen Entgelt erbringen[768]. Maßgeblich für die Arbeitnehmereigenschaft i.S.d. Art. 39 II EGV ist die tatsächliche

---

762 Montfort, in: Freizügigkeit und Soziale Sicherheit, S. 169 (172).
763 Vgl. hierzu und zum gesamten Verfahren: Stahlberg, Europäisches Sozialrecht, S. 280, Rn. 442 ff.; Waltermann, in: EAS, B 9140, Rn. 34; Warnecke, Koordinierendes Arbeitsförderungsrecht und Freizügigkeit, S. 66.
764 EuGH, Urt. v. 12.12.1974, Rs. 36/74 (Walrave), Slg. 1974, 1405 (1418, Rn. 4/10); Geiger, EGV, Art. 48 Rn. 12; Arndt, Europarecht, S. 99.
765 Runggaldier, in: EAS, B 2000, Rn. 15.
766 EuGH, Urt. v. 19.3.1964, Rs. 75/63 (Unger), Slg. 1964, 379 (396); EuGH, Urt. v. 23.3.1982, Rs. 53/81 (Levin), Slg. 1982, 1035 (1036, Rn. 11); Eichenhofer, in: FS f. Everling, S. 297 (302); Bleckmann, Europarecht, S. 125 ff.; Hailbronner, Handkommentar zum EGV, Art. 84 Rn. 1.
767 Randelzhofer, in: Grabitz/Hilf, Art. 48 Rn. 7 f.; Wölker, in: GTE, Vor Art. 48 bis 51 Rn. 41.
768 EuGH, Urt. v. 3.7.1986, Rs. 66/85 (Lawrie-Blum), Slg. 1986, 2121 (2144, Rn. 17); EuGH Urt. v. 21.6.1988, Rs. 197/86 (Brown), Slg. 1988, 3205 (3244, Rn. 21); EuGH, Urt. v. 31.5.1989, Rs. 344/87 (Bettray), Slg. 1989, 1621 (1645, Rn. 12); EuGH, Urt. v. 21.1.1991, Rs. C-27/91 (Le Manoir), Slg. 1991, I-5531 (5541, Rn. 7); EuGH, Urt. v. 26.2.1992, Rs. C-357/89 (Raulin), Slg. 1992, I-1027 (1059, Rn. 10); Randelzhofer, in: Grabitz/Hilf, Art. 48, Rn. 2 ff.; Runggaldier, in: EAS, B 2000, Rn. 17; Steinmeyer, Die Freizügigkeit der Arbeitnehmer in Europa, S. 13.

Erwerbstätigkeit[769]. Fraglich ist in Anbetracht dieser Definition, ob darunter auch Arbeitsuchende bzw. ehemalige Arbeitnehmer zu fassen sind. Aus der Fassung des Art. 39 III EGV könnte man herleiten, dass Arbeitsuchende auch unter den Arbeitnehmerbegriff des Art. 39 II EGV fallen. In dieser Vorschrift heißt es, dass der Arbeitnehmer das Recht hat, sich um tatsächlich angebotene Stellen zu bewerben und sich zu diesem Zweck im Hoheitsgebiet der Mitgliedstaaten frei zu bewegen. Der exakte Wortlaut der Bestimmung spricht allerdings von „Bewerbungen um tatsächlich angebotene Stellen". Also ist die Suche von Arbeitsgelegenheiten, die nicht angeboten worden sind, nicht erfasst[770]. Auch Art. 5 VO 1612/68 hilft nicht weiter. Zwar lautet dieser: „Ein Staatsangehöriger eines Mitgliedstaates, der im Hoheitsgebiet eines anderen Mitgliedstaates eine Beschäftigung sucht, erhält die gleiche Hilfe, wie sie die Arbeitsämter dieses Staates den eigenen Staatsangehörigen gewähren, die eine Beschäftigung suchen".

Daraus lässt sich aber nur herleiten, dass den Arbeitsuchenden aus anderen Mitgliedstaaten die Einreise zur Arbeitssuche gestattet sein muss[771]. Klarer wird dieses Problem, wenn die Judikatur des EuGH, der sich wiederholt mit dieser Frage auseinander zusetzen hatte, herangezogen wird[772]: In der Rechtssache *Antonissen*[773] spricht sich der EuGH gegen eine zu enge Auslegung des Art. 39 III EGV aus, indem er ausführt, „Art. 39 III EGV ist (...) dahin auszulegen, dass er die Rechte, die den Angehörigen der Mitgliedstaaten im Rahmen der Freizügigkeit der Arbeitnehmer zustehen, nicht abschließend aufführt; zu dieser Freiheit gehört auch das Recht der Angehörigen der Mitgliedstaaten, sich in den anderen Mitgliedstaaten frei zu bewegen und sich dort aufzuhalten, um eine Stelle zu suchen."[774].

Eine enge Auslegung des Art. 39 III EGV würde die Chancen eines arbeitsuchenden Angehörigen eines Mitgliedstaates vermindern, in den anderen Mitgliedstaaten eine Stelle zu finden[775]. Sie nähme dieser Bestimmung ihre praktische Wirksamkeit. Weiter begründet der EuGH dies durch den Verweis auf die Art. 1 und 5 VO 1612/68, die ein entsprechendes Aufenthaltsrecht voraussetzen. Der EuGH entschied in dieser Rechtssache auch über die Dauer des Aufenthaltsrechts. Angemessen sei jedenfalls eine nationale Regelung, wonach ein Arbeitsuchender, der Staatsangehöriger eines anderen Mitgliedstaates ist, sich sechs Monate zur Arbeitssuche im betreffenden Mitgliedstaat aufhalten kann. Arbeitsuchende sind damit auch als Arbeitnehmer i.S.d. Art. 39 EGV anzusehen.

---

769 Wölker, in: GTE, Vor Art. 48 bis 51, Rn. 26.
770 Vgl. hierzu: Generalanwalt Darmon in seinen Schlussanträgen vom 8.11.1990, Rs. C-292/89 (Antonissen), Slg. 1991, I-745 (759, Nr. 5).
771 Runggaldier, in: EAS B 2000, Rn. 38.
772 EuGH, Urt. v. 8.4.1976, Rs. 48/75 (Royer), Slg. 1976, 497 ff.; EuGH, Urt. v. 18.6.1987, Rs. 316/85 (Lebon), Slg. 1987, 2811 ff.; EuGH, Urt. v. 26.2.1991, Rs. C-292/89 (Antonissen), Slg. 1991 I, 745 ff.; EuGH, Urt. v. 23.3.1982, Rs. 53/81 (Levin), Slg. 1982, 1035 ff.; EuGH, Urt. v. 19.3.1964, Rs. 75/63 (Unger), Slg. 1964, 379 ff.
773 EuGH, Urt. v. 26.2.1991, Rs. C-292/89 (Antonissen), Slg. 1991, I-745 ff.
774 EuGH, Urt. v. 26.2.1991, Rs. C-292/89 (Antonissen), Slg. 1991, I-745 (777, Rn. 13). So entschied der EuGH, obwohl der Rat bei der Verabschiedung der RL 68/360 und der VO 1612/68 von einer dreimonatigen Dauer des Aufenthalts ausgegangen ist.
775 So auch Heinze, in: Arbeitsförderung in Europa, S. 53 (58); vgl. Steinmeyer, in: Das Europa der Bürger in einer Gemeinschaft ohne Binnengrenzen, S. 63 (68).

II. Beschränkung

Grundsätzlich verbietet Art. 39 II EGV, Arbeitnehmer aufgrund ihrer Staatsangehörigkeit unterschiedlich zu behandeln. Da die Arbeitslosenversicherung die Leistungsgewährung außerhalb des Beschäftigungsstaates auf drei Monate beschränkt und bei Überschreitung dieser Frist der Anspruch verloren geht, wird die Leistungsgewährung nicht von der Staatsangehörigkeit abhängig gemacht. Sie knüpft vielmehr mit zeitlichen Unterbrechungen an die Zur-Verfügung-Stellung des Arbeitnehmers an. Deswegen scheint zunächst kein Diskriminierungsfall des Art. 39 EGV vorzuliegen. Die Vorschrift des Art. 39 II EGV über die Gleichbehandlung der Arbeitnehmer verbietet aber nicht nur offensichtliche Diskriminierungen aufgrund der Staatsangehörigkeit, sondern auch alle verdeckten Formen der Diskriminierung (sog. mittelbare Diskriminierung[776]), die durch die Anwendung anderer Unterscheidungsmerkmale tatsächlich zu dem gleichen Ergebnis führen[777].

Der Arbeitsuchende, der in einen anderen Mitgliedstaat zur Arbeitssuche einreist, kann zwar unter den in den Art. 69 und 70 VO 1408/71 näher umschriebenen Voraussetzungen weiterhin für einen Zeitraum von drei Monaten Arbeitslosengeld über die örtlichen Arbeitsämter beziehen. Aber der in Art. 69 II VO 1408/71 vorgesehene Verlust eines jeden Anspruchs auf weitere Leistungen bei nicht fristgerechter Rückkehr benachteiligt den wandernden Arbeitsuchenden gegenüber dem nicht-wandernden Arbeitslosen. Dadurch wird ein ausländischer Arbeitnehmer aber nicht schlechter gestellt als ein inländischer. Deswegen scheidet auch die Fallgruppe der versteckten Diskriminierung aus.

Der EuGH hat es aber nicht bei einem alleinigen Diskriminierungsverbot belassen. Der jüngeren EuGH-Judikatur ist die Tendenz zu entnehmen, dass sie aus Art. 39 EGV ein allgemeines Freizügigkeitsrecht herleitet, das bereits als solches – und zwar unabhängig von einer auf der Staatsbürgerschaft beruhenden unterschiedlichen Behandlung – zu beachten ist, wenn der Unionsbürger in unverhältnismäßiger Weise behindert wird. Diese Schlussfolgerung ist nun eindeutig vor allem dem *Bosman*-Urteil[778] zu entnehmen, in dem der EuGH eine auf Inländer wie EU-Ausländer unterschiedslos anwendbare Fußball-Transferregelung an Art. 39 EGV gemessen und verworfen hat. In diesem führte der EuGH aus: „Bestimmungen, die einen Staatsangehörigen eines Mitgliedstaats daran hindern oder davon abhalten, sein Herkunftsland zu verlassen, um von seinem Recht auf Freizügigkeit Gebrauch zu machen, stellen daher Beeinträchtigungen dieser Freiheit dar,

---

[776] V. Bogdandy, in: Grabitz/Hilf, Art. 6 Rn. 15 ff.
[777] EuGH, Urt. v. 14.2.1995, Rs. C-279/93 (Schuhmacker), Slg. 1995, I-225 (259, Rn. 26); EuGH, Urt. v. 12.2.1974, Rs. 152/73 (Sotgiu), Slg. 1974, 153 (164, Rn. 11); vgl. Hailbronner, in: Dauses, D. I, Rn. 31; ders., in: Hailbronner/Klein/Magiera/Müller-Graff, Art. 48 Rn. 34 a ff.,; Randelzhofer, in: Grabitz/Hilf, Art. 48 Rn. 28; allgemein Kischel, in: EuGRZ 1997, 1 (8).
[778] EuGH, Urt. v. 15.12.1995, Rs. C-415/93 (Bosman), Slg. 1995, I-4921 ff.; so schon zuvor: Schweitzer/Hummer, Europarecht, S. 354, Rn. 1158; Randelzhofer, in: Grabitz/Hilf, Art. 48 Rn. 36 a wies schon 1992 darauf hin, dass Art. 39 EGV in manchen Urteilen der Gehalt eines Verbotes nichtdiskriminierender Beschränkungen beigemessen wurde.

auch wenn sie unabhängig von der Staatsangehörigkeit der betroffenen Arbeitnehmer Anwendung stattfinden."[779]

Damit verbietet Art. 39 EGV jede Regelung, die Unionsbürger dann benachteiligen könnte, wenn sie ihre Tätigkeit über das Hoheitsgebiet eines einzigen Mitgliedstaates hinaus ausdehnen wollen[780]. Nichts anderes kann für die sozialrechtlichen Ansprüche eines Arbeitslosen gelten[781]. Dass nach einem über dreimonatigen Aufenthalt in einem anderen EU-Mitgliedstaat der Anspruch auf Arbeitslosengeld verloren geht, beeinträchtigt die Mobilität des Arbeitnehmers.

Die Regelung des Art. 69 VO 1408/71 stellt folglich eine Beeinträchtigung der Freizügigkeit der Arbeitnehmer dar, die grundsätzlich nach Art. 39 EGV verboten ist.

III. Rechtfertigung

Eine Beeinträchtigung wäre nur dann zulässig, wenn die Regelung durch zwingende Gründe des Allgemeininteresses gerechtfertigt wäre. In diesem Fall müsste aber außerdem die Anwendung dieser Regeln geeignet sein, die Verwirklichung des verfolgten Zwecks zu gewährleisten und dürfte nicht über das hinausgehen, was zur Erreichung dieses Zwecks erforderlich ist[782]. Als zwingende Gründe des Allgemeinwohls kommen folgende in Betracht:

1. Finanzielles Gleichgewicht der sozialen Sicherungssysteme

Bei Auftreten eines massiven Sozialtourismus könnten Destabilisierungstendenzen nationaler Sozialversicherungssysteme nicht ausgeschlossen werden. Dies könnte den Fortbestand der Systeme gefährden.

Durch die unterschiedlichen Lohn- und Leistungsstandards in den Mitgliedstaaten kann es sowohl dazu kommen, dass bei einem Wechsel in ein Land mit niedrigem Lohnniveau ein Anreiz zur Beschäftigung fehlt, als auch dazu, dass bei einem Wechsel in ein Land mit höherem Lohnniveau die Leistungen nicht zu einer angemessenen Lebensführung ausreichen[783].

---

779 EuGH, Urt. v. 15.12.1995, Rs. C-415/93 (Bosman), Slg. 1995, I-4921 (Rn. 96); so auch schon: EuGH, Urt. v. 7.3.1991, Rs. C-10/90 (Masgio), Slg. 1991, I-1119 (1139 f., Rn. 18).
780 EuGH, Urt. v. 20.5.1992, Rs. C-106/91 (Ramrath), Slg. I-1992, 3351 (3384, Rn. 28); Nettesheim, in: NVwZ 1996, 342 (344).
781 Dieses Urteil betrifft zwar unmittelbar nur die Freizügigkeit, mittelbar ist es auch für die soziale Sicherheit von Bedeutung (vgl. Schulte, in: ZFSH/SGB 2001, 3 (14)).
782 EuGH, Urt. v. 15.12.1995, Rs. C-415/93 (Bosman), Slg., 1995, I-4921 (5071, Rn. 104); EuGH, Urt. v. 31.3.1993, Rs. C-19/92 (Kraus), Slg. 1993, I-1663 (1697, Rn. 32); EuGH, Urt. v. 30.11.1995, Rs. C-55/94 (Gebhard), Slg. 1995, I-4165 (4197, Rn. 35).
783 Gagel, in: Wechselwirkungen zwischen dem Europäischen Sozialrecht und dem Sozialrecht der Bundesrepublik Deutschland, S. 194 (197); Wanka, in: Wechselwirkungen zwischen dem Europäischen Sozialrecht und dem Sozialrecht der Bundesrepublik Deutschland, S. 111 (120); Mihm, in: ZIAS 1995, 452 (462).

Abgesehen davon kommt der Regelung des Art. 69 VO 1408/71 auch Abfindungscharakter zu[784]. Das heißt, dass Arbeitnehmer aus anderen Staaten bei Rückkehr in die Heimat unter Verzicht auf die im Beschäftigungsstaat erworbenen restlichen Ansprüche auf Leistungen bei Arbeitslosigkeit finanziell abgefunden werden. Auch die Gefahr, dass die Regelung die Nutzung des Arbeitslosengeldes zum Heimaturlaub fördert, darf nicht unbeachtet bleiben.

Mit der Frage des Leistungsexportes ist aber auch die Verlegung des Wohnsitzes verbunden, was zu einem enormen Aufwand und zu hohen Kosten führt[785]. Das spricht gegen ein Mobilitätsverlangen der Arbeitsuchenden. Betrachtet man die Zahlen der ausgestellten Bescheinigungen zur Mitnahme des Leistungsanspruchs, erscheint ein Sozialtourismus unwahrscheinlich. Die Bundesanstalt für Arbeit hat im Jahre 1996 insgesamt 6.241 Bescheinigungen ausgestellt[786]. Von dieser Zahl ausgehend errechnet sich somit eine Summe von etwa 30 Mio. DM, die Deutschland pro Jahr in das EU-Ausland exportiert. Das sind angesichts der von der Bundesanstalt für Arbeit gezahlten Summe an Arbeitslosengeldern in Höhe von ca. 60 Milliarden DM gerade einmal 0,05 % der Gesamtsumme der zu zahlenden Arbeitslosengelder.

Somit kann die Aufrechterhaltung des finanziellen Gleichgewichts kein ausreichender Rechtfertigungsgrund sein.

2. Unzureichende Kontrollmöglichkeiten

Mit der Frage des Sozialtourismus hängt auch die Frage der Kontrollmöglichkeiten zusammen. Art. 69 I lit. b) VO 1408/71 sieht zwar vor, dass sich der Arbeitsuchende der Kontrolle des Mitgliedstaates unterwerfen muss, in welchen er sich begibt, doch wird dies nicht als effektiv genug anzusehen sein[787]. Die verwaltungstechnischen Schwierigkeiten, beispielsweise bei der Prüfung der Anspruchsvoraussetzungen eines anderen Staates wirken sich unweigerlich zugunsten der Wanderarbeitnehmer aus. Auch hier handelt es sich wiederum nicht um ein rechtliches, sondern um ein faktisches Problem, das aber nicht auf der Rechtsebene gelöst werden muss. Fraglich ist auch, warum die Regelungen der Arbeitslosigkeit bereits einen dreimonatigen Leistungsexport vorsehen, wenn die Kontrollen der anderen Mitgliedstaaten angezweifelt werden. Ist es denn für einen Mitgliedstaaten erträglich, wenn er einen etwaigen Missbrauch lediglich für drei Monate finanziert? Wäre es nicht viel besser, die Überwachungspflichten der einzelnen Mitgliedstaates auszuweiten oder finanzielle Anreize zu schaffen, so dass den Kontrollen strenger nachgegangen wird? Daneben ist an ein System zu denken, das eine europaweite Kontrolle garantiert. In Anbetracht dessen können auch die unzureichenden Kontrollmöglichkeiten keinen ausreichenden Rechtfertigungsgrund darstellen.

---

784 Wanka, in: Wechselwirkungen zwischen dem Europäischen Sozialrecht und dem Sozialrecht der Bundesrepublik Deutschland, S. 111 (124).
785 Vgl. Eichenhofer, in: ZIAS 1991, 161 (189).
786 Auskunft des BMA vom 31.8.2000.
787 Vgl. Wanka, in: Wechselwirkungen zwischen dem Europäischen Sozialrecht und dem Sozialrecht der Bundesrepublik Deutschland, S. 111 (124); Mihm, in: ZIAS 1991, 452 (463).

3. Verbesserte Chancen eines Arbeitslosen

Im Schrifttum findet sich das Argument, dass ein Arbeitsloser außerhalb des zuständigen Staates nicht die Besserstellung gegenüber Inländern verlangen dürfe[788]. Denn ein Arbeitsuchender, der seine Suche auf andere Mitgliedstaaten ausweiten könne, ohne dass er seine Ansprüche der Arbeitslosenversicherung verlöre, erhöhe natürlich auch seine Chancen, schneller eine neue Beschäftigung zu finden. Damit kann aber nicht der Verlust eines einmal erworbenen Anspruchs begründet werden. Jeder EU-Bürger, der die Möglichkeit nutzt, in einen anderen Mitgliedstaat zu gehen, hat meist Vorteile gegenüber denjenigen, die in ihrem Mitgliedstaat verbleiben. Würde man dies aufgrund einer Besserstellung gegenüber den Inländern ablehnen, so wären auch die anderen Ansprüche, die im Rahmen des Leistungsexportes ins Ausland transferiert werden, aus diesem Grund abzulehnen. Dies zeigt die Absurdität der Argumentation. Somit lässt sich auch mit möglicherweise besseren Chancen eines Arbeitslosen die Regelung des Art. 69 VO 1408/71 nicht rechtfertigen.

IV. Zusammenfassung

Dass die eben angeführten Argumente als Rechtfertigungsgründe ungeeignet sind, zeigt auch der Grundgedanke der Regelung. Durch sie soll es einem Arbeitsuchenden ermöglicht werden, seine Chancen, einen Arbeitsplatz zu finden, zu erhöhen. Aber die Dreimonatsfrist wird diesem Grundgedanken nicht gerecht. Natürlich könnte man hier erwidern, dass mit zunehmendem Zeitablauf von einer wirklichen Arbeitssuche unter Umständen nicht mehr gesprochen werden kann. Doch ist auch in Betracht zu ziehen, dass die Aussichten, in kurzer Zeit eine neue Beschäftigung zu finden, aufgrund der europaweit ansteigenden Arbeitslosigkeit immer mehr abnehmen. Deswegen ist die Gewährung einer nur dreimonatigen Arbeitssuche als zu kurz bemessen anzusehen.

Außerdem hat der Arbeitsuchende durch Bezahlung seiner Sozialversicherungsbeiträge (jedenfalls in beitragsfinanzierten Absicherungssystemen wie in Deutschland[789]) Anwartschaften erworben, die im Falle eines länger als dreimonatigen Aufenthaltes außerhalb des letzten Beschäftigungsstaates verloren gehen. Der Verlust des Anspruchs führt dazu, dass der Arbeitslose keinen ausreichenden sozialen Schutz mehr genießt.

Abgesehen davon spricht auch ein systematisches Argument für die Rechtswidrigkeit der Dreimonatsfrist. Eine zeitliche Beschränkung des Leistungsexports ist weder in den Fällen des Art. 67 VO 1408/71 noch in den Fällen des Art. 71 VO 1408/71 vorgesehen[790].

---

788 Vgl. Husmann, in: SGB 1998, 245 (297).
789 Das ist, wie der Länderüberblick im Anhang zeigt, in den Mitgliedstaaten überwiegend der Fall. Siehe Anhang VI.
790 Willms, Soziale Sicherung durch Europäische Integration, S. 185.

Die überwiegende Literaturmeinung[791] sieht die Dreimonatsklausel ebenfalls als rechtswidrig oder zumindest als bedenklich an[792]. Nur vereinzelt[793] wird ein eingeschränkter Export zur Vermeidung von Missbrauchshandlungen als notwendig erachtet.

Die Kommission[794] sieht eine Verlängerung der Dauer des Leistungsexportes vor und zwar solle die Dauer des Leistungsanspruches auf sechs Monate verlängert werden. Dieser Zeitraum entspricht nach Ansicht der Kommission eher der Realität des Arbeitsmarktes.

Eine neu zu schaffende Bestimmung darf jedoch keine temporäre Regelung, wie zum Beispiel eine Sechsmonatsfrist, enthalten; denn auch eine solche Regelung wäre eine Beschränkung der Arbeitnehmerfreizügigkeit, für die keine überzeugenden Rechtfertigungsgründe ersichtlich sind[795].

F. Änderungsmöglichkeiten

Im Wesentlichen sind zwei Lösungsmöglichkeiten denkbar: Entweder zeitlich unbeschränkter Leistungsexport[796] oder Übergang zum Wohnsitzprinzip[797]. Daneben wird von Eichenhofer[798] eine Kombination dieser Prinzipien vorgeschlagen.[799]

---

791 Schuler, Das Internationale Sozialrecht der BRD, S. 702, der feststellt, dass die Sanktion des Art. 69 VO 1408/71 „international-sozialpolitisch ein Ärgernis" bleibt; Willms, Soziale Sicherung durch Europäische Integration, S. 184 f.; Eichenhofer, in: ZIAS 1991, 161 (185 f.); ders., in: 30 Jahre Freizügigkeit in Europa, S. 75 (84); ders., in: SDSRV Bd. 36, S. 143 (155); Wölker, in: GTE, Art. 48, Rn. 37; Druesne, Droit matériel et politiques de la Communauté européene, S. 98, Rn. 64; Waltermann, in: EAS, B 9140, Rn. 62; Steinmeyer, in: Gagel, AFG, § 119 Rn. 308; Gagel, in: Sozialer Schutz von Ausländern in Deutschland, S. 329 (331); Lenze, in: EuroAS 1995, 164 (165); Chardon, in: Coordination of social security schemes, S. 43 (71).
792 Unabhängig von der europarechtlichen Sicht verletzt diese Regelung auch verfassungsrechtliche Gesichtspunkte. Zu denken wäre zum Beispiel an Verletzungen der Art. 12 und 14 GG.
793 Husmann, in: SGB 1998, 245 (297); Magiera, in: DÖV 1987, 221 (223).
794 KOM (1998) 779 endg., S. 14; Schulte, in: ZFSH/SGB 1999, 584, 653 (661) begrüßt diesen Vorschlag.
795 Zu beachten ist auch der aufenthaltsrechtliche Gesichtspunkt. Liegt keine ernsthafte Arbeitsuche mehr vor, so besteht auch kein Verbleiberecht des Arbeitnehmers aus Art. 39 III lit. a, b) EGV. Danach hat er jedoch ein Aufenthaltsrecht aus dem allgemeinen Freizügigkeitsrecht des Art. 18 I EGV i. V. m. sekundärrechtlichen Regelungen. Hier ist die RL 68/360 und die RL 90/364 von besonderer Relevanz. Voraussetzung ist, dass der Arbeitsuchende über einen ausreichenden Krankenversicherungsschutz und ausreichende Existenzmittel verfügt (vgl. Art. 1 RL 90/364).
796 Willms, Soziale Sicherung durch Europäische Integration, S. 185; Wölker, in: GTE, Art. 48 Rn. 37; Eichenhofer, in: SDSRV Nr. 36, S. 143 (161); ders., in: Wechselwirkungen zwischen dem Europäischen Sozialrecht und dem Sozialrecht der Bundesrepublik Deutschland, S. 187 (192); ders., in: ZIAS 1991, 161 (189) hält die Lösung über den Leistungsexport gegenüber dem Wohnsitzprinzip für vorzugswürdig; Lenze, in: EuroAS 1995, 164 (165).
797 Gagel, in: Wechselwirkungen zwischen dem Europäischen Sozialrecht und dem Sozialrecht der Bundesrepublik Deutschland, S. 194 (198); Kaufmann, in: Wechselwirkungen zwischen dem Europäischen Sozialrecht und dem Sozialrecht der Bundesrepublik Deutschland, S. 202 (203).
798 Eichenhofer, in: ZIAS 1991, 161 (189).
799 Gagel, in: Wechselwirkungen zwischen dem Europäischen Sozialrecht und dem Sozialrecht der Bundesrepublik Deutschland, S. 194 (198) denkt auch an eine kleine Lösung, indem er den Anwendungsbereich des Art. 71 VO 1408/71 ausdehnen möchte. Das bedeutet, dass jedem Arbeitslosen das

1. Zeitlich unbeschränkter Leistungsexport
Leistungsexport bedeutet, dass ein Arbeitnehmer seinen Anspruch auf Leistungen behält, selbst wenn er statt im Staat seiner bisherigen Beschäftigung in einem anderen Mitgliedstaat auf Arbeitssuche ist, indem er seine Verfügbarkeit in diesem Staat begründet. Dieser müsste aber zeitlich unbeschränkt sein. Andernfalls läge ein Verstoß gegen die Arbeitnehmerfreizügigkeit vor, der sich nicht rechtfertigen ließe.

2. Wohnsitzprinzip
Der Übergang vom Recht des Beschäftigungsstaates zum Recht des Wohnsitzstaates (sog. Übergang zum Wohnsitzprinzip) meint, dass ein Arbeitsloser, der sich aus dem Staat seiner letzten Beschäftigung in einen anderen Mitgliedstaat auf Arbeitssuche begibt, Leistungen nach dem Recht dieses Staates (d. h. Wohnstaates) unter vollständiger Anrechnung der im anderen Mitgliedstaat erworbenen Anwartschaften erhält. Der Wohnstaat trägt die Verantwortung für die Vermittlung und die Überwachung, wobei sich die zuständige Stelle nur am Recht des eigenen Staates orientieren muss. Sie trägt auch zunächst die Kosten, wobei allerdings bei Ungleichgewichten ein pauschaler Kostenausgleich vereinbart werden muss. Eichenhofer bezeichnet dies als Wechsel des Arbeitsförderungsstatuts[800].

3. Kombination von Leistungsexport und Wohnsitzprinzip
Die Kombination der beiden Prinzipien sieht vor, dass prinzipiell der Leistungsexport vorzugswürdig ist. Dieser sei aber zu begrenzen auf die echten versicherungsrechtlichen Leistungen. Soweit Leistungen nicht versicherungsrechtlich begründet und gerechtfertigt sind, sei das Wohnsitzprinzip anzuwenden. Diese beiden Prinzipien seien auch schon in der Verordnung angelegt, wie an Art. 69 VO 1408/71 und Art. 71 VO 1408/71 zu sehen sei.[801]

4. Stellungnahme
Für die Lösung des Problems nach dem Wohnsitzprinzip spricht, dass alle Arbeitsuchenden in einem Staat in sozialrechtlicher Hinsicht gleich behandelt werden. Das Wohnsitzprinzip gilt beispielsweise im interlokalen Arbeitsförderungsrecht der USA[802]. Insoweit kann schon auf Erfahrungswerte zurückgegriffen werden. In der EU ist die Ausgangssituation allerdings eine andere: Es herrscht kein einheitliches Leistungsniveau wie in den USA und es besteht nicht in allen Staaten eine Versicherungspflicht[803]. Deswegen ist das Wohnsitzprinzip, solange keine einheitliche Versicherungspflicht und

---

Wahlrecht zugebilligt wird, sich entweder im Staat der letzten Beschäftigung der Arbeitsvermittlung zur Verfügung zu stellen oder in jedem anderen Land, in dem er eine gewisse Zeit berufstätig war oder gelebt hat. Es wird daneben auch vorgeschlagen, dass man an das nationale Recht als Anknüpfungspunkt denken und die Vorschriften der Ein- und Ausstrahlung erweitern könnte, vgl. Mihm, in: ZIAS 1995, 452 (466). Bei diesen Vorschlägen handelt es sich jedoch nur um kurzfristige Abmilderungsmöglichkeiten. In einem Binnenmarkt ist eine europaweite und möglichst einfache Lösung zu finden.
800 Eichenhofer, in: SDSRV Nr. 36, S. 143 (161).
801 Eichenhofer, in: ZIAS 1991, 161 (192).
802 Eichenhofer, Recht der sozialen Sicherheit in den USA, S. 169 f.
803 Eichenhofer, Recht der sozialen Sicherheit in den USA, S. 162 ff.

kein gleichwertiges Leistungsniveau bestehen, nur mit Schwierigkeiten EU-weit anzuwenden. Gegen eine Anwendung des Wohnortprinzips sprechen folgende Bedenken, die auf den in der EU bestehenden unterschiedlichen Leistungsniveaus beruhen: Ein Arbeitsuchender kann zum Beispiel in einen Staat umziehen, der ein höheres Leistungsniveau hat im Vergleich zu dem Staat seiner letzten Beschäftigung. Das Wohnsitzprinzip führt in dieser Konstellation dazu, dass sich der Arbeitnehmer die „Rosinen herauspicken" kann. Der Fall kann jedoch auch umgekehrt liegen, wenn der Arbeitsuchende in einen Mitgliedstaat geht, dessen Leistungsniveau unter dem des Staates der letzten Beschäftigung liegt. Das widerspricht dem Gedanken, dass ein Beitragszahler ein Recht auf seine einmal erworbenen Anwartschaften hat. Außerdem könnte das zur Folge haben, dass die Arbeitsuchenden in die Mitgliedstaaten gehen, in welchen das Leistungsniveau besonders hoch ist.

Gerade dies wird durch einen unbeschränkten Leistungsexport vermieden. Für diesen Weg sprechen nicht zuletzt die durch Beiträge finanzierten Anwartschaften der Arbeitslosenversicherung, jedenfalls in den meisten Mitgliedstaaten, die anerkanntermaßen Eigentumsqualität genießen. Eichenhofer begründet diese Lösung außerdem mit dem Gedanken der Solidarität: „Wer durch Beiträge zweckgerichtet eigene Vermögensopfer erbringt, um daraus Leistungen zu finanzieren, die Menschen bei Verwirklichung sozialer Risiken sichern sollen, dem darf nicht, wenn sich das Risiko in seiner Person verwirklicht, der Leistungsanspruch mit der Begründung versagt werden, er halte sich im Ausland auf."[804]

Jedoch sind nicht alle Leistungen bei Arbeitslosigkeit versicherungsrechtlich begründet, wie zum Beispiel in Luxemburg. Will man aber deswegen – so wie es Eichenhofer vorschlug – in diesen Fällen das Wohnsitzprinzip zum Zuge kommen lassen, so gelangt man wiederum zu den bereits oben genannten Problemen, die durch das Wohnsitzprinzip ausgelöst werden. Zudem führt die Kombination des Leistungsexportes und des Wohnsitzprinzips zu unterschiedlichen Verfahrensweisen. Der deutsche Arbeitslose, der zur Arbeitssuche nach Italien gegangen ist, wird nur schwer verstehen, warum er hinsichtlich der deutschen Anspruchsvoraussetzungen kontrolliert, hingegen der luxemburgische Arbeitslose in Italien nach den italienischen Anspruchsvoraussetzungen geprüft wird, da für diesen wegen der nicht versicherungsrechtlich strukturierten Leistungen bei Arbeitslosigkeit das Wohnsitzprinzip gilt. Außerdem wird in der VO 1408/71 auch nicht zwischen den unterschiedlichen nationalen Finanzierungssystemen unterschieden. Ein Export von Leistungen wird beispielsweise auch in anderen Bereichen wie Pflege, Unfall und Krankheit vorgesehen, auch wenn die Finanzierung der Risikoabsicherung auf einem nicht beitragsfinanzierten System beruht.

Deswegen ist eine effektive Freizügigkeit nur zu erreichen, wenn ein uneingeschränkter Leistungsexport im Bereich der Arbeitslosigkeit vorgesehen wird. Dass die Kommission[805] vorschlug, den Leistungsexport auf sechs Monate zu erweitern, beruhte nicht unwesentlich auf Überlegungen zur politischen Durchsetzbarkeit. In dem so genannten

---
804 Eichenhofer, in: ZIAS 1991, 161 (190). In BVerfGE 51, 1 (30) wird deutlich, dass dies schon nach nationalem Recht problematisch ist.
805 KOM (1998) 779 endg. S. 14.

Marino-Papier hatte die Kommission Ende der 80iger Jahre vorgeschlagen, dass Arbeitslose ihre Ansprüche auf Leistungen bei Arbeitslosigkeit behalten sollten, wenn sie ihren Wohnsitz in einen anderen Mitgliedstaat verlegen[806].

Zu bedenken ist ebenfalls, ob nicht parallel dazu auf dem Weg zu einem europäischem Arbeitsmarkt ein EU-weites Kontrollsystem aufgebaut werden kann, so dass nicht jeder Aufenthalts- bzw. Wohnstaat die Prüfung der Anspruchsvoraussetzungen nach dem Recht des letzten Beschäftigungsstaates durchführen muss. Das würde zudem noch dem Ziel der effektiven Missbrauchsvermeidung dienen. Dieses System könnte mit dem Recht einer EU-weiten Verweisungsmöglichkeit ausgestattet sein.

G. Änderungsvorschlag

In Art. 69 VO 1408/71 werden Absatz 1 Buchstabe c, Absatz 2, Absatz 3 und Absatz 4 ersatzlos gestrichen.

---

[806] Dazu: Clever, in: BArbBl. (Heft 6) 1989, 18 (20 f.).

7. Teil: Generalklausel

A. Vorschläge im Schrifttum

I. Eichenhofers Vorschlag zur VO 1408/71

Eichenhofer arbeitete einen Vereinfachungsvorschlag zur VO 1408/71 aus[807]. Im Folgenden werden die Grundzüge seines Vorschlags in Bezug auf die Frage des Leistungsexportes und der Sicherung des Zugangs zu Sach- und Dienstleistungen skizziert. Das Exportgebot für Geldleistungen kann nicht auf einzelne Gattungen von Geldleistungen beschränkt werden, so dass seine Regelung einen Export der Geldleistungen für alle Leistungsarten vorsieht. Im Hinblick auf Sach- und Dienstleistungen sieht er in Artikel 15 seines Verordnungsvorschlags zunächst vor, dass ein Anspruch auf sämtliche Dienst- und Sachleistungen auch gegenüber den Leistungserbringern anderer Mitgliedstaaten besteht. Die Leistungserbringer sollen mit dem Träger des zuständigen Staates auf der Basis der für ihre Leistungen im Erbringungsstaat maßgeblichen Sätze abrechnen und weiter sieht Eichenhofer in seinem Vorschlag vor, dass eine Beschränkung der Vergütung auf die im zuständigen Staat für vergleichbare Leistungen gewährte Vergütung unstatthaft ist[808].

Dieses Denkmodell geht über die in dieser Arbeit vorgeschlagenen Regelungen hinaus. Es ist derzeit noch nicht praktikabel, da insbesondere die einzelnen nationalen Gesundheitssysteme für einen solchen Quantensprung noch nicht gewappnet sind. Die Gefahr, dass die nationalen Systeme sozialer Sicherheit, vor allem in Niedrigpreisländern, in finanzieller Hinsicht kollabieren, ist zu groß. Deswegen sollte man sich diesem Ziel in kleinen Schritten annähern, indem man als ersten Schritt die Kostenübernahme grundsätzlich[809] bis zur Höhe der Tarife des zuständigen Staates vorsieht. Dadurch wird auch die von den Bedenkenträgern immer wieder vorgebrachte Gefahr des Sozialtourismus eingedämmt. Der Vorschlag Eichenhofers wird derzeit auch noch nicht den speziellen Leistungsvoraussetzungen der einzelnen Absicherungssysteme der Mitgliedstaaten gerecht. Es sind vielmehr Detailregelungen für einzelne Leistungsbereiche notwendig, auch um dem Rechtsanwender die erforderlichen Vorgaben und Hilfen zu geben und eine einheitliche Geltung des europäischen koordinierenden Sozialrechts in allen Mitgliedstaaten zu gewährleisten[810]. Dieses Erfordernis muss vor allem unter dem Blickwinkel der bevorstehenden Erweiterung der EU um zehn mittel- und osteuropäische Staaten berücksichtigt werden, die im Rahmen des „acquis communautaire" auch die Regelungen des europäischen koordinierenden Sozialrechts übernehmen müssen. Dennoch sollte die von Eichenhofer vorgeschlagene und dringend notwendige Vereinfachung der VO 1408/71 langfristig nicht aus den Augen verloren werden.

---

807 Eichenhofer, in: Freizügigkeit und Soziale Sicherheit, S. 411 (419 ff.).
808 Eichenhofer, in: Freizügigkeit und Soziale Sicherheit, S. 411 (423).
809 Zu den Ausnahmeregelungen siehe 2. Teil, H. und 7. Teil, B.
810 Vgl. Schulte, in: ZFSH/SGB 1999, 347, 653 (674).

II. Pieters' Idee vom 13. Staat

Erwähnt sei hier auch Pieters` Idee vom 13. (jetzt wohl 16.) Staat[811]. Ihr Inhalt ist, dass die Vielzahl der sozialen Systeme der fünfzehn Mitgliedstaaten durch ein einziges EG-System ersetzt wird, das für jeden Gültigkeit hätte, der aus dem System eines Mitgliedstaates ausscheidet, um normalerweise in das System eines anderen Mitgliedstaates einbezogen zu werden. Falls die soziale Absicherung des 16. Staates attraktiver ist als die des Mitgliedstaates, wird dies dazu führen – wie Pieters selbst schreibt –, dass die reicheren Bevölkerungsschichten eines sozialen Systems in das soziale System des 16. Staates wechseln werden[812]. Dies beinhaltet nicht nur den von Pieters angesprochenen positiven Effekt, dass die sozialen Systeme der einzelnen Mitgliedstaaten deswegen auf ihre Wettbewerbsfähigkeit achten werden, sondern auch die Gefahr des finanziellen Einbruchs der sozialen Systeme. Unweigerlich geht damit einher, dass die soziale Sicherheit nicht mehr in allen Mitgliedstaaten gewährleistet werden kann.

B. Eigener Vorschlag einer Generalklausel

Es stellt sich die Frage, ob sich aus den Einzelvorschlägen in den spezifischen Leistungsbereichen der Verordnung eine Generalklausel entwickeln lässt. Relativ unproblematisch ist das für die Geldleistungen, die auch schon in der im Moment geltenden Verordnung im Rahmen einer Generalklausel (vgl. Art. 10 VO 1408/71) vor die Klammer gezogen worden sind. Wobei hier nicht zu vergessen ist, dass es Probleme hinsichtlich eines einheitlichen Verfahrens gibt.

Bezüglich der Sachleistungen (außer den Rehabilitationsleistungen im Bereich der Rentenversicherung) kann eine einheitliche Vorschrift dahingehend gefunden werden, dass das individuelle Genehmigungsverfahren durch ein tarifbezogenes Abrechnungsverfahren ersetzt wird.

Dennoch müssen einige Einzelheiten bezüglich der Sachleistungsaushilfe in Spezialvorschriften vorgesehen werden, wie zum Beispiel der Fall der unverzüglich erforderlichen Leistungen im Rahmen der Leistungen bei Krankheit.

Dementsprechend ergibt sich folgender Vorschlag für eine Generalklausel[813]:

„Art. 10 Aufhebung der Wohnortklauseln

(1) Die Geldleistungen, auf die nach den Rechtsvorschriften eines oder mehrerer Mitgliedstaaten ein Anspruch erworben worden ist, dürfen nicht deshalb gekürzt, geändert,

---

811 Pieters, in: ZIAS 1991, 72 (85 ff.).
812 Pieters, in: ZIAS 1991, 72 (87).
813 Es fallen nur die untersuchten Versicherungsleistungen unter diese Generalklausel. Ob auch Familienleistungen gem. Art. 72-76 VO 1408/71 und Leistungen für unterhaltsberechtigte Kinder von Rentnern und Waisen (Art. 77-79 VO 1408/71) darunter zu fassen sind, muss einer gesonderten Prüfung vorbehalten bleiben.

zum Ruhen gebracht, entzogen oder beschlagnahmt werden, weil der Berechtigte im Gebiet eines anderen Mitgliedstaates als des Staates wohnt, in dessen Gebiet der zur Zahlung verpflichtete Träger seinen Sitz hat.
(2) Die Sach- und/oder Dienstleistungen bei Krankheit, Mutterschaft und Pflegebedürftigkeit sowie bei Arbeitsunfällen und Berufskrankheiten, auf die nach den Rechtsvorschriften eines oder mehrerer Mitgliedstaaten Anspruch erworben worden ist, bleiben bei Wechsel in einen anderen Mitgliedstaat weiterhin bestehen. Diese Leistungen werden von den Leistungserbringern eines Mitgliedstaates im Aufenthaltsstaat erbracht. Die Leistungserbringer rechnen mit den zuständigen Trägern nach den im Leistungserbringerstaat vorgesehenen Tarifen mittels einer EG-Versicherungsscheckkarte ab. Als Obergrenze gelten die Tarife für vergleichbare Leistungen des zuständigen Trägers.
(3) Diese Regelungen gelten, sofern in dieser Verordnung nichts anderes bestimmt ist."

In Ergänzung der Generalklausel sind für die einzelnen Versicherungszweige folgende Besonderheiten zu regeln:

Im Rahmen der Krankenversicherung ist Art. 22 VO 1408/71 in folgender Weise zu ändern:
„ **Art. 22 Anspruch auf Leistungen bei Krankheit, Mutterschaft und Pflegebedürftigkeit außerhalb des zuständigen Mitgliedstaats**
Die von einem System sozialer Sicherheit in einem Mitgliedstaat erfasste Person, die die nach den Rechtsvorschriften des zuständigen Staates für den Leistungsanspruch erforderlichen Voraussetzungen erfüllt und
(1) deren Zustand während eines Aufenthaltes im Gebiet eines Mitgliedstaats unverzügliche Leistungen erfordert oder
(2) die eine Genehmigung des zuständigen Trägers erhalten hat, Leistungen in einem anderen Mitgliedstaat in Anspruch zu nehmen
hat einen Anspruch auf Sachleistungen für Rechnung des zuständigen Trägers vom Träger des Aufenthalts- oder Wohnorts nach den für diesen Träger geltenden Rechtsvorschriften, als ob er bei ihm versichert wäre. Die Kostenübernahme wird nicht auf die im zuständigen Mitgliedstaat für vergleichbare Leistungen geltende Tarife begrenzt."

Im Rahmen der Unfallversicherung ist Art. 55 VO 1408/71 in folgender Weise zu ändern:
„**Art. 55 Anspruch auf Leistungen bei Arbeitsunfällen und Berufskrankheiten außerhalb des zuständigen Mitgliedstaats**"
Es folgt der Wortlaut des neu gefassten Art. 22 VO 1408/71, der anzufügen ist.

Im Rahmen der Rentenversicherung ist in das Kapitel 2 (Invalidität) Abschnitt 2 der VO 1408/71 Art. 40 a VO 1408/71 einzufügen:
„**Art. 40 a Anspruch auf Rehabilitationsleistungen außerhalb des zuständigen Mitgliedstaats**
Die von einem System sozialer Sicherheit in einem Mitgliedstaat erfasste Person, die die nach den Rechtsvorschriften des zuständigen Mitgliedstaates für den Leistungsanspruch erforderlichen Voraussetzungen erfüllt, hat einen Anspruch auf Rehabilitationsleistungen gegen einen Leistungserbringer in einem anderen als dem zuständigen Mitgliedstaat,

wenn sie dafür die Genehmigung des zuständigen Trägers erhalten hat. Die Leistungserbringer rechnen mit den zuständigen Trägern nach im Leistungserbringerstaat vorgesehenen Tarifen ab."

C. Rechtsförmigkeit des Vorschlags

Im Rahmen der Rechtsförmigkeit des o. g. Lösungsvorschlags ist zu untersuchen, ob dieser seinerseits gegen Grundfreiheiten verstößt. Betrachtet man vor allem diese eingeschränkte Kostenübernahme kritisch, könnte darin – wie bereits für den im Moment geltenden Art. 22 VO 1408/71 festgestellt – eine mittelbare Beschränkung der Versicherten wie auch der Leistungserbringer im Hinblick auf die Dienst- und Warenverkehrsfreiheit bestehen. Welcher in der gesetzlichen Krankenversicherung versicherte Deutsche würde beispielsweise Leistungen eines österreichischen Leistungserbringers, der nach höheren Sätzen abrechnet als ein deutscher Leistungserbringer, in Anspruch nehmen, wenn er weiß, dass er die Mehrkosten aus eigener Tasche finanzieren muss? Stellt diese Betrachtungsweise aber nicht zu hohe Anforderungen an die Grundfreiheiten? Die Dienstleistungsfreiheit und auch die Warenverkehrsfreiheit fordern nicht, zusätzliche Anreize für die grenzüberschreitende Leistungsinanspruchnahme zu schaffen[814]. Diese Frage kann jedoch dahinstehen, da sich die mittelbare Beschränkung jedenfalls durch die Gefahr des Sozialtourismus und der damit verbundenen Gefahr, dass die sozialen Sicherungssysteme der Mitgliedstaaten überfordert werden, rechtfertigen lässt. Die vorgeschlagene Lösung ist der Königsweg im Spannungsverhältnis zwischen rechtlicher Betrachtung und finanziell Machbarem, also zwischen Rechtsetzung und politischer Zielsetzung, zumal sich der europäische Gesetzgeber in einem ständigen Wettlauf mit dem EuGH befindet, um dessen Rechtsprechung nachzuvollziehen[815].

D. Durchsetzbarkeit des Vorschlags

Bedenken an der Durchsetzbarkeit des Vorschlags könnten sich aufgrund der Tatsache ergeben, dass die Mitgliedstaaten nach wie vor beispielsweise ihre Gesundheitssysteme selbst bestimmen und ausgestalten können[816]. Das Sachleistungsprinzip als ein wichtiges Strukturelement des Gesundheitssystems ist Teil dieser Ausgestaltungsbefugnis[817]. Kann die Gemeinschaft das Sachleistungsprinzip durch eine auf nationale Tarife beschränkte Kostenübernahme zurückdrängen?

Die Gemeinschaft kann Recht nur und nur insoweit setzen, als sie hierzu im EG-Vertrag ermächtigt wird. Dies ist mit Art. 42 EGV[818] zum System der Sicherstellung der An-

---

814 Vgl. Becker, in: NZS 1998, 359 (363).
815 Tiemann, in: Recht – sozial, S. 374 (397).
816 So auch: M. Everling, in: Die Krankenversicherung in der Europäischen Union, S. 67 (108 f.).
817 V. Maydell, in: VSSR 1999, 3 (14); Schulz-Weidner, in: Krankenversicherung 1998, 241 (242); Becker, in: NZS 1998, 359 (363).
818 Art. 42 EGV sieht das Verfahren der Mitentscheidung gem. Art. 251 EGV vor. Vgl. dazu: Verschueren, in: Coordination of social security schemes, S. 390 (399).

sprüche und Leistungen auf dem Gebiet der Systeme der sozialen Sicherheit geschehen[819]. Eine weitere Ermächtigung zum Erlass von Vorschriften auf dem Gebiet der Systeme der sozialen Sicherheit gibt es nicht. Damit begründet das Gemeinschaftsrecht weder die Pflicht, noch schafft es auch nur die Befugnis der Gemeinschaft, das materielle Sozialrecht der Mitgliedstaaten zu harmonisieren oder gar zu vereinheitlichen[820].

Entsprechend stellt Art. 152 V EGV klar, dass bei der Tätigkeit der Gemeinschaft im Bereich der Gesundheit der Bevölkerung die Verantwortung der Mitgliedstaaten für die Organisation des Gesundheitswesens und die medizinische Versorgung in vollem Umfang gewahrt wird[821]. An diesem Vorbehalt ändern auch die Art. 136 ff. EGV nichts. In Art. 137 III EGV[822] ist zwar festgeschrieben, dass der Rat einstimmig auf Vorschlag der Kommission nach Anhörung des Europäischen Parlaments und des Wirtschafts- und Sozialausschusses sowie des Ausschusses der Regionen u.a. im Bereich der sozialen Sicherheit und des sozialen Schutzes der Arbeitnehmer beschließen kann. Die Grenze und inhaltliche Konkretisierung findet diese Bestimmung in Art. 136 EGV. In dessen Absatz II steht, dass der Vielfalt der einzelstaatlichen Gepflogenheiten Rechnung getragen werden muss. Das bedeutet, dass diese Sozialvorschriften den Sinn haben, zu einer Vereinheitlichung sozialrechtlicher Bedingungen zu gelangen und somit den Weg zu einer Sozialunion zu ebnen. Jedoch ist deswegen mit diesen Normen noch lange keine Befugnis zur Harmonisierung der nationalen Sozialversicherungssysteme verbunden.

---

819 Für das Sozialrecht im engeren Sinne (Systeme der sozialen Sicherheit, sozialer Schutz, Sozialhilfe) ist es allgemeine Ansicht, dass über die Koordinierung auf dem Gebiet der sozialen Sicherheit für die Herstellung der Freizügigkeit der Wanderarbeitnehmer eine Harmonisierung durch Gemeinschaftsrecht grundsätzlich ausgeschlossen ist. Vgl. Clever/Schulte, in: Bürger Europas, S. 63 (86 ff.). Nelhaus, Die Freizügigkeit der Arbeitnehmer in Europa, S. 122 f., verweist für Harmonisierungsmaßnahmen auf Art. 308 EGV. Schon aus der Stellung des Art. 42 EGV ergibt sich, dass dieser zur Erreichung sozialpolitischer Ziele keine Rechtsgrundlage darstellt; vgl. hierzu: Wanders, in: EuR 1976, 313 (314); Rabanser, Soziale Sicherheit in der EG und EWR, S. 22. Randelzhofer, in: Grabitz/Hilf, Art. 51 EGV, Rn. 3, hält eine Angleichung der nationalen Sozialversicherungssysteme allenfalls am Rande für zulässig. I.d.R. werden die nationalen Systeme sozialer Sicherheit lediglich miteinander verzahnt, was allerdings zu einer partiellen Angleichung führen kann. Vgl. Steinmeyer, in: ZIAS 1989, 208 (210); Ewert, Der Beitrag des Gerichtshofs der Europäischen Gemeinschaften zur Entwicklung eines Europäischen Sozialrechts, S. 145 ff.
820 Eichenhofer, in: VSSR 1997, 71 (79); vgl. Birk, in: RdA 1992, 68 (69 ff.); Pitschas, in: DÖV 1992, 277 (279); Lyon-Caen, in: Social security in Europe, S. 45 (51).
821 Die Grundaussage des Art. 129 a.F. (jetzt Art. 152 EGV) hat sich durch den Amsterdamer Vertrag nicht geändert. Indem nun dem Rat neue Handlungsformen zustehen, hat eine Kompetenzverschiebung zugunsten der Gemeinschaft stattgefunden. Eine allgemeine Vereinheitlichung des Gesundheitsrechts ist somit nicht gegeben. Vgl. hierzu: König, in: SF 1998, 282 (284).
822 Die Kommission fordert ein effizienteres Beschlussfassungsverfahren, um auf diese Weise die Funktionsfähigkeit des Binnenmarktes im Hinblick auf die bevorstehende Erweiterung zu gewährleisten. Sie schlägt deshalb vor, dass Koordinierungsmaßnahmen sozialer Sicherungssysteme auf Gemeinschaftsebene zur Verbesserung der Freizügigkeit der Arbeitnehmer nach Art. 42 EGV künftig mit qualifizierter Mehrheit beschlossen werden sollen. Aber noch bedeutsamer sind die Vorschläge der Kommission zur Änderung von Art. 137 EGV. Danach soll in allen Bereichen des Absatzes 3, die bisher der Einstimmigkeit unterliegen, in Zukunft mit qualifizierter Mehrheit entschieden werden können. In den von Art. 137 III EGV vorgesehenen Bereichen könnte der Rat dann durch Richtlinien Mindestvorschriften mit qualifizierter Mehrheit verabschieden. Vgl. Bericht über Abstimmungsverfahren, in: EuroAS 2000, 58 (58).

Das ist auch den *Kohll-* und *Decker*-Entscheidungen zu entnehmen, wenn der EuGH ausführt, dass das Gemeinschaftsrecht die Zuständigkeit der Mitgliedstaaten zur Ausgestaltung ihrer Systeme der sozialen Sicherheit unberührt lässt und in Ermangelung einer Harmonisierung auf Gemeinschaftsebene somit das Recht eines jeden Mitgliedstaates bestimmt, unter welchen Voraussetzungen ein Recht auf Anschluss an ein System der sozialen Sicherheit oder eine Verpflichtung hierzu besteht.[823]

Ebenso lässt sich über Art. 94, 308 EGV keine Ermächtigung der Gemeinschaft zum Eingriff in die mitgliedstaatlichen Sozialversicherungssysteme konstruieren[824]. Die innergemeinschaftliche Wettbewerbsgleichheit ist nicht gefährdet[825], denn die Kosten des nationalen Sozialrechts werden nicht primär durch dessen rechtliche Ausgestaltung, sondern durch die wirtschaftliche Determination nationalen Sozialrechts bestimmt.

An diesen Grundsätzen wird sich auch nichts durch den Vertrag von Nizza ändern[826]. In dem Vertrag ist zwar vorgesehen, dass die Gemeinschaft in verschiedenen Bereichen der sozialen Sicherheit Mindestvorschriften erlassen kann (so der Art. 137 EGV-Nizza). In einigen der Bereiche wie Gesundheitsschutz können diese Mindestvorschriften im Wege des Mitentscheidungsverfahrens angenommen werden. Jedoch gilt dies nicht für den Bereich der sozialen Sicherheit; hier ist weiterhin nach Art. 137 III EGV das Einstimmigkeitsverfahren anzuwenden[827].

Dass der Gemeinschaft keine Harmonisierungskompetenz zusteht, schließt nicht aus, dass im Rahmen der Konvergenzentwicklung[828] die Europäische Union sich zugunsten der weiteren Ausdehnung der beschränkten Kostenübernahme auswirkt.

---

823 EuGH, Urt. v. 28.4.1998, Rs. C-120/95 (Decker), und Rs. C-158/96 (Kohll), Slg. 1998, I- 1831 (1880, Rn. 22) und I-1931 (1943, Rn. 18); so auch schon früher: EuGH, Urt. v. 24.4.1980, Rs. 110/79 (Coonan), Slg. 1980, 1445 (1458, Rn. 12); EuGH, Urt. v. 4.10.1991, Rs. C-349/87 (Paraschi), Slg. 1991, I-4501 (4524, Rn. 15); EuGH, Urt. v. 30.1.1997, verb. Rs. C-4/95 und C-5/95 (Stöber und Piosa Pereira), Slg. 1997, I-511 (545, Rn. 36).
824 Eichenhofer, in: VSSR 1997, 71 (80); A. A.: Krebber, in: Calliess/Ruffert, EUV/EGV, Art. 137, Rn. 12. Nach dessen Ansicht überzeugt die Auffassung Eichenhofers nicht, da nicht nur Sozialkosten, die nicht zwingend durch die Ausgestaltung des Sozialrechts bedingt sind, sondern auch das Sozialrecht als solches Auswirkungen auf den Binnenmarkt haben könne (z.B. unterschiedliche Altersgrenzen in der Rentenversicherung, unterschiedliche Voraussetzungen für sonstige sozialversicherungsrechtliche Ansprüche).
825 Wohl anderer Ansicht: Pieters, in: ZIAS 1991, 72 (91).
826 Vor allem wegen der unnachgiebigen Haltung Großbritanniens. Deswegen muss immer wieder der EuGH eingreifen, um die soziale Sicherheit fortzuentwickeln. Vgl. hierzu: Spiegel, in: Soziale Sicherheit 2001, 365 (366).
827 Zu Änderungen im sozialen Bereich durch Nizza vgl. Schelter, in: ZfSH/SGB 2001, 20 (23).
828 Eine Harmonisierung der Gesundheitssysteme in der EU ist v. a. angesichts der unterschiedlichen Strukturen und Traditionen gegenwärtig nicht möglich. Eine Konvergenz ist jedoch vor dem Hintergrund europaweit diskutierter Kostendämpfungsstrategien und im Hinblick auf den Integrationsdruck, der vom EuGH ausgeht, unerlässlich.
Die EU hat eine Konvergenz der einzelstaatlichen Systeme vorgeschlagen („Konvergenzempfehlung"), vgl. Empfehlung 92/422/EWG vom 27.6.1992 über die Annäherung der Ziele der Politiken im Bereich des sozialen Schutzes, ABl. Nr. L 245 vom 26.8.1992, S. 49.

Gesamtzusammenfassung

I. Grundlagen

1. Grundsätzlich beschränkt das deutsche Sozialrecht die Inanspruchnahme und die Erbringung von Sozialleistungen auf das Inland.
2. Rechtsquellen zur Regelung des Exports von Sozialleistungen sind die nationalen Gesetze, das europäische Sekundärrecht (VO 1408/71 und VO 1612/68), das Primärrecht (insbesondere die Grundfreiheiten) und die Sozialversicherungsabkommen.
3. Die Grundfreiheiten sind auch im Bereich der sozialen Sicherheit anzuwenden.
4. Der persönliche Geltungsbereich der VO 1408/71, der in Art. 2 VO 1408/71 geregelt ist, ist auf alle EU-Bürger zu erweitern. Das ergibt sich vor allem aus Art. 18 EGV.

II. Krankenversicherung

1. Vereinfacht lassen sich zwei Modelle zur Absicherung des Risikos Krankheit unterscheiden. Das sind die Nationalen Gesundheitsdienste und die gesetzlichen Krankenversicherungen, wobei letztere in zwei Ausprägungen vorhanden sind: Sachleistungs- und Kostenerstattungsprinzip.
2. Nach § 16 SGB V ruht grundsätzlich der Anspruch auf Leistungen im Krankheitsfall, solange sich der Versicherte im Ausland aufhält. Ausnahmen werden in §§ 17, 18 SGB V und § 18 SGB IX vorgesehen.
3. Die VO 1408/71 sieht in Art. 22 VO 1408/71 einen Leistungsexport von Geldleistungen vor. Sachleistungen werden im Rahmen der Sachleistungsaushilfe gewährt, jedoch nur unter den engen Voraussetzungen des Art. 22 VO 1408/71; vor allem ist dabei der Genehmigungsvorbehalt des Art. 22 I VO 1408/71 zu berücksichtigen.
4. Aus der VO 1612/68 lässt sich kein Exportgebot für Sachleistungen herleiten.
5. Der in Art. 22 I VO 1408/71 vorgesehene Genehmigungsvorbehalt bei der Inanspruchnahme von Leistungen in einem anderen Mitgliedstaat ist mit dem EG-Vertrag unvereinbar. Dieser Vorbehalt stellt einen Verstoß gegen die Dienstleistungsfreiheit gem. Art. 49 EGV und die Warenverkehrsfreiheit gemäß Art. 28 EGV dar.
   In den Verhältnissen Leistungserbringer/Versicherter und Leistungserbringer/Krankenkasse bestehen Dienstleistungsverhältnisse. Das ist im Verhältnis Krankenkasse/Versicherter aufgrund der nach innen bestehenden Monopolstellung der Krankenkassen nicht der Fall.
   Es liegt eine Beschränkung der Dienstleistungsfreiheit vor, da der Versicherte zwar Leistungen im Ausland in Anspruch nehmen kann, diese aber nur in Einzelfällen von der Krankenkasse erstattet werden.
   Diese Beschränkung ist nicht gerechtfertigt. Das finanzielle Gleichgewicht der sozialen Systeme mit seinen zahlreichen Facetten der erhöhten Kostenerstattung, der

Planungssicherheit, der Schwierigkeiten bei der Wirtschaftlichkeitskontrolle und der Mehrkosten sowie Gründe des Gesundheitsschutzes (Qualitätssicherung, Sicherstellung einer flächendeckenden medizinischen Versorgung) können die Beschränkung durch den Genehmigungsvorbehalt nicht rechtfertigen.

Neben der Beschränkung der Dienstleistungsfreiheit liegt eine Beschränkung der Warenverkehrsfreiheit gemäß Art. 28 EGV vor, da der Versicherte mittelbar gehindert wird, Krankenversicherungsleistungen, die der Warenverkehrsfreiheit zuzuordnen sind, in einem Mitgliedstaat zu erwerben. Hierfür gibt es keine Rechtfertigung.

6. Die Nationalen Gesundheitsdienste sind ebensowenig wie die Krankenversicherungssysteme von den Grundsätzen der Grundfreiheiten ausgenommen.
7. Damit die VO 1408/71 mit den Grundfreiheiten vereinbar ist, ist Art. 22 VO 1408/71 zu ändern:
Es sind verschiedene Modelle denkbar: beispielsweise die Ausdehnung des Sachleistungs- und Vertragsprinzips, das Modell der unbeschränkten Kostenerstattung, das der begrenzten Kostenerstattung oder eine Kombination dieser Modelle. Eine rechtsförmige und ökonomisch sinnvolle Lösung ist das Modell der begrenzten Kostenerstattung. Das heißt, es erfolgt eine Kostenerstattung für die Inanspruchnahme der Sach- und Dienstleistungen und zwar begrenzt auf die Tarife für vergleichbare Leistungen des zuständigen Trägers. Die Kostenabrechnung erfolgt mit Hilfe einer Versicherungskarte zwischen direkt den zuständigen Krankenkassen und den Leistungserbringern.

III. Pflegeversicherung

1. In der EU gibt es nur wenige Staaten (Deutschland, Österreich, Luxemburg), die eine Sicherung des Pflegefallrisikos innerhalb eines eigenständigen Versicherungszweigs vorsehen.
2. Nach deutschem Sozialrecht ruht der Anspruch auf Pflegeleistungen grundsätzlich gem. § 34 I Nr. 1 SGB XI, solange sich der Versicherte im Ausland aufhält (Ausnahmen werden in § 34 I Nr. 2 und 3 SGB XI für den vorübergehenden Aufenthalt im EU-Ausland vorgesehen.). Problematisch ist jedoch die Situation für in Deutschland Pflichtversicherte, die ständig in einem anderen Mitgliedstaat leben. Sie zahlen Beiträge und erhalten aufgrund von § 34 I SGB XI keine Leistungen aus der Pflegeversicherung. Mittelbar werden durch diese Regelungen, die das Leistungsrecht betreffen, auch die Leistungserbringer eingeschränkt.
3. Vor Einführung der Pflegeversicherung in Deutschland als eigenständigen Versicherungszweig wurden die Pflegeleistungen im Rahmen der Sozialhilfe erbracht. Da die Sozialhilfe keine zu exportierende Leistung im Sinne der VO 1408/71 ist, scheidet ein Export aus. Mit Einführung der Pflegeversicherung in Deutschland 1995 war zunächst nicht klar, unter welche Regelungen der VO 1408/71 diese Versicherungsart zu fassen ist. Der EuGH entschied in der Rechtssache *Molenaar*, dass eine Zuordnung zu den Vorschriften „Leistungen bei Krankheit" sachgerecht sei.

4. Problematisch war bis zu dieser Entscheidung auch, ob das Pflegegeld als eine Sach- oder Geldleistung zu qualifizieren ist. Der Gerichtshof sah das Pflegegeld als eine Geldleistung an.
5. Wie in der Krankenversicherung werden Geldleistungen der Pflegeversicherung nach der VO 1408/71 exportiert und Sachleistungen werden im Rahmen der Sachleistungsaushilfe gewährt. Da es jedoch in nur wenigen Mitgliedstaaten Pflegeleistungen gibt oder diese meist unter dem Standard der deutschen Pflegeleistungen liegen, muss ein in Deutschland Pflichtversicherter, der in einem anderen Mitgliedstaat lebt, allein auf das Pflegegeld verwiesen werden. Damit steht er schlechter als ein Pflichtversicherter, der in Deutschland lebt.
6. Ein Leistungsexport von Sachleistungen der Pflegeversicherung wäre gerade für diesen Personenkreis insbesondere in grenznahen Gebieten denkbar. Ein solcher Sachleistungsexport lässt sich aber weder über die VO 1408/71 noch über die VO 1612/68 herleiten.
7. Wie in der Krankenversicherung, so verstößt auch hier der Genehmigungsvorbehalt des Art. 22 I VO 1408/71 gegen die Dienstleistungs- und Warenverkehrsfreiheit. Die Beschränkung des Genehmigungsvorbehaltes kann auch nicht durch Argumente wie das finanzielle Gleichgewicht der sozialen Pflegeversicherung, Qualitätssicherung und Unmöglichkeit der Leistungserbringung gerechtfertigt werden. Auch hier gibt es ein milderes Mittel als den Genehmigungsvorbehalt und zwar die begrenzte Kostenerstattung.
8. Die geringere Kaufkraftparität in manchen Mitgliedstaaten im Vergleich zu Deutschland rechtjertigt keine Kürzung des Pflegegeldes, wenn der in Deutschland Pflichtversicherte in einen Mitgliedstaat geht, in dem die Lebenshaltungskosten geringer sind.
9. Hinsichtlich der Frage, was konkret im Rahmen der VO 1408/71 geändert werden soll, kann auf die Krankenversicherung verwiesen werden. Es sollte kein weiteres Kapitel „Risiko bei Pflegebedürftigkeit" eingeführt werden, sondern es sollte die Überschrift des Art. 22 VO 1408/71 um „Leistungen bei Pflegebedürftigkeit" erweitert werden.

IV. Gesetzliche Unfallversicherung

1. In nahezu allen Mitgliedstaaten gibt es ein System zur Absicherung des Risikos bei Berufskrankheiten und Arbeitsunfall.
2. In § 97 SGB VII ist eine für das deutsche Sozialrecht ungewöhnlich offene Regelung vorgesehen. Danach können Berechtigte, die ihren gewöhnlichen Aufenthalt im Ausland haben, Geldleistungen aus der Unfallversicherung und eine Kostenerstattung für alle sonstigen zu erbringenden Leistungen erhalten.
3. Im Rahmen der VO 1408/71 garantiert Art. 10 VO 1408/71 den Export von Geldleistungen. Daneben gibt es Spezialregelungen für diesen Leistungszweig in Art. 52 ff. VO 1408/71, die Parallelen zu den Vorschriften „Leistungen bei Krankheit" aufweisen. Sachleistungen werden – wie in Art. 22 VO 1408/71 – nur unter bestimmten Voraussetzungen und zwar nur im Rahmen der Sachleistungsaushilfe gewährt. Auch hier ist der Genehmigungsvorbehalt zu beachten. Dieser beschränkt wiederum die Dienstleistungs- und Warenverkehrsfreiheit. Als milderes

Mittel kommt auch hier die begrenzte Kostenerstattung in Betracht. Deswegen ist der Wortlaut des Art. 55 VO 1408/71 in der gleichen Weise wie Art. 22 VO 1408/71 zu fassen.
4. Das Pflegegeld gem. § 44 SGB VII ist in Analogie zu der *Molenaar*-Entscheidung als Geldleistung anzusehen und somit zu exportieren.

V. Gesetzliche Rentenversicherung:

1. In den Mitgliedstaaten der EU lassen sich zwei Modelle unterscheiden: Versicherungsprinzip und staatliches Grundrentensystem.
2. Die deutsche gesetzliche Rentenversicherung hat zwei Leistungsgruppen: Leistungen bei Rehabilitation und Rente. Seit Inkrafttreten des SGB IX wird nun in § 18 SGB IX unter bestimmten Voraussetzungen vorgesehen, dass Rehabilitationsleistungen im Ausland zu erbringen sind.
3. Nicht ganz einfach zu klären ist, welche Leistungen im Rahmen der Rentenversicherung unter die VO 1408/71 fallen. Aktuell stellt sich dieses Problem für die nach der deutschen Rentenreform geltende Grundsicherung. Hierbei handelt es sich um eine beitragsunabhängige Sonderleistung, die in den Anhang II a der VO 1408/71 aufgenommen werden kann. Ein Export dieser Grundsicherung könnte damit entfallen.
4. Die Leistungen der Rehabilitation im Rahmen der Rentenversicherung (§§ 9 ff. SGB VI) fallen als Sachleistungen unter die Regelung „Leistungen bei Krankheit".
5. Folglich schränkt auch hier der Genehmigungsvorbehalt des Art. 22 I VO 1408/71 die Dienstleistungs- und Warenverkehrsfreiheit ein. Zwar kann die Sicherung der Infrastruktur für Rehabilitation dies nicht rechtfertigen, da mit der begrenzten Kostenerstattung ein milderes Mittel ersichtlich ist, doch darin, dass es sich um medizinische Leistungen als integrierter Bestandteil des gegliederten Systems handelt, ist letztendlich ein Rechtfertigungsgrund zu sehen.
6. Im Bereich der Leistungen bei Alter und Tod besteht hinsichtlich der Frage des Leistungsexportes kein Änderungsbedarf. Anders verhält es sich hinsichtlich der Rehabilitationsmaßnahmen, die als Sachleistungen weder im Kapitel 2 (Invalidität) noch im Kapitel 3 (Alter und Tod) geregelt sind. Es finden zwar die Regelungen „Leistungen bei Krankheit" Anwendung, doch soll Art. 22 VO 1408/71 abgeändert werden und im Rahmen der Rehabilitation soll in der Rentenversicherung der Genehmigungsvorbehalt beibehalten werden. Deswegen sollte im Kapitel 2 Abschnitt 2 der VO 1408/71 (Invalidität) eine neue Vorschrift eingefügt werden, die klarstellt, dass Sachleistungsaushilfe für Rehabilitationsleistungen nach vorheriger Genehmigung in anderen Mitgliedstaaten erbracht werden.

VI. Gesetzliche Arbeitslosenversicherung

1. Überwiegend bestehen beitragsfinanzierte Versicherungssysteme.
2. Die Arbeitslosen haben sich nach dem SGB III grundsätzlich zur Verfügung zu halten, so dass eine territoriale Ausrichtung gegeben ist.

3. Dieses Verbot des Leistungsexportes im SGB III wird lediglich durch Art. 69 VO 1408/71 temporär und durch Art. 71 VO 1408/71 für einen bestimmten Personenkreis in Form des Statutenwechsels durchbrochen.
4. Die Dreimonatsklausel verbunden mit dem Anspruchsverlust des Art. 69 I VO 14008/71 stellt einen Verstoß gegen die Arbeitnehmerfreizügigkeit gem. Art. 39 EGV dar. Gründe des finanziellen Gleichgewichts der sozialen Sicherungssysteme und unzureichender Kontrollmöglichkeiten können diese Beschränkung nicht rechtfertigen.
5. Als Lösung ist entweder ein zeitlich unbeschränkter Leistungsexport oder ein Übergang zum Wohnsitzprinzip denkbar.
6. Jede zeitliche Beschränkung stellt eine nicht zu rechtfertigende Beschränkung dar. Also ist Art. 69 VO 1408/71 so zu ändern, dass ein Leistungsexport vorgesehen wird

VII. Generalklausel

1. Als Generalklausel lässt sich als neuer Art. 10 VO 1408/71 eine Regelung entwickeln, die den Export von Geldleistungen vorsieht und bestimmt, dass Sachleistungen auch im EU-Ausland ohne Genehmigung in Anspruch genommen werden können. Als Obergrenze gelten die Tarife für vergleichbare Leistungen des zuständigen Trägers. Nicht darunter fallen die Rehabilitationsleistungen der Rentenversicherung.
2. Für bestimmte Einzelfälle, wie zum Beispiel für den Fall der unverzüglich erforderlichen Leistungen bei Krankheit, werden Spezialregelungen vorgesehen.
3. Für diese Änderungen bestünde in Art. 137 III EGV auch eine Kompetenz der Gemeinschaft. Allerdings ist hierfür das Einstimmigkeitserfordernis vorgesehen.

Fazit

Fest steht, dass die Grundfreiheiten im Rahmen der sozialen Sicherheit ebenso wie im Wirtschaftsrecht zu beachten sind. Das hat auch der EuGH in der letzten Zeit immer wieder durch seine Rechtsprechung deutlich gemacht[829]. Damit ist bereits eine gewaltige Etappe in Richtung Sozialunion bewältigt worden[830]. Allerdings kann diese nicht über Nacht geschaffen werden, dafür sind viele, wohlüberlegte Schritte erforderlich, um die Probleme, die sich durch die unterschiedlichen Systeme sozialer Sicherheit ergeben, zufriedenstellend zu lösen.

Bei Lösungsvorschlägen kann nicht nur das gut ausgebaute deutsche Sozialversicherungssystem mit seinen spezifischen Eigenheiten gesehen werden, sondern dabei müssen die gewachsenen Strukturen aller Mitgliedstaaten auf diesem Gebiet berücksichtigt werden. Dabei ist auch die vor der Tür stehende Osterweiterung[831], durch die auf alle Mitglieder neue Belastungen zukommen werden, im Auge zu behalten. In Anbetracht dessen, was bereits erreicht ist, hier ist vor allem die Wirtschafts- und Währungsunion zu nennen, erscheint es sinnvoll, sich dieser Evolution nicht in den Weg zu stellen. Es ist daher zwingend, den Inhalt der VO 1408/71 weiter zu entwickeln. Diese Überlegungen werden teilweise vom Schrifttum[832] und der Rechtsprechung[833] getragen.

Das Recht auf Freizügigkeit ist das tragende Element der Grundfreiheiten, das zu einer Aufweichung der Exportbeschränkung führen muss. Hierfür spricht auch, dass der EuGH die bislang als Diskriminierungsverbote verstandenen personenbezogenen Grundfreiheiten (Arbeitnehmerfreizügigkeit und Dienstleistungsfreiheit) zunehmend in ein „Grundrecht auf wirtschaftliche Mobilität" umformt und damit ein einheitliches Grundrecht auf wirtschaftliche Liberalität im Sinn eines umfassenden wirtschaftsbezogenen Beschränkungsverbots geschaffen hat[834].

Die in dieser Arbeit vorgeschlagenen Lösungen werden nicht zuletzt vom europafreundlichen Grundsatz „in dubio pro libertate"[835] getragen.

---

829 Der EuGH trägt als Wächter der Gemeinschaftsverträge Schritt für Schritt zu einem europäischen Sozialrechtssystem bei, welches im Kern derzeit erst die Freizügigkeit der Arbeitnehmer absichern kann. Vgl.: Heinz, in: DVBl. 1990, 1386 (1392).
830 Mey/Paulus/Pflüger, in: DAngVers 1999, 236 (237) sind der Ansicht, dass der EuGH die Vision einer Sozialunion hat, wenn man nun seine als ständig zu bezeichnende Rechtsprechung zur Frage des Exportes von Sozialleistungen betrachtet; zweifelnd: Bergmann, in: ZFSH/SGB 1999, 586 (587).
831 Dazu: Schulte, in: ZFSH/SGB 1999, 347 (358); Steinmeyer, in: Die Sozialversicherung 1999, 40 ff.
832 Beispielhaft zu nennen sind hier: Eichenhofer, in: Freizügigkeit und Soziale Sicherheit, S. 411 (412f.); Giesen, in: Soziale Freizügigkeit in Europa, S. 359 (373);
833 EuGH, Urt. v. 28.4.1998, Rs. C-158/96 (Kohll), Slg. 1998, I-1935 ff.; EuGH, Urt. v. 28.4.1998, Rs. C-120/95 (Decker), Slg. 1998, I-1871ff.; EuGH, Urt. v. 9.12.1997, Rs. C-120/96 (Molenaar), Slg. 1998, I-843 ff.
834 Vgl. Füßer, in: NJW 1998, 1762 (1763); ders., in: JZ 1997, 835 (836); Nettesheim, in: NVwZ 1996, 342 (345); EuGH, Urt. v. 30.11.1995, Rs. C-55/94 (Gebhard), Slg. 1995, I-4165 ff.
835 Vgl. Schulte, in: ZFSH/SGB 1999, 347 (361); Wanders, in: Sozialpolitik in der EG, S. 81 (85).

Anhang: Systeme sozialer Sicherheit der Mitgliedstaaten

Die Mitgliedstaaten haben unterschiedliche Wege gewählt, um die einzelnen Risiken im Bereich des Sozialrechts abzusichern. Sie entschieden, welches Sicherungssystem sie bevorzugen, wie dieses finanziert werden soll und welche Personengruppen darin einbezogen werden[836]. Jedes Land hat seinen eigenen Weg aufgrund seiner spezifischen Situation und der konkret zu lösenden Probleme entwickelt. Die sozialen Probleme waren nicht überall und nicht immer gleichzeitig dieselben. Außerdem divergierten die Vorstellungen, wie man die Probleme für das einzelne Land am besten löst. Folglich entwickelte sich eine Vielzahl von Sicherungssystemen.

Nach einem allgemeinen Überblick der Systeme der sozialen Sicherheit, werden die einzelnen Absicherungssysteme der Mitgliedstaaten für jeden der fünf untersuchten Leistungszweige skizziert[837].

I. Allgemeiner Überblick

Die Europäische Kommission hat am 31.10.1995 den Bericht über Soziale Sicherheit in Europa verabschiedet. In diesem Bericht hat sie die Mitgliedstaaten hinsichtlich der Sozialschutzsysteme in vier Gruppen eingeteilt[838]:

1. Gruppe: Skandinavisches Wohlfahrtsmodell
Dieses Modell findet sich in den drei skandinavischen Ländern (Dänemark, Schweden, Finnland). Diese Gruppe hat universelle, stark egalistische Sicherungssysteme für alle Bürger, die für jeden das Recht auf einen gleichen Basisbetrag etablieren. Die Systeme werden mit Ausnahme der Arbeitslosenversicherung umfassend vom Staat verwaltet. Es gibt vergleichsweise hohe Sozialleistungen und der Leistungsschwerpunkt findet sich in den Dienstleistungen.

2. Gruppe: Einwohnerversorgung („Beveridge-Modell")
Das zweite System, auf Beveridge zurückgehend, ist in Irland und in Großbritannien zu finden. Auch dieses System zielt auf eine allgemeine Bürgerversorgung ab und erfasst damit alle gebietsansässigen Bürger. Ihre Organisationen sind staatsdominiert. Sie ma-

---

836 Im Wesentlichen hat die EU Kompetenzen in drei Bereichen des Sozialrechts: (1) Verwirklichung der Freizügigkeit der Arbeitnehmer (Art. 42 EGV), (2) Durchsetzung des Grundsatzes der Gleichbehandlung von Frauen und Männern (Art. 141, 308, 94 EGV), (3) Verwirklichung des Arbeitsschutzes (Art. 138, 100 EGV). Vgl. Bergmann, in: SGb 1998, 449 (456); Eichenhofer, in: VSSR 1997, 71 (79).
837 Die sich daraus ergebenden vergleichenden Betrachtungen sind in den Ausführungen zu den einzelnen Leistungszweigen zu finden.
838 Vgl. Europäische Kommission, Soziale Sicherheit in Europa 1995, S. 9 f. und 33 f.; Hanesch, in: Aus Politik und Zeitgeschichte (B 34-35) 1998, 15 (15 ff.); Clever, in: DRV 1996, 283 (284 f.); ders., in: ZfSH/SGB 1996, 337 (337 f.); Kommission, Missoc; Stahlberg, Europäisches Sozialrecht, S. 28, Rn. 14-18; grundlegend: Esping-Andersen, The Three Worlds of Welfare Capitalism; Schulte, in: ZfSH/SGB 1991, 281 (286).

chen aber im Gegensatz zu der oben genannten Gruppe häufig eine Bedürfnisprüfung bei der Gewährung von Leistungen. Die Pauschalleistungen, die im Rahmen der zweiten Gruppe gewährt werden, sind auf einem deutlich niedrigeren Niveau als die der skandinavischen Gruppe. Die Finanzierung wird hauptsächlich über Steuern geregelt.

3. Gruppe: Sozialversicherung („Bismarck-Modell")
Dieses auf Bismarck zurückgehende System findet man in Deutschland, Österreich und den Benelux-Staaten. Kennzeichnend ist unter anderem, dass sich die sozialen Rechte von der Erwerbsarbeit ableiten lassen. Das bedeutet, dass hier im Wesentlichen das Versicherungsprinzip für Arbeitnehmer mit lohnbezogenen Leistungen herrscht. Eine wichtige Ausnahme gilt für die Niederlande: Die Renten richten sich nach dem Wohnlandprinzip. Als Auffangsystem für Personen, die keine Arbeitnehmer sind, wurde die Sozialhilfe entwickelt. Finanziert werden die Sozialversicherungen durch Arbeitnehmer- und Arbeitgeberbeiträge. Insgesamt trifft man in dieser Systemart ein relativ hohes Sicherungsniveau an.

4. Gruppe: Wohlfahrt in den südlichen Mitgliedstaaten
Die vierte Gruppe umfasst die Staaten Italien, Spanien, Portugal und Griechenland. Hier lässt sich eine starke Vermischung der Grundsysteme erkennen, also ein fragmentiertes Mischsystem mit teils beitragsbezogenen Sozialleistungen. Markant für dieses System sind die relativ hohen Renten, unzureichende Mindestsicherung, aber eine gut ausgebaute Gesundheitsversorgung.

II. Leistungen im Krankheitsfalle in den EU-Staaten

Die Vorsorge gegen das Risiko „Krankheit" stellt in allen EU-Ländern[839] einen Schwerpunkt im System der sozialen Sicherung dar. Gleichwohl bestehen erhebliche Unterschiede in Organisation und Leistung[840].

1. Belgien

Die Absicherung des Krankheitsrisikos wird in Belgien von einer gesetzlichen Krankenversicherung übernommen. Dabei handelt es sich um eine Pflichtversicherung, die staatlicher Aufsicht untersteht. Die Durchführung der Versicherung liegt in den Händen vieler staatlicher und halbstaatlicher Organe. Zum einen ist hier das Landesamt für Soziale Sicherheit (ONSS = Office Nationale de Sécurité Sociale) zu nennen, das für den Beitragseinzug und die Verteilung der Beiträge zuständig ist. Das INAMI (Institut National d'Assurance Maladie Invalidité bzw. Nationales Institut für Kranken- und Invaliditätssicherung) ist zuständig für die Aufsicht und Zuteilung der von der ONSS einge-

---

839 Einen Überblick zu den Krankenversicherungssystemen in Mittel- und Osteuropa gibt Angele, in: KrV 2000, 157 ff.
840 Die Darstellung beruht auf folgenden Quellen: Europäische Kommission, Missoc; Europäische Kommission, Soziale Sicherheit in Europa 1997; BMA, Euroatlas; Institut der deutschen Wirtschaft Köln, Sozialraum Europa; Leienbach, in: BKK 1993, 36 (38f.); Deutsche Sozialversicherung, Sozialschutzsysteme in Europa; Vgl. auch: Internetseite des European Observatory on Health Care Systems unter www. observatory.dk/ mit zahlreichen weiterführenden Links.

nommenen Mittel an die einzelnen Krankenversicherungsvereinigungen. Die Krankenversicherung erfasst 99 % der belgischen Bevölkerung. Von der Pflichtversicherung werden alle gegen Entgelt beschäftigten Arbeitnehmer, Rentenbezieher, Arbeitslose und Studenten ohne Bestehen einer Versicherungspflichtgrenze erfasst. Bei Arbeitern und Angestellten schließt nach Wegfall des Lohnfortzahlungsanspruchs die Krankengeldzahlung an. Es wird zwischen Geld- und Sachleistungen unterschieden, wobei für letztere das Kostenerstattungsprinzip gilt. Die Krankenversicherung ist in erster Linie nach einem Umlagesystem beitragsfinanziert. Im Einzelnen handelt es sich bei dem Finanzierungsprinzip um einen bedarfsabhängigen Anteil der Gelder der Gesamtverwaltung (d. h. globaler Beitrag, pauschaler Staatszuschuss, alternative Finanzierung). Ein Ausgleichsfonds soll für das finanzielle Gleichgewicht zwischen den einzelnen Zweigen der Sozialversicherung sorgen.

2. Dänemark

Das dänische Gesundheitssystem ist dadurch charakterisiert, dass beinahe alle Gesundheitsleistungen durch die öffentliche Hand angeboten und staatlich – durch Steuern – finanziert werden. Nach dem Vorbild Großbritanniens ist in Dänemark der Nationale Gesundheitsdienst eingeführt worden. Dabei werden zwei Leistungsgruppen unterschieden: Es gibt eine Gruppe, die eine umfassende, kostenfreie Versorgung mit Sozial- und Gesundheitsleistungen anbietet, wobei keine freie Arztwahl besteht. Grundsätzlich besteht hier bis auf wenige Ausnahmen keine Selbstbeteiligung. Die andere Leistungsgruppe sieht ein Geldleistungsprinzip vor. Dies bedeutet, dass die Versicherten alle Gesundheitsdienstleistungen selbst bezahlen müssen, und dann alle angefallenen Beträge zum Gebührensatz der Gruppe 1 rückerstattet bekommen. Personen der zweiten Leistungsgruppe müssen die Differenz zu den Kosten der Gruppe 1 tragen und sind ebenfalls von o. g. Zuzahlungen betroffen. Jeder dänische Staatsbürger ist wahlweise in einer der beiden Gruppen – unabhängig von seinem Einkommen – im Sinne einer Pflichtversicherung erfasst. Die Verwaltung der Geld- und Sachleistungen bei Krankheit und Mutterschaft führen die Gemeinden durch. Die Aufsicht obliegt zwei Ministerien. Seit 1. Januar 1994 – nach Einführung von Sozialversicherungsbeiträgen – decken die Beiträge aller Arbeitnehmer und Selbstständigen zu den Arbeitsmarktfonds die Ausgaben des Staates für die Geldleistungen.

3. Deutschland

Einzelheiten hierzu siehe 2. Teil, B.

4. Finnland

Die Krankenversorgung für alle Einwohner mit dauerhaftem Wohnsitz in Finnland wird von Gesundheitszentren durchgeführt, die von einer Gemeinde oder gemeinsam von mehreren Gemeinden betrieben werden. Lokale Behörden betreiben auch den überwiegenden Teil der Krankenhäuser. Innerhalb der Gesundheitssysteme gibt es ein obligatorisches Versicherungssystem. Demnach gibt es neben den staatlichen Gesundheitsdiensten ergänzend Krankenversicherungen. Durchführendes Organ der Krankenversicherung ist die KELA (Sozialversicherungsanstalt) mit ihren Ortsdienststellen und Betriebskrankenkassen. Der Versicherte hat 40 % des Grundhonorars im Rahmen der Krankenversicherung selbst zu tragen. Die nationalen Gesundheitsdienste sehen nur eine geringe Selbstbeteiligung vor. Das Gesundheitssystem ist überwiegend steuerfinanziert.

5. Frankreich
Eine zentrale Rolle im französischen Gesundheitswesen[841] spielt die Krankenversicherung – eine der vier Säulen der „Sécu", der französischen Sozialversicherung (Sécurité Sociale), die vom universalistischen Versicherungsprinzip geprägt sind[842]. Beinahe die gesamte Bevölkerung Frankreichs ist sozialversichert. Die ständisch gegliederte gesetzliche Krankenversicherung besteht aus diversen Kassen für die Mitglieder unterschiedlicher Berufsgruppen sowie ihrer mitversicherten Familienangehörigen. Das allgemeine Sozialversicherungssystem ist unter Aufsicht des Ministeriums für Beschäftigung und Solidarität und ist zentralistisch organisiert. Die Leistungen der Krankenversicherung umfassen Geld- und Sachleistungen bei Krankheit und Mutterschaft. In den Zuständigkeitsbereich der Krankenversicherung gehören auch die Leistungen von Invaliditätsrenten und die Gewährung des Versicherungsschutzes bei Arbeitsunfällen, Wegeunfällen und Berufskrankheiten.

Der Großteil der Gesundheitsleistungen (71 %) wird in Frankreich durch die Sozialversicherung abgedeckt. Die Sozialversicherung wird zu ca. 70 % aus Arbeitgeber- und zu ca. 30 % aus Arbeitnehmerbeiträgen finanziert. Als zweitgrößter Finanzier treten die privaten Haushalte auf: Denn die Versicherten haben bei den Sachleistungen einen Selbstbeteiligungsanteil („ticket modérateur"[843] von immerhin 17 % der Gesundheitsausgaben zu tragen. Um die vergleichsweise hohen Zuzahlungen abzufedern, verfügen fast 90 % der französischen Bevölkerung über eine „Mutuelle" (Zusatzversicherung bei einem Versicherungsverein auf Gegenseitigkeit). Steuerfinanziert werden nur vier Prozent der Gesundheitsausgaben.

6. Griechenland
Hauptträger der Krankenversicherung ist bisher die Sozialversicherungsanstalt IKA (Idryma Koinonikon Asphaliseon). Die nationalen Gesundheitsdienste haben immer mehr die Aufgaben der Krankenversicherungen übernommen und letztere werden in private Versicherungen umgewandelt. Von den nationalen Gesundheitsdiensten werden die Arbeitnehmer und Selbstständigen und bezüglich der Sachleistungen auch Arbeitslose und Rentner erfasst. Es besteht keine freie Arztwahl, zuständig ist der örtliche Kassenarzt. Eine Selbstbeteiligung ist in Griechenland bezüglich der Medikamente und Heil- und Hilfsmittel und Zahnersatz vorgesehen. Damit gehört Griechenland zu den wenigen Ländern in der EU, die keine Selbstbeteiligung bezüglich der Arzt- und Krankenhauspflegekosten kennen. Der Arbeitgeber und die Sozialversicherung tragen ge-

---

841 Zusätzliche Quellen neben den schon oben genannten: Albrecht, in: DRV 1995, 183 ff.; zu den Änderungen in der französischen Krankenversicherung: Bode, in: G+G (Heft 3) 2000, 16 f.
842 Kaufmann, in: ZIAS 1998, 321 (323).
843 Kaufmann, in: ZIAS 1998, 321 (337).

meinsam zu bestimmten Teilen das Risiko des krankheitsbedingten Entgeltausfalls. Das Finanzierungsprinzip ist auf Beiträge gestützt. Der Staat übernimmt ca. 90 % der laufenden Krankenhauskosten.

7. Großbritannien

Das britische Gesundheitssystem ist dadurch charakterisiert, dass beinahe alle Gesundheitsleistungen die durch die öffentliche Hand angeboten werden und durch Steuern finanziert werden. Die wichtigste Institution ist der Nationale Gesundheitsdienst (National Health Service), der bereits 1948 eingeführt wurde. Dieser Gesundheitsdienst erfährt mehrere Unterteilungen wie zum Beispiel regionale Gesundheitsbehörden, Gesundheitszentren und kommunale Einrichtungen, denen Ärzte unterstehen. Bei Krankheit oder Mutterschaft stehen jedem Einwohner Sachleistungen des National Health Service zu. Diese bestehen in grundsätzlich kostenfreier ambulanter ärztlicher Versorgung und in ebenfalls kostenfreier Krankenhausbehandlung.

Die Zahlung des Krankengeldes erfolgt über den Arbeitgeber, der in Vorleistung tritt. Diese wird ihm von der Nationalen Versicherung „erstattet", indem er seine Beiträge an diese um seine Krankengeldzahlung kürzt. Unterhalb einer bestimmten Einkommensgrenze gibt es weder Lohnfortzahlung noch Krankengeld.

Das Gesundheitswesen wird zu 84 % durch den Nationalen Gesundheitsdienst und zu 16 % privat, vor allem mittels Privatversicherungen, finanziert. Der Nationale Gesundheitsdienst wiederum wird zu 83 % aus Steuern, zu 4 % aus Patientenselbstbeteiligungen und zu 12,5 % aus Beiträgen der Sozialversicherung finanziert.

8. Irland

Wie in Großbritannien gibt es auch in Irland einen staatlichen Gesundheitsdienst, dessen Leistungen nach Einkommen gestaffelt sind. Das Gesundheitswesen wird verwaltet von acht regionalen Gesundheitsämtern und kommunalen Gemeindeeinrichtungen, die dem Minister für Gesundheit unterstehen. Daneben gibt es eine Ergänzung in einer freiwilligen Krankenversicherung, die halbstaatlich ist. Die Gesundheitsleistungen (Sachleistungen) sind einkommensbezogen. Daraus ergibt sich folgende grobe Unterteilung: Wer eine bestimmte Einkommensgrenze nicht erreicht, erhält einen Vollschutz. Die mittlere Einkommensgruppe kommt in den Genuss eines Teilschutzes der Krankenversicherung. Die obere Einkommensgruppe erhält zwar einige zusätzliche Leistungen zu der vorstehenden Gruppe, was aber noch lange keinen vollen Schutz darstellt. Je nachdem, welcher Gruppe der einzelne zugeordnet wird, können enorme Kosten der Selbstbeteiligung auftreten. Deswegen gibt es die Möglichkeit einer Zusatzversicherung, die nicht gewinnorientiert arbeitet und halbstaatlich ausgestaltet ist.

Dieses System wird überwiegend durch Beiträge im Umlageverfahren finanziert. Hierbei handelt es sich um globale Sozialversicherungsbeiträge. Überwiegend übernimmt der Staat jedoch die Kosten im Bereich des Gesundheitssektors (Zuschüsse bis zu ca. 90

% der Sachleistungen). Einen geringen Anteil leistet der Arbeitnehmer über Gesundheitsdienstbeiträge im Rahmen einer Pauschalabgabe an die Finanzämter.

9. Italien

Die zentrale Institution des italienischen Gesundheitssystems ist der Nationale Gesundheitsdienst[844], der allen Staatsbürgern die gleichen Zugangschancen zu einer umfassenden medizinischen Versorgung garantieren soll. Die wichtigsten Charakteristika des Nationalen Gesundheitsdienstes Italiens sind der Versicherungsschutz für die gesamte Bevölkerung, die zentralen Mittelzuweisungen an lokale Einrichtungen, sowie die Dezentralisierung bei Leistungserbringung. Für sämtliche Leistungen des Gesundheitswesens gibt es eine einheitliche Zuständigkeit. Die Organisation verläuft auf drei Verwaltungsebenen: national, regional, lokal.

Der Gesundheitsdienst erbringt Sachleistungen für die gesamte Wohnbevölkerung Italiens einschließlich der in Italien ansässigen Ausländer, soweit sie bei einer USL[845] gemeldet sind[846]. In fast allen Bereichen bestehen Selbstbeteiligungen. Das Gesundheitswesen wird in Italien aus Sozialversicherungsbeiträgen, die trotz der Umwandlung des Sozialversicherungssystems in den Nationalen Gesundheitsdienst beibehalten wurden, und aus Steuermitteln finanziert.

10. Luxemburg

In Luxemburg existiert ein System der gesetzlichen Krankenversicherungen, die halbstaatliche Einrichtungen sind. Sie sind nach berufsständischen Gesichtspunkten gegliedert. Die Krankenversicherung gewährt Sach- und Geldleistungen. Überdies besteht eine freie Arzt- und Krankenhauswahl. Die Krankenversicherung ist überwiegend beitragsfinanziert nach einem Umlageverfahren. Diese Beiträge sind von den Arbeitnehmern und Arbeitgebern zu gleichen Teilen zu entrichten. Genügen diese Beiträge nicht, führt der Staat den Krankenversicherungen einen staatlichen Zuschuss (in Höhe von etwa 37 % der laufenden Einnahmen) zu.

11. Niederlande

Das niederländische Gesundheitswesen ist ein Mischsystem von Sozial- und Privatversicherungen. Die Krankenversicherung baut auf einem Drei-Stufen-Modell auf: Die gesetzliche allgemeine Krankenversicherung für Langzeiterkrankungen (AWBZ), die gesetzliche Krankenversicherung für Akuterkrankungen (ZFW) und die private Krankenversicherung. Die Aufsicht über die Krankenversicherung und die Versicherung für außergewöhnliche Krankheitskosten übt der Krankenkassenrat aus. Bis zu einer bestimmten Einkommensgrenze ist jeder Arbeitnehmer in einer Krankenkasse pflichtversichert (ca. 60 % der niederländischen Bevölkerung ist Mitglied der gesetzlichen Krankenversicherung). Außerdem besteht eine freie Arztwahl und eine freie Wahl unter ortsnahen

---

844 Servizio Sanitario Nazionale.
845 Unita Sanitarie Localie: örtliche Gesundheitsstelle.
846 Hohnerlein, in: ZIAS 1998, 366 (367 f.).

Krankenhäusern. Auch hier gibt es seit 1997 eine Selbstbeteiligung bei bestimmten Leistungen in Höhe von 20 %, aber mit einer jährlichen Höchstgrenze. Insgesamt werden daher ca. 66 % der Gesamtausgaben des Gesundheitswesens über Sozialversicherungsbeiträge, 10 % über allgemeine Steuermittel und 24 % über private Versicherungen bzw. direkte Zuzahlungen der Versicherten aufgebracht.

12. Österreich

Das Gesundheitswesen in Österreich ist wie in Deutschland ein Sozialversicherungsmodell. Die österreichische Sozialversicherung ist eine Pflichtversicherung für alle erwerbstätigen Personen und bietet verschiedene Leistungsbereiche, wie das der Krankenversicherungen. Der Versicherungsschutz der gesetzlichen Krankenversicherung umfasst rund 99 % der Bevölkerung. Organisatorisch gliedert sich die Sozialversicherung in zahlreiche einzelne Trägerorganisationen auf, die in dem Hauptverband der österreichischen Sozialversicherungsträger zusammengefasst sind. Leistungen der Krankenversicherung erhalten Versicherte und deren Familienangehörige, die keinen eigenständigen Versicherungsschutz haben. Der Aufgabenbereich der Krankenversicherung umfasst sowohl Finanz- und Sachleistungen im Krankheitsfall als auch medizinische Prävention, Mutterschaftsleistungen und den Bereich der medizinischen Rehabilitation. Bei der Inanspruchnahme der Kassenärzte gilt das Sachleistungsprinzip, ansonsten das Kostenerstattungsprinzip.

Das Gesundheitswesen wird zu einem großen Teil (etwa 95 %) aus Mitteln der Sozialversicherung, und zwar in Form eines Umlageverfahrens finanziert. Die Beiträge zur Sozialversicherung bringen etwa je zur Hälfte Arbeitgeber und Arbeitnehmer auf.

13. Portugal

In Portugal sind zwei Arten von Systemen sozialer Sicherung zu unterscheiden: Zum einen gibt es beitragsbezogene Systeme, von dem alle abhängig Beschäftigten und selbstständigen Erwerbspersonen erfasst werden. Zum anderen erfolgt die Absicherung durch den staatlichen Gesundheitsdienst. Die Sachleistungen des nationalen Gesundheitsdienstes stehen allen Bevölkerungsgruppen zu, unerheblich ob sie Mitglied der Sozialversicherung sind oder nicht. Die medizinische Betreuung ist also nicht Gegenstand der Sozialversicherung, die sich auf Krankengeld und die Finanzierung der Leistungen bei Mutterschaft beschränkt. Die medizinische Versorgung wird von der Krankheitsfürsorgestelle erbracht, die Teil des nationalen Gesundheitsdienstes ist. Der nationale Gesundheitsdienst ist somit grundsätzlich unentgeltlich, abgesehen von einer gewissen Selbstbeteiligung.

Finanziert wird das Gesundheitssystem durch globale Beiträge für die soziale Sicherung, und zwar überwiegend aus den Beiträgen der Arbeitgeber (zu etwa 2/3) und Arbeitnehmern (zu etwa 1/3) im Umlageverfahren. Die Finanzierung des nationalen Gesundheitsdienstes erfolgt durch Steuern.

14. Schweden

Das fundamentale Prinzip der schwedischen Gesundheitssysteme ist, dass der öffentliche Sektor (nationaler Gesundheitsdienst) für die Bereitstellung, Verwaltung und Finanzierung von ambulanten wie auch stationären Gesundheitsleistungen verantwortlich ist. Dabei handelt es sich um ein staatliches und universelles System, das stark dezentralisiert ist. Das staatliche Sozialversicherungssystem umfasst die gesamte Bevölkerung. Sachleistungen werden allen Einwohnern Schwedens gewährt, das gilt jedoch nicht für Geldleistungen, die nur Arbeitnehmern und Selbstständigen gewährt werden. Getragen wird das System von den regional gegliederten Versicherungskassen, die die Behandlungskosten erstatten. Rund 10 % der Gesundheitsausgaben werden direkt von den Patienten über verschiedene Selbstbeteiligungsformen finanziert.

Etwa 70 % der Gesundheitsausgaben werden durch Steuern finanziert, welche die Gemeinden einnehmen - es wird eine direkte einkommensabhängige Steuer im Ausmaß von gut 12 % des Bruttoeinkommens von den Einwohnern erhoben, die zu 80 % zur Finanzierung von Gesundheitsleistungen verwendet wird. Weitere rund 20 % werden vom Staat in Form von Zuschüssen zur Sozialversicherung aufgebracht. Die Beiträge werden überwiegend von den Arbeitgebern und zu einem geringeren Teil von den Arbeitnehmern erbracht.

15. Spanien

Die soziale Sicherheit in Spanien kennt grundsätzlich zwei verschiedene Systeme: ein beitragsfinanziertes System, welches eine angemessene Absicherung für Erwerbstätige bietet und ein nicht beitragsfinanziertes System, welches die Grundsicherung gewährleistet (nationale Gesundheitsdienste seit 1987). Bis auf wenige Ausnahmen sind alle Spanier, die einer Beschäftigung nachgehen, pflichtversichert. Sowohl einen Anspruch auf Sach- als auch auf Geldleistungen haben die Arbeitnehmer im Industrie- und Dienstleistungsbereich. Nur Sachleistungen erhalten Rentner, Arbeitslose und Mittellose.

Die Sozialversicherung verfügt über ein vom Staat getrenntes eigenes Vermögen. Finanziert wird das Gesundheitssystem überwiegend durch Globalbeiträge nach dem Umlageverfahren, die für alle Zweige entrichtet werden. Davon hat der Arbeitgeber rund 1/6 und der Arbeitgeber rund 5/6 vom Bruttoverdienst zu tragen. Der Staat gibt Zuschüsse.

III. Leistungen bei Pflegebedürftigkeit in den EU-Staaten

Die Absicherung des Risikos Pflegebedürftigkeit ist in der EU nicht neu. Alle Mitgliedstaaten haben irgendeine Form der Absicherung für diesen Fall vorgesehen, beispielsweise im Rahmen der Kranken- oder Unfallversicherung. Die Absicherungsart und deren Strukturen werden in dem folgenden Länderbericht[847] skizziert.

---

[847] Hierzu: Ohne Verfasser, in: ZfS 1992, 241 ff.; Scheidl-Adlung, in: IVSS Revue 1995, 21 (28 f.); Klein, Deutsches Pflegeversicherungsrecht versus Europarecht?, S. 54 ff.; BMA, Euroatlas, S. 34 ff.; dass., in: SozVers 1992, 253 (254); Europäische Kommission, Sozialer Dialog und soziale Rechte, S. 31 ff.; Meyering, in: BArbBl (Heft 9) 1993, 12 ff.; Weber/Leienbach/Dohle, Soziale Sicherung, S.

1. Belgien

In Belgien gibt es keinen selbstständigen Zweig einer Pflegeversicherung wie zum Beispiel in Deutschland. Die Diskussion über die Absicherungsmöglichkeiten Pflegebedürftiger zieht sich seit zehn Jahren hin. Feststeht, dass die für die Versorgung der Pflegebedürftigen anfallenden Kosten nicht von der Krankenversicherung getragen werden können. Seit 1991 gewährt das Nationale Institut für die Kranken- und Invaliditätsversicherung (INAMI) Bewohnern von Alten- und Pflegeheimen, sowie Personen, die zu Hause von einer Gemeindeschwester betreut werden, ein festes Tagegeld, dessen Höhe vom körperlichen und psychischen Zustand des Pflegebedürftigen abhängt. Mehrfach wurden von verschiedenen Seiten Vorschläge zur Einführung einer Pflegeversicherung vorgelegt, die sich aber nicht durchsetzen konnten. Problematisch ist, dass es in Belgien kein Gesetz gibt, dass sich direkt mit dem Problem der Pflegebedürftigkeit als Einheit beschäftigt. Die einzelnen behördlichen Ebenen haben verschiedene Initiativen ergriffen, um die Absicherung des Risikos von Pflegebedürftigkeit in den Griff zu bekommen. Beispielhaft seien hier einige genannt: Einführung einer Beihilfe für die Versorgung und Betreuung älterer Menschen, Einführung einer Beihilfe für die Versorgung und Betreuung durch Dritte, Einführung einer Beihilfe als Ausgleichszahlung für besonders hohe Versorgungskosten chronisch Erkrankter und die Einführung von Diensten, die von der Gemeinde und örtlichen Sozial- und Pflegestationen angeboten werden.

Finanziert werden diese Beihilfen überwiegend aus dem Staatshaushalt, von Pflege- und Ersatzkassen und der Krankenkasse. Die Begünstigten müssen einen Teil der Aufwendungen für die Pflege und Kosten selbst tragen; ist das nicht möglich, so ist es Aufgabe der Sozialhilfe, diese Kosten zu übernehmen.

2. Dänemark

Auch hier gibt es keine Pflegeversicherung, sondern nur ein System für Pflegeleistungen, welche aber keine Versicherungsleistungen sind[848]. Danach hat jeder Pflegebedürftige, der aufgrund seines Alters oder einer Behinderung der Hilfe und Pflege bedarf, gegenüber der Gemeinde[849], in der er wohnt, einen Anspruch auf die Unterstützung, die er benötigt, um ein annehmbares Leben führen zu können. Die Pflegeleistungen beinhalten Sach- und Geldleistungen. Mit Ausnahme der vorübergehenden Pflege, deren Kosten von zahlungsfähigen Leistungsempfängern zum Teil selbst getragen werden müssen, wird das gesamte soziale Sicherungssystem aus dem Staatshaushalt finanziert[850], und zwar aus Gemeindesteuern oder aus Einkommensteuern.

22; Europäische Kommission, Missoc, Sonderheft zur Pflegebedürftigkeit; Zöllner/Großjohann, in: SF 1985, 193 ff.
848 Spezifisch hierzu: Ibenfeldt-Schulz, in: Soziale Sicherung und Pflegebedürftigkeit in der Europäischen Union, S. 99 ff.
849 Das sind ca. 275 zuständige Stellen.
850 Marcussen, Social Welfare, S. 90.

3. Deutschland
Einzelheiten hierzu siehe Seite 3. Teil, B.

4. Finnland
In Finnland[851] gibt es keine Unterscheidung nach den Leistungsarten, es gilt vielmehr der Grundsatz „der gesamten Bevölkerung müssen Sozial- und Gesundheitsdienste zur Verfügung gestellt werden". Dafür sind die Kommunalbehörden zuständig, die auch über die Organisation der Dienste entscheiden. Also sind auch sie für die Bewilligung von Pflegeleistungen zuständig. Es stehen vor allem im Bereich der Langzeitpflege landesweit Dienste zur Verfügung. Finanziert werden die Dienste in erster Linie aus kommunalen und staatlichen Steuereinnahmen. Der von den Leistungsempfängern zu tragende Kostenanteil liegt bei etwa 10 %. Langzeitpflege kann sowohl im Rahmen der Sozialfürsorge als auch im Rahmen des Gesundheitswesens in Anspruch genommen werden.

5. Frankreich
In Frankreich[852] existiert eine gesetzlich festgelegte, spezielle Leistung für Pflegebedürftige[853]. Es soll sichergestellt werden, dass ein Mensch im Alter von 60 Jahren, dessen Einkommen unter einer bestimmten Grenze liegt, eine angemessene Unterstützung erhält; also handelt es sich um eine einkommensabhängige Leistung. Diese Leistung ist keine Versicherungsleistung, sondern sie wird im Rahmen der Sozialhilfe gewährt und fällt somit in die Zuständigkeit der Generalräte. Finanziert wird die Pflegeleistung durch Steuern und Beiträge.

6. Griechenland
In Griechenland gibt es keinen gesonderten Zweig der Pflegeversicherung; vielmehr findet sie sich in den Regelungen für Invalidität, Pflegebedürftigkeit und Alter, wobei klare Abgrenzungen aufgrund von Überschneidungen nicht möglich sind. Es gibt drei Töpfe, aus denen im Fall der Pflegebedürftigkeit Leistungen gewährt werden. Zunächst sieht die Sozialversicherung (1) beitragsabhängige Leistungen vor, die als Leistungen bei Pflegebedürftigkeit betrachtet werden können. Daneben sieht die Sozialfürsorge (2) sieben beitragsunabhängige Grund- sowie drei Zusatzleistungen für Personen mit speziellen Bedürfnissen vor. Zu nennen sind hier beispielsweise die Beihilfe für Schwerbehinderte und Nierenkranke, Beihilfe für Nichtversicherte mit Lähmungen und die Beihilfe für Blinde. Im Prinzip sind diese Leistungen für Nichtversicherte vorgesehen, es können aber auch Versicherte Leistungen erhalten, die keinen Anspruch auf eine bestimmte Leistung aus der Sozialversicherung haben. Als dritte Möglichkeit einer Leistungsgewährung sind die Sozialhilfeleistungen (3) für pflegebedürftige ältere Menschen anzusehen.

---

851 Spezifisch hierzu: Dieck, Sicherung gegen Pflegebedürftigkeit, S. 70 ff.
852 Spezifisch hierzu: Köstler, in: SF 1996, 145 (148); Zacher, Alterssicherung im Rechtsvergleich, S. 244 ff.; Kerschen, in: Soziale Sicherung bei Pflegebedürftigkeit in der Europäischen Union, S. 57 ff.
853 Gesetz Nr. 97-60 vom 24. Januar 1997.

7. Großbritannien

Das Vereinigte Königreich[854] verfügt über kein gesondertes, eigenständiges, soziales Sicherungssystem zur Deckung des Bedarfs an Langzeitpflege. Die Einwohner haben einen ihrem Gesundheitszustand entsprechenden Anspruch auf medizinische Versorgung, die grundsätzlich kostenlos ist. Zu den bereitgestellten Diensten gehören die allgemeine Gesundheitsvorsorge, die Krankenhauspflege in akuten Fällen sowie die Dienste einer Gemeindeschwester, die gegebenenfalls auf den Bereich der Psychiatrie spezialisiert sein kann. Die Pflege wird von den Gemeinden als häusliche Pflege, Tagespflege und stationäre Pflege übernommen. Die Kommunen tragen auch die Kosten für das von ihnen bereitgestellte Pflegeangebot, wobei sie auch prüfen, inwiefern der Betroffene in der Lage ist, einen Teil der Kosten selbst zu übernehmen. Es werden aber auch Geldleistungen wie zum Beispiel Pflegegeld und Behindertenbetreuungsgeld bewilligt. Diese werden überwiegend aus Steuermitteln finanziert und zwar beitragsunabhängig und ohne Bedürftigkeitsnachweis und können mit allen sonstigen, beitragsabhängigen Leistungen kumuliert werden. Es gibt aber auch eine im Rahmen der Sozialhilfe und dann einkommensabhängig gewährte Unterstützung und zwar die Einkommensunterstützung, die nur bei Bedürftigkeit bewilligt wird.

8. Irland

In Irland wurde die Pflegebeihilfe als Sozialprogramm 1990 eingeführt. Dabei handelt es sich um eine Leistung zur Einkommenssicherung für Personen, die älteren Menschen, Empfängern einer Erwerbsunfähigkeitsrente oder Personen mit bestimmten Behinderungen Vollzeitpflege und -betreuung zukommen lässt und deren Einkommen festgesetzte Grenzen nicht überschreitet. Damit der Anspruch gewährt wird, müssen bestimmte Voraussetzungen sowohl von der Pflegeperson als auch vom Pflegebedürftigen erfüllt sein. Neben der bereits ausgeführten Leistung aus der Sozialhilfe sind auch in bestimmten Fällen Leistungen aus der Sozialversicherung vorgesehen. Das gilt für die Fälle eines Arbeitsunfalls oder einer offiziell anerkannten Berufskrankheit und einer daraus resultierenden Minderung der Erwerbsfähigkeit von mindestens 20 % (Erwerbsunfähigkeitsrente). In diesen Fällen kann ein Dauerpflegegeld gewährt werden. Es gibt aber auch die Betreuung in Pflegeheimen, Krankenhausdienste für ältere Menschen, Gemeindedienste, Haushaltshilfen, Vertretungspflege, Tagesstätten und Beratungszentren für Pflegebedürftige.

9. Italien

In Italien[855] gibt es keine spezielle Leistung für den Fall der Pflegebedürftigkeit, jedoch werden Leistungen im Rahmen der öffentlichen Fürsorge und der Sozialversicherung erbracht, die als Pflegeleistungen betrachtet werden können. Die Versicherungsleistungen für Pflegebedürftige dienen in erster Linie dazu, dem Pflegebedürftigen die Möglichkeit zu geben, so lange wie möglich in seiner gewohnten Umgebung zu bleiben. Das

---

854 Spezifisch hierzu: Ogus/Barendt, Social Security, S. 171 ff.; Plute, in: DOK 1996, 253 (253).
855 Spezifisch hierzu: Eichenhofer, in: DAngVers 1987, 40 (41).

sind in der Regel Geldleistungen, die unabhängig vom Alter, aber nach dem Grad der Hilfsbedürftigkeit gewährt werden. Als Leistungen lassen sich die Erwerbsunfähigkeitsrente sowie der monatliche und private Pflegezuschuss für die Empfänger einer Erwerbsunfähigkeitsrente nennen. Es werden aber auch Fürsorgeleistungen für Pflegebedürftige vorgesehen. Diese Leistungen werden unabhängig vom Einkommen bewilligt und aus dem Staatshaushalt finanziert. Dabei werden Leistungen auf nationaler und regionaler Ebene gewährt. Auf nationaler Ebene gibt es beispielsweise Leistungen für Blinde und Taubstumme, auf regionaler Ebene häusliche und wirtschaftliche Unterstützungen. Auf letztgenannter Ebene können die Leistungen von Region zu Region stark differieren.

10. Luxemburg

Am 1. Juli 1998 trat in Luxemburg[856] das neue Gesetz über die Pflegeversicherung in Kraft. In erster Linie sind darin Sachleistungen und Produkte zur Unterstützung und Pflege vorgesehen. Es können aber auch ersatzweise Geldleistungen gewährt werden. Einen Anspruch auf Leistungen der Pflegeversicherung haben alle, die krankenversichert sind. Die Pflegeversicherung soll zumindest einen Teil der anfallenden Kosten ersetzen und so einer Gefährdung der materiellen Existenz vorbeugen. Damit schafft die Pflegeversicherung einen einkommensunabhängigen Anspruch auf die vorgesehenen Leistungen. Die Finanzierung der Pflegeversicherung wird durch ein Kostenumlageverfahren einschließlich der Bildung einer Rücklage gesichert. Neben den Erträgen aus Anlagevermögen und sonstigen Einnahmen setzen sich die zur Finanzierung der Pflegeversicherung notwendigen Mittel wie folgt zusammen: Zuschuss aus dem Staatshaushalt, Sonderbeitrag in Form einer Erhöhung der Abgabe zu Lasten der elektrischen Energiewirtschaft und Pflegeversicherungsbeiträge. Für die Festlegung der Pflegebedürftigkeit und die Abgabe von Gutachten ist eine Begutachtungs- und Orientierungsstelle eingerichtet worden.

11. Niederlande

Das niederländische Pflegeversicherungssystem[857] hat in Europa eine Pionierrolle eingenommen. Seit 1968 wird das Pflegerisiko in den Niederlanden durch die Versicherung für besondere Krankheitskosten (AWBZ)[858] abgedeckt, die als Volksversicherung Versicherungsschutz bietet. Diesen Versicherungsschutz genießen sowohl die Einwohner der Niederlande als auch die Nichteinwohner der Niederlande, die in den Niederlanden einer Beschäftigung nachgehen und infolgedessen dort einkommenssteuerpflichtig sind. Zu der letztgenannten Gruppe gehören in erster Linie Grenzgänger und Gastarbeiter. Die AWBZ erbringt eine Vielzahl von Leistungen wie Rehabilitationsleistungen, häusliche Pflegebetreuung durch entsprechende Einrichtungen, Pflege in Tagesheimen und in Pflegeheimen. Die Kosten für die

---

856 Spezifisch hierzu: Kerschen, in: Soziale Sicherung bei Pflegebedürftigkeit in der Europäischen Union, S. 67 ff.
857 Spezifisch hierzu: Müller, in: KrV 1991, 127 ff.; Plute, in: DOK 1996, 253 (255); Meyering, in: BArbBl (Heft 9) 1993, 12 (13).
858 AWBZ bedeutet Algemene Wet Bijzondere Ziektekosten.

Pflegeheimen. Die Kosten für die Versicherung werden über prozentuale Beiträge und aus staatlichen Mitteln gedeckt.

12. Österreich

In Österreich[859] wurde am 1. Juli 1993 eine bundesweite Pflegeversorgung für die gesamte Wohnbevölkerung in Kraft gesetzt. Mit dem Bundespflegegesetz (die Landespflegegesetze wurden analog formuliert) wurde ein einheitliches Pflegegeldsystem geschaffen[860]. In einem Gesetz, das 1994 in Kraft getreten ist, verpflichteten sich außerdem der Bund und die Länder, dezentral und flächendeckend ambulante, teilstationäre und stationäre Dienste aufzubauen. Da die Krankenversicherung ähnliche Leistungen bewilligt, hat man sich darauf geeinigt, dass sie solange zuständig ist, so lange noch eine Verbesserung oder Wiederherstellung des Gesundheitszustandes möglich ist. Die Höhe des Pflegegeldes wird nach sieben Stufen berechnet. Die Finanzierung des Pflegegeldes erfolgt aus allgemeinen Budgetmittel.

13. Portugal

In Portugal existiert im Rahmen des sozialen Sicherungssystems kein gesonderter Versicherungszweig für das Risiko der Pflegebedürftigkeit. Dennoch erhalten die Pflegebedürftigen ein Pflegegeld für die Hilfe einer dritten Person, jedoch im Rahmen der Invaliditäts-, Alters- und Hinterbliebenenversicherung, der Familienleistungen sowie der Versicherung gegen Berufskrankheiten des allgemeinen Systems, der freiwilligen Sozialversicherung und des beitragsunabhängigen Systems. Je nachdem, welcher Versicherungszweig im Einzelfall Pflegegeld gewährleistet, ist der Anspruch darauf von unterschiedlichen Voraussetzungen abhängig. Die Leistung der beitragsabhängigen Systeme wird über den Haushalt der Sozialversicherung, die des beitragsunabhängigen Systems aus dem Staatshaushalt finanziert. Das Pflegegeld wird stets unabhängig vom Einkommen bewilligt. Neben den Geldleistungen der Sozialversicherung werden im Rahmen der Sozialhilfe Sachleistungen gewährt.

14. Schweden

In Schweden[861] gibt es keine Pflegeversicherung, die mit der deutschen vergleichbar wäre. Jeder Pflegebedürftige hat einen Anspruch auf Leistungen der öffentlichen Hand, die in Form von häuslichen Hilfen und speziellen Einrichtungen zur Verfügung gestellt werden. Jede Gemeinde ist nach dem Gesetz für die in ihrem Gebiet ansässigen älteren und behinderten Menschen zuständig. Jedem Bürger soll ermöglicht werden, zu Hause gepflegt zu werden, wenn er dies wünscht. Hauptaufgabe des Staates im Rahmen der Absicherung des Pflegerisikos ist die Zur-Verfügung-Stellung der häuslichen Hilfsdienste. Daneben gibt es noch spezielle Einrichtungen wie Altersheime. Deren Leistun-

---

859 Spezifisch hierzu: Pfeil, in: VSSR 1994, S. 185 ff.; ders, in: Soziale Sicherung bei Pflegebedürftigkeit in der Europäischen Union, S. 51 ff.
860 Zur früheren Rechtslage, vgl.: Eichenhofer, in: DAngVers 1987, 40 (41).
861 Spezifisch hierzu: Westerhäll, in: Soziale Sicherung bei Pflegebedürftigkeit in der Europäischen Union, S. 107 ff.

gen werden im Rahmen der Sozialhilfe nach dem Sozialleistungsgesetz einkommensabhängig gewährt. Dennoch haben die Gemeinden die Möglichkeit, den Pflegebedürftigen entsprechend den von ihnen festgelegten Grundsätzen für die in der häuslichen Umgebung oder einer speziellen Einrichtung erbrachten Pflege- und sonstigen Leistungen eine Gebühr in Rechnung zu stellen.

15. Spanien

Auch in Spanien[862] gibt es für das Risiko der Pflegebedürftigkeit keine gesonderte Versicherung. Ein Schutz dieses Risikos ist dennoch vorgesehen, zum einen im Rahmen der traditionellen Bereiche des sozialen Sicherungssystems (beitragsbezogenes und beitragsunabhängiges System) zum anderen im Rahmen bestimmter Programme, für deren Durchführung und Verwaltung die jeweilige autonome Region zuständig ist. Im Rahmen des beitragsbezogenen Systems gibt es lediglich eine Leistung, die im Falle geistiger oder funktioneller Störungen gewährt wird, wobei Voraussetzung für den Anspruch unter anderem die Beitragszeit ist. Für die Feststellung eines Anspruchs aus dem beitragsunabhängigen System, also dem zweiten Standbein der Absicherung, ist auf die wirtschaftlichen und sozialen Kriterien abzustellen. Beide Systeme gewähren Sach- und Geldleistungen.

IV. Leistungen bei Arbeitsunfällen und Berufskrankheiten in den EU-Staaten

Die Unfallversicherung ersetzt in allen Ländern den Schaden, der durch einen Arbeitsunfall, durch einen Wegeunfall oder durch eine Berufskrankheit entsteht. Dabei muss der Arbeitsunfall mit einer versicherten Tätigkeit ursächlich zusammenhängen. Ebenfalls als Arbeitsunfall gilt ein Unfall auf einem mit der versicherten Tätigkeit zusammenhängenden Weg nach und von dem Ort der Tätigkeit.[863] Um dieses Risiko abzusichern, verfügen fast alle Mitgliedstaaten der EU über ein System der Unfallversicherung. Dabei haben die Länder die unterschiedlichsten Absicherungswege gewählt[864]:

1. Belgien

In Belgien gibt es eine gesetzliche Unfallversicherung, in der alle sozialversicherungspflichtigen Arbeitnehmer und Lehrlinge versichert sind. Finanziert wird sie aus einem Globalbeitrag für alle Versicherungszweige durch einen Anteil in Höhe von 13 % des Bruttoverdienstes vom Arbeitnehmer und in Höhe von fast 25 % vom Arbeitgeber. Der Versicherungsfall tritt ein bei Arbeitsunfällen während und infolge des Arbeitsvertrages,

---

862 Spezifisch hierzu: Von Naules, in: LVA Rheinprovinz Mitt. 1999, S. 81 ff.; Reinhard, in: SozVers 1992, 294 (298); Sánchez-Rodas Navarro, in: Soziale Sicherung bei Pflegebedürftigkeit in der Europäischen Union, S. 81 ff.
863 Vgl. zu dieser Definition: Hemmer, in: Sozialraum Europa, S. 96.
864 Vgl. zu folgender Darstellung: BMA, Euroatlas, S. 62 ff.; Europäische Kommission, Sozialer Dialog und soziale Rechte, S. 36 ff.; Fuchs, in: EAS, B 9130, Rn. 3 ff.; Sokoll, in: Soziale Sicherung im EG-Binnenmarkt, S. 136 (138); Weber/Leienbach/Dohle, Soziale Sicherung; Deutsche Sozialversicherung, Sozialschutzsysteme in Europa; Ivansits, in: Soziale Sicherheit (Wien) 1994, 235 (240); Dressler, in: Soziale Sicherheit (Wien) 1997, 1170 f.

bei Wegeunfällen sowie für Berufskrankheiten, die entweder in einer bestimmten Liste erfasst sein müssen oder die nachweislich direkt durch den Beruf bedingt sind. Die Dauer der Leistungen ist unbegrenzt. Bei einem Arbeitsunfall besteht ein Anspruch auf Geldleistungen bei vorübergehender oder dauernder Arbeitsunfähigkeit, Sachleistungen, Fahrtkosten und Sterbegeld. Der Versicherte kann die Ärzte, von denen er behandelt werden möchte, frei wählen.

2. Dänemark

Hier gibt es eine gesetzliche und eine private Unfallversicherung, von denen Arbeitnehmer und Selbstständige, Praktikanten und behinderte Kinder erfasst werden. Die Finanzierung erfolgt durch risikoabhängige Prämien. Die Versicherung leistet bei Arbeitsunfällen, die bei der Arbeit als Folge der Arbeitsbedingungen passieren, für in einer Liste erfasste Berufskrankheiten, nicht aber bei Wegeunfällen. Als Leistungen werden vorgesehen: Maßnahmen zur finanziellen Wiederertüchtigung, Entschädigung wegen Minderung der Erwerbsfähigkeit, wegen Dauerschadens, wegen Verlusts des Unterhaltspflichtigen (Renten) und Übergangsgeld an Hinterbliebene. Eine mindestens 15 %-ige Minderung der Erwerbsfähigkeit als Voraussetzung für einen Rentenbezug wird vom Staatlichen Versicherungsamt festgestellt.

3. Deutschland

Siehe hierzu 4. Teil, B.

4. Finnland

Die gesetzliche Unfallversicherung steht Arbeitnehmern, Landwirten, zum Teil auch Studenten und auf freiwilliger Basis auch Selbstständigen zur Verfügung. Der Staat trägt etwa 34 % der landwirtschaftlichen Unfallversicherung, der Arbeitgeber den weiteren Teil durch risikoabhängige Prämien, die durchschnittlich 1,2 % der Lohn- und Gehaltssumme ausmachen. Die Versicherungen leisten bei beschäftigungsbedingten Unfällen während der Arbeit, bei Wegeunfällen sowie bei in einer Liste erfassten Berufskrankheiten. Kranken- bzw. Verletztengeld wird für ein Jahr gewährt. Die zuständige Versicherung stellt einen Grad der Minderung von mindestens 10 % fest, wobei der Jahresverdienst um mindestens 5 % geschmälert sein muss. Eine abgestufte Hinterbliebenenversorgung gibt es ebenso wie ein Sterbegeld in Höhe von ca. 6.400 DM.

5. Frankreich

In der gesetzlichen Unfallversicherung sind alle Arbeitnehmer Frankreichs versichert. Der Arbeitgeber finanziert sie durch Beträge, die von der Beschäftigtenzahl und dem Risiko abhängig sind. Die Versicherung tritt ein bei Arbeitsunfällen, die aufgrund oder im Zusammenhang mit der Beschäftigung eingetreten sind, bei Wegeunfällen sowie bei einer Liste von insgesamt 95 Berufskrankheiten. Kranken- oder Verletztengeld wird bis zur Heilung oder einem Rentenbezug gezahlt. Nach einem ärztlichen Gutachten wird von Seiten der Versicherung die Minderung der Erwerbsfähigkeit festgestellt. Außer einer gestuften Hinterbliebenenversorgung, gibt es eine nur begrenzte Erstattung der Beerdigungskosten.

6. Griechenland

Griechische Arbeitnehmer und ihnen Gleichgestellte sind im Rahmen der Kranken- und Invalidenversicherung unfallversichert. Bei Krankheit oder vorübergehender Arbeitsunfähigkeit ist die Krankenversicherung und bei Invalidität und Tod die Rentenversicherung zuständig. Der Staat deckt hier lediglich etwaige Defizite. Leistungen der Versicherung erfolgen bei Arbeitsunfällen, die infolge oder während der Beschäftigung entstanden sind, bei Wegeunfällen sowie bei in einer Liste erfassten Berufskrankheiten. Behandlungen erfolgen durch den örtlich zuständigen Kassenarzt, insofern gibt es also keine freie Wahl. Neben einer Hinterbliebenenrente gibt es einen Mindestbetrag von ca. 1.000 DM als Sterbegeld.

7. Großbritannien

Die Absicherung der Arbeitnehmer (und ihrer Familienangehörigen) im Falle eines Unfalls obliegt der staatlichen Verwaltung (National Health Service) und wird aus dem Steueraufkommen finanziert. Leistungen erfolgen von staatlicher Seite bei Körperverletzungen infolge oder während der Beschäftigung, im Falle einer von 67 in einer Liste aufgeführten Berufskrankheiten, im Allgemeinen jedoch nicht bei Wegeunfällen. Die Leistungen werden einkommensunabhängig gewährt. Daneben sind Hinterbliebenenrenten und Sterbegelder vorgesehen.

8. Irland

In Irland gibt es hierfür keine eigenständige Versicherung. Sie ist für die Arbeitnehmer und bestimmte Gruppen in der Ausbildung bereits im Gesamtbeitrag für alle Zweige enthalten. Vom Arbeitgeber kommen Beiträge in Höhe von 8,5 % bis 12 % des Bruttoverdienstes hinzu. Die Versicherung trägt persönliche Schäden infolge und während der Arbeit, Wegeunfälle sowie bei Berufskrankheiten, die sich in einer Liste von 56 Krankheiten wiederfinden. Den Patienten bleibt bei der Arztauswahl nur die Wahl zwischen den Ärzten in einem bestimmten Bezirk. Muss das Krankenhaus aufgesucht werden, sollte es ein öffentliches sein. Außer einem Sterbegeld wird Hinterbliebenen auch eine Rente gezahlt.

9. Italien

In der gesetzlichen Unfallversicherung sind alle Arbeitnehmer, die besondere, nach den italienischen Rechtsvorschriften festgelegte Beschäftigungen mit Unfall- bzw. Berufskrankheitsrisiko ausüben, versichert. Es besteht ein Anspruch auf Sach- und Geldleistungen. Neben Pflegegeld und Hinterbliebenenrente existiert ein Anspruch auf Sterbegeld. Entsprechend dem Risikograd zahlt der Arbeitgeber zwischen 0,5 % und 16 % der Lohnsumme ein. Die Versicherung tritt ein bei Arbeitsunfällen, die aufgrund gewaltsamer Einwirkung bei der Arbeit passiert sind und bei Berufskrankheiten, die für Industrie und Landwirtschaft in getrennten Listen aufgeführt sind, bis auf Ausnahmen aber nicht bei Wegeunfällen. Bei der Arzt- oder Krankenhausauswahl haben die Patienten freie Wahl.

10. Luxemburg

In der gesetzlichen Unfallversicherung Luxemburgs sind alle Arbeitnehmer, Lehrlinge, Handwerker, Schüler und Studenten, Hausangestellte und Unternehmer versichert. Die Finanzierung beruht auf dem Umlageverfahren mit einer gesetzlich vorgeschriebenen Rücklage[865]. Gedeckt werden Schäden, die aufgrund oder im Zusammenhang mit der Arbeit erlitten werden, Wegeunfälle sowie 55 verschiedene Berufskrankheiten. Die luxemburgische Versicherung umfasst Sachleistungen bei Arbeitsunfall und Berufskrankheit, Geldleistungen bei Arbeits-/Erwerbsunfähigkeit (Übergangsgeld und Verletztenrente), Leistungen an Hinterbliebene bei Unfall oder Berufskrankheit mit tödlichem Ausgang (Sterbegeld und Rente).

11. Niederlande

In den Niederlanden werden die Leistungen einer Unfallversicherung bereits durch die Kranken- und Invalidenversicherung abgedeckt, die einen hohen Standard aufweist[866]. Zum 1. Januar 1998 wurde in den Niederlanden Arbeitgebern die Möglichkeit eingeräumt, sich wahlweise auch außerhalb der sozialen Sicherheit gegen das Risiko der Invalidität ihrer Beschäftigten zu versichern[867]. Zunächst besteht ein Anspruch auf Krankengeld für die Dauer eines Jahres und dann gegebenenfalls auf Invaliditätsrente. Sofern die Einkünfte die Versicherungspflichtgrenze nicht überschreiten, besteht außerdem ein Anspruch auf Sachleistungen der Krankenpflichtversicherung. Daneben gibt es aber eine eigene Hinterbliebenenversicherung.

12. Österreich

Alle Arbeitnehmer, mithelfende Familienangehörige, Gewerbetreibende, Schüler und Studenten sind in der gesetzlichen Unfallversicherung versichert. Während der Staat für Schüler und Studenten zuzahlt, wird das Gros des Finanzbedarfs aus dem Arbeitgeberanteil aufgebracht, der 1,4 % des Bruttoverdienstes ausmacht. Die Versicherungsleistungen fließen bei Arbeitsunfällen, die in einem örtlichen, zeitlichen und ursächlichen Zusammenhang mit der Beschäftigung geschehen sind, für Wegeunfälle sowie für Berufskrankheiten, die in einer eigenen Liste aufgeführt sind. Die Versicherten haben bei Ärzten und Krankenhäusern grundsätzlich freie Auswahl. An Pflegebedürftige wird (in sieben Stufen) umgerechnet zwischen 285 DM und 3.000 DM monatlich gezahlt. Auf einen Betrag zwischen 1.705 DM und 1/15 des Jahresarbeitsverdienstes beläuft sich das Sterbegeld, das neben einer abgestuften Hinterbliebenenversorgung gewährt wird.

---

865 Greiner/Sokoll/Aulmann, in: BG 1998, 642 (651).
866 Heinze, in: Forum für Europäisches Wirtschaftsrecht, S. 3 (68).
867 Greiner/Sokoll/Aulmann, in: BG 1998, 642 (646).

13. Portugal

In Portugal[868] gibt es private wie auch gesetzliche Unfallversicherungen, in denen alle Arbeitnehmer versichert sind. Die Finanzierung erfolgt durch den Arbeitgeberanteil, der sich an den verschiedenen Gefahrenklassen orientiert. Bei allen Arbeitsunfällen, durch die eine unmittelbare oder mittelbare Körperverletzung am Arbeitsplatz hervorgerufen wurde, bei bestimmten Wegeunfällen sowie bei bestimmten Berufskrankheiten tritt die Versicherung mit ihren Leistungen ein. Im Hinblick auf die Sachleistungserbringer steht den Patienten kein Wahlrecht zu. Für die Dauer ärztlicher Behandlung bzw. Rehabilitation wird Krankengeld gewährt. Neben der Hinterbliebenenversorgung gibt es einen Zuschuss zu den Bestattungskosten.

14. Schweden

Jede erwerbstätige Person unterliegt in Schweden[869] der gesetzlichen Unfallversicherung. Die Arbeitgeber finanzieren mit 1,38 % der Lohnsumme ihren Beitrag zur Versicherung, die einspringt, wenn ein Unfall im Zusammenhang mit der Arbeit oder ein Wegeunfall passiert ist. Hinsichtlich der Sachleistungserbringer haben die Versicherten freie Wahl. Neben einer Hinterbliebenenversorgung existiert auch ein Sterbegeld in Höhe von umgerechnet 2.470 DM.

15. Spanien

Die Arbeitgeber finanzieren gemäß den Gefahrenklassen für sämtliche Arbeitnehmer die Beiträge zur gesetzlichen Unfallversicherung, deren Leistungen in Anspruch genommen werden können, bei Arbeitsunfällen, die bei Ausübung der Berufstätigkeit geschehen sind[870]. Ebenso sind Wegeunfälle und in einer Liste aufgeführte Berufskrankheiten abgesichert. Bei der Wahl des Arztes haben die Patienten freie Hand, nicht aber bei der Wahl des Krankenhauses. Für die Dauer von zwölf bis 18 Monaten wird Kranken- bzw. Verletztengeld in Höhe von 75 % des Bruttoverdienstes gezahlt. Eine Versorgung der Hinterbliebenen gibt es zusätzlich zu einem Sterbegeld von 60 DM sowie eine Sonderpauschale in Höhe von sechs Monatsrenten.

V. Leistungen bei Invalidität, Alter und Tod (Rente) in den EU-Staaten

Die Altersversorgung gehört – neben der Kranken- und Unfallversicherung – zu den ältesten geregelten Sozialversicherungseinrichtungen. Die Mitgliedstaaten haben unterschiedliche Wege zur Absicherung gewählt[871]:

---

868 Zu Neuerungen in diesem Bereich: Vgl. Greiner/Sokoll/Aulmann, in: BG 1998, 642 (647).
869 Speziell hierzu: Rahm, in: Coordination of social security schemes, S. 117 (124).
870 Zu Neuerungen in diesem Bereich: Greiner/Sokoll/Aulmann, in: BG 1998, 642 (648).
871 Weber/Leienbach/Dohle, Soziale Sicherung; Seffen, in: Sozialraum Europa, S. 7 ff.; Europäische Kommission, Sozialer Dialog und soziale Rechte; BMA, Euroatlas. Zu den Reformplänen zur Alterssicherung: Steinmeyer, in: DRV 1997, 474 ff. Vgl. zu einem Überblick der Alterssicherung in Europa, Europäische Kommission, Missoc-Info, 2001.

1. Belgien

In Belgien besteht ein beitragsfinanziertes System, das mittels Umlageverfahren finanziert wird. Grundsätzlich sind alle aufgrund eines Arbeitsvertrages in Belgien beschäftigten Arbeitnehmer altersversichert. Bedingung für den Bezug der vollen Altersrente sind 41 (Frauen) bzw. 45 Jahre (Männer) Erwerbstätigkeit, wobei die gesetzlichen Altersgrenzen bei 61 Jahren für Frauen und 65 Jahren für Männer liegen. Es wird eine Mindestrente nach vollem Erwerbsleben sowie nach 2/3 des vollen Erwerbslebens garantiert. Die Hinterbliebenenrente wird durch einen Globalbeitrag von den Arbeitnehmern und Arbeitgebern finanziert. Das Risiko der Invalidität für Arbeitnehmer wird in Belgien von den Beiträgen des Arbeitnehmers und des Arbeitgebers zur gesetzlichen Krankenversicherung abgedeckt.

2. Dänemark

Das Grundprinzip in Dänemark[872] beruht auf einem allgemeinen Versicherungssystem (Volksrente) und einem Versicherungssystem aufgrund einer Beschäftigung (Zusatzrente). Im Hinblick auf die Volksrente besteht eine Pflichtmitgliedschaft für alle Einwohner mit dänischer Staatsangehörigkeit (universalistisches System)[873]. Die Mitgliedschaft in der Zusatzrente ist zum Beispiel für alle Arbeitnehmer im Alter von 16 bis 66 Jahren mit einer wöchentlichen Arbeitszeit von mindestens neun Stunden verpflichtend. Die Volksrente kann man erst nach dreijährigem Wohnsitz in Dänemark im Alter von 15 bis 67 Jahren beziehen. Die Regelaltersrente liegt bei 67 Jahren. Auch in Dänemark wird eine Mindestrente vorgesehen. Als Finanzierungsverfahren wird das Umlageverfahren angewendet. Eine Hinterbliebenenrente aus der in Dänemark existierenden Volksrente gibt es nicht. Für Arbeitnehmer stellt die Rente an die Überlebenden eine Zusatzrente dar.

3. Deutschland

Siehe hierzu 5. Teil, B.

4. Finnland

In Finnland existiert im Rahmen der Altersversorgung ein duales System: ein Versicherungssystem (Rente nach Erwerbstätigkeit) für alle Erwerbspersonen (Arbeitnehmer, Selbstständige, Landwirte) sowie ein allgemeines System (Volksrente), das eine Mindestrente garantiert. Die Rentensysteme sind miteinander verknüpft, so dass keine Volksrente gewährt wird, wenn das sonstige Renteneinkommen eine bestimmte Höchstgrenze überschreitet. Zwar existieren zusätzliche Betriebsrentensysteme, die aber relativ unbedeutend sind. In Bezug auf die Volksrente besteht eine Versicherungspflicht für alle Einwohner im Alter von 16 bis 65 Jahren. Rentenversichert nach einer Erwerbstätigkeit sind alle Arbeitnehmer, Selbstständige und Landwirte im Alter von 23 bis 65 Jahren. Für die Rente nach Erwerbstätigkeit sind 40 Jahre Erwerbstätigkeit als Arbeitnehmer

---

872 Speziell hierzu: Dürkop, Alterssicherung in der EG, S. 77 ff.
873 Köhler, in: DRV 1998, 439 (439).

nachzuweisen. Die Regelaltersrente ist mit 65 Jahren zu beziehen. Hinterbliebenenrente wird in Finnland auch nach dem dualen System gewährt. Für den Erhalt der Erwerbsrente gilt das gleiche wie bei der Volksrente. Ein zweifaches Absicherungssystem ist auch für den Fall der Invalidität vorgesehen. Das Risiko der Einwohner, Arbeitnehmer und Selbstständigen soll zum einen durch die staatliche Versorgung und zum anderen durch die gesetzliche Rentenversicherung abgedeckt sein.

5. Frankreich

Auch in Frankreich[874] wird die Altersrente durch beitragsabhängige Leistungen und mittels eines Versicherungsprinzips garantiert (gesetzliche Rentenversicherung). Daneben gibt es ein Pflichtzusatzrentensystem für alle Arbeitnehmer, die Mitglied in der allgemeinen Rentenversicherung oder in der Sozialversicherung für Landwirte sind. Es gibt keine Ausnahmen vom Versicherungsprinzip bei geringfügiger Beschäftigung. Der Anspruch entsteht durch Beitragszahlungen, so dass mindestens ein Versicherungsquartal angerechnet werden kann. Der volle Satz der Rente wird entweder bei Nachweis einer bestimmten Versicherungszeit oder bei Erreichen eines bestimmten Alters gewährt. Das Mindestalter für die Regelaltersrente liegt bei 60 Jahren. Es wird eine Mindestrente garantiert. Die Leistungen und die Verwaltungskosten der französischen Sozialversicherung werden durch die Beiträge der Versicherten und der Arbeitgeber sowie durch Staatszuschüsse und zu einem geringen Teil aus Vermögensverträgen finanziert. Das Finanzierungsverfahren erfolgt nach dem Umlageverfahren. Im System der französischen gesetzlichen Rentenversicherung ist auch eine Leistung für Hinterbliebene vorgesehen. Die Versicherung in einem Falle der verminderten Erwerbsfähigkeit[875] fällt in die Zuständigkeit der Krankenversicherung.

6. Griechenland

In Griechenland[876] wird die Altersrente über das Versicherungsprinzip mit beitragsabhängigen Leistungen (gesetzliche Rentenversicherung) gewährleistet. Dabei handelt es sich um eine Pflichtversicherung für alle Arbeitnehmer und diesen gleichgestellte Personen, wobei keine Ausnahmen für geringfügig Beschäftigte vorgesehen werden. Die Altersrente kann erst in Anspruch genommen werden, wenn man 4.500 arbeitspflichtige Arbeitstage tätig gewesen ist. Die Regelaltersrente liegt nach dem Versicherungsbeginn 1. Januar 1993 bei 65 Jahren für Männer und Frauen. Es existiert eine Mindestrente. Die Leistungen der Altersrente aus der gesetzlichen Sozialversicherung werden im Wesentlichen durch Beiträge der Arbeitnehmer und Arbeitgeber finanziert, wobei als Finanzierungsverfahren das Umlageverfahren angewendet wird. Die gesetzliche Rentenversicherung sieht auch eine Rente für Hinterbliebene vor, die im Rentenversicherungsbeitrag des verstorbenen Arbeitnehmers enthalten ist. Im Rahmen der gesetzlichen Rentenversi-

---

874 Speziell hierzu: Dürkop, Alterssicherung in der EG, S. 123 ff.; Igl/Kaufmann, in: Zacher, Alterssicherung im Rechtsvergleich, S. 227 ff.; Compter, in: DAngVers 1984, 396 ff.
875 Speziell hierzu: Kaufmann, in: DRV 1998, 456 ff.; ders., in: Invaliditätssicherung im Rechtsvergleich, S. 151 ff.
876 Speziell hierzu: Dürkop, Alterssicherung in der EG, S. 186 ff.; Nitis, Alterssicherung in der Europäischen Union III, S. 127 ff.

cherung wird ebenso eine Invaliditätsrente[877] gewährleistet, deren Beitrag auch im Rentenversicherungsbeitrag des Arbeitnehmers enthalten ist. Teilweise werden auch Kosten für Rehabilitationsmaßnahmen vorgesehen, wobei im griechischen System der in Deutschland existierende Grundsatz „Rehabilitation vor Rente" nicht zu finden ist.

7. Großbritannien

Mittels eines beitragsabhängigen, staatlichen Altersrentensystems, das sich aus einer pauschalen Grundrente, einer entgeltbezogenen Zusatzrente sowie einem entgeltbezogenen, proportionalen Altersruhegeld zusammensetzt, wird die Altersversorgung gesichert[878]. Der Beitrag für die Leistungen der Hinterbliebenenversicherung ist im Gesamtbeitrag des Arbeitnehmers für alle Zweige enthalten, der Arbeitgeber gibt einen Anteil und auch der Staat unterstützt diese Leistungen mit Zuschüssen für alle Einwohner. Die Voraussetzungen für die Bewilligung der Rente bemessen sich nach den Voraussetzungen, die für die Altersrente in der Person des Verstorbenen gelten. Des Weiteren muss für den Bezug der vollen Rente der hinterbliebene Ehegatte beim Tode des anderen mindestens 55 Jahre alt sein, für eine gekürzte Rente genügt ein Mindestalter von 45 Jahren. Die Absicherung im Falle der Invalidität[879] erfolgt durch eine staatliche Versorgung, die durch den Gesamtbetrag für alle Zweige und Zuschüsse finanziert wird.

8. Irland

In Irland gibt es eine ausschließlich staatliche Versorgung, die durch den Anteil des Arbeitnehmers im Gesamtbeitrag für alle Zweige, durch einen Arbeitgeberanteil sowie durch staatliche Zuschüsse finanziert wird. Mitglied in diesem System sind mit wenigen Ausnahmen alle Personen von 16 bis 66 Jahren, die in einem Arbeits- oder Ausbildungsverhältnis stehen, wobei auch Selbstständige darunter fallen. Es werden diesbezüglich Ausnahmen von der Versicherungspflicht bei geringfügiger Beschäftigung vorgesehen. Die Leistungen im Alter bestehen aus einer Ruhestandsrente (Retirement Pension) und der beitragsbedingten Altersrente (Old Age Contributory Pension). Die Ruhestandsrente wird ab vollendetem 65. Lebensjahr an Personen gezahlt, die aus der Vollzeitbeschäftigung ausgeschieden sind und die entgeltbezogene Sozialversicherungsbeiträge geleistet haben. Die Regelaltersrente ist im Fall der Ruhestandsrente mit 65 Jahren und im Fall der beitragsbedingten Altersrente mit 66 Jahren zu beziehen. Es wird eine Mindestrente garantiert. Im Rahmen dieses staatlichen Versorgungssystems wird auch eine Hinterbliebenenversorgung und eine Versorgung im Falle der Invalidität vorgesehen. Die dafür nötigen Leistungen werden aus dem für alle Zweige enthaltenen Globalbeitrag finanziert.

---

877 Vgl. die detaillierte Darstellung der Leistungen des griechischen Systems im Falle der Invalidität: Kremalis, in: Invaliditätssicherung im Rechtsvergleich, S. 199 ff.; VDR, Pressekontaktseminar 2000, Devetzi, Die deutsche Rentenversicherung im internationalen Vergleich, S. 10 ff.
878 Speziell hierzu: Dürkop, Alterssicherung in der EG, S. 43 ff.; Schulte, in: Zacher, Alterssicherung im Rechtsvergleich, S. 497 ff.; Stillich, in: DAngVers 1999, 88 ff.
879 Speziell hierzu: Schulte, in: DRV 1998, 471 ff.; ders., in: Invaliditätssicherung im Rechtsvergleich, S. 595.

9. Italien

In Italien[880] ist ein Versicherungsprinzip mit beitragsabhängigen Leistungen zur Alterssicherung zu finden. Dabei handelt es sich um eine Pflichtversicherung für alle in der Privatwirtschaft beschäftigten Arbeitnehmer. Für bestimmte Berufssparten, wie zum Beispiel die Landwirte, existiert ein Sondersystem. Um eine volle Rente beziehen zu können, sind 40 Beitragsjahre nachzuweisen. Die Regelaltersrente kann von Frauen im Alter von 58 und von Männern im Alter von 63 Jahren bezogen werden, wobei stufenweise die Altersgrenze auf 60 Jahre für Frauen bzw. 65 Jahre für Männer erhöht werden soll. Die für alle Arbeitnehmer geltende Hinterbliebenenversicherung wird durch die Beiträge zur gesetzlichen Rentenversicherung von Arbeitnehmer und Arbeitgeber sowie durch staatliche Zuschüsse gedeckt. Die monetäre Absicherung bei Invalidität[881] übernimmt zum größten Teil die gesetzliche Rentenversicherung. Finanziert wird dieses System überwiegend durch die Sozialbeiträge der Arbeitnehmer und Arbeitgeber in Form des Umlageverfahrens.

10. Luxemburg

Das Grundprinzip ist in Luxemburg das Versicherungsprinzip, wobei es sich grundsätzlich um eine Pflichtversicherung für alle Berufstätigen handelt (gesetzliche Rentenversicherung). Bedingung für eine volle Rente sind 40 Versicherungsjahre. Die luxemburgische Altersrente besteht aus einem festen Anteil, der so genannten Grundrente und der Zulage, die sich auf 1,6 % des Gesamtbetrages des Arbeitsentgeltes beläuft. Die Finanzierung der luxemburgischen Rentenversicherung erfolgt durch die Beiträge der Versicherten und der Arbeitgeber sowie durch Zuschüsse des Staates und der Gemeinden. Auch für Hinterbliebene und für Invaliden ist im Rahmen der Rentenversicherung eine Leistung vorgesehen.

11. Niederlande

In den Niederlanden[882] wird die Altersversorgung durch ein allgemeines Sicherungssystem, finanziert durch Beiträge vom Erwerbseinkommen, gesichert. Dabei handelt es sich um eine Pflichtversicherung für alle Einwohner bis 65 Jahre unabhängig von der Höhe des Einkommens oder der Nationalität. Daneben spielen Zusatzrentensysteme eine große Rolle. Es gibt keine Ausnahmen von der Versicherungspflicht für geringfügige Beschäftigungen. Die Regelaltersrente kann mit 65 Jahren bezogen werden. Auch für Hinterbliebene werden Leistungen vorgesehen. Die Erwerbsunfähigkeitsrente wurde in den letzten Jahren drastisch eingeschränkt, deren Durchführung soll in Zukunft privatisiert werden. Festzuhalten ist hier vor allem, dass in den Niederlanden zwar Beiträge erhoben werden, man aber nur eine Grundsicherung erhält – damit fehlt das in Deutschland herrschende Äquivalenzprinzip.

---

880 Speziell hierzu: Klammer, Alterssicherung in der Europäischen Union II, S. 153 ff.; Simons, in: Zacher, Alterssicherung im Rechtsvergleich, S. 272 ff.; Dürkop, Alterssicherung in der EG, S. 145 ff.
881 Speziell hierzu: Hohnerlein, in: DRV 1998, 488 ff.; dies., in: Invaliditätssicherung im Rechtsvergleich, S. 231 ff.
882 Speziell hierzu: Dürkop, Alterssicherung in der EG, S. 68 ff.; Pieters, in: Zacher, Alterssicherung im Rechtsvergleich, S. 350 ff.; Stillich, in: DAngVers 1999, 140 ff.

12. Österreich

Das österreichische Alterssicherungssystem beruht wie das deutsche im Wesentlichen auf der gesetzlichen und umlagefinanzierten Pensionsversicherung (gesetzliche Rentenversicherung).[883] Pflichtversichert sind alle gegen Entgelt beschäftigten Arbeitnehmer, Lehrlinge, in den Betrieben Selbstständiger mitarbeitende Familienangehörige, bestimmte gleichgestellte Selbstständige. Andere können sich freiwillig versichern. Außerdem ist eine Geringfügigkeitsgrenze vorgesehen, die eine Ausnahme von der Versicherungspflicht vorsieht. Um eine volle Rente zu beziehen, müssen 40 Versicherungsjahre nachgewiesen werden. Männer erhalten die Regelaltersrente mit 65 und Frauen mit 60 Jahren. Eine Mindestrente ist vorhanden. Die Beiträge für die Hinterbliebenenrente sind in den Beiträgen für die Altersversicherung enthalten, so dass Arbeitgeber, Arbeitnehmer und auch die staatliche Seite einen Anteil dazugeben.[884] Die Pensionsversicherungen gewähren bei Invalidität[885] als Geldleistungen Pensionen und darüber hinaus Maßnahmen der Rehabilitation.

13. Portugal

In Portugal[886] sind zwei Grundprinzipien zu erkennen: zum einen das Versicherungsprinzip mit beitragsabhängigen Leistungen und zum anderen tarifvertragliche, freiwillige Zusatzrentensysteme. Es besteht eine Versicherungspflicht für alle Arbeitnehmer, diesen gleichgestellte Personen und Selbstständige, wobei keine Ausnahmen bei geringfügiger Beschäftigung bestehen. Die volle Rente erhält der Versicherte mit 40 Beitragsjahren und die Regelaltersrente liegt bei 65 Jahren. Es existiert eine Mindestrente. Die Finanzierung des allgemeinen Systems der sozialen Sicherheit erfolgt durch Beitragszahlungen der Arbeitgeber und Arbeitnehmer sowie zu geringen Anteilen durch staatliche Zuschüsse. Der Beitrag der Arbeitnehmer in Portugal für die Leistungen der Hinterbliebenenrente ist im Gesamtbeitrag für alle Zweige inbegriffen und erfährt eine Ergänzung durch den Beitrag der Arbeitgeber. Auch die Leistungen bei Invalidität sind in diesem Gesamtbetrag enthalten.

14. Schweden

1998 wurde in Schweden neben dem schon bestehenden Rentensystem ein neues eingeführt, so dass jetzt zwei grundverschiedene Rentensysteme gelten[887].
Das bisherige umlagefinanzierte duale System besteht aus einem staatlichen, durch Steuern und Arbeitgeberbeiträge finanzierten Volksrentensystem und einem obligatorischen beitragsbezogenen Zusatzrentensystem für Erwerbstätige[888]. Dieses duale System

---

883 Geppert, in: DRV 1998, 402 (402).
884 Geppert, in: DRV 1998, 402 (409).
885 Speziell hierzu: Mazal, in: Invaliditätssicherung im Rechtsvergleich, S. 365 ff.
886 Speziell hierzu: Ahrens, Alterssicherung in der Europäischen Union IV, S. 132 ff: Dürkop, Alterssicherung in der EG, S. 176 ff.
887 Speziell hierzu: VDR Pressekontaktseminar 2000, Devetzi, Die deutsche Rentenversicherung im internationalen Vergleich, S. 6 ff., siehe „http://vdr.de".
888 Speziell hierzu: Scherman, in: DRV 1998, 413 ff.

setzt sich in der Hinterbliebenenversorgung fort. Auch die Invaliditätsrente wird im Rahmen der staatlichen Versorgung und der Zusatzrente gewährt. Von diesem Versicherungssystem im Fall der Invalidität werden alle Personen mit Wohnsitz in Schweden zwischen 16 und 65 Jahren erfasst.

Das neue Rentensystem ist durch eine starke Beitragsbezogenheit der Leistungen gekennzeichnet. Es besteht aus drei Teilen: (1) einkommensbezogene, beitrags- und umlagenfinanzierte Altersrente, (2) sog. Prämienrente, die nach dem Kapitaldeckungsverfahren finanziert wird, und (3) steuerfinanzierte Garantierente.

15. Spanien

Grundprinzip ist das Versicherungsprinzip mit beitragsabhängigen Leistungen (staatliches Versorgungssystem mit einem Globalbeitrag für alle Zweige)[889]. Alle Arbeitnehmer sind pflichtversichert, wobei eine Ausnahme für geringfügige Beschäftigungen vorgesehen ist. Die Wartezeit beträgt 15 Jahre und für den Bezug einer vollen Rente müssen 35 Beitragsjahre nachgewiesen werden. Die gesetzliche Altersgrenze liegt bei 35 Jahren. In Spanien wird eine Mindestrente garantiert. Erst durch den Abschluss einer Zusatzversicherung wird die Grund- oder Regelsicherung je nach Höhe der Versicherungssumme gewährleistet. Sowohl die Beiträge von den Arbeitnehmern als auch von den Arbeitgebern und auch Zuschüsse von staatlicher Seite fließen als Beiträge im Umlageverfahren unter anderem für die Hinterbliebenenrente zusammen. Nach dem Tod eines Versicherten werden Witwen-/Witwerrenten, Waisenrenten, Renten und vorübergehende Beihilfen für andere Familienangehörige und Sterbegeld gewährt. Das Risiko der Invalidität[890] wird im Rahmen der staatlichen Versorgung abgesichert, wobei die Leistungen im Gesamtbetrag für alle Zweige enthalten sind.

VI. Leistungen bei Arbeitslosigkeit in den EU-Staaten

Die anhaltende Massenarbeitslosigkeit ist das drängendste wirtschaftliche und soziale Problem in Europa. Mitte 2001 waren in den Ländern der EU über 13 Mio. Menschen arbeitslos, die Arbeitslosenquote betrug 7,6 %[891]. Die Mitgliedstaaten der EU haben unterschiedliche Absicherungsmodelle für den Fall der Arbeitslosigkeit vorgesehen und garantieren diverse Leistungen[892].

1. Belgien

In Belgien existiert eine gesetzliche Arbeitslosenversicherung, der sämtliche sozialversicherungspflichtigen Arbeitnehmer angehören, wobei vom Arbeitnehmer ein Global-

---

889 Speziell hierzu: Darstellung zu Spanien: Stapf, Alterssicherung in der Europäischen Union I, S. 109 ff.; Nauels, in: LVA Rheinprovinz Mitteilungen 1999, 81 (88 ff.); Rheinhard, in: Zacher, Alterssicherung im Rechtsvergleich, S. 431 ff.; Dürkop, Alterssicherung in der EG, S. 158 ff.
890 Speziell hierzu: Reinhard, in: Invaliditätssicherung im Rechtsvergleich, S. 495 ff.; ders., in: DRV 1998, S. 537 ff.
891 Eurostat, Pressemitteilung Nr. 82/2001, 1. August 2001.
892 Nachfolgende Darstellungen beruhen auf: Europäische Kommission, Sozialer Dialog und soziale Rechte, S. 31 ff.; dies., MISSOC; Weber/Leienbach/Dohle, Soziale Sicherung.

beitrag (für alle Zweige gleich), vom Arbeitgeber ein Zuschlag für Vorruhestandsrenten gezahlt wird. Vom Staat kommen Zuschüsse hinzu. Eine Beitragsbemessungsgrenze gibt es nicht. Die Mindestversicherungszeit für das Arbeitslosengeld beträgt je nach Alter zwischen 312 Arbeitstagen innerhalb der letzten 18 Monate und 624 Arbeitstagen innerhalb der letzten 36 Monate. Das Höchstalter für Männer beträgt 65, das für Frauen 61 Jahre. Es gibt keine zeitliche Beschränkung für den Bezug. Die Höhe der Leistung orientiert sich an dem durchschnittlichen Tagesentgelt (höchstens 109 DM/Tag). Der Satz beträgt zwischen 60 und 35 %, abgestuft nach Personen mit und ohne Angehörige und Dauer des Bezuges. Über 50-jährige mit mindestens 20 Beschäftigungsjahren erhalten nach einem Jahr Arbeitslosigkeit Zuschläge. Im Falle der Teilarbeitslosigkeit gilt ein Leistungssatz in Höhe von höchstens 60 % des Arbeitslosengeldes. Arbeitslosenhilfe wird nicht gewährt.

2. Dänemark

In Dänemark besteht eine freiwillige Versicherungsmöglichkeit, in deren Rahmen die Arbeitnehmer jährlich festgesetzte Pauschalbeträge, die Arbeitgeber ebenfalls einen Pauschalbeitrag in Form eines Anteils ihrer Umsatzsteuer zu leisten haben. Die Mindestversicherungszeit für den Bezug von Arbeitslosengeld beträgt ein Jahr, wobei der Arbeitnehmer mindestens 52 Wochen innerhalb der vorhergehenden drei Jahre beschäftigt gewesen sein muss. Das Höchstalter beträgt 66 Jahre. Das Geld wird für eine erste Periode von zwei Jahren sowie für eine zweite Periode von drei Jahren gewährt, währenddessen die Arbeitslosen an Beschäftigungsmaßnahmen teilnehmen müssen. Die Höhe bezieht sich auf das durchschnittliche Entgelt der letzten drei Monate. Der Satz beträgt 90 % (höchstens 705 DM/Woche). Für die Annahme einer Teilarbeitslosigkeit ist eine Verkürzung der Wochenarbeitszeit von mindestens 7,4 Stunden erforderlich. Der normale Leistungssatz wird proportional zur Arbeitszeitverkürzung verringert. Arbeitslosenhilfe wird nicht gewährt.

3. Deutschland

Siehe hierzu 6. Teil, B.

4. Finnland

In der gesetzlichen Arbeitslosenversicherung sind alle Arbeitnehmer und Selbstständige zwischen 17 und 64 Jahren versichert. Daneben gibt es noch Zusatzkassen für verdienstabhängige Leistungen. Der Staat übernimmt die Finanzierung der Grundversorgung, bei den Zusatzkassen übernimmt er die Defizite. Die Beiträge zu den Zusatzkassen betragen von Arbeitnehmerseite 1,5 % des Bruttoverdienstes, auf Arbeitgeberseite bis zu einer Lohnsumme von 1,6 Mio. DM 1 %, liegt diese darüber, 4 %. An Mindestversicherungszeiten müssen 26 Wochen Beschäftigung während der letzten 24 Monate (bei Selbstständigen 24 Monate während der letzten 48 Monate) nachgewiesen werden. Gezahlt wird an 500 Kalendertagen innerhalb von vier fortlaufenden Kalenderjahren, an Personen ab 57 Jahren bis zu einem Alter von 60 Jahren. Als Teilarbeitslosigkeit gilt ein Zustand, bei dem eine um 1/6 verkürzte Arbeitszeit vorliegt, während ein an die Arbeitszeitverkürzung angepasstes Arbeitslosengeld gezahlt wird. Arbeitslosenhilfe wird Arbeitslosen unbegrenzt gewährt, die die Voraussetzungen für die Versicherung nicht oder nicht mehr erfüllen.

5. Frankreich

In Frankreich existiert eine obligatorische Organisation der Wirtschaft für den Bereich der Arbeitslosenversorgung, die für alle Arbeitnehmer Geltung beansprucht. Die Finanzierung in Höhe von 2,21 % bis 2,71 % des Bruttoverdienstes bzw. von 3,97 % teilen sich Arbeitnehmer und Arbeitgeber. Vom Staat fließen Zuschüsse. Vier Monate versicherungspflichtige Tätigkeit in den letzten acht Monaten ist die vorausgesetzte Mindestversicherungszeit. Das Bezugshöchstalter liegt bei 60 bis 65 Jahren. Die Zahlungsdauer beträgt je nach Versicherungszeit und Alter zwischen vier und 60 Monaten. Das Bezugsentgelt bemisst sich nach dem beitragspflichtigen Entgelt der letzten zwölf Monate bis zu einer Höhe von höchstens 75 % des früheren Tagesentgelts. Kürzungen sind möglich bei Versicherten, die kürzer als die erforderliche Mindestversicherungszeit versichert waren sowie nach jeweils viermonatigem Bezug. Teilarbeitslosigkeit liegt vor bei einer Verkürzung der normalen Arbeitszeit aus wirtschaftlichen (nicht saisonalen), unfallbedingten oder technischen Gründen. Der Arbeitgeber zahlt 50 % des ausgefallenen Bruttoverdienstes, wofür er vom Staat 5 DM/Stunde erstattet bekommt. Arbeitslosenhilfe wird Arbeitnehmern und in Sonderfällen auch entlassenen Sträflingen und Asylbewerbern für eine Dauer, die sich nach der Vorarbeitslosigkeit richtet, sowie bei den Sonderfällen für höchstens ein Jahr gewährt.

6. Griechenland

In Griechenland besteht eine gesetzliche Arbeitslosenversicherung, die für alle in der Krankenversicherung versicherten Arbeitnehmer gilt. Sie wird in Höhe von 1,43 % des Bruttoverdienstes vom Arbeitnehmer, in Höhe von 3,98 % des Bruttoverdienstes vom Arbeitgeber finanziert. Die Mindestversicherungszeit für den Bezug von Arbeitslosengeld beträgt 125 Arbeitstage in den letzten zwölf Monaten oder 200 Arbeitstage in den letzten zwei Jahren. Das Höchstalter beträgt 65 Jahre, wobei eine Verlängerung möglich ist. Das Arbeitslosengeld wird abhängig von der Vorbeschäftigung und dem Alter für die Dauer von fünf bis zwölf Monaten gezahlt. Die Höhe der Leistung richtet sich nach dem Entgelt zur Zeit der Entlassung; der Satz liegt bei 40 % (Arbeiter) bzw. 50 % (Angestellte), mindestens jedoch bei 2/3 des Mindesttageslohnes; für weitere Unterhaltsberechtigte gibt es einen Zuschlag in Höhe von 10 %. Für eine etwaige Teilarbeitslosigkeit existieren keine Regelungen; Arbeitslosenhilfe wird nicht gewährt.

7. Großbritannien

Die gesetzliche Arbeitslosenversicherung in Großbritannien erfasst alle Arbeitnehmer bis zum Alter von 65 Jahren (Männer) bzw. 60 Jahren (Frauen). Der Arbeitnehmeranteil fließt aus dem zu zahlenden Gesamtbeitrag für alle Sozialversicherungen, der Arbeitgeberanteil variiert je nach Einkommensschichtungen von 3 % zu 10 % des Bruttoverdienstes; von staatlicher Seite gibt es Zuschüsse. Die Versicherungsbeiträge im betreffenden Steuerjahr müssen dem 25-fachen Mindestbeitrag dieses Jahres entsprechen. Während einer Arbeitslosigkeitsperiode wird für 182 Tage Arbeitslosengeld gezahlt. Proportional zum Arbeitsausfall wird bei Teilarbeitslosigkeit Zahlung geleistet wie beim Arbeitslosengeld.

8. Irland

In Irland besteht eine gesetzliche Versicherung im Rahmen der staatlichen Versorgung, die für Arbeitnehmer ab 16 Jahren gilt. Finanziert wird das Arbeitslosengeld aus dem Gesamtbeitrag, der vom Arbeitnehmer für alle Sozialversicherungen in Irland geleistet wird sowie durch den Arbeitgeberanteil in Höhe von 8,5 % bis 12 % des Bruttoverdienstes. Die Mindestversicherungzeit für ein Anrecht auf Arbeitslosengeld beläuft sich auf 39 Wochenbeiträge während eines Fiskaljahres. Das Höchstbezugsalter ist auf 66 Jahre festgelegt. Die Unterstützung wird für eine Dauer von höchstens 375 Tagen (entgeltbezogene) bzw. 390 Tagen (allgemeine Leistungen) gezahlt. Für die Höhe des Arbeitslosengeldes gilt ein Satz von 172 DM pro Woche; für Angehörige gibt es einen Zuschlag von je 103 DM, für Kinder je 33 DM. Teilarbeitslosigkeit wird angenommen, wenn die Wochenarbeitszeit unter der normalen Arbeitszeit liegt. Für jeden ausgefallenen Tag wird 1/5 des wöchentlichen Arbeitslosengeldes gezahlt. Arbeitslosenhilfe gewährt man Personen ab 18 Jahren.

9. Italien

In Italien gibt es die gesetzliche Arbeitslosenversicherung für alle Arbeitnehmer. Sie wird durch den Arbeitnehmer mit einem Betrag in Höhe von 0,3 % seines Bruttoverdienstes, vom Arbeitgeber in Höhe von 2,21 % (Handel) bzw. 4,41 % (Industrie) des Bruttoverdienstes sowie von staatlicher Seite mittels Zuschüssen finanziert. Es sind mindestens zwei Versicherungsjahre mit mindestens 52 Wochenbeiträgen erforderlich. Gezahlt wird für die Dauer von einem halben Jahr, in Süditalien drei bis vier Jahre. Das Bezugsentgelt richtet sich nach dem durchschnittlichen beitragspflichtigen Verdienst der letzten drei Monate bis zu höchstens 3.050 DM monatlich. Der Satz beläuft sich auf 30 %, höchstens monatlich 1.410 DM bzw. 1.690 DM bei höheren Einkommen. Teilarbeitslosigkeit liegt nach italienischen Verhältnissen vor bei einer Stillegung oder einer Arbeitszeitverkürzung aus betrieblichen oder vorübergehenden Gründen. Eine Genehmigung durch die Versicherung ist unumgänglich. In Sonderfällen wie bei wirtschaftlichen, sektoralen oder lokalen Krisen ist das Arbeitsministerium für die Genehmigung zuständig. Der Leistungssatz beträgt 80 % des ausgefallenen Bruttoverdienstes für höchstens 40 Stunden wöchentlich; normalerweise Zahlung für höchstens ein, in Sonderfällen für höchstens drei Jahre. Arbeitslosenhilfe wird nur an Arbeitnehmer bestimmter Gruppen für die Dauer von 90 Tagen, die auf maximal 180 Tage verlängert werden können, geleistet.

10. Luxemburg

In Luxemburg wird Arbeitslosengeld aus einem staatlichen Arbeitslosenfonds aus dem Steueraufkommen an alle Arbeitnehmer und Arbeitsuchenden ausgeschüttet. Als Mindestversicherungszeit müssen im letzten Jahr mindestens 26 Wochen in einem Beschäftigungsverhältnis zugebracht worden sein. Das Höchstalter liegt bei 65 Jahren. Die Leistung wird gewährt für die Dauer von 365 Tagen in 24 Monaten, zusätzlich 182 Tage bei schwer zu vermittelnden Personen. Bei 50-jährigen und älteren Personen kann die Zahlung um ein halbes bis ein Jahr verlängert werden je nach Dauer der Mitgliedschaft in der Rentenversicherung. Als teilarbeitslos gilt, wessen normale Arbeitszeit verkürzt ist oder wer mindestens zwei Tage pro Woche ohne Arbeit ist. Hierfür wird ein Leistungssatz von 80 % des Bruttoverdienstes (höchstens das 2,5-fache des Mindestsoziallohns) gezahlt.

11. Niederlande

In den Niederlanden gibt es das System der gesetzlichen Arbeitslosenversicherung, aus der bis zu einem Höchstalter von 65 Jahren an alle Arbeitnehmer diese Unterstützung zur Auszahlung kommt. Finanziert wird sie zu 6,45 % des Bruttoverdienstes vom Arbeitnehmer und zu 6,35 % vom Arbeitgeber. Als Mindestversicherungszeit gilt eine 26 Wochen dauernde Beschäftigung in den 39 Monaten (allgemeine Leistungen) bzw. vier Jahre mit jeweils 52 bezahlten Arbeitstagen in den letzten fünf Jahren. Das Arbeitslosengeld wird für allgemeine Leistungen für die Dauer von sechs Monaten, bei erweiterten Leistungen nach der jeweiligen Dauer der Vorbeschäftigung bezahlt: für neun Monate (fünf bis zehn Jahre) bis zu fünf Jahren (über 40 Jahre Beschäftigung). Der Leistungssatz bei Teilarbeitslosigkeit ist genauso ausgestaltet wie beim Arbeitslosengeld. Arbeitslosenhilfe erhalten Arbeitnehmer unter 65 Jahren für ein Jahr in Höhe des Mindestlohnes, wenn sie mindestens vier Jahre mit jeweils 52 Versicherungstagen innerhalb der letzten fünf Jahre Beiträge gezahlt haben.

12. Österreich

In Österreich profitieren alle Arbeitnehmer und Teilnehmer an berufsfördernden Maßnahmen bis zum Höchstalter von 65 (Männer) bzw. 60 Jahren (Frauen) von den Leistungen aus der gesetzlichen Arbeitslosenversicherung. Die staatliche Finanzierung durch den Bundesbeitrag von umgerechnet 360 Mio. DM wird ergänzt durch die Beiträge des Arbeitnehmers und des Arbeitgebers vom Bruttoverdienst in Höhe von jeweils 3 %. 52 Wochen innerhalb der letzten 24 Monate bzw. die Hälfte der Zeiten müssen die Arbeitnehmer bzw. die Jugendlichen unter 25 Jahren mindestens versichert sein. Die Zahlungsdauer (20-52 Wochen) richtet sich nach der Versicherungszeit und dem Alter des Arbeitnehmers. Bei Teilarbeitslosigkeit wird Kurzarbeiterunterstützung und Schlechtwetterentschädigung auf Grund von Tarifverträgen gezahlt.

13. Portugal

Der gesetzlichen Arbeitslosenversicherung in Portugal unterliegen alle sozialversicherungspflichtigen Arbeitnehmer. Die Unterstützung finanziert sich aus dem vom Arbeitnehmer zu zahlenden Gesamtbeitrag für alle Sozialversicherungen sowie aus dem Arbeitgeberbeitrag in Höhe von 23,25 % des Arbeitnehmer-Bruttoverdienstes und wird bis zu einem Höchstalter von 65 Jahren für die auf das Alter abstellende Dauer von zehn bis

30 Monaten gezahlt. Die Mindestversicherungzeit von 18 Monatsbeiträgen innerhalb der letzten 24 Monate muss erfüllt sein. Die Dauer der Arbeitslosenhilfezahlung richtet sich ebenfalls nach dem Alter mit der einen Ausnahme, dass die Höchststufe bereits mit 45 Jahren einsetzt.

14. Schweden

In Schweden[893] existiert eine freiwillige Arbeitslosenversicherung für Arbeitnehmer und Selbstständige bis zum Höchstalter von 64 Jahren. Der Anteil der Arbeitgeber beträgt 5,42 % des Bruttoverdienstes, bei Selbstständigen beträgt der Beitrag 2,2 %. Von staatlicher Seite fließen Zuschüsse. Die Anspruchsteller müssen mindestens zwölf Monate versichert sein und während der letzten fünf Monate mindestens 80 Tage beschäftigt gewesen sein. Die Zahlungsdauer beträgt bei bis zu 57 Jahren 300 Tage, ab 57 Jahren 450 Tage. Für die Annahme einer Teilarbeitslosigkeit ist eine im Vergleich zu früher geringere als die erwünschte wöchentliche Arbeitszeit erforderlich sowie die Bereitschaft, mindestens drei Stunden täglich und 17 Stunden wöchentlich zu arbeiten. Für den Leistungssatz gibt es Tabellensätze, die proportional zur Arbeitszeitverkürzung gestaltet sind. Arbeitslosenhilfe wird Personen zwischen 20 und 64 Jahren gewährt, die entweder nicht versichert sind oder die Voraussetzungen der Versicherung noch nicht erfüllt haben bzw. deren Ansprüche bereits erschöpft sind. Altersabhängig ist auch hier die Dauer der Zahlung: unter 55 Jahren beträgt sie 150 Tage, bis zu 59 Jahren 300 Tage und ab 60 Jahren sind es 450 Tage.

15. Spanien

In Spanien gibt es das System der gesetzlichen Arbeitslosenversicherung, die nur für die Arbeitnehmer im Industrie- und Dienstleistungsbereich Geltung hat. Die Finanzierung erfolgt in Höhe von 1,7 % des Bruttoverdienstes durch den Arbeitnehmer sowie in Höhe von 7,2 % des Verdienstes durch den Arbeitgeber. Die Mindestversicherungszeit beläuft sich auf insgesamt zwölf Monate in den sechs vorhergehenden Jahren. Das Höchstalter ist auf 65 Jahre festgesetzt. Die Zahlungsdauer ist abhängig von der beitragspflichtigen Beschäftigungszeit in den letzten sechs Jahren. Die Höhe des Arbeitslosengeldes bemisst sich nach der durchschnittlichen Beitragsbemessungsgrundlage der letzten sechs Monate von höchstens 220 % des Mindestlohnes. Die Leistung ist auf 70 % im ersten Halbjahr und danach auf 60 % (höchstens 220 %), bei zwei Kindern auf mindestens 100 % bzw. 75 % (ohne Kinder) des branchenübergreifenden Mindestlohnes festgelegt. Zum Vorliegen einer Teilarbeitslosigkeit muss die Arbeitszeit um mindestens 1/3 gekürzt sein, zusätzlich ist eine Genehmigung durch die zuständige Arbeitsverwaltung erforderlich. Der Leistungssatz richtet sich nach dem Arbeitslosengeld, wobei es dann proportional zum Arbeitsausfall gekürzt wird. Arbeitslosenhilfe wird für Arbeitnehmer im Alter von 18 bis 65 Jahren, die den Familienunterhalt bestreiten sowie für Ledige ab 45 Jahren für die Dauer von sechs Monaten (verlängerbar bis 18 Monate) gewährt. Für über 52jährige ist eine Gewährung bis zum Rentenbezug möglich.

---

893 Speziell hierzu: Rahm, in: Coordination of social security schemes, S. 117 (124 f.).

Literaturverzeichnis

Abele, Roland: Anmerkung zu: EuGH: Lohnfortzahlung an im Ausland erkrankte Arbeitnehmer, in: EuZW 1992, 482 ff.

Acker, Sabine: Renten in Europa: Koordinierung der sozialen Sicherungssysteme in der Europäischen Union am Beispiel der gesetzlichen Rentenversicherung, Marburg 1996
(zit.: Acker, Renten in Europa)

Ackermann, Thomas: Warenverkehrsfreiheit und „Verkaufsmodalitäten", Zu den EuGH-Entscheidungen „Keck" und „Hünermund", in: RIW 1994, S. 189 ff.

Ahrens, Ulrike: Alterssicherung in Portugal, eine institutionelle und empirische Analyse, Reihe: Alterssicherung in der Europäischen Union IV, Berlin 1998
(zit.: Alterssicherung in der Europäischen Union IV)

Albrecht, Günter: Die französische Sozialversicherung im Überblick, Organisation, Finanzierung und Beitragseinzug, in: DRV 1995, S. 183 ff.

Altrock, Martin: Export von Leistungen zur Deckung des Risikos der Pflegebedürftigkeit, EuGH vom 5. März 1998, Rs. C-160/96 (Manfred Molenaar und Barbara Fath-Molenaar gegen Allgemeine Ortskrankenkasse Baden-Württemberg), Slg. 1998, I-843, in: Casebook zum Arbeits- und Sozialrecht der EU, 1. Auflage, Baden-Baden 1999, S. 213 ff.
(zit.: Altrock, in: Casebook zum Arbeits- und Sozialrecht der EU)

Angele, Sibylle: Entwicklung der Krankenversicherung in Mittel- und Osteuropa, in: KrV 2001, S. 157 ff.

Arbeitsgruppe der Länder Brandenburg, Baden-Württemberg, Bayern, Nordrhein-Westfalen und des Saarlandes, der Spitzenverbände der Krankenkassen und des Bundesministeriums für Gesundheit: Bericht dieser zu den Auswirkungen der Rechtsprechung des EuGH zur Erstattung von Kosten für Medizinprodukte und Behandlungen im EU-Ausland durch nationale Krankenversicherungsträger, in: ZfSH/SGB 1999, S. 621 ff.
(zit.: Bericht einer Arbeitsgruppe, in: ZfSH/SGB 1999)

Bach, Albrecht: Wettbewerbsrechtliche Schranken für staatliche Maßnahmen nach europäischem Gemeinschaftsrecht, Tübingen 1992
(zit.: Bach, Wettbewerbsrechtliche Schranken für staatliche Maßnahmen nach europäischem Gemeinschaftsrecht)

Bader, Siegfried: Sozialgesetzbuch, 11. Buch, Pflegeversicherung, in: BMA (Hrsg.), Übersicht über das Sozialrecht, 4. Auflage, Bonn 1997, 11. Kapitel, S. 357 ff.
(zit.: Bader, in: Übersicht über das Sozialrecht)

Balling, H.: Soziale Sicherheit, Die Geschichte eines Begriffs, in: BArbBl. 1954, S. 104 ff.

Bar, Christian von: Internationales Privatrecht, Bd. 1, Allgemeine Lehren, München 1987
(zit.: V. Bar, Internationales Privatrecht I)

Becker, Susanne/Devetzi, Stamatia/Stähler, Thomas P.: Europäische Union und gesetzliche Krankenversicherung – Status und Perspektiven der Gesundheitspolitik in der EU, Wissenschaftliche Tagung vom 26. bis 27.11.1998 in Kiel, in: ZFSH/SGB 1999, S. 139 ff.

Becker, Ulrich: Gesetzliche Krankenversicherung zwischen Markt und Regulierung, Reformen des Gesundheitssystems und ihre europäischen Perspektiven, in: JZ 1997, S. 534 ff.

Becker, Ulrich: Brillen aus Luxemburg und Zahnbehandlung in Brüssel – Die Gesetzliche Krankenversicherung im europäischen Binnenmarkt (zu EuGH v. 28.4.1998, Rs. C-120/95 (Decker) und EuGH v. 28.4.1998, Rs. C-158/96 (Kohll)), in: NZS 1998, S. 359 ff.

Beckmann, Elke/Christen, Torsten: Deutsche und niederländische Pflegeversicherung unter Berücksichtigung europarechtlicher Aspekte (Bericht), in: NZS 1996, S. 614 ff.

Behrens, Peter: Die Konvergenz der wirtschaftlichen Freiheiten im europäischen Gemeinschaftsrecht, in: EuR 1992 (Heft 2), S. 145 ff.

Benicke, Christoph: Die Bedeutung des EG-Rechts für gemeinnützige Einrichtungen, in: EuZW 1996, S. 165 ff.

Benicke, Christoph: EG-Wirtschaftsrecht und die Einrichtungen der freien Wohlfahrtspflege, in: ZfSH/SGB 1998, S. 22 ff.

Berenz, Claus: Lohnfortzahlung an im Urlaub erkrankte Arbeitnehmer, - Anmerkung zur Entscheidung des Europäischen Gerichtshofs im sog. Paletta-Fall -, in: DB 1992, S. 2442 ff.

Berg, Werner: Anmerkung zum Urteil des EuGH vom 28. April 1998 in der Rs. C-158/96, Kohll, in: Pharma Recht 1998, S. 232 ff.

Berg, Werner: Grenzüberschreitende Krankenversicherungsleistungen in der EU, Auswirkungen der Urteile EuGH, EuZW 1998, 345 – Kohll und EuGH, EuZW 1998, 343 – Decker auf das deutsche Gesundheitswesen, in: EuZW 1999, S. 587 ff.

Bergmann, Jan Michael: Grundstrukturen der Europäischen Gemeinschaft und Grundzüge des gemeinschaftlichen Sozialrechts, in: SGb 1998, S. 449 ff.

Bergmann, Jan Michael: Von der Europäischen Währungs- zur Sozialunion?, in: ZFSH/SGB 1999, S. 586 ff.

Beutler, Bengt/ Bieber, Roland/ Pipkorn, Jörn/ Streil, Jochen: Die Europäische Union – Rechtsordnung und Politik, 4. Auflage, Baden-Baden 1993
(zit.: Bearbeiter, in: Beutler/Bieber/Pipkorn/Streil)

Bieback, Karl-Jürgen: Soziale Sicherung für den Fall der Krankheit und Mutterschaft, in: Europäisches Sozialrecht. Bundestagung des Deutschen Sozialrechtsverbandes 9. bis 11. Oktober 1991 in Duisburg. Schriftenreihe des Deutschen Sozialrechtsverbandes (SDSRV) Bd. 36, Wiesbaden 1992, S. 51 ff.
(zit.: Bieback, in: SDSRV 36)

Bieback, Karl-Jürgen: Marktfreiheit in der EG und nationale Sozialpolitik vor und nach Maastricht, in: EuR 1993, S. 150 ff.

Bieback, Karl-Jürgen: Krankheit und Mutterschaft, in: Eberhard Eichenhofer (Hrsg.), Reform des Europäischen koordinierenden Sozialrechts, Köln, Berlin, Bonn, München 1993, S. 55 ff.
(zit.: Bieback, in: Reform des Europäischen koordinierenden Sozialrechts)

Bieback, Karl-Jürgen: Probleme des Leistungsrechts der Pflegeversicherung, in: SGb 1995, S. 569 ff.

Bieback, Karl Jürgen: Die Einbindung nichtärztlicher Leistungserbringer in das System der gesetzlichen Krankenversicherung, in: NZS 1997, S. 393 ff, 450 ff.

Birk, Rolf: Die Gesetzgebungszuständigkeit der Europäischen Gemeinschaft im Arbeitsrecht, in: RdA 1992, S. 68 ff.

Birk, Rolf: Freizügigkeit der Arbeitnehmer und Harmonisierung des Arbeitsrechts, in: Lenz, Carl Otto (Hrsg.), EG-Handbuch Recht im Binnenmarkt, 1. Auflage, Herne, Berlin 1991, 6. Kapitel, S. 365 ff.
(zit.: Birk, in: Lenz, Hdb., Teil 6, S. 365 ff.)

Bleckmann, Albert: Die Ausnahmen der Dienstleistungsfreiheit nach dem EG-Vertrag, in: EuR 1987, S. 28 ff.

Bleckmann, Albert: Europarecht, 6. Auflage, Köln, Berlin, Bonn, München 1997
(zit.: Bleckmann, Europarecht)

Bley, Helmar: Sozialrecht, 6. Auflage, Frankfurt am Main 1988
(zit.: Bley, Sozialrecht)

Bley, Helmar/ Gitter, Wolfgang/ Heinze, Helmut/ u.a. (Hrsg.): Sozialgesetzbuch, Sozialversicherung, Gesamtkommentar, Die neue Krankenversicherung, -Fünftes Buch-, Bd. 1, Wiesbaden, Loseblattsammlung, Stand: 1997
(zit.: Bearbeiter, in: Gesamtkommentar)

Bloch, Eckhard: Die Struktur der Pflegeversicherung ab 1995, in: DAngVers 1994, S. 237 ff.

Bode, Ingo: Etwas mehr „Laisser-faire", in: G+G (Heft 3) 2000, S. 16 f.

Bokeloh, Arno: Der Export von Sozialleistungen in das Ausland, in: ZSR 1989, S. 339 ff.

Bokeloh, Arno: Über- und zwischenstaatliche Regelungen zur Koordinierung der sozialen Sicherheit – Bedeutung und Zusammenwirken, in: DRV 1995, S. 667 ff.

Bokeloh, Arno: Das gemeinschaftliche Koordinierungsrecht und sein Verhältnis zu den zwischen den Mitgliedstaaten abgeschlossenen Sozialversicherungsabkommen, in: DAngVers 1996, S. 245 ff.

Bokeloh, Arno: Export von Pflegeleistungen innerhalb der Europäischen Union, in: Die Krankenversicherung in der Europäischen Union, Nr. 83, 1997, Zentrum für Europäisches Wirtschaftsrecht, Referate im Rahmen des vom Zentrum für Europäisches Wirtschaftsrecht und dem Arbeitskreis für Europäisches Sozialrecht des Landes Nordrhein-Westfalen geförderten 8. Bonner Europa-Symposiums in Bonn am 9. Dezember 1996
(zit.: Bokeloh, in: Die Krankenversicherung in der Europäischen Union)

Borchardt, Klaus-Dieter: Die rechtlichen Grundlagen der EU, Heidelberg 1996
(zit.: Borchardt: Die rechtlichen Grundlagen der EU)

Bormann, Ulrike/ Petersen, Ulrich: Entscheidungen aus dem Europa- und Verfassungsrecht, in: DAngVers 2001, Heft 5/6, S. 1 ff.

Brucq, Danielle de/Mehrhoff, Friedrich: Berufskrankheiten außerhalb der BK-Listen, in: BG 1997, 732 ff.

Buchmeier, Arnim: Schranken der Dienstleistungsfreiheit im Versicherungsrecht, Karlsruhe 1984
(zit.: Buchmeier, Schranken der Dienstleistungsfreiheit)

Bundesministerium der Finanzen: Freizügigkeit und soziale Sicherung in Europa, Gutachten, erstattet vom Wissenschaftlichen Beirat beim Bundesministerium der Finanzen, Heft 69, Berlin 2000
(zit.: Gutachten des Wissenschaftlichen Beirats beim Bundesministerium der Finanzen)
Bundesministerium für Arbeit und Sozialordnung (Hrsg.): Absicherung des Pflegerisikos am Beispiel ausgewählter Länder - Teil I -, in: Die Sozialversicherung 1992, S. 253 ff.
Bundesministerium für Arbeit und Sozialordnung (Hrsg.): Übersicht über das Sozialrecht, 4. Auflage, Bonn 1997
(zit.: Bearbeiter, in: Übersicht über das Sozialrecht)
Bundestag, Deutscher: Aus dem Bundestag, in: DOK 1995, S. 254 ff.
Burdenski, Wolfhart/ Maydell, Bernd von/ Schellhorn, Walter: SGB-AT, Kommentar zum Sozialgesetzbuch – Allgemeiner Teil, Neuwied, Darmstadt 1976
(zit.: Bearbeiter, in: SGB-AT, Kommentar)
Buss, Peter/Eiermann, Willi: Die Schaffung des europäischen Binnenmarktes aus der Sicht der berufsgenossenschaftlichen Unfallverhütung, in: Arbeit und Sozialpolitik 1989, S. 44 ff.
Buttler, Friedrich/Walwei, Ulrich/Werner, Heinz: Soziale Sicherung bei Arbeitslosigkeit-Anpassungsbedarf in der Bundesrepublik Deutschland durch den EG-Binnenmarkt, in: Schmähl, Winfried (Hrsg.), Soziale Sicherung im EG-Binnenmarkt: Aufgaben und Probleme aus deutscher Sicht, 1. Auflage, Baden-Baden 1990, S. 159 ff.
(zit.: Buttler/Walwei/Werner, in: Soziale Sicherung im EG-Binnenmarkt)

Calliess, Christian/Ruffert, Matthias (Hrsg.): Kommentar des Vertrages über die Europäische Union und des Vertrages zur Gründung der Europäischen Gemeinschaft, EUV/EGV, Neuwied, Kriftel 1999
(zit.: Bearbeiter,in: Callies/Ruffert, EUV/EGV)
Chardon, S.: Principles of coordination, in: Jorens, Yves/Schulte, Bernd (Hrsg.), Coordination of social security schemes in connection with the accession of central and eastern european states, „The Riga Conference", Brüssel 1999, S. 43 ff.
(zit.: Chardon, in: Coordination of social security)
Clever, Peter: Herausforderung für eine europäische Sozialpolitik, in: BArBl. (Heft 6)1989, S. 18 ff.
Clever, Peter: Rechtsprechung und Akzeptanz - Gedanken zur Rechtsprechung des EuGH im Sozialrecht anhand ausgewählter Fälle jüngster Zeit, in: ZfSH/SGB 1991, S. 561 ff.
Clever, Peter: Rechtsprechung des EuGH im Sozialbereich auf dem Prüfstand, in: SF 1992, S. 1 ff.
Clever, Peter: Soziale Sicherheit in der Europäischen Union, in: ZfSH/SGB 1996, S. 337 ff.
Clever, Peter: Soziale Sicherheit in der Europäischen Union – Gemeinschaftsrecht, Vorgaben und Ausblick, in: DRV 1996, S. 283 ff.
Compter, Hans Rudolf: Gliederung und Finanzierung der französischen Sécurité Sociale, in: DAngVers 1984, S. 396 ff.

Cornelissen, R. C.: Wechselwirkungen zwischen dem europäischen Sozialrecht und dem Sozialrecht der Bundesrepublik Deutschland, in: ZSR 1991, S. 465 ff.

Dalichau, Gerhard/ Grüner, Hans/ Müller-Alten, Lutz: Pflegeversicherung, Sozialgesetzbuch (SGB XI), Elftes Buch (XI), Kommentar sowie Bundes-, Europa- und Landesrecht, Starnberg-Percha, Loseblattsammlung, Stand: Dezember 1995
  (zit.: Bearbeiter, in: Dalichau/Grüner/Müller-Alten, SGB XI)

Dauses, Manfred A.: Handbuch des EU-Wirtschaftsrechts, Stand: November 1999, Band 1, München
  (zit.: Bearbeiter, in: Dauses, Handbuch des EU-Wirtschaftsrechts)

Dauses, Manfred A.: Dogmatik des Freien Warenverkehrs in der Europäischen Gemeinschaft, in: RIW 1984, S. 197 ff.

Dieck, Margret: Sicherung älterer Menschen gegen Pflegebedürftigkeit und chronische Krankheit in 18 Ländern - Information und internationaler Vergleich, Berlin 1983
  (zit.: Dieck, Sicherung gegen Pflegebedürftigkeit)

Dötsch, Jochen: Neuere Rechtsprechung zum europäischen Sozialrecht, in: AuA 2000, S. 72 ff.

Domscheit, Antje: Freier EG-Binnenmarkt rüttelt an den nationalen Sozialversicherungssystemen, in: KrV 1998, S. 246 ff.

Dressler, Dominique: International, Tagung des Europäischen Forums „Rehabilitation vor Entschädigung", in: Soziale Sicherheit (Wien) 1997, S. 1170 ff.

Druesne: Droit matériel et politiques de la communauté européene, Paris 1986
  (zit.: Druesne, Droit matérial et politiques de la communauté européene)

Dürkop, Harald: Alterssicherung in der EG – Eine kritische Bestandsaufnahme der Alterssicherungssysteme für Arbeitnehmer in der Europäischen Gemeinschaft –, Köln, 1992
  (zit.: Dürkop, Alterssicherung in der EG)

Ehlers, Dirk: Das Wirtschaftsverwaltungsrecht im europäischen Binnenmarkt, in: NVwZ 1990, S. 810 ff.

Eichenhofer, Eberhard: Fünfzig Jahre Social Security Act, in: SGb 1984, S. 563 ff.

Eichenhofer, Eberhard: Fünfzig Jahre Social Security Act, in: DAngVers 1987, S. 40 ff.

Eichenhofer, Eberhard: Recht der sozialen Sicherheit in den USA, Baden-Baden 1990
  (zit.: Eichenhofer, Recht der sozialen Sicherheit in den USA)

Eichenhofer, Eberhard: Freizügigkeit und Europäisches Arbeitsförderungsrecht, in: ZIAS 1991, S. 161 ff.

Eichenhofer, Eberhard: Beschäftigung, Arbeitsförderungsrecht und soziale Sicherung bei Arbeitslosigkeit, in: Europäisches Sozialrecht. Bundestagung des Deutschen Sozialrechtsverbandes 9. bis 11. Oktober 1991 in Duisburg. Schriftenreihe des Deutschen Sozialrechtsverbandes (SDSRV) Bd. 36, Wiesbaden 1992, S. 143 ff.
  (zit.: Eichenhofer, in: SDSRV 36)

Eichenhofer, Eberhard: Einführung in das Europäische Sozialrecht anhand der wichtigsten Fälle, in: Jura 1994, S. 11 ff.

Eichenhofer, Eberhard: Europarechtliche Probleme der sozialen Pflegeversicherung, in: VSSR 1994, S. 323 ff.

Eichenhofer, Eberhard: EuroAS-Stichwort: Europarechtliche Dimensionen der Pflegeversicherung, in: EuroAS 1995, S. 64 f.

Eichenhofer, Eberhard: Der Europäische Gerichtshof und das Europäische Sozialrecht, in: Due, Ole/ Lutter, Markus/ Schwarze, Jürgen (Hrsg.), Festschrift für Everling, Baden-Baden 1995, Bd. 1, S. 297 ff.

Eichenhofer, Eberhard: Internationales Pflegeversicherungsrecht, in: Schulin, Bertram (Hrsg.), Handbuch des Sozialversicherungsrechts, Bd. IV: Pflegeversicherung, München 1997, § 30, S. 727 ff.
(zit.: Eichenhofer, in: Hdb. des Sozialversicherungsrechts, Bd. IV)

Eichenhofer, Eberhard: Einführung in die Sozialrechtsvergleichung, in: NZS 1997, S. 97 ff.

Eichenhofer, Eberhard: Umbau des Sozialstaats und Europarecht, in: VSSR 1997, S. 71 ff.

Eichenhofer, Eberhard: Europäische Wirksamkeit der Pflegeversicherung, in: NZA 1998, S. 742 ff.

Eichenhofer, Eberhard: Soziale Rechte und Zugang zum Beruf, Referat, in: Hailbronner, Kay (Hrsg.), 30 Jahre Freizügigkeit in Europa: Beiträge anläßlich des Symposiums vom 3.-5. Dezember 1997 in Konstanz, ausgerichtet vom Forschungszentrum für Internationales und Europäisches Ausländer- und Asylrecht, Heidelberg 1998, S. 75 ff.
(zit.: Eichenhofer, in: 30 Jahre Freizügigkeit in Europa)

Eichenhofer, Eberhard: Zusammenfassung und Ausblick, in: Schulte, Bernd/Barwig, Klaus (Hrsg.), Freizügigkeit und Soziale Sicherheit, Die Durchführung der Verordnung (EWG) Nr. 1408/71 über die soziale Sicherheit der Wanderarbeitnehmer in Deutschland, (Seminar im Auftrag der Europäischen Kommission, Stuttgart-Hohenheim, den 19. Mai 1998, 1. Auflage, Baden-Baden 1999, S. 397 ff.
(zit.: Eichenhofer, in: Freizügigkeit und Soziale Sicherheit)

Eichenhofer, Eberhard: Dienstleistungsfreiheit und freier Warenverkehr als Rechtsgrundlagen für grenzüberschreitende Behandlungsleistungen, in: Grenzüberschreitende Behandlungsleistungen im Binnenmarkt, 11. Bonner Europa-Symposium, Zentrum für Europäisches Wirtschaftsrecht, Vorträge und Berichte, Sammelband Nr. 101, Mitglieder des Zentrums (Hrsg.) 1999
(zit.: Eichenhofer, in: Grenzüberschreitende Behandlungsleistungen im Binnenmarkt)

Eichenhofer, Eberhard: Das Europäische koordinierende Krankenversicherungsrecht nach den EuGH-Urteilen Kohll und Decker, in: VSSR 1999, S. 101 ff.

Eichenhofer, Eberhard: Export von Sozialleistungen nach dem Gemeinschaftsrecht, in: SGb 1999, S. 57 ff.

Einem, Hans-Jörg von: Rechtliche Probleme einer Pflegeversicherung, in: SGb 1991, S. 53 ff.

Emmerich, Volker: Internationale Personalberatung im Lichte des EWG-Vertrages, in: BB 1989, Beilage 3, S. 9 ff.

Engelmann, Klaus: Einführung: „Wettbewerb und soziale Krankenversicherung", - Zur Notwendigkeit einer öffentlich-rechtlichen Wettbewerbsordnung -, in: VSSR 1999, S. 167 ff.

Epiney, Astrid: Umgekehrte Diskriminierung: Zulässigkeit und Grenzen der discrimination à rebours nach europäischem Gemeinschaftsrecht und nationalem Verfassungsrecht, 1. Auflage, Köln, Berlin, Bonn, München 1995
(zit.: Epiney, Umgekehrte Diskriminierung)
Erasmy, Walter: Europarecht im Spannungsverhältnis zum nationalen Verfassungs- und Arbeitsrecht, in: Arbeitgeber 1992, S. 1 ff.
Esping-Andersen, G.: The Three Worlds of Welfare Capitalism, Princeton, 1990
(zit.: Esping-Andersen, The Three Worlds of Welfare Capitalism)
Europäische Kommission: Soziale Sicherheit in Europa 1995, Luxemburg 1996
(zit.: Europäische Kommission, Soziale Sicherheit in Europa 1995)
Europäische Kommission: Sozialer Dialog und soziale Rechte, Ihre soziale Sicherheit bei Aufenthalt in anderen Mitgliedstaaten der Europäischen Union, Luxemburg 1997
(zit.: Europäische Kommission: Sozialer Dialog und soziale Rechte)
Europäische Kommission: Missoc, Social protection in the Member States of the European Union situation on 1 January 1998 and evolution, 1998
(zit.: Europäische Kommission, Missoc)
Europäische Kommission: Missoc-Info, Soziale Sicherheit & soziale Integration, Alterssicherung in Europa, Luxemburg, 2001
(zit.: Europäische Kommission, Missoc-Info 2001)
Everling, Matthias: Selbstbeschränkung oder Freizügigkeit, Das Verbot grenzüberschreitenden Leistungsaustausches im europäischen Kontext, in: DOK 1994, S. 449 ff.
Everling, Matthias: Leistungsexport der gesetzlichen Krankenversicherer – Genügt die VO Nr. 1408/71 den Anforderungen der Dienstleistungsfreiheit, Art. 59 EGV?, in: Die Krankenversicherung in der Europäischen Union, Nr. 83, Zentrum für Europäisches Wirtschaftsrecht, 1997, Referate im Rahmen des vom Zentrum für Europäisches Wirtschaftsrecht und dem Arbeitskreis für Europäisches Sozialrecht des Landes Nordrhein-Westfalen geförderten 8. Bonner Europa-Symposiums, Bonn, 9. Dezember 1996
(zit.: Everling, in: Die Krankenversicherung in der Europäischen Union)
Everling, Ulrich: Das Niederlassungsrecht im Gemeinsamen Markt, Berlin, Frankfurt 1963
(zit.: U. Everling, Das Niederlassungsrecht im Gemeinsamen Markt)
Everling, Ulrich: Der Einfluss des EG-Rechts auf das nationale Wettbewerbsrecht im Bereich des Täuschungsschutzes, in: ZLR 1994, S. 221 ff.
Ewert, Holm A.: Der Beitrag des Gerichtshofs der Europäischen Gemeinschaften zur Entwicklung eines europäischen Sozialrechts, München 1987
(zit.: Ewert, Der Beitrag des Gerichtshofs der Europäischen Gemeinschaften zur Entwicklung eines europäischen Sozialrechts)

Felix, Ferdinand: Gesundheitsleistungen ohne Grenzen in der Europäischen Union?, Zu Art. 30, 36 EGV, Art. 22 der Verordnung (EWG) Nr. 1408/71 und §131 ASVG, § 85 GSVG, § 80 BSVG, § 59 B-KUVG, in: Soziale Sicherheit (Wien) 1999, S. 31 ff.

Fesenmair, Joseph: Öffentliche Dienstleistungsmonopole im europäischen Recht, Eine juristisch-ökonomische Analyse unter besonderer Berücksichtigung der Theorie der natürlichen Monopole, Berliner Juristische Universitätsschriften, Baden-Baden 1996
(zit.: Fesenmair, Öffentliche Dienstleistungsmonopole im europäischen Recht)

Fikentscher, Wolfgang: Wirtschaftsrecht, Bd. 1, Weltwirtschaft, europäisches Wirtschaftsrecht, München 1983
(zit.: Fikentscher, Wirtschaftsrecht, Bd. 1)

Fuchs, Maximilian: Die Vereinbarkeit von Sozialversicherungsmonopolen mit dem EG-Recht, in: ZIAS 1996, S. 338 ff.

Fuchs, Maximilian: Die Legitimation der gesetzlichen Unfallversicherung, in: BG 1996, S. 248 ff.

Fuchs, Maximilian: Soziale Sicherung für den Fall des Arbeitsunfalls und der Berufskrankheit, in: Europäisches Sozialrecht. Bundestagung des Deutschen Sozialrechtsverbandes 9. bis 11. Oktober 1991 in Duisburg. Schriftenreihe des Deutschen Sozialrechtsverbandes (SDSRV) Bd. 36, Wiesbaden 1992, S. 123 ff.
(zit.: Fuchs, in: SDSRV 36)

Fuchsloh, Christine: Die Pflegeversicherung – verfassungsrechtliche Probleme für kinderreiche Familien?, in: NZS 1996, S. 153 ff.

Füßer, Klaus: Transfer sozialversicherungsrechtlicher Komplexleistungen ins Ausland – zur Öffnungsbereitschaft des aktuellen Sozialversicherungsrechts aus der Sicht des europäischen Gemeinschaftsrechts, in: Arbeit und Sozialpolitik (Heft 9-10) 1997, S. 30 ff.

Füßer, Klaus: „Achtung lebende Tiere!" – Die Auswirkungen des allgemeinen Gemeinschaftsgrundrechts auf wirtschaftliche Freizügigkeit, in: JZ 1997, S. 835 ff.

Füßer, Klaus: Die Vereinigung Europas und das Sozialversicherungsrecht: Konsequenzen der Molenaar-Entscheidung des EuGH, in: NJW 1998, S. 1762 f.

Funk, Winfried: Die Rechtsprechung des Bundessozialgerichts zum Recht der beruflichen Rehabilitation in der gesetzlichen Rentenversicherung, in: SGb 1983, S. 45 ff.

Gagel, Alexander: Einführender Diskussionsbeitrag zum Themenbereich Arbeitsförderung/Soziale Sicherung für Arbeitslose, in: Schulte, Bernd/ Zacher, Hans F., Wechselwirkungen zwischen dem Europäischen Sozialrecht und dem Sozialrecht der Bundesrepublik Deutschland, Colloquium des Max-Planck-Instituts für ausländisches und internationales Sozialrecht, München, zusammen mit dem Bundesministerium für Arbeit und Sozialordnung, Bonn, in Augsburg am 5. und 6. November 1990, Schriftenreihe für Internationales und Vergleichendes Sozialrecht, Band 12, Berlin 1991, S. 194 ff.
(zit.: Gagel, in: Wechselwirkungen zwischen dem Europäischen Sozialrecht und dem Sozialrecht der Bundesrepublik Deutschland)

Gagel Alexander: Arbeitslosenversicherung und Ausländer, in: Barwig, Klaus/Sieveking, Klaus/Brinkmann, Gisbert/Lörcher, Klaus/Röseler Sibylle (Hrsg.), Sozialer Schutz von Ausländern in Deutschland, Hohenheimer Tage zum Ausländerrecht 1996, 1. Aufl., Baden-Baden 1997, S. 329 ff.
(zit.: Gagel, in: Sozialer Schutz von Ausländern in Deutschland)

Gagel, Alexander: SGB III, Arbeitsförderung, Kommentar, Band 1, München, Loseblattsammlung, Stand: März 2000
(zit.: Bearbeiter, in: Gagel, AFG)

Gamillscheg, Franz: Internationales Arbeitsrecht, (Arbeitsverweisungsrecht), Berlin 1959
(zit.: Gamillscheg, Internationales Arbeitsrecht)

Gassner, Ulrich M.: Dimensionen des allgemeinen Diskriminierungsverbots im Europäischen Sozialrecht, in: VSSR 1995, S. 255 ff.

Gassner, Ulrich M.: Pflegeversicherung und Arbeitnehmerfreizügigkeit, in: NZS 1998, S. 313 ff.

Geiger, Rudolf: EG-Vertrag, Kommentar zu dem Vertrag zur Gründung der Europäischen Gemeinschaft, 2. Auflage, München 1995
(zit.: Geiger, EG-Vertrag)

Geppert, Walter: Alterssicherung: Landesbericht Österreich, letzte Gesetzesänderung, in: DRV 1998, S. 402 ff.

Gerlach, Ingrid: Berücksichtigung der EWG-Verordnung Nr. 3, 4, 1408/71 und 574/72 bei der Gewährung von Rehabilitationsmaßnahmen durch die gesetzlichen Rentenversicherungsträger, in: DRV 1974, S. 164 ff.

Gesellschaft für Versicherungswissenschaft und –gestaltung e. V. (GVG) Köln: Auswirkungen der Politik der Europäischen Union auf das Gesundheitswesen und die Gesundheitspolitik in der Bundesrepublik Deutschland – Bestandsaufnahmen und Perspektiven – am 16. und 17. Juni 1996 in Bonn, Köln 1996
(zit.: GVG, Auswirkungen der Politik der Europäischen Union auf das Gesundheitswesen und die Gesundheitspolitik in der Bundesrepublik Deutschland)

Giesen, Richard: Pflegeversicherung und Europäisches Gemeinschaftsrecht, in: SGb 1994, S. 63 ff.

Giesen, Richard: Sozialversicherungsmonopol und EG-Vertrag, Eine Untersuchung am Beispiel der gesetzlichen Unfallversicherung in der Bundesrepublik Deutschland, 1. Auflage, Baden-Baden 1995
(Giesen, in: Sozialversicherungsmonopol und EG-Vertrag)

Giesen, Richard: Die Anwendung der sozialrechtlichen Aus- und Einstrahlungsregeln durch die Sozialversicherungsträger, in: NZS 1996, S. 309 ff.

Giesen, Richard: Die Vorgaben des EG-Vertrages für das Internationale Sozialrecht, zu den Auswirkungen des europäischen Primärrechts auf das sozialrechtliche Kollisions- und Sachrecht der Gemeinschaft und ihrer Mitgliedstaaten, Beiträge zur europäischen
Integration, Band 3, Köln, Berlin, Bonn, München 1999
(zit.: Giesen, Die Vorgaben des EG-Vertrages für das Internationale Sozialrecht)

Giesen, Richard: Die Geltung der Grundfreiheiten im Sozialrecht, insbesondere für die Leistungserbringer, in: Schulte, Bernd/Barwig, Klaus (Hrsg.), Freizügigkeit und Soziale Sicherheit, Die Durchführung der Verordnung (EWG) Nr. 1408/71 über die soziale Sicherheit der Wanderarbeitnehmer in Deutschland, (Seminar im Auftrag der Europäischen Kommission, Stuttgart-Hohenheim, den 19. Mai 1998), 1. Auflage, Baden-Baden 1999, S. 359 ff.
(zit.: Giesen, in: Freizügigkeit und Soziale Sicherheit)

Gitter, Wolfgang: Sozialrecht, 3. Auflage, München 1992
(zit.: Gitter, Sozialrecht)
Godry, Rainer: Krankenbehandlung ohne Grenzen – Anmerkungen zu einem Modellprojekt im niederländisch-deutschen Grenzgebiet, in: ZfSH/SGB 1997, S. 416 ff.
Goldmann, Berthold/Lyon-Caen, Antoine/Vogel, Louis: Droit commercial européen, 5. Auflage, Dalloz 1994
(zit.: Goldmann/Lyon-Caen/Vogel, Droit commercial européen)
Gouloussis, Dimitrious: The equality of treatment and the relationship between regulations 1612/68 and 1408/71, in: Departamento de Relações Internacionais e Convenções de Segurança Social with the support of the Commission of the European Communities (Hrsg.), Social security in Europe – Equality between nationals and non-nationals, Lissabon 1995, S. 75 ff.
(zit.: Gouloussis, in: Social security in Europe)
Grabitz, Eberhard/Hilf, Meinhard: Kommentar zur Europäischen Union, Vertrag über die Europäische Union, Vertrag zur Gründung der Europäischen Gemeinschaft, Band I: EUV, Art. 1-136a EGV, Stand: 1998 und Stand: 2000
(zit.: Bearbeiter, in: Grabitz/Hilf)
Graser, Alexander: Auf dem Weg zur Sozialunion – Wie „sozial" ist das europäische Sozialrecht?, in: ZIAS 2000, S. 336 ff.
Greiner, Dieter/Sokoll, Günther/Aulmann, Heinz: Die gesetzliche Unfallversicherung und ihre Entwicklung im Zeitraum von 1995 bis 1998, in: BG 1998, S. 642 ff.
Groeben, Hans von der/Thiesing, Jochen/Ehlermann, Claus-Dieter: Kommentar zum EU-/EG-Vertrag:
- Band 1, Art. A-F EUV, Art. 1-84 EGV, 5. Auflage, Baden-Baden 1997
- Band 2/I, Art. 85-87 EGV, 5. Auflage, Baden-Baden 1999
- Band 2/II, Art. 88-102 EGV, 5. Auflage, Baden-Baden 1999
(zit.: Bearbeiter, in: GTE)
Grotzer, Werner: Waisenrente nach Artikel 78,79 VO (EWG) Nr. 1408/71, in: DRV 1995, S. 125 ff.

Hänlein, Andreas/Kruse, Jürgen: Einflüsse des Europäischen Wettbewerbsrechts auf die Leistungserbringung in der gesetzlichen Krankenversicherung, in: NZS 2000, S. 165 ff.
Hailbronner, Kay: Die soziale Dimension der EG-Freizügigkeit – Gleichbehandlung und Territorialitätsprinzip, in: EuZW 1991, S. 171 ff.
Hailbronner, Kay: Öffentliche Unternehmen im Binnenmarkt – Dienstleistungsmonopole und Gemeinschaftsrecht, in: NJW 1991, S. 593 ff.
Hailbronner, Kay/Klein, Eckart/Magiera, Siegfried/Müller-Graff, Peter-Christian: Handkommentar zum Vertrag über die Europäische Union (EUV/EGV), Loseblattsammlung, Stand: November 1998, Köln, Berlin, Bonn, München
(zit.: Bearbeiter, in: Hailbronner)
Hailbronner, Kay/ Nachbaur, Andreas: Die Dienstleistungsfreiheit in der Rechtsprechung des EuGH, in: EuZW 1992, S. 105 ff.
Hanesch, Walter: Soziale Sicherung im europäischen Vergleich, in: Aus Politik und Zeitgeschichte, B 34-35, 1998, S. 15 ff.

Hauck, Karl/Haines, Hartmut: Sozialgesetzbuch SGB I, Allgemeiner Teil, Kommentar, Stand: Mai 2000, Berlin
(zit.: Bearbeiter, in: Hauck/Haines)
Hauck, Karl/Wilde, Klaus: Sozialgesetzbuch, SGB XI, Soziale Pflegeversicherung, Kommentar, Loseblattsammlung, Stand: Januar 2000, Berlin
(zit: Bearbeiter, in: Hauck/Wilde)
Hauptverband der Gewerblichen Berufsgenossenschaften (HVBG) (Hrsg.): Die soziale Unfallversicherung in Europa, Beiträge zur Standortbestimmung; Dr. Friedrich Watermann zum 75. Geburtstag, Bielefeld 1996
(zit.: Hauptverband, Die soziale Unfallversicherung in Europa)
Haverkate, Jörg/Huster, Stefan: Europäisches Sozialrecht, Eine Einführung, 1. Auflage, Baden-Baden, 1999
(zit.: Haverkate/Huster, Europäisches Sozialrecht)
Heine, Wolfgang: Transfer sozialversicherungsrechtlicher Komplexleistungen ins Ausland – zur Öffnungsbereitschaft des aktuellen Sozialversicherungsrechts aus der Sicht des Territorialitätsprinzips, in: Arbeit und Sozialpolitik 9-10/1997, S. 9 ff.
Heinz, Kersten: Die soziale Dimension der EG: Unterschiedliche nationale Schutzsysteme zwischen Rechtsangleichung und Arbeitnehmerfreizügigkeit- Probleme und Perspektiven des Sozialraums Europa -, in: DVBl 1990, S. 1386 ff.
Heinze, Meinhard: Die Vertragsstrukturen des SGB V, in: SGB 1990, S. 173 ff.
Heinze, Meinhard: Die Rechtsbeziehungen der Leistungserbringer von Heil- und Hilfsmitteln zu den Krankenkassen, in: VSSR 1991, S. 1 ff.
Heinze, Meinhard: Europarechtliche Rahmenbedingungen der deutschen Unfallversicherung, in: Die Unfallversicherung in der Europäischen Union, Referat im Rahmen des 4. Bonner Europa-Symposiums am 16. Juni 1994 in Bonn, Forum für Europäisches Wirtschaftsrecht, Nr. 42, Rheinische Friedrich-Wilhelms-Universität Bonn (Hrsg.), S. 68 ff.
(zit.: Heinze, in: Forum für Europäisches Wirtschaftsrecht)
Heinze, Meinhard: Europarechtliche Rahmenbedingungen der deutschen Unfallversicherung, in: Die Unfallversicherung in der Europäischen Union. 4. Bonner Europa-Symposium, Referate, 16. Juni 1994, Bonn 1994, in: BG 1995, S. 89 ff.
Heinze, Meinhard: Europarechtliche Rahmenbedingungen der deutschen Unfallversicherung, in: Heinze, Meinhard/Schmitt, Jochem, Festschrift für Wolfgang Gitter zum 65. Geburtstag am 30. Mai 1995, Wiesbaden 1995, S. 355 ff.
(zit.: Heinze, in: FS f. Gitter)
Heinze, Meinhard: Die substitutive private Krankenversicherung – ein Modell für Europa?, in: Zeitschrift für die gesamte Versicherungswissenschaft 1996, S. 281 ff.
Heinze, Meinhard: Reichweite und Grenzen der Freizügigkeit als Grundfreiheit für Arbeitsuchende, in: 9. Bonner Europa-Symposium, Arbeitsförderung in Europa 1997, Zentrum für Europäisches Wirtschaftsrecht, Vorträge und Berichte, Nr. 93, S. 53 ff.
(zit.: Heinze, in: Arbeitsförderung in Europa)
Heinze, Meinhard/Giesen, Richard: Die Arbeitsunfähigkeitsbescheinigung und der Europäische Gerichtshof, Besprechung des Urteils des EuGH vom 2.5.1996 – Rs. C-206/94 (Paletta II), in: BB 1996, S. 1830 ff.

Hemmer, Edmund: Unfallversicherung, in: Institut der deutschen Wirtschaft Köln (Hrsg.), Sozialraum Europa, Rentenversicherung, Krankenversicherung, Arbeitslosenversicherung, Unfallversicherung, Arbeitsbedingungen, Mitbestimmung, Köln 1998, S. 95 ff.
(zit.: Hemmer, in: Sozialraum Europa)

Henninger, Bernd: Die schönste Nebensache Europas – Zur Geschichte der EG-Sozialpolitik, in: SF 1992, S. 203 ff.

Hilger, Gabriele: Urteil der Europa-Richter erhitzt die Gemüter, in: G + G (Heft 7) 1998, S. 17 ff.

Hohnerlein, Eva Maria: Die soziale Sicherung für den Fall der Invalidität in Italien, in: Reinhard, Hans-Joachim/Kruse, Jürgen/Maydell, Bernd von, Invaliditätssicherung im Rechtsvergleich, 1. Auflage, Baden-Baden 1998, S. 231 ff.
(zit.: Hohnerlein, in: Invaliditätssicherung im Rechtsvergleich)

Hohnerlein, Eva Maria: Der italienische Sozialstaat zwischen Krise und Reform, in: SF 1997, S. 16 ff.

Hohnerlein, Eva Maria: Sozialrechtliche Ansprüche auf medizinische Leistungen in Italien, in: ZIAS 1998, S. 366 ff.

Husmann, Manfred: Koordinierung der Leistungen bei Arbeitslosigkeit durch EG-Recht, in: SGb 1998, S. 245 ff. und S. 291 ff.

Huster, Stefan: Grundfragen der Exportpflicht im europäischen Sozialrecht, in: NZS 1999, S. 10 ff.

Ibenfeldt-Schulz, Lisa: Leistungen bei Pflege in Dänemark, in: Sieveking, Klaus (Hrsg.), Soziale Sicherung bei Pflegebedürftigkeit in der Europäischen Union, 1. Auflage, Baden-Baden 1998, S. 99 ff.
(zit.: Ibenfeldt Schulz, in: Soziale Sicherung bei Pflegebedürftigkeit in der Europäischen Union)

Igl, Gerhard: Das neue Pflegeversicherungsrecht, Soziale Pflegeversicherung (Sozialgesetzbuch – Elftes Buch), München 1995
(zit.: Igl, Das neue Pflegeversicherungsrecht)

Igl, Gerhard: Pflegebedürftigkeit und Behinderung im Recht der sozialen Sicherheit, Baden-Baden 1987
(zit.: Igl, Pflegebedürftigkeit und Behinderung im Recht der sozialen Sicherheit)

Igl, Gerhard: The situation of dependence in relation to the protection afforded by social security (Report prepared for 6 th Conference of European Ministers responsible for social security, Lisbon 29.-31 May 1995), herausgegeben vom Europarat, Straßburg, 1995
(zit.: Igl, Situation of Dependence)

Igl, Gerhard: Pflegeversicherung als neuer Gegenstand sozialrechtlicher Regulierung, in: Sieveking, Klaus (Hrsg.), Soziale Sicherung bei Pflegebedürftigkeit in der Europäischen Union, 1. Auflage, Baden-Baden 1998, S. 19 ff.
(zit.: Igl, in: Soziale Sicherung bei Pflegebedürftigkeit in der Europäischen Union)

Igl, Gerhard/Kaufmann, Otto: Landesbericht Frankreich, in: Zacher, Hans (Hrsg.), Alterssicherung im Rechtsvergleich, Studien aus dem Max-Planck-Institut für ausländisches und internationales Sozialrecht, Band 11, Baden-Baden 1991, S. 225 ff.
(zit.: Igl/Kaufmann, in: Zacher, Alterssicherung im Rechtsvergleich)

Igl, Gerhard/Schuler, Rolf: Anmerkungen zu Urteil des 2. Senats des BSG vom 13.12.1984 – ZU 79/83, in: SGb 1986, S. 127 ff.

Igl, Gerhard/Stadelmann, Falk: Die Pflegeversicherung in Deutschland, in: Sieveking, Klaus (Hrsg.), Soziale Sicherung bei Pflegebedürftigkeit in der Europäischen Union, 1. Auflage, Baden-Baden 1998, S. 37 ff.
(zit.: Igl/Stadelmann, in: Soziale Sicherung bei Pflegebedürftigkeit in der Europäischen Union)

Ipsen, Knut: Völkerrecht: ein Studienbuch, 4. Auflage, München 1999
(zit.: Ipsen, Völkerrecht)

Isensee, Josef: Soziale Sicherheit im europäischen Markt, Aufgabenverteilung zwischen Mitgliedstaaten und Europäischer Gemeinschaft gemäß dem Subsidiaritätsprinzip, in: VSSR 1996, S. 169 ff.

Ivansits, Helmut: Die österreichische Sozialversicherung im Kontext der Europäischen Union, in: Soziale Sicherheit (Wien) 1994, S. 235 ff.

Jarass, Hans D.: EG-Recht und nationales Rundfunkrecht, Zugleich ein Beitrag zur Reichweite der Dienstleistungsfreiheit, in: EuR 1986, S. 75 ff.

Jochheim, Klaus: GKV-Gesundheitsreform 2000 seit dem 1. Januar in Kraft, in: Kompass 2000, S. 113 ff.

Jakubowski, Elke/ Perleth, Matthias: Blick über den Tellerrand, in: G+G (Heft 8), S. 20 ff.

Jorens, Yves/ Schulte, Bernd (Hrsg.): Coordination of social security schemes in connection with the accession of central and eastern European states, „The Riga-Conference", Brüssel 1999
(zit.: Bearbeiter, in: Coordination of social security schemes)

Kasseler Kommentar, Sozialversicherungsrecht, Klaus Niesel (Gesamtred.), Loseblattsammlung, Stand: April 2000, München
(zit: Bearbeiter, in: KassKomm)

Kaufmann, Otto: Leistungen in der französischen Krankenversicherung, in: ZIAS 1998, S. 321 ff.

Kaufmann, Otto: Soziale Sicherung bei Minderung der Erwerbsfähigkeit in Frankreich: Invaliditätssicherung, in: DRV 1998, S. 456 ff.

Kaufmann, Otto: Die soziale Sicherung für den Fall der Invalidität in Frankreich, in: Reinhard, Hans-Joachim/Kruse, Jürgen/Maydell, Bernd von, Invaliditätssicherung im Rechtsvergleich, 1. Auflage, Baden-Baden 1998, S. 151 ff.
(zit.: Kaufmann, in: Invaliditätssicherung im Rechtsvergleich)

Kerger, Dietrich/Kreutzer, Thomas: Die Kranken- und Pflegeversicherung der Rentner bei Wohnort im Ausland, in: BKK 1998, S. 23 ff.

Kerschen, Nicole: Die Einführung einer Pflegeversicherung in Luxemburg. Die Grundlinien des Gesetzesentwurfs, in: Sieveking, Klaus (Hrsg.), Soziale Sicherung bei Pflegebedürftigkeit in der Europäischen Union, 1. Auflage, Baden-Baden 1998, S. 67 ff.
(zit.: Kerschen, in: Soziale Sicherung bei Pflegebedürftigkeit in der Europäischen Union)

Ketelsen, Jörg Volker: Sozialhilfe und Gemeinschaftsrecht, in: ZSR 1990, S. 331 ff.

Ketelsen, Jörg Volker: Die soziale Dimension des freien Personenverkehrs – Rechtliche und faktische Hindernisse, in: Ress, Georg/Stein, Torsten (Hrsg.), Europäischer Sozialraum, 1. Auflage, Baden-Baden 1995, S. 11 ff.
(zit.: Ketelsen, in: Europäischer Sozialraum)
Kischel, Uwe: Zur Dogmatik des Gleichheitssatzes in der Europäischen Union, in: EuGRZ 1997, S. 1 ff.
Klammer, Ute: Alterssicherung in Italien, eine institutionelle, theoretische und empirische Analyse, Reihe: Alterssicherung in der Europäischen Union II, Berlin 1997
(zit.: Klammer, Alterssicherung in der Europäischen Union II)
Klang, Klaus A.: Soziale Sicherheit und Freizügigkeit im EWG-Vertrag: Analyse der Grundsatzproblematik einer Norminterpretation durch den Gerichtshof der Europäischen Gemeinschaften, Schriftenreihe Europäisches Recht, Politik und Wirtschaft, Band 125, 1.Auflage, Baden-Baden 1986
(zit.: Klang, Soziale Sicherheit und Freizügigkeit im EWG-Vertrag)
Klein, Stefan: Neuere Entwicklungen des Rechts der Europäischen Gemeinschaften, in: DÖV 1988, S. 244 ff.
Klein, Stefan: Deutsches Pflegeversicherungsrecht versus Europarecht? Vereinbarkeit der deutschen Pflegeversicherung mit der europarechtlichen Arbeitnehmerfreizügigkeit, Arbeits- und Sozialrecht, Band 48, 1. Auflage, Baden-Baden 1998
(zit.: Klein, Deutsches Pflegeversicherungsrecht versus Europarecht?)
Klie, Thomas/Krahmer, Utz (Hrsg.): Soziale Pflegeversicherung, Lehr- und Praxiskommentar, LPK-SGB XI, mit Kommentierung der wichtigsten BSHG-Regelungen sowie Anhang, Verfahren und Rechtsschutz, 1. Auflage, Baden-Baden 1998
(zit.: Bearbeiter, in: LPK-SGB XI)
Knieps, Franz: Die Versicherungspflicht aus deutscher Sicht – Anmerkungen zur Ambivalenz von Solidarität und Wettbewerb in der Sozialversicherung, in: Soziale Sicherheit (Wien), S. 356 ff.
Knieps, Franz: Von stationär bis visionär, in: G+G (Heft 11) 1998, S. 34 ff.
Koch, Erich: Die Entscheidung des EuGH zum Leistungsexport des Pflegegeldes vom 5. März 1998 (Rs C – 160/96), in: ZfSH/SGB 1998, S. 451 ff.
Koch, Erich: Geldleistungen für Pflegebedürftigkeit nach dem SGB XI, in: VSSR 2000, S. 57 ff.
Köhler, Peter: Dänemark: Invaliditätssicherung durch vorzeitige Sozialrenten in: DRV 1998, S. 439 ff.
König, Christian: Gesundheitspolitik in der Europäischen Union nach dem Vertrag von Amsterdam, in: Sozialer Fortschritt 1998, S. 282 ff.
Köstler, Ursula: Frankreich verschiebt die Einführung einer Pflegebeihilfe für alte Menschen auf 1997, in: SF 1996, S. 145 ff.
Kort, Michael: Schranken der Dienstleistungsfreiheit im europäischen Recht, in: JZ 1996, S. 132 ff.
Krasney, Otto: Zum Pflegegeld des § 37 SGB XI, in: SGb 1996, S. 253 ff.
Kraus, Rudolf: SGB IX – Teil A – Zielsetzungen und inhaltliche Schwerpunkte des Gesetzesentwurfs – Ergebnisse der Ersten Beratung, in: Behindertenrecht 2001, S. 81 ff.

Krauskopf, Dieter/Schroeder-Printzen, Günther/Baier, Gerhard: Soziale Krankenversicherung, Soziale Pflegeversicherung: SGB V, SGB XI und Nebengesetze, Loseblattsammlung, Stand: 1995, München
(zit.: Bearbeiter, in: Krauskopf)

Kremalis, Konstantinos: Die soziale Sicherung für den Fall der Invalidität in Griechenland, in: Reinhard, Hans-Joachim/Kruse, Jürgen/Maydell, Bernd von, Invaliditätssicherung im Rechtsvergleich, 1. Auflage, Baden-Baden 1998, S. 199 ff.
(zit.: Kremalis, in: Invaliditätssicherung im Rechtsvergleich)

Kubischke, Gerd: Rehabilitationsleistungen der Rentenversicherung unter Berücksichtigung des über- und zwischenstaatlichen Rechts, in: DAngVers 1978, S. 443 ff.

Kücking, Monika: Europa und die Zukunft der sozialen Sicherungssysteme, in: Die Ersatzkasse 1998, S. 214 ff.

Kugelmann, Dieter: Der Rundfunk und die Dienstleistungsfreiheit des EWG-Vertrages, Hochstadt, 1991
(zit.: Kugelmann, Der Rundfunk und die Dienstleistungsfreiheit des EWG-Vertrages)

Kuhn, Heike: Die soziale Dimension der Europäischen Gemeinschaft, Schriften zum Europäischen Recht, Band 22, Berlin 1995
(zit.: Kuhn, Die soziale Dimension der Europäischen Gemeinschaft)

Kukla, Gerd: Export von Pflegegeld, in: KrV 1998, S. 251 ff.

Laïs, Christian: Leistungen bei Invalidität, Alter und Tod (Renten), in: Schulte, Bernd/Barwig, Klaus (Hrsg.), Freizügigkeit und Soziale Sicherheit, Die Durchführung der Verordnung (EWG) Nr. 1408/71 über die soziale Sicherheit der Wanderarbeitnehmer in Deutschland, (Seminar im Auftrag der Europäischen Kommission, Stuttgart-Hohenheim, den 19. Mai 1998), 1. Auflage, Baden-Baden 1999, S. 125 ff.
(zit.: Laïs, in: Freizügigkeit und Soziale Sicherheit)

Langelüddeke, Anne/ Michaelis, Klaus: Europäische Dimension der Rentenversicherung, in: DAngVers 2001, Heft 7, S. 1 ff.

Langer-Stein, Rose: Die Fortentwicklung des europäischen Sozialrechts aus der Sicht der Bundesregierung, in: ZSR 1991, S. 480 ff.

Langer, Rose: Zukunftsperspektiven des europäischen Sozialrechts und Gleichbehandlung von Männern und Frauen, in: Maydell, Bernd von/Schulte, Bernd (Hrsg.), Zukunftsperspektiven des Europäischen Sozialrechts, Berlin 1995, S. 25 ff.
(zit.: Langer, in: Zukunftsperspektiven des Europäischen Sozialrechts)

Langer, Rose: Künftige rechtliche Koordinierung der Pflegeversicherung in Europa, in: Sieveking, Klaus (Hrsg.), Soziale Sicherung bei Pflegebedürftigkeit in der Europäischen Union, 1. Auflage, Baden-Baden 1998, S. 251 ff.
(zit.: Langer, in: Soziale Sicherung bei Pflegebedürftigkeit in der Europäischen Union)

Langer, Rose: Grenzüberschreitende Behandlungsleistungen – Reformbedarf für die Verordnung 1408/71, in: NZS 1999, S. 537 ff.

Lauterbach, Herbert/Waltermann, Friedrich: Gesetzliche Unfallversicherung, Sozialgesetzbuch VII, Kommentar zum Siebten Buch des Sozialgesetzbuchs und zu weiteren die Unfallversicherung betreffenden Gesetzen, Band 2, Stuttgart, Berlin, Köln, Mainz, Loseblattsammlung, Stand: September 1999
(zit.: Lauterbach/Waltermann, UV)

Leienbach, Volker: Soziale Sicherung im Europäischen Binnenmarkt, in KrV 1990, S. 194 ff.

Leienbach, Volker: Das Gesundheitswesen im Europäischen Binnenmarkt, in: BKK 1993, S. 36 ff.

Leipold, Dieter: Schwer zu fassen: die Arbeitsunfähigkeitsbescheinigung nach deutschem und europäischem Recht, in: Heinze, Meinhard/Söllner, Alfred, Arbeitsrecht in der Bewährung, Festschrift für Otto Rudolf Kissel zum 65. Geburtstag, München 1994, S. 629 ff.
(zit.: Leipold, in: FS f. Kissel)

Lenz, Carl Otto: Der Beitrag der Rechtsprechung zur Entwicklung des Europäischen Sozialrechts, in: Maydell, Bernd von/Schulte, Bernd (Hrsg.), Zukunftsperspektiven des Europäischen Sozialrechts, Berlin 1995, S. 17 ff.
(zit.: Lenz, in: Zukunftsperspektiven des Europäischen Sozialrechts)

Lenz, Carl Otto (Hrsg.): EG-Vertrag, Kommentar zu dem Vertrag zur Gründung der Europäischen Gemeinschaft, 2. Auflage, Köln, Basel, Wien 1999
(zit.: Bearbeiter, in: Lenz, EG-Vertrag)

Lenze, Anne: Europäische Dimensionen der sozialen Sicherheit (IV): Arbeitslosenversicherung, in: EuroAS 1995, S. 164 ff.

Lewerenz, Mario/Köhlers, Tim: Rehabilitation in Frankreich, in: DAngVers 2000, S. 244 ff.

Lichtenberg, Hagen: Ärztliche Tätigkeiten, klinische Leistungen und freier Dienstleistungsverkehr im Gemeinsamen Markt, in: VSSR 1978, S. 125 ff.

Lippert, Ralf: Soziale Vergünstigungen und Arbeitnehmerfreizügigkeit in Europa, Aachen 1995
(zit.: Lippert, Soziale Vergünstigungen und Arbeitnehmerfreizügigkeit in Europa)

Lüdtke-Handjery, Karin/Zender, Andrea: Europas soziale Sicherungssysteme auf dem Weg ins neue Jahrtausend, in: ZfSH/SGB 1997, S. 259 ff.

Lutz, Dieter/ App, Michael: Die praktische Arbeit mit dem Recht der Europäischen Gemeinschaften, in: SGb 1993, S. 502 ff.

Lyon-Caen, Antoine: Social security and the principle of equal treatment in the EC treaty and regulation No. 1408/71, in: Departamento de Relações Internacionais e Convenções de Segurança Social with the support of the Commission of the European Communities (Hrsg.), Social security in Europe – Equality between nationals and non-nationals, Lissabon 1995, S. 45 ff.
(zit.: Lyon-Caen, in: Social security in Europe)

Mäder, Werner: Sozialrecht und Sozialpolitik der Europäischen Union – Universalismus statt Uniformität, in: NZS 1995, S. 433 ff.

Maestripieri, Cesare: La libre circulation des personnes et des services dans la CEE, Heule, Brüssel, Namur 1972
(zit.: Maestripieri, La libre circulation des personnes et des services dans la CEE)

Magiera, Siegfried: Die Europäische Gemeinschaft auf dem Wege zu einem Europa der Bürger, in: DÖV 1987, S. 223 ff.

Marburger, Horst: Zur Sozialversicherung der Grenzgänger, in: SGb 1985, S. 548 ff.

Marburger, Horst: „Kehrtwende" in der gesetzlichen Krankenversicherung, in: BB 1999, S. 789 ff.

Marcussen, Ernst: Social Welfare in Denmark (Danish Information Handbook), 4. Auflage, Kopenhagen 1996
(zit.: Marcussen, Social Welfare)
Marhold, Franz: Europäischer Wettbewerb im Gesundheitswesen, in: Europäische Integration und nationale Rechtskulturen, Köln, Berlin, Bonn, München 1995, S. 452 ff.
Marino, M.: Unemployment, Viewpoint of the EU-Member States, in: Jorens, Yves/Schulte, Bernd (Hrsg.), Coordination of social security schemes in connection with the accession of central and eastern European states, „The Riga Conference", Bruxelles 1999
(zit.: Marino, in: Coordination of social security schemes)
Maschmann, Frank: Grundfragen des Rechts der Leistungserbringung in der sozialen Pflegeversicherung (SGB XI) – I. Teil -, in: SGb 1996, S. 49 ff.
Maschmann, Frank: Grundzüge des Leistungsrechts der gesetzlichen Pflegeversicherung nach dem SGB XI, in: NZS 1995, S. 109 ff.
Maßen, Joachim/ Schermer, Joachim/ Wiegand, Dietrich/ Zipperer, Manfred: Sozialgesetzbuch, Fünftes Buch - SGB V, Gesetzliche Krankenversicherung, GKV-Kommentar, mit Ergänzungsband: Soziale Pflegeversicherung, PflegeV-Kommentar, SGB XI, Stand: Juni 2000
(Bearbeiter, in: Maßen/Schermer/Wiegand/Zipperer)
Matthies, Heinrich: Artikel 30 EG-Vertrag nach Keck, in: Due, Ole/Lutter, Marcus/Schwarze, Jürgen (Hrsg.), Festschrift für Ulrich Everling, Bd. 1, 1. Auflage, Baden-Baden 1995, S. 803 ff.
(zit.: Matthies, in: FS f. Everling)
Mavridis, P.: Leistungen bei Krankheit und Mutterschaft, in: Die soziale Sicherheit der Personen, die innerhalb der Gemeinschaft zu- und abwandern, Soziales Europa, Heft 3/1992, Luxemburg 1993, S. 32 ff.
(zit.: Mavridis, Soziales Europa (Heft 3) 1992)
Maydell, Bernd von: Leistungsbeschaffung (insbesondere von Heil- und Hilfsmitteln) durch die gesetzlichen Krankenkassen zwischen öffentlichem und privatem Recht, in: DB 1985, S. 276 ff.
Maydell, Bernd von: Die soziale Dimension des EG-Binnenmarktes – Grundsätzliche Fragestellungen, in: KrV 1990, S. 190 ff.
Maydell, Bernd von: Kuren in Deutschland und im Ausland, Zu den rechtlichen Grundlagen unter besonderer Berücksichtigung des Europäischen Gemeinschaftsrechts, in: HuK 1990, S. 276 ff.
Maydell, Bernd von: Internationales Krankenversicherungsrecht, in: Schulin, Bertram (Hrsg.), Handbuch des Sozialversicherungsrechts, Bd. 1, Krankenversicherungsrecht, München 1994, S. 1499 ff.
(zit.: V. Maydell, in: Hdb. des Sozialversicherungsrechts, Bd. 1).
Maydell, Bernd von: Berufs- und Erwerbsunfähigkeit im Rechtsvergleich, in: DRV 1995, S. 537 ff.
Maydell, Bernd von/ Ruland, Franz (Hrsg.): Sozialrechtshandbuch (SRH), 2. Auflage, Neuwied, Kriftel, Berlin, 1996
(zit.: Bearbeiter, in: SRH)
Maydell, Bernd von: Wenn Schutzzäune fallen ..., in: G+G (Heft 8) 1998, S. 3 ff.

Maydell, Bernd von: Auf dem Wege zu einem gemeinsamen Markt für Gesundheitsleistungen in der Europäischen Gemeinschaft, in: VSSR 1999, S. 3 ff.

Maydell, Bernd von/ Schnapp, Friedrich E. (Hrsg.): Die Auswirkungen des EG-Rechts auf das Arbeits- und Sozialrecht der Bundesrepublik: unter besonderer Berücksichtigung der neuen Bundesländer, Beiträge zur Sozialpolitik und zum Sozialrecht, Band 12, Berlin 1992

(zit.: Bearbeiter, in: V. Maydell/Schnapp)

Maydell, Bernd von/ Schulte, Bernd (Hrsg.): Zukunftsperspektiven des Europäischen Sozialrechts, Max-Planck-Institut für Ausländisches und Internationales Sozialrecht, Berlin 1995

(zit.: Maydell/ Schulte)

Mazal, Wolfgang: Die soziale Sicherung für den Fall der Invalidität in Österreich, in: Reinhard, Hans-Joachim/Kruse, Jürgen/Maydell, Bernd von, Invaliditätssicherung im Rechtsvergleich, 1. Auflage, Baden-Baden 1998, S. 365 ff.

(zit.: Mazal, in: Invaliditätssicherung im Rechtsvergleich)

Mehrhoff, Friedrich/Weber-Falkensammer, Hartmut: Qualität und Wirtschaftlichkeit der Leistungen zur Heilbehandlung und Rehabilitation in der gesetzlichen Unfallversicherung, in: BG 2000, S. 104 ff.

Mestmäcker, Ernst-Joachim: Staat und Unternehmen im europäischen Gemeinschaftsrecht, Zur Bedeutung von Art. 90 EWGV, in: RabelsZ 52 (1998), S. 526 ff.

Meyering, Gerhard: Internationale Erfahrungen, in: BArbBl (Heft 9) 1993, S. 12 ff.

Meyering, Gerhard: Der internationale Bezug, in: BArbBl (Heft 8-9) 1994, S. 56 ff.

Mihm, Katja: Europäischer Arbeitsmarkt – Wirkungen der Freiheit des Personenverkehrs im Regelungsbereich des Arbeitsförderungsrechts, in: ZIAS 1995, S. 453 ff.

Moench, Christoph: Der Schutz des freien Warenverkehrs im gemeinsamen Markt, Zur Auslegung der Art. 30, 34, 36 EWGV in der Rechtsprechung des EuGH, in: NJW 1982, S. 2690 ff.

Möschel, Wernhard: Kehrtwende in der Rechtsprechung des EuGH zur Warenverkehrsfreiheit, in: NJW 1994, S. 429 ff.

Montfort, Ulrich: Leistungen bei Arbeitslosigkeit, in: Schulte, Bernd/Barwig, Klaus (Hrsg.), Freizügigkeit und Soziale Sicherheit, Die Durchführung der Verordnung (EWG) Nr. 1408/71 über die soziale Sicherheit der Wanderarbeitnehmer in Deutschland, (Seminar im Auftrag der Europäischen Kommission, Stuttgart-Hohenheim, den 19. Mai 1998), 1. Auflage, Baden-Baden 1999, S. 169 ff.

(zit.: Montfort, in: Freizügigkeit und Soziale Sicherheit)

Müller, Joachim: Die niederländische Pflegeversicherung in neuem Licht – Erfahrungen zum „holländischen Modell" aus den 60er Jahren, in: KrV 1991, S. 127 ff.

Müller-Graff, Peter-Christian: Dienstleistungsfreiheit und Erbringungsformen grenzüberschreitender Dienstleistungen, in: Leßmann, Herbert/Großfeld, Bernhard/Vollmer, Lothar (Hrsg.), Festschrift für Lukes zum 65. Geburtstag, Köln, Berlin, Bonn, München 1989, S. 471 ff.

(zit.: Müller-Graff, in: FS f. Lukes)

Münnich, Frank: Sind Sachleistungsprinzip, Budgetierung und Angebotssteuerung im europäischen Wettbewerb noch sinnvoll?, in: BKK 1999, S. 17 ff.

Mutschler, Bernd: Die Geltung des Territorialitätsprinzips bei Leistungen an Arbeitslose, in: SGb 2000, S. 110 ff.

Mutz, Michael/Mey, Rüdiger/Paulus, Eva-Maria/Pflüger, Andreas: Verfahren vor dem EuGH und dem BVerfG; Urteile aus dem Rentenrecht, Rechtsprechung zur Rentenversicherung 1998 -, in: DAngVers 1999, S. 236 ff.

Nagel, Ralf/Petersen, Ulrich: Das Freizügigkeitsabkommen zwischen der Europäischen Gemeinschaft und der schweizerischen Eidgenossenschaft, in: DAngVers 2002, S. 81 ff.

Naules, Walburga von: Die LVA Rheinprovinz als Verbindungsanstalt zu Spanien – Die Leistungen der spanischen Sozialversicherung, in: LVA Rheinprovinz Mitt. 1999, S. 81 ff.

Nelhaus, Joachim: Die Freizügigkeit der Arbeitnehmer in Europa, Baden-Baden 1975
(zit.: Nelhaus, Die Freizügigkeit der Arbeitnehmer in Europa)

Nettesheim, Martin: Die europarechtlichen Grundrechte auf wirtschaftliche Mobilität (Art. 48, 52 EGV), in: NVwZ 1996, S. 342 ff.

Neumann-Duesberg, Rüdiger: Krankenversicherungsschutz bei Auslandsaufenthalt, in: DOK 1985, S. 306 ff.

Neumann-Duesberg, Rüdiger: Sozialrechtliche Aspekte des Europäischen Binnenmarktes – aus Sicht der Krankenversicherung, in: BKK 1991, S. 124 ff.

Neumann-Duesberg, Rüdiger: Krankenversicherung, in: Schulte, Bernd/Zacher, Hans F.(Hrsg.), Wechselwirkungen zwischen dem Europäischen Sozialrecht und dem Sozialrecht der Bundesrepublik Deutschland: Colloquium des Max-Planck-Instituts für ausländisches und internationales Sozialrecht, München, zusammen mit dem Bundesministerium für Arbeit und Sozialordnung, Bonn, in Augsburg am 5. und 6. November 1990, Berlin 1991, S. 83 ff.
(zit.: Neumann-Duesberg, in: Wechselwirkungen zwischen dem Europäischen Sozialrecht und dem Sozialrecht der Bundesrepublik Deutschland)

Neumann-Duesberg, Rüdiger: Die EuGH-Position ist angreifbar, in G+G (Heft 10) 1998, S. 22 ff.

Neumann-Duesberg, Rüdiger: Grenzüberschreitende Behandlungsleistungen – Die Praxis der gesetzlichen Krankenversicherung, in: Grenzüberschreitende Behandlungsleistungen im Binnenmarkt, 1999, 11. Bonner Europa-Symposium, Sammelband Nr. 101, Referate im Rahmen des vom Zentrum für Europäisches Wirtschaftsrecht und dem Arbeitskreis für Europäisches Sozialrecht des Landes Nordrhein-Westfalen geförderten 11. Bonner Europa-Symposiums, Bonn, 29. September 1998
(zit.: Neumann-Duesberg, in: Grenzüberschreitende Behandlungsleistungen im Binnenmarkt)

Neumüller, Paul: 50 Jahre social security, in: BArbBl. 1985 (Heft 5) S. 30 ff.

Nitis, Sotirios: Alterssicherung in Griechenland, eine institutionelle, empirische und sozio-ökonomische Analyse, Reihe: Alterssicherung in der Europäischen Union III, Berlin 1998
(zit.: Nitis, in: Alterssicherung in der Europäischen Union III)

Nomos Kommentar zum Europäischen Sozialrecht: Gesamtredaktion/Hrsg. Fuchs, Maximilian, 2. Auflage, Baden-Baden 2000
(zit.: Bearbeiter, in: Nomos Kommentar)

OECD: The Reform of Health Care Systems – A Review of 17 OECD Countries, Paris 1994
(zit.: OECD, The Reform of Health Care Systems)
Oetker, Hartmut/Preis, Ulrich (Hrsg.): Europäisches Arbeits- und Sozialrecht (EAS), Teil B, Systematische Darstellung, Heidelberg, Stand: Januar 1999
(zit.: Bearbeiter, in: Oetker/Preis)
Ogus, A.I./Barendt, E.M.: The Law of Social Security, 3. Auflage, London 1988
(zit.: Ogus/Barendt, Social Security)
Ohndorf, Wolfgang: An der Wende zum 21. Jahrhundert, in: BArbBl (Heft 12) 1999, S. 5 ff.
Oldiges, Franz-Josef: Gesetzliche Krankenversicherung, in: Entwicklung der Systeme der sozialen Sicherheit im Europäischen Binnenmarkt, S. 5 ff.
(zit.: Oldiges, Entwicklung der Systeme der sozialen Sicherheit im Europäischen Binnenmarkt)
Oppermann, Thomas: Europarecht: ein Studienbuch, München 1999
(zit.: Oppermann, Europarecht)
Ost, Wolfgang/Mohr, Gerhard/Estelmann, Martin: Grundzüge des Sozialrechts, Lernbücher für Wirtschaft und Recht, 2. Auflage, 1998, München
(zit.: Ost/Mohr/Estelmann, Grundzüge des Sozialrechts)
Ott, Anette: Europarechtliche Gestaltungsvorgaben für das deutsche Sozialrecht (Tagungsbericht), in: NZS 1999, S. 440 ff.
Otting, Albrecht: In dubio pro Europa, in: BArbBl (Heft 11) 1998, S. 14 ff.
Otting, Albrecht: Logik europäischer Integration, in: BArbBl (Heft 12) 1998, S. 16 ff.

Peters-Lange, Susanne: Export des Pflegegeldes nach § 37 SGB XI in andere Mitgliedstaaten der EU?, in: ZfSH/SGB 1996, S. 624 ff.
Pfeil, Walter: Die Neuregelung der Pflegevorsorge in Österreich, in: VSSR 1994, S. 185 ff.
Pfeil, Walter: Die Pflegevorsorge in Österreich, in: Sieveking, Klaus (Hrsg.), Soziale Sicherung bei Pflegebedürftigkeit in der Europäischen Union, 1. Auflage, Baden-Baden 1998, S. 51 ff.
(zit.: Pfeil, in: Soziale Sicherung bei Pflegebedürftigkeit in der Europäischen Union)
Pieters, Danny: Europäisches und nationales Recht der Sozialen Sicherheit. - Zukunftsperspektiven-, in: ZIAS 1991, S. 72 ff.
Pitschas, Rainer: Die soziale Dimension der Europäischen Gemeinschaft – Institutionenentwicklung als Voraussetzung eines Europäischen Sozialstaats, in: DÖV 1992, S. 277 ff.
Pitschas, Rainer: Die Weiterentwicklung der sozialen Krankenversicherung in Deutschland im Gegenlicht europäischer Gesundheitspolitik, in: VSSR 1994, S. 85 ff.
Pitschas, Rainer: Europäisches Wettbewerbsrecht und soziale Krankenversicherung, in: VSSR 1999, S. 221 ff.
Podlech, Adalbert: Gilt in der deutschen gesetzlichen Unfallversicherung das Territorialitätsprinzip?, in: NJW 1963, 1142 ff.
Polster, Andreas: Koordinierung des Europäischen Sozialrechts, in: DRV 1994, S. 50 ff.

Polster, Andreas: Systematik der EG-Verordnungen zur Sozialen Sicherheit der Wanderarbeitnehmer, in: DRV 1995, S. 59

Pompe, Peter: Leistungen der sozialen Sicherheit bei Alter und Invalidität für Wanderarbeitnehmer nach Europäischem Gemeinschaftsrecht: unter besonderer Berücksichtigung der Rechtsprechung des Europäischen Gerichtshofes und des Bundessozialgerichts, Sozialpolitik und Recht, Band 13, Köln, Berlin, Bonn, München 1986
(zit.: Pompe, Leistungen der sozialen Sicherheit)

Plute, Gerhard: Krankenversicherung im Binnenmarkt, Dienstleistungsfreiheit und Leistungserbringer im Binnenmarkt der EU, in: DOK 1994, S. 421 ff.

Plute, Gerhard: Pflegeversicherung in Europa – gemeinsame Fragen, in: DOK 1995, S. 372 ff.

Plute, Gerhard: Das Risiko der Pflegebedürftigkeit, Europäische Modelle, in: DOK 1996, S. 253 ff.

Rabanser, Wolfgang: Soziale Sicherheit in EG und EWR, Die EWG-Verordnung 1408/71 über die soziale Sicherheit im österreichischen Sozialrecht, Schriftenreihe der Bundeswirtschaftskammer, Heft 75, Wien 1993
(zit.: Rabanser, Soziale Sicherheit in EG und EWR)

Rabanser, Wolfgang: Das neue Pflegegeld im Recht der Sozialen Sicherheit der Europäischen Union, in: Soziale Sicherheit (Wien) 1994, S. 243 ff.

Rahm, H.M.: Experiences of accession, in: Jorens, Yves/Schulte, Bernd (Hrsg.), Coordination of social security schemes in connection with the accession of central and eastern european states, „The Riga Conference", Brüssel 1999, S. 117 ff.
(zit.: Rahm, in: Coordination of social security)

Raschke, Ulrich: Vergleichende Darstellung der Systeme der Sozialen Sicherheit in den Mitgliedstaaten der Europäischen Gemeinschaften, in: BG 1989, S. 372 ff.

Raschke, Ulrich: EWG-Verordnung Nr. 1408/71: Anwendung und Perspektiven, Einige Bemerkungen aus der Sicht der deutschen gesetzlichen Unfallversicherung, in: BG 1997, S. 254 ff.

Raschke, Ulrich: Deutsche gesetzliche Unfallversicherung: Anmerkung zur Weiterentwicklung der EWG-Verordnung Nr. 1408/71, in: Schulte, Bernd/Barwig, Klaus (Hrsg.), Freizügigkeit und Soziale Sicherheit, Die Durchführung der Verordnung (EWG) Nr. 1408/71 über die soziale Sicherheit der Wanderarbeitnehmer in Deutschland, (Seminar im Auftrag der Europäischen Kommission, Stuttgart-Hohenheim, den 19. Mai 1998), 1. Auflage, Baden-Baden 1999, S. 155 ff.
(zit.: Raschke, in: Freizügigkeit und Soziale Sicherheit)

Ratzel, Rudolf: Grenzüberschreitender Gesundheitsmarkt innerhalb der EU, neue Chancen für Patienten und Leistungserbringer, Das deutsche Gesundheitswesen und der europäische Einigungsprozess, in: MedR 1999, S. 510 ff.

Rauscher, Bruno: Von der Territorialität der Sozialgesetze, - Zugleich ein Beitrag zu § 30 des Allgemeinen Teils des Sozialgesetzbuches -, in: VSSR 1982, S. 319 ff.

Reich, Norbert: The „November Revolution" of the European Court of Justice: Keck, Meng and Audi revisited, in: CMLR 31 (1994), S. 459 ff.

Reichert, Eugen: Dokumentation der Abkommen, in: BArBl. (Heft 2) 1994, S. 20 ff.

Reinhard, Hans-Joachim: Die Stellung der Frau in den Alterssicherungssystemen des Auslandes, in: SozVers 1992, S. 294 ff.

Reinhard, Hans-Joachim: Invaliditätssicherung in Spanien und die Reform von 1997 in: DRV 1998, S. 537 ff.

Reinhard, Hans-Joachim: Die soziale Sicherung für den Fall der Invalidität in Spanien, in: Reinhard, Hans-Joachim/Kruse, Jürgen/Maydell, Bernd von, Invaliditätssicherung im Rechtsvergleich, 1. Auflage, Baden-Baden 1998, S. 495 ff.
(zit.: Reinhard, in: Invaliditätssicherung im Rechtsvergleich)

Resch, Reinhard: Nationale Sozialversicherungsabkommen und EG-Verordnungen zur Sozialen Sicherheit, in: NZS 1996, S. 603 ff.

Rische, Herbert: Wettbewerbssituation der deutschen Heil- und Kurorte im EG-Binnenmarkt – Anmerkungen aus der Sicht der Rentenversicherung -, in: DAngVers 1992, S. 1 ff.

Rische. Herbert: Herausforderungen der Rehabilitation zu Beginn des 21. Jahrhunderts, in: DAngVers 2001, Heft 1, S. 1 ff.

Rojas, Manuel: Anspruch auf Pflegeleistungen beim Wohnsitz in einem anderen Mitgliedstaat, in: Mitt. LVA Rheinprovinz 1996, S. 422 ff.

Rolfs, Christian: Europarechtliche Grenzen für die Monopole der Sozialversicherungsträger?, in: SGb 1998, S. 202 ff.

Roth, Wulf-Henning: Versicherungsmonopole und EWG-Vertrag, in: Bauer, Jürgen J., Hopt, K., Mailänder, Peter (Hrsg.), Festschrift für Ernst Steindorff zum 70. Geburtstag am 13. März 1990, Berlin, New York 1990, S. 1313 ff.
(zit.: Roth, in: FS Steindorff)

Roth, Wulf-Henning: Internationales Versicherungsvertragsrecht, Tübingen 1985
(zit.: Roth, Internationales Versicherungsvertragsrecht)

Rothgang, Heinz: Pflegeversicherung und Leistungsexport – Erste Überlegungen aus ökonomischer Sicht, in: Sieveking, Klaus (Hrsg.), Soziale Sicherung bei Pflegebedürftigkeit in der Europäischen Union, 1. Auflage, Baden-Baden 1998, S. 219 ff.
(zit.: Rothgang, in: Soziale Sicherung bei Pflegebedürftigkeit in der Europäischen Union)

Rottmann, Michael: Zum rechtlichen Rahmen für einen europäischen Binnenmarkt im Post- und Fernmeldewesen, in: Archiv PT 1989, S. 1 ff.

Ruland, Franz: Rentenversicherung, in: Schulte, Bernd/ Zacher, Hans F. (Hrsg.), Wechselwirkungen zwischen dem Europäischen Sozialrecht und dem Sozialrecht der Bundesrepublik Deutschland, Colloquium des Max-Planck-Instituts für ausländisches und internationales Sozialrecht, München, zusammen mit dem Bundesministerium für Arbeit und Sozialordnung, Bonn, in Augsburg am 5. und 6. November 1990, Schriftenreihe für Internationales und Vergleichendes Sozialrecht, Band 12, Berlin 1991, S. 47 ff.
(zit.: Ruland, in: Wechselwirkungen zwischen dem Europäischen Sozialrecht und dem Sozialrecht der Bundesrepublik Deutschland)

Ruland, Franz: Euro und die Zukunft der europäischen Sozialversicherung, Referat im Rahmen der Vortragsreihe „Europa vor der Wirtschafts- und Währungsunion" in Bonn am 26. Januar 1998, Zentrum für Europäisches Wirtschaftsrecht (Hrsg.), Vorträge und Berichte, Nr. 91, Bonn 1998.
(zit.: Ruland, Euro und die Zukunft der europäischen Sozialversicherung)

Sahmer, Sybille: Krankenversicherung in Europa, Die wettbewerbsrechtliche Stellung der Kranken- und Pflegeversicherungsträger im Bereich der freiwilligen Versicherung, in: NZS 1997, S. 260 ff.

Sánchez-Rodas Navarro, Cristina: Pflegeversicherung in Europa – die spanische Perspektive, in: Sieveking, Klaus (Hrsg.), Soziale Sicherung bei Pflegebedürftigkeit in der Europäischen Union, 1. Auflage, Baden-Baden 1998, S. 81 ff.

(zit.: Sánchez-Rodas Navarro, in: Soziale Sicherung bei Pflegebedürftigkeit in der Europäischen Union)

Schaaf, Michael: Das Pflegegeldurteil des Europäischen Gerichtshofs, in: WzS 1998, S. 204 ff.

Schaub, Eberhard: Rehabilitation zwischen Bedarf und Budget – Zukunftsperspektiven für die Rentenversicherung -, in DRV 1999, S. 181 ff.

Scheidl-Adlung, Xenia: Soziale Sicherheit bei Pflegebedürftigkeit in Deutschland und im internationalen Vergleich: Zwischen Tradition und Innovation, in: IVSS Revue 1995, S. 21 ff.

Schelter, Kurt: Die soziale Dimension Europas, in: ZfSH/SGB 2001, 20 ff.

Schemken, Hans-Willi: Medizin ohne Grenzen, in: G+G (Heft 7) 2000, S. 20 ff.

Schermann, Karl Gustav: Die Rentenreform in Schweden, in: DRV 1998, S. 413 ff.

Schirp, Wolfgang: Pflegeversicherung und Freizügigkeit der Arbeitnehmer, in: NJW 1996, S. 1582 ff.

Schmitt, Jochem: Leistungserbringung durch Dritte im Sozialrecht, Köln, Berlin, Bonn, München 1990

(zit.: Schmitt, Leistungserbringung durch Dritte im Sozialrecht)

Schöne, Franz-Josef: Dienstleistungsfreiheit in der EG und deutsche Wirtschaftsaufsicht, Köln, Berlin, Bonn, München 1989

(zit.: Schöne, Dienstleistungsfreiheit in der EG und deutsche Wirtschaftsaufsicht)

Schötz, Jürgen: Krankenversicherung der Rentner im Europäischen Wirtschaftsraum (EWR), in: DRV 1995, S. 172 ff.

Schötz, Jürgen: Soziale Pflegeversicherung im Rahmen des über- und zwischenstaatlichen Rechts, in: DAngVers 1995, S. 177 ff.

Schuhmacher, Christoph: Pflegeversicherung und Leistungsexport – Gemeinschaftsrechtliche Zuordnung, in: Sieveking, Klaus (Hrsg.), Soziale Sicherung bei Pflegebedürftigkeit in der Europäischen Union, 1. Auflage, Baden-Baden 1998, S. 179 ff.

(zit.: Schuhmacher, in: Soziale Sicherung bei Pflegebedürftigkeit in der Europäischen Union)

Schuler, Rolf: Die internationale, verfassungsrechtliche und sozialpolitische Problematik des Ruhens der Unfallversicherungsleistungen bei Aufenthalt von Fremden im Ausland, in: ZfS 1984, S. 225 ff.

Schuler, Rolf: Das Internationale Sozialrecht der Bundesrepublik Deutschland, Grundlagen und systematische Zusammenschau des für die Bundesrepublik Deutschland geltenden Internationalen Sozialrechts, Baden-Baden 1988

(zit.: Schuler, Internationales Recht)

Schuler, Rolf: Soziale Sicherung für den Fall der Invalidität, des Alters und des Todes unter Zurücklassung Hinterbliebener, in: Europäisches Sozialrecht, Bundestagung des Deutschen Sozialrechtsverbandes 9.-11. Oktober 1991 in Duisburg, Schriftenreihe des Deutschen Sozialrechtsverbandes (SDSRV), Band 36, Wiesbaden 1992, S. 79 ff.
(zit.: Schuler, in: SDSRV 36)

Schulin, Bertram: Sozialrecht, Ein Studienbuch, 5. Auflage, Düsseldorf 1993
(zit.: Schulin, Sozialrecht)

Schulin, Betram: Die soziale Pflegeversicherung des SGB XI – Grundstrukturen und Probleme, in: NZS 1994, S. 433 ff.

Schulin, Bertram: Verträge mit den Leistungserbringern im Pflegeversicherungsrecht (SGB XI), in: VSSR 1994, S. 285 ff.

Schulin, Bertram: Die soziale Pflegeversicherung (SGB XI) – Rechtliche Strukturen und Probleme des SGB XI, in: Brennpunkte des Sozialrechts 1995, Herne, Berlin 1996, S. 73 ff.
(zit.: Schulin, in: Brennpunkt des Sozialrechts)

Schulin, Bertram: Handbuch des Sozialversicherungsrechts, 1. Auflage, München
-Band 1, Krankenversicherungsrecht 1994
(zit.: Bearbeiter, in: HS-KV)
-Band 2: Unfallversicherungsrecht 1996
(zit.: Bearbeiter, in: HS-UV
-Band 3, Rentenversicherungsrecht 1999
(zit.: Bearbeiter, in: HS-RV)
-Band 4, Pflegeversicherung, München 1997
(zit.: Bearbeiter, in: HS-PV)

Schulte, Bernd: Europäisches und nationales Sozialrecht, in: EuR 1990, Beiheft 1, S. 5 ff.

Schulte, Bernd: Abstimmung der Ziele der Politiken des Sozialschutzes in den Mitgliedstaaten der Europäischen Gemeinschaften – Ein weiterer Schritt auf dem Weg zur Sozialgemeinschaft? -, in: ZfSH/SGB 1991, S. 281 ff.

Schulte, Bernd: Europäisches Sozialrecht – Juristische Einführung und Überblick, in: Europäisches Sozialrecht, Bundestagung des Deutschen Sozialrechtsverbandes 9. bis 11. Oktober 1991 in Duisburg, Schriftenreihe des Deutschen Sozialrechtsverbandes (SDSRV), Band 36, Wiesbaden 1992, S. 199 ff.
(zit.: Schulte, in: SDSRV 36)

Schulte, Bernd: Europäisches Gemeinschaftsrecht und freie Wohlfahrtspflege, Sozialpolitische Vorgaben und rechtliche Rahmenbedingungen, in: ZIAS 1992, S. 191 ff.

Schulte, Bernd: Gegenständliche Erweiterung des Europäischen koordinierenden Sozialrechts, in: Eichenhofer, Eberhard (Hrsg.), Reform des Europäischen koordinierenden Sozialrechts, Band 36, Köln, Berlin, Bonn, München 1995, S. 19 ff.
(zit.: Schulte, in: Reform des Europäischen koordinierenden Sozialrechts)

Schulte, Bernd: Europäisches Sozialrecht als Gegenstand rechtswissenschaftlicher Forschung, in: V. Maydell, Bernd/ Schulte, Bernd (Hrsg.), Zukunftsperspektiven des Europäischen Sozialrechts, Berlin 1995, S. 45 ff.
(zit.: Schulte, in: Zukunftsperspektiven des Europäischen Sozialrechts)

Schulte, Bernd: Soziale Sicherheit in der EG, Verordnung (EWG) Nr. 1408/71 und 574/72 sowie andere Bestimmungen, Textausgabe mit einer ausführlichen Einleitung und Sachverzeichnis, 3. Auflage, München 1997
(zit.: Schulte, Soziale Sicherheit in der EG)

Schulte, Bernd: Die soziale Sicherung für den Fall der Invalidität im Vereinigten Königreich, in: Reinhard, Hans-Joachim/Kruse, Jürgen/Maydell, Bernd von (Hrsg.), Invaliditätssicherung im Rechtsvergleich, 1. Auflage, Baden-Baden 1998, S. 595 ff.
(zit.: Schulte, in: Invaliditätssicherung im Rechtsvergleich)

Schulte, Bernd: Soziale Rechte und Zugang zum Beruf, Referat, in: Hailbronner, Kay (Hrsg.), 30 Jahre Freizügigkeit in Europa: Beiträge anläßlich des Symposiums vom 3.-5. Dezember 1997 in Konstanz, ausgerichtet vom Forschungszentrum für Internationales und Europäisches Ausländer- und Asylrecht, Heidelberg 1998, S. 93 ff.
(zit.: Schulte, in: 30 Jahre Freizügigkeit in Europa)

Schulte, Bernd: Das Gesundheitswesen in Großbritannien - Herausforderung und Optionen -, in: ZIAS 1998, S. 342 ff.

Schulte, Bernd: Invaliditätssicherung in Großbritannien, in: DRV 1998, S. 471 ff.

Schulte, Bernd: Einführung in die Thematik der Tagung: Freizügigkeit und soziale Sicherheit, in: Schulte, Bernd/Barwig, Klaus (Hrsg.), Freizügigkeit und Soziale Sicherheit, Die Durchführung der Verordnung (EWG) Nr. 1408/71 über die soziale Sicherheit der Wanderarbeitnehmer in Deutschland, (Seminar im Auftrag der Europäischen Kommission, Stuttgart-Hohenheim, den 19. Mai 1998), 1. Auflage, Baden-Baden 1999, S. 39 ff.
(zit.: Schulte, in: Freizügigkeit und Soziale Sicherheit)

Schulte, Bernd: „Zur Kur nach Abano Terme, zum Zahnarzt nach Antwerpen?" – Europäische Marktfreiheiten und nationales Krankenversicherungsrecht, Zugleich eine Anmerkung zur Rechtsprechung des EuGH zur Frage der Kostenerstattung im Rahmen der Krankenversicherung bei Inanspruchnahme von Leistungen im EG-Ausland (Rs. C-120/95 (Decker) und C-158/96 (Kohll)), in: ZFSH/SGB 1999, S. 278 ff., 296 ff., 347 ff.

Schulte, Bernd: Zur Kritik des europäischen koordinierenden Sozialrechts, Bericht über ein Seminar über die Durchführung der Verordnung (EWG) Nr. 1408/71 in Deutschland, in: ZfSH/SGB 1999, S. 579 ff., 653 ff.

Schulte, Bernd: Das Europäische Sozialmodell im künftigen Europa, in: ZfSH/SGB 2001, S. 3 ff.

Schulte, Bernd/Zacher, Hans F.: Wechselwirkungen zwischen dem Europäischen Sozialrecht und dem Sozialrecht der Bundesrepublik Deutschland, Schriftenreihe für Internationales und Vergleichendes Sozialrecht, Band 12, Berlin 1991
(zit.: Bearbeiter, in: Wechselwirkungen zwischen dem Europäischen Sozialrecht und dem Sozialrecht der Bundesrepublik Deutschland)

Schulz-Weidner, Wolfgang: Die Konsequenzen des europäischen Binnenmarktes für die deutsche Rentenversicherung, in: DRV 1997, S. 449 ff.

Schulz-Weidner, Wolfgang: Rechtliche Entwicklungen bei Krankenkostenleistungen im Ausland, in: KrV 1998, S. 241 ff.

Schulz-Weidner, Wolfgang/Felix, Ferdinand: Die Konsequenzen der europäischen Wirtschaftsverfassung für die österreichische Sozialversicherung, in: Soziale Sicherung (Wien)1997, S. 1120 ff.

Schulz-Weidner, Wolfgang/Terwey, Franz: Aspekte der Modernisierung des Sozialschutzes in Europa, Ein Plädoyer der Europäischen Kommission für mehr Wettbewerb?, in: BKK 1997, S. 523 ff.
Schweitzer, Michael/Hummer, Waldemar: Europarecht: das Recht der Europäischen Gemeinschaften; das Recht der Europäischen Gemeinschaften (EGKS, EG, EAG); mit Schwerpunkt EG, 5. Auflage, Neuwied, Kriftel, Berlin 1996
(zit.: Schweitzer, Europarecht)
Seffen, Achim: Renten-, Kranken-, Pflege- und Arbeitslosenversicherung, in: Institut der deutschen Wirtschaft Köln (Hrsg.), Sozialraum Europa, Rentenversicherung, Krankenversicherung, Arbeitslosenversicherung, Unfallversicherung, Arbeitsbedingungen, Mitbestimmung, Köln, 1998, S. 7 ff., 33 ff., 53 f., 55 ff.
(zit.: Seffen, in: Sozialraum Europa)
Seidel, Martin: Rundfunkfreiheit, insbesondere Werbefunk und innergemeinschaftliche Dienstleistungsfreiheit, in: Das Europa der zweiten Generation, Gedächtnisschrift für Christoph Sasse, Bd. 1, S. 351 ff., Baden-Baden 1981
(zit.: Seidel, in: Gedächtnisschrift für Sasse)
Sendler, Hans: Europäisches Gesundheitswesen offensiv gestalten, in: KrV 1998, S. 285 ff.
Sieveking, Klaus: Der Europäsche Gerichtshof als Motor der sozialen Integration der Gemeinschaft, in: ZSR 1994, S. 187 ff.
Sieveking, Klaus: Freizügigkeit und soziale Sicherung – Elemente eines europäischen Bürgerrechts, in: Krämer, Ludwig/Micklitz, Hans-W./Tonner, Klaus (Hrsg.), Law and diffuse interests in the european legal order, Recht und diffuse Interessen in der Europäischen Rechtsordnung, Baden-Baden 1997, S. 483 ff.
(zit.: Sieveking, in: Law and diffuse interests in the european legal order)
Sieveking, Klaus: Pflegeversicherung und Migranten, in: ZAR 1997, S. 17 ff.
Sieveking, Klaus (Hrsg.): Soziale Sicherung bei Pflegebedürftigkeit in der Europäischen Union, Studien aus dem Max-Planck-Institut für ausländisches und internationales Sozialrecht, 1. Auflage, Baden-Baden 1998
(zit.: Bearbeiter, in: Soziale Sicherung bei Pflegebedürftigkeit in der Europäischen Union)
Sodan, Helge: Freie Berufe als Leistungserbringer im Recht der gesetzlichen Krankenversicherung: ein verfassungs- und verwaltungsrechtlicher Beitrag zum Umbau des Sozialstaates, Tübingen 1997
(zit.: Sodan, Freie Berufe als Leistungserbringer im Recht der gesetzlichen Krankenversicherung)
Sodan, Helge: Europarecht, Sozialversicherungsrecht, Anmerkung zur Entscheidung: EuGH, Urteil v. 28.4.1998 – Rs. C-158/96 Raymond Kohll ./. Union des caisses de maladie, in: JZ 1998, S. 1168 ff.
Sodan, Helge/Gast, Olaf: Die Relativität des Grundsatzes der Beitragsstabilität nach SGB V, Verfassungs- und Europarecht, in: NZS 1998, S. 497 ff.
Sohns, Achim von: Soziale Sicherungssysteme in der Europäischen Union, in: Kompaß 1998, S. 53 ff. und 1999, S. 126 ff.

Sokoll, Günther: Die gesetzliche Unfallversicherung als Gestaltungsfaktor der sozialen Sicherheit in Europa, Referat im Rahmen des 4. Bonner Europa-Symposiums „Die Unfallversicherung in der Europäischen Union", Bonn, 16.06.1994
(zit.: Sokoll, in: Die Unfallversicherung in der Europäischen Union)

Sokoll, Günther: Die gesetzliche Unfallversicherung und der EG-Binnenmarkt, in: Schmähl Winfried (Hrsg.), Soziale Sicherung im EG-Binnenmarkt, Baden-Baden 1990, S. 136 ff.
(zit.: Sokoll, in: Soziale Sicherung im EG-Binnenmarkt)

Sozialversicherung, Deutsche (Europavertretung): Sozialschutzsysteme in Europa, Ein Strukturvergleich, Brüssel 1998
(zit.: Deutsche Sozialversicherung, Sozialschutzsysteme in Europa)

Spiegel, Bernhard: Der EuGH als (wiederentdecktes) Feindbild, in: Soziale Sicherheit (Wien) 1998, S. 665 ff.

Spiegel, Bernhard: Revolution oder Evolution? Einige Überlegungen zu den neuesten Entwicklungen in der Judikatur des EuGH betreffend die grenzüberschreitenden Aspekte der sozialen Sicherheit, in: Soziale Sicherheit 2001, S. 365 ff.

Spiethoff, Jörg: Die Pflegeversicherung im System des internationalen Sozialrechts, in: BKK 1995, S. 545 ff., 702 ff.

Spiethoff, Jörg: Leistungsaushilfe nach EG- und Abkommensrecht – Neue Zuständigkeiten ab 1.1.1996 -, in: BKK 1996, S. 198 ff.

Spiethoff, Jörg: Die Exportpflicht des Pflegegeldes – Ein Jahr nach dem EuGH-Urteil zur Pflegeversicherung, in: BKK 1999, S, 136 ff.

Stahlberg, Jürgen: Europäisches Sozialrecht, Schriftenreihe der Arbeitsgemeinschaft Sozialrecht im Deutschen Anwaltverein, Bonn 1997
(zit.: Stahlberg, Europäisches Sozialrecht)

Stapf, Heinz: Alterssicherung in Spanien, eine institutionelle, theoretische und empirische Analyse, Reihe: Alterssicherung in der Europäischen Union I, Berlin 1996
(zit.: Stapf, Alterssicherung in der Europäischen Union I)

Steindorff, Ernst: Dienstleistungsfreiheit im EG-Recht, in: RIW 1983, S. 831 ff.

Steiniger, Christian: Auswirkungen des Europäischen Gemeinschaftsrechts auf das soziale Netz in der Bundesrepublik Deutschland, in: NJW 1992, S. 1860 ff.

Steinmeyer, Heinz-Dietrich: Harmonisierung des Arbeits- und Sozialrechts in der Europäischen Gemeinschaft – Eine Konsequenz aus der Schaffung eines einheitlichen Binnenmarktes? -, in: ZIAS 1989, S. 208 ff.

Steinmeyer, Heinz-Dietrich: Freizügigkeit und soziale Rechte in einem Europa der Bürger, in: Magiera, Siegfried (Hrsg.), Das Europa der Bürger in einer Gemeinschaft ohne Binnengrenzen, 1. Auflage, Baden-Baden 1990, S. 63 ff.
(zit.: Steinmeyer, in: Das Europa der Bürger in einer Gemeinschaft ohne Binnengrenzen)

Steinmeyer, Heinz-Dietrich: Die Austauschbarkeit arbeitsrechtlicher und sozialrechtlicher Gestaltungsformen und das Europäische Gemeinschaftsrecht, in: Heinze, Meinhard/Söllner, Alfred, Arbeitsrecht in der Bewährung, Festschrift für Otto Rudolf Kissel zum 65. Geburtstag, München 1994, S. 1165 ff.
(zit.: Steinmeyer, in: FS f. Kissel)

Steinmeyer, Heinz-Dietrich: Die Unfallversicherung in der Rechtsprechung des Europäischen Gerichtshofs, Referat im Rahmen des 4. Bonner Europa-Symposiums „Die Unfallversicherung in der Europäischen Union", Bonn, 16.6.1994, in: BG 1995, S. 9 ff.

Steinmeyer, Heinz-Dietrich: Die Freizügigkeit der Arbeitnehmer in Europa (Art. 48 ff. EG-Vertrag), Hagen 1996
(zit.: Steinmeyer, Die Freizügigkeit der Arbeitnehmer in Europa)

Steinmeyer, Heinz-Dietrich: Europäisches Sozialrecht nach Maastricht, in: VSSR 1996, S. 49 ff.

Steinmeyer, Heinz-Dietrich: Reformpläne zur Alterssicherung im internationalen Vergleich, in: DRV 1997, S. 474 ff.

Steinmeyer, Heinz-Dietrich: Die Ost-Erweiterung der Europäischen Union – Voraussetzungen und Folgen für die Systeme der sozialen Sicherung, in: Die Sozialversicherung 1999, S. 40 ff.

Stelzer, Dierk: Die „personalen" Anwendungsbereiche des deutschen und des europäischen primären Wettbewerbsrechts für die Krankenkassen in der GKV in „institutioneller" und „funktionaler" Hinsicht, in: Die Sozialversicherung 2000, S. 141 ff., 169 ff.

Stichnoth, Udo/ Wiechmann, Thomas: Reform der Renten wegen verminderter Erwerbsfähigkeit, in: DAngVers 2001, Heft 2, S. 1 ff.

Stillich, Klaus: Das Rentensystem in Großbritannien, in: DAngVers 1999, S. 88 ff.

Stillich, Klaus: Das Rentensystem in den Niederlanden – ein Vorbild für Deutschland, in: DAngVers 1999, S. 140 ff.

Thier, Uwe: Das Recht des EG-Arzneimittelmarktes und des freien Warenverkehrs: freier Warenverkehr in der EG, europäisches Arzneimittelsicherheitsrecht und das Verhältnis zu nationalem Arzneimittelpreis- und versorgungsrecht unter besonderer Berücksichtigung des Rechts der BRD, Frankfurt am Main, Bern, New York, Paris 1990
(zit.: Thier, Das Recht des EG-Arzneimittelmarktes und des freien Warenverkehrs)

Tiemann, Burkhard: Zur Bedeutung des Europäischen Sozialrechts und der Rechtsprechung des EuGH für die Soziale Arbeit, in: Recht – sozial, Rechtsfragen der Sozialen Arbeit, hrsg. von M. Karl-Heinz Lehmann (Schriftenreihe der Evangelischen Fachhochschule Hannover, 6), Erlangen 2000
(zit.: Tiemann, in: Recht – sozial)

Tiemann, Susanne: Herausforderung und Perspektiven der europäischen Sozialpolitik, in: BG 1997, S. 728 ff.

Udsching, Peter: SGB XI, München, 1. Auflage 1995 und 2. Auflage 2000
(zit.: Udsching, SGB XI)

Urmoneit, Alexander: Internationale Kontrolle mitgliedstaatlicher Verpflichtungen im Bereich des Sozialrechts, Bonn 1998
(zit.: Urmoneit, Internationale Kontrolle mitgliedstaatlicher Verpflichtungen im Bereich des Sozialrechts)

VDK, Sozialverband VDK Deutschland, Verband der Kriegs- und Wehrdienstopfer, Behinderten und Sozialrentner Deutschlands: Pflegeversicherung (Hinweise für Pflegebedürftige, Pflegepersonen und Versicherte), 3. Auflage, Bonn 1996
(zit.: VDK, Pflegeversicherung)
VDK, Sozialverband VDK Deutschland, Verband der Kriegs- und Wehrdienstopfer, Behinderten und Sozialrentner Deutschlands: Stellungnahme des VDK zum Gesetzentwurf eines SGB IX, Rahmenbedingung für Rehabilitation entscheidend verbessert, in: SuP 2001, S. 169 ff.
VDR, Verband Deutscher Rentenversicherungsträger: Vereinbarkeit von § 14 SGB VI (Grundsatz der Leistungserbringung im Inland) mit EWG-Recht, in: Die Sozialversicherung 1992, S. 177 ff.
Verschueren, H.: Implementation of the regulations at EU-level, in: Jorens, Yves/Schulte, Bernd (Hrsg.), Coordination of social security schemes in connection with the accession of central and eastern european states, „The Riga Conference", Brüssel 1999, S. 389 ff.
(zit.: Verschueren, in: Coordination of social security schemes)
Völker, Stefan: Passive Dienstleistungsfreiheit im Europäischen Gemeinschaftsrecht, Berlin 1996
(zit.: Völker, Passive Dienstleistungsfreiheit im Europäischen Gemeinschaftsrecht)
Voigt, Dieter: Soziale Sicherheit innerhalb der Europäischen Union, in: SdL 1996, S. 104 ff.

Wachendorf, Uwe J.: Die Kur in Europa 1993, in: HuK 1990, S. 90 ff.
Wallerath, Maximilian: Staatliche Regulierung und Wettbewerb im Recht sozialer Sicherung, in: VSSR 1997, S. 215 ff.
Wanders, Wilhelm: Gleichbehandlung und Leistungszahlung in der Sozialversicherung nach Europäischem Recht, in: EuR 1976, S. 313 ff.
Wanders, Wilhelm: Freizügigkeit statt Sozialunion – Zur Kompetenz der Sozialrechtsintegration in der Gemeinschaft, in: Lichtenberg, Hagen (Hrsg.), Sozialpolitik in der EG, 1. Auflage, Baden-Baden 1986, S. 81 ff.
(zit.: Wanders, in: Sozialpolitik in der EG)
Wanek, Volker: Herausforderung Europa annehmen und gestalten, in: KrV 2000, S. 332
Wanka, Richard: Arbeitsförderung – Soziale Sicherung für Arbeitslose, in: Schulte, Bernd/ Zacher, Hans F. (Hrsg.), Wechselwirkungen zwischen dem Europäischen Sozialrecht und dem Sozialrecht der Bundesrepublik Deutschland, Colloquium des Max-Planck-Instituts für ausländisches und internationales Sozialrecht, München, zusammen mit dem Bundesministerium für Arbeit und Sozialordnung, Bonn, in Augsburg am 5. und 6. November 1990, Schriftenreihe für Internationales und Vergleichendes Sozialrecht, Band 12, Berlin 1991, S. 111 ff.
(zit.: Wanka, in: Wechselwirkungen zwischen dem Europäischen Sozialrecht und dem Sozialrecht der Bundesrepublik Deutschland)
Warnecke, Frank: Koordinierendes Arbeitsförderungsrecht und Freizügigkeit: EU und USA im Vergleich, 1. Auflage, Baden-Baden 1995
(zit.: Warnecke, Koordinierendes Arbeitsförderungsrecht und Freizügigkeit)
Watson-Olivier, Philippa: Europäisches Gemeinschaftsrecht und Soziale Sicherheit – Eine Bestandsaufnahme, in: ZIAS 1991, S. 41 ff.

Weber, Claus: Die Dienstleistungsfreiheit nach den Art. 59 ff. EG-Vertrag – einheitliche Schranken für alle Formen der Dienstleistung?, in: EWS 1995, S. 292 ff.

Weber, Axel/Leienbach, Volker/Dohle, Anna/u.a.: Soziale Sicherung in West-, Mittel- und Osteuropa, hrsg. von der Gesellschaft für Versicherungswissenschaft und -gestaltung e.V. (GVG), 3. Auflage, Baden-Baden 1994
(zit.: Weber/Leienbach/Dohle, Soziale Sicherung)

Weeber, Joachim: Zur zukünftigen Sozialpolitik in Europa, in: Arbeit und Sozialpolitik 1998, S. 55 ff.

Westerhäll, Lotta: Pflegebeihilfen und Unterstützung für ältere Menschen in Schweden aus Sicht der Wanderarbeitnehmer, in: Sieveking, Klaus (Hrsg.), Soziale Sicherung bei Pflegebedürftigkeit in der Europäischen Union, 1. Auflage, Baden-Baden 1998, S. 107 ff.
(zit.: Westerhäll, in: Soziale Sicherung bei Pflegebedürftigkeit in der Europäischen Union)

Wetzel, Uwe: Die Dienstleistungsfreiheit nach den Artikeln 59-66 des EWG-Vertrages: Ein Beitrag zu Inhalt und Wirkungen des Primärrechts, Dortmund, 1992
(zit.: Wetzel, Die Dienstleistungsfreiheit nach den Artikeln 59-66 des EWG-Vertrages)

Wilmowsky, Peter von: Zugang zu den öffentlichen Leistungen anderer Mitgliedstaaten, Das Integrationskonzept des EWG-Vertrages in der Leistungsverwaltung, in: Zeitschrift für ausländisches Öffentliches Recht und Völkerrecht, Band 50 (1990), S. 231 ff.

Willms, Benno: Soziale Sicherung durch Europäische Integration: Auswirkungen des Gemeinschaftsrechts auf Ansprüche gegen deutsche Sozialleistungsträger, Schriftenreihe Europäisches Recht, Politik und Wirtschaft, Band 137, 1. Auflage, Baden-Baden 1990
(zit.: Willms, Soziale Sicherung durch Integration)

Wismar, Matthias: Warum Herr Peerbooms aus dem Koma erwachte, in: G+G (Heft 4) 2000, S. 22 ff.

Wollenschläger, Michael: Anmerkung zum Urteil des EuGH vom 5.3.1998 – C-160/96, in: SGb 1999, S. 360 ff.

Wortmann, Albrecht: Zum Begriff „Sachleistungen" im zwischenstaatlichen Krankenversicherungsrecht, in: DOK 1969, S. 597 ff.

Wortmann, Albrecht: Das Zusammenwirken der Schutzsysteme bei Krankheit in der EG, in: DOK 1979, S. 380 ff.

Wortmann, Albrecht: Territorialitätsprinzip und Leistungspflicht, in: DOK 1981, S. 967 ff.

Wortmann, Albrecht: Zur Leistungspflicht der gesetzlichen Krankenkassen bei Erkrankung während eines vorübergehenden Aufenthalts im Ausland, in: SGb 1984, S. 473 ff.

Wyatt, Derrick/ Dashwood, Alan: European Community Law, 3. Auflage, London 1993
(zit.: Wyatt/Dashwood, European Community Law)

Zabre, Bernd-Rainer: Rehabilitationsleistungen weiterhin im Inland, Auswirkungen der Urteile des EuGH vom 28.4.1998 (C-158/96 und C-120/95) auf das Territorialitätsprinzip nach § 14 SGB VI, in: DAngVers 1999, S. 18 ff.

Zacher, Hans F. (Hrsg.): Alterssicherung im Rechtsvergleich, Studien aus dem Max-Planck-Institut für ausländisches und internationales Sozialrecht, Band 11, Baden-Baden 1991
(zit.: Bearbeiter, in: Zacher, Alterssicherung im Rechtsvergleich)

Zechel, Stephan: Die territorial begrenzte Leistungserbringung der Krankenkassen im Lichte des EG-Vertrages, Beiträge zur Sozialpolitik und zum Sozialrecht, Band 16, Berlin 1995
(zit.: Zechel, Die territorial begrenzte Leistungserbringung der Krankenkassen im Lichte des EG-Vertrages)

Ziekow, Jan: Der gemeinschaftsrechtliche Status der Familienangehörigen von Wanderarbeitnehmern, in: DÖV 1991, 363 ff.

Zöllner, D./Großjohann, K.: Soziale Sicherung bei Pflegebedürftigkeit in europäischen Nachbarländern – Eine Untersuchung der Gesellschaft für Sozialen Fortschritt -, in: SF 1985, S. 193 ff.

Zuleeg, Manfred: Die Einwirkung des Europäischen Gemeinschaftsrechts auf die deutsche Pflegeversicherung, in: DVBl 1997, S. 445 ff.

Zuleeg, Manfred: Die Einwirkungen des Europäischen Gemeinschaftsrechts auf die deutsche Pflegeversicherung, in: Sieveking, Klaus (Hrsg.), Soziale Sicherung bei Pflegebedürftigkeit in der Europäischen Union, 1. Auflage, Baden-Baden 1998, S. 159 ff.
(zit.: Zuleeg, in: Soziale Sicherung bei Pflegebedürftigkeit in der Europäischen Union)

Zuleeg, Manfred: Europarechtliche Probleme der gesetzlichen Pflegeversicherung – Leistungsexporte, Einordnung in das europarechtliche Leistungssystem, Koordinierungsprobleme -, in: Ebsen, Ingwer (Hrsg.), Europarechtliche Gestaltungsvorgaben für das deutsche Sozialrecht, Baden-Baden 2000, S. 103 ff.
(zit.: Bearbeiter, in: Europarechtliche Gestaltungsmöglichkeiten für das deutsche Sozialrecht)

Stichwortverzeichnis

Allgemeininteresse 92
Änderungsüberlegungen
   Krankenversicherung 94
   Pflegeversicherung 136
   Rentenversicherung 167
   Unfallversicherung 146
Änderungsvorschlag
   Arbeitslosenversicherung 184
   Krankenversicherung 98
   Pflegeversicherung 137
   Rentenversicherung 167
   Unfallversicherung 147
Anhang 197
   Leistungen bei Arbeitslosigkeit 220
   Leistungen bei Arbeitsunfällen und Berufskrankheiten 210
   Leistungen bei Invalidität, Alter und Tod 214
   Leistungen bei Pflegebedürftigkeit 204
   Leistungen im Krankheitsfall 198
Arbeitnehmerfreizügigkeit
   Anwendungsbereich 175
   Beschränkung 177
   Rechtfertigung 178
Arbeitsförderungsleistungen 173
Arbeitslosengeld 173
Arbeitslosenhilfe 173
Arbeitslosenversicherung 168
Beitragsunabhängigkeit 152
Belgien 198, 205, 210, 215, 220
Beveridge-Modell 197
Bismarck-Modell 198
Cassis-de-Dijon-Formel 91
Dänemark 199, 205, 211, 215, 221
Dassonville-Formel 89
Deutschland 199, 206, 211, 215, 221
Dienstleistungsfreiheit 55
   Abgrenzung 58
   aktive 56
   Anwendbarkeit 164
   Anwendungsbereich 55
   Beschränkung 69, 164
   Entgelt 61
   Entgeltlichkeit 56
   Grenzüberschreitung 59, 61
   Leistung 59
   passive 56
   Rechtfertigung 72, 164
   Verhältnis Krankenkasse und Versicherter 60
   Verhältnis Leistungserbringer und Krankenkasse 59
   Verhältnis Leistungserbringer und Versicherter 55
Diskriminierung
   mittelbar 127, 177
Dreiecksverhältnis 35
Durchgriffswirkung 29
Entgeltfortzahlung 36
finanzielles Gleichgewicht 76, 133, 178
Finanzierung 36
Finnland 199, 206, 211, 215, 221
Frankreich 200, 206, 211, 216, 222
Fürsorgeleistungen 152
Geldleistungen 42
Geldleistungsexport 44
Geldleistungstheorie 116
Geltungsbereich VO 1408/71
   persönlicher 30
   sachlicher 31
Genehmigungserfordernis 131
Generalklausel 185
   Durchsetzbarkeit 188
   Rechtsförmigkeit 188
   Schrifttum 185
Gesamtzusammenfassung 191
   Arbeitslosenversicherung 194
   Generalklausel 195
   Grundlagen 191
   Krankenversicherung 191
   Pflegeversicherung 192
   Unfallversicherung 193
Gesundheitsschutz 83
Gewinnzweck 64
Grenzüberschreitung 56
Griechenland 200, 206, 212, 216, 222
Großbritannien 201, 207, 212, 217, 222

Grundfreiheiten	54	Leistunsexport	39
Anwendbarkeit	25, 131	Luxemburg	202, 208, 213, 218, 223
Beschränkung	132	Mehrkosten	81
Rechtfertigung	133	Mischleistungen	156
Günstigkeitsprinzip	33	Nationaler Gesundheitsdienst	34, 92
Heilmittel	80	Niederlande	202, 208, 213, 218, 224
Hilfsmittel	80	Notifizierung	153
Infrastruktur	165	Österreich	203, 209, 213, 219, 224
Insolvenzausfallgeld	174	Petroni-Prinzip	161
Internationales Sozialrecht	32	Pflegegeld	114, 135
Irland	201, 207, 212, 217, 223	Pflegehilfsmittel	121
Italien	202, 207, 212, 218, 223	Pflegeleistungen	
Keck-Formel	90	teilstationär	121
Kontrollmöglichkeiten	179	vollstationär	121
Koordinierungsbefehl	28	Pflegepersonen	121
Korrespondenzdienstleistungen	56	Pflegesachleistung	114
Kostenabrechnung	48	Pflegeversicherung	100, 102
Kostenerstattung	76, 95	Portugal	203, 209, 214, 219, 224
Kostenerstattungsprinzip	35	Primärrecht	25
Krankenbehandlung	50	Qualitätssicherung	83, 133
Krankengeld	49	Rechtsquellen	25
Krankenhaussektor	78	Rechtssache	
Krankenkasse	34, 61, 62	Antonissen	176
Krankenversicherung	34, 37	Bond van Adverteerders	57
KVdR	162	Bosman	177
Leistungen bei Arbeitslosigkeit	220	Cassis	75
Leistungen bei Arbeitsunfällen und Berufskrankheiten	210	Cassis	91
		Cristini	123
Leistungen bei Invalidität, Alter und Tod	214	Dassonville	70
		Dassonville	88
Leistungen im Krankheitsfall	198	Decker	52
Leistungserbringungsrecht		Duphar	74
Krankenversicherung	40	Elser	64
Pflegeversicherung	105	Fédération francaise	63
Leistungsexport		Frilli	154
Arbeitslosenversicherung	169, 175	Höfner	63, 66
eingeschränkter	170	Inzirillo	126
Krankenversicherung	51	Jauch	157
Pflegeversicherung	103, 131	Jordens-Voster	111, 158
Rentenversicherung	150	Keck	88
uneingeschränkter	170	Kohll	52
Unfallversicherung	140, 145	Kohll u. Decker	26, 51, 74, 92, 94, 146, 190
zeitlich unbeschränkter	182		
Leistungsrecht		Kommission/Belgien	126
Krankenversicherung	39	Kommission/Luxemburg	126
Pflegeversicherung	104	Luisi und Carbone	55

Maggio	171
Matteucci	124
Meints	127
Molenaar	111, 117, 128
Movrin	161
O'Flynn	125
Paletta I	49, 145
Paletta II	50
Petroni	33
Pinna I	109
Piscitello	155
Poucet	63, 65
Rindone	49, 145
Schmid	130
Scrivner	126
Smits u. Peerbooms	53, 57, 58, 72, 79
Testa	171
Twomey	45
van Binsbergen	70
Vanbraekel	96
Vitale	171
Rehabilitationsleistungen	163
stationäre	79
Rehabilitationsmaßnahmen	50, 157
Renten	160
bei Alter	160
wegen Todes	161
wegen verminderter Erwerbsfähigkeit	161
Rentenversicherung	148
Sachleistungen	42
Sachleistungsaushilfe	39, 44
Krankenversicherung	51
Pflegeversicherung	103, 131
Rentenversicherung	150
Unfallversicherung	145
Sachleistungsprinzip	35
Sachleistungstheorie	115
Schweden	204, 209, 214, 219, 225
Sektor	
ambulanter	77
stationärer	78
Sekundärrecht	28
Selbstbeteiligung	35
Solidaritätsgedanke	65
Sonderleistung	155
Sozialhilfeleistungen	152
Spanien	204, 210, 214, 220, 225
Staatshaushalt	62
Steuerungsinstrumente	77
Substituierbarkeit	66
Teilarbeitslosigkeit	170
Territorialitätsprinzip	24
Überblick	
Anhang	197
Arbeitslosenversicherung	168
Gemeinschaftsrecht	25
Krankenversicherung	34
Pflegeleistungen	113
Pflegeversicherung	100
Rentenversicherung	148
Unfallversicherung	138
Unfallversicherung	138
Unternehmensbegriff	63
Verfahren	
Rentenzahlungen	163
Verhältnismäßigkeit	73
Verordnung	
VO 1408/71	28
VO 1612/68	107
VO 574/72	28
Wirkung	29
VO 1408/71	28
Abgrenzung	152
Anwendbarkeit	106
Einordnung Pflegeversicherung	109
Leistungsexport	31, 41, 106, 151, 170
Sachleistungsaushilfe	41, 106, 151
soziale Sicherheit	152
Überblick	42
Unfallversicherung	141
VO 1612/68	
Diskriminierungsverbot	125
Exportgebot	123
Pflegeversicherung	122
Warenverkehrsfreiheit	87
Anwendungsbereich	88
Beschränkung	88
Rechtfertigung	91
Wirtschaftlichkeitskontrolle	80
Wohlfahrtsmodell	197
Wohnsitzprinzip	182

Herausgegeben von Prof. Dr. Jürgen Schwarze, Direktor des Instituts für Öffentliches Recht der Universität Freiburg, Abteilung Europa- und Völkerrecht

Schriftenreihe Europäisches Recht, Politik und Wirtschaft

Jürgen Schwarze (Hrsg.)   Band 285
Instrumente zur Durchsetzung des europäischen Wettbewerbsrechts
Regelungstechniken, Kontrollverfahren und Sanktionen
2002, 149 S., geb., 36,– €, 63,– sFr,
ISBN 3-7890-8242-2

Christian H. Ludwig   Band 283
Die Rolle des Europäischen Gerichtshofes im Bereich Justiz und Inneres nach dem Amsterdamer Vertrag
2002, 369 S., brosch., 58,– €, 99,– sFr,
ISBN 3-7890-8157-4

Christiane Trüe   Band 282
Das System der Rechtsetzungskompetenzen der Europäischen Gemeinschaft und der Europäischen Union
2002, 653 S., brosch., 98,– €, 166,– sFr,
ISBN 3-7890-8116-7

Dimitris Th. Tsatsos   Band 281
Die Europäische Unionsgrundordnung
Beiträge zum institutionellen Verständnis der Europäischen Union im Hinblick auf einen zukünftigen europäischen Verfassungsvertrag
2002, 201 S., brosch., 35,– €, 61,– sFr,
ISBN 3-7890-8105-1

Volkmar Götz/
José Martínez Soria (Hrsg.)   Band 279
Kompetenzverteilung zwischen der Europäischen Union und den Mitgliedstaaten
2002, 102 S., brosch., 26,– €, 45,60 sFr,
ISBN 3-7890-8070-5

Christian Weise   Band 278
Strukturfondstransfers in einer zukunftsfähigen EU
Konzentration, Subsidiarität und Kopplung an die nationale Wirtschaftspolitik
2002, 213 S., brosch., 39,– €, 68,– sFr,
ISBN 3-7890-8025-X

Miriam Leiner   Band 277
Staatsbürgschaften und EG-vertragliches Beihilfeverbot
Die Rückforderung nationaler Beihilfen am Beispiel staatlich verbürgter Kredite
2002, 220 S., brosch., 38,– €, 66,– sFr,
ISBN 3-7890-8013-6

Martin Selmayr   Band 276
Das Recht der Wirtschafts- und Währungsunion
Erster Band: Die Vergemeinschaftung der Währung
2002, XX, 488 S., brosch., 66,– €, 112,– sFr,
ISBN 3-7890-7990-1

Christian Konow   Band 275
Der Stabilitäts- und Wachstumspakt
Ein Rechtsrahmen für Stabilität in der Wirtschafts- und Währungsunion
2002, 250 S., brosch., 45,– €, 78,– sFr,
ISBN 3-7890-7989-8

Patrick Cichy   Band 274
Wettbewerbsverfälschungen durch Gemeinschaftsbeihilfen
Eine Untersuchung der Kontrolle von Gemeinschaftsbeihilfen anhand wettbewerbsrechtlicher Maßstäbe des europäischen Gemeinschaftsrechts
2002, 235 S., brosch., 42,– €, 73,– sFr,
ISBN 3-7890-7946-4

**NOMOS Verlagsgesellschaft
76520 Baden-Baden**

Herausgegeben von Prof. Dr. Jürgen Schwarze, Direktor des Instituts für Öffentliches Recht der Universität Freiburg, Abteilung Europa- und Völkerrecht

Schriftenreihe Europäisches Recht, Politik und Wirtschaft

Luisa Crones Band 273
Eine rechtsvergleichende Untersuchung zum persönlichen Anwendungsbereich der Grundfreiheiten und der Gemeinschaftsgrundrechte
2002, 228 S., brosch., 40,– €, 69,– sFr,
ISBN 3-7890-7945-6

Jürgen Schwarze/
Jürgen Becker (Hrsg.) Band 272
Regulierung im Bereich von Medien und Kultur
Gestaltungsmöglichkeiten und rechtliche Grenzen
2002, 175 S., geb., 42,– €, 73,– sFr,
ISBN 3-7890-7944-8

Jürgen P. Schlösser Band 271
Die Sperrwirkung sekundären Gemeinschaftsrechts
Mitgliedstaatliche Spielräume im „harmonisierten" Umweltrecht
2002, 205 S., brosch., 36,– €, 63,– sFr,
ISBN 3-7890-7791-7

Jonas Wölk Band 270
Die Umsetzung von Richtlinien der Europäischen Gemeinschaft
Eine rechtsvergleichende Untersuchung zum Recht der Bundesrepublik Deutschland, der französischen Republik und des Vereinigten Königreichs
2002, 322 S., brosch., 49,– €, 84,– sFr,
ISBN 3-7890-7771-2

Philipp Jacobi Band 269
Third-Party-Access im Europäischen Wettbewerbsrecht
Artikel 82 EG-Vertrag als Grundlage eines Zugangsanspruchs Dritter zu fremden Infrastruktureinrichtungen
2002, 260 S., brosch., 49,– €, 84,– sFr,
ISBN 3-7890-7753-4

Jürgen Schwarze (Hrsg.) Band 268
Europäisches Wettbewerbsrecht im Zeichen der Globalisierung
2002, 174 S., geb., 40,– €, 69,– sFr,
ISBN 3-7890-7745-3

Martin Buntscheck Band 267
Das „Konzernprivileg" im Rahmen von Art. 81 Abs. 1 EG-Vertrag
Analyse der Entscheidungspraxis von Kommission und Gerichtshof unter besonderer Berücksichtigung der Beziehung zwischen Gemeinschaftsunternehmen und ihren Müttern
2002, 146 S., brosch., 25,– €, 43,80 sFr,
ISBN 3-7890-7727-5

Michael Sánchez Rydelski Band 266
EG und WTO Antisubventionsrecht
Ein konzeptioneller Vergleich der EG Antisubventions-Verordnung mit den Beihilfevorschriften des EG-Vertrages unter Berücksichtigung des Subventionsübereinkommens der WTO
2001, 355 S., brosch., 66,– €, 112,– sFr,
ISBN 3-7890-7682-1

**NOMOS Verlagsgesellschaft
76520 Baden-Baden**